中 国 社 会 科 学 院

庆祝中华人民共和国成立70周年书系

总主编 谢伏瞻

国家哲学社会科学学术研究史

新中国民族语言学研究

尹虎彬 / 主编

王 锋 / 副主编

70年

中国社会科学出版社

图书在版编目（CIP）数据

新中国民族语言学研究70年／尹虎彬主编．—北京：
中国社会科学出版社，2019.9
　（庆祝中华人民共和国成立70周年书系）
　ISBN 978 - 7 - 5203 - 4925 - 3

　Ⅰ.①新…　Ⅱ.①尹…　Ⅲ.①民族语言学—研究—
中国—1949 - 2019　Ⅳ.①H2

中国版本图书馆 CIP 数据核字（2019）第 183474 号

出 版 人　赵剑英
责任编辑　宫京蕾
责任校对　李　莉
责任印制　王　超

出　　　版　中国社会科学出版社
社　　　址　北京鼓楼西大街甲 158 号
邮　　　编　100720
网　　　址　http://www.csspw.cn
发 行 部　010 - 84083685
门 市 部　010 - 84029450
经　　　销　新华书店及其他书店

印刷装订　北京君升印刷有限公司
版　　　次　2019 年 9 月第 1 版
印　　　次　2019 年 9 月第 1 次印刷

开　　　本　710×1000　1/16
印　　　张　33.25
字　　　数　463 千字
定　　　价　189.00 元

中国社会科学院
《庆祝中华人民共和国成立 70 周年书系》
编撰工作领导小组及委员会名单

编撰工作领导小组：

　　组　长　谢伏瞻

　　成　员　王京清　蔡　昉　高　翔　高培勇　杨笑山
　　　　　　　姜　辉　赵　奇

编撰工作委员会：

　　主　任　谢伏瞻

　　成　员　（按姓氏笔画为序）

卜宪群	马　援	王　巍	王立民	王立胜
王立峰	王延中	王京清	王建朗	史　丹
邢广程	刘丹青	刘跃进	闫　坤	孙壮志
李　扬	李正华	李　平	李向阳	李国强
李培林	李新烽	杨伯江	杨笑山	吴白乙
汪朝光	张　翼	张车伟	张宇燕	陈　甦
陈光金	陈众议	陈星灿	周　弘	郑筱筠
房　宁	赵　奇	赵剑英	姜　辉	莫纪宏

夏春涛　高　翔　高培勇　唐绪军　黄　平
黄群慧　朝戈金　蔡　昉　樊建新　潘家华
魏后凯

协调工作小组：

　　组　长　蔡　昉

　　副组长　马　援　赵剑英

　　成　员　（按姓氏笔画为序）

　　　　　　王子豪　王宏伟　王　茵　云　帆　卢　娜
　　　　　　叶　涛　田　侃　曲建君　朱渊寿　刘大先
　　　　　　刘　伟　刘红敏　刘　杨　刘爱玲　吴　超
　　　　　　宋学立　张　骅　张　洁　张　旭　张崇宁
　　　　　　林　帆　金　香　郭建宏　博　悦　蒙　娃

总　序

与时代同发展　与人民齐奋进

谢伏瞻[*]

谢伏瞻*

　　今年是新中国成立 70 周年。70 年来，中国共产党团结带领中国人民不懈奋斗，中华民族实现了从"东亚病夫"到站起来的伟大飞跃、从站起来到富起来的伟大飞跃，迎来了从富起来到强起来的伟大飞跃。70 年来，中国哲学社会科学与时代同发展，与人民齐奋进，繁荣中国学术，发展中国理论，传播中国思想，为党和国家事业发展作出重要贡献。在这重要的历史时刻，我们组织中国社会科学院多学科专家学者编撰了《庆祝中华人民共和国成立 70 周年书系》，旨在系统回顾总结中国特色社会主义建设的巨大成就，系统梳理中国特色哲学社会科学发展壮大的历史进程，为建设富强民主文明和谐美丽的社会主义现代化强国提供历史经验与理论支持。

壮丽篇章　辉煌成就

　　70 年来，中国共产党创造性地把马克思主义基本原理同中国具体实际相结合，领导全国各族人民进行社会主义革命、建设和改革，

---

　　* 中国社会科学院院长、党组书记，学部主席团主席。

战胜各种艰难曲折和风险考验，取得了举世瞩目的伟大成就，绘就了波澜壮阔、气势恢宏的历史画卷，谱写了感天动地、气壮山河的壮丽凯歌。中华民族正以崭新姿态巍然屹立于世界的东方，一个欣欣向荣的社会主义中国日益走向世界舞台的中央。

我们党团结带领人民，完成了新民主主义革命，建立了中华人民共和国，实现了从几千年封建专制向人民民主的伟大飞跃；完成了社会主义革命，确立社会主义基本制度，推进社会主义建设，实现了中华民族有史以来最为广泛而深刻的社会变革，为当代中国的发展进步奠定了根本政治前提和制度基础；进行改革开放新的伟大革命，破除阻碍国家和民族发展的一切思想和体制障碍，开辟了中国特色社会主义道路，使中国大踏步赶上时代，迎来了实现中华民族伟大复兴的光明前景。今天，我们比历史上任何时期都更接近、更有信心和能力实现中华民族伟大复兴的目标。

中国特色社会主义进入新时代。党的十八大以来，在以习近平同志为核心的党中央坚强领导下，我们党坚定不移地坚持和发展中国特色社会主义，统筹推进"五位一体"总体布局，协调推进"四个全面"战略布局，贯彻新发展理念，适应我国社会主要矛盾已经转化为人民日益增长的美好生活需要和不平衡不充分的发展之间的矛盾的深刻变化，推动我国经济由高速增长阶段向高质量发展阶段转变，综合国力和国际影响力大幅提升。中国特色社会主义道路、理论、制度、文化不断发展，拓展了发展中国家走向现代化的途径，给世界上那些既希望加快发展又希望保持自身独立性的国家和民族提供了全新选择，为解决人类问题贡献了中国智慧和中国方案，为人类发展、为世界社会主义发展做出了重大贡献。

70 年来，党领导人民攻坚克难、砥砺奋进，从封闭落后迈向开放进步，从温饱不足迈向全面小康，从积贫积弱迈向繁荣富强，取得了举世瞩目的伟大成就，创造了人类发展史上的伟大奇迹。

经济建设取得辉煌成就。70 年来，我国经济社会发生了翻天覆地的历史性变化，主要经济社会指标占世界的比重大幅提高，国际地位和国际影响力显著提升。经济总量大幅跃升，2018 年国内生产总值比 1952 年增长 175 倍，年均增长 8.1%。1960 年我国经济总量占全球经济的比重仅为 4.37%，2018 年已升至 16% 左右，稳居世界第二大经济体地位。我国经济增速明显高于世界平均水平，成为世界经济增长的第一引擎。1979—2012 年，我国经济快速增长，年平均增长率达到 9.9%，比同期世界经济平均增长率快 7 个百分点，也高于世界各主要经济体同期平均水平。1961—1978 年，中国对世界经济增长的年均贡献率为 1.1%。1979—2012 年，中国对世界经济增长的年均贡献率为 15.9%，仅次于美国，居世界第二位。2013—2018 年，中国对世界经济增长的年均贡献率为 28.1%，居世界第一位。人均收入不断增加，1952 年我国人均 GDP 仅为 119 元，2018 年达到 64644 元，高于中等收入国家平均水平。城镇化率快速提高，1949 年我国的城镇化率仅为 10.6%，2018 年我国常住人口城镇化率达到了 59.58%，经历了人类历史上规模最大、速度最快的城镇化进程，成为中国发展史上的一大奇迹。工业成就辉煌，2018 年，我国原煤产量为 36.8 亿吨，比 1949 年增长 114 倍；钢材产量为 11.1 亿吨，增长 8503 倍；水泥产量为 22.1 亿吨，增长 3344 倍。基础设施建设积极推进，2018 年年末，我国铁路营业里程达到 13.1 万公里，比 1949 年年末增长 5 倍，其中高速铁路达到 2.9 万公里，占世界高铁总量 60% 以上；公路里程为 485 万公里，增长 59 倍；定期航班航线里程为 838 万公里，比 1950 年年末增长 734 倍。开放型经济新体制逐步健全，对外贸易、对外投资、外汇储备稳居世界前列。

科技发展实现大跨越。70 年来，中国科技实力伴随着经济发展同步壮大，实现了从大幅落后到跟跑、并跑乃至部分领域领跑的历史性跨越。涌现出一批具有世界领先水平的重大科技成果。李四光等人提出"陆相生油"理论，王淦昌等人发现反西格玛负超子，第一颗原子弹装置爆炸成功，第一枚自行设计制造的运载火箭发射成功，在世界上首次人工合成牛胰岛素，第一颗氢弹空爆成功，陈景润证明了哥德巴赫猜想中的"1+2"，屠呦呦等人成功发现青蒿素，天宫、蛟龙、天眼、悟空、墨子、大飞机等重大科技成果相继问世。相继组织实施了一系列重大科技计划，如国家高技术研究发展（863）计划、国家重点基础研究发展（973）计划、集中解决重大问题的科技攻关（支撑）计划、推动高技术产业化的火炬计划、面向农村的星火计划以及国家自然科学基金、科技型中小企业技术创新基金等。研发人员总量稳居世界首位。我国研发经费投入持续快速增长，2018 年达 19657 亿元，是 1991 年的 138 倍，1992—2018 年年均增长 20.0%。研发经费投入强度更是屡创新高，2014 年首次突破 2%，2018 年提升至 2.18%，超过欧盟 15 国平均水平。按汇率折算，我国已成为仅次于美国的世界第二大研发经费投入国家，为科技事业发展提供了强大的资金保证。

人民生活显著改善。我们党始终把提高人民生活水平作为一切工作的出发点和落脚点，深入贯彻以人民为中心的发展思想，人民获得感显著增强。70 年来特别是改革开放以来，从温饱不足迈向全面小康，城乡居民生活发生了翻天覆地的变化。我国人均国民总收入（GNI）大幅提升。据世界银行统计，1962 年，我国人均 GNI 只有 70 美元，1978 年为 200 美元，2018 年达到 9470 美元，比 1962 年增长了 134.3 倍。人均 GNI 水平与世界平均水平的差距逐渐缩小，1962 年相当于世界平均水平的 14.6%，2018 年相当于世界平均水平的 85.3%，比 1962 年提高了 70.7 个百分点。在世界银行公布的人均 GNI 排名中，2018 年中国排名第 71 位（共计 192 个经济体），比 1978 年（共计 188 个经济体）提高 104 位。组织实施了一系列中长期扶贫规划，从救济式扶贫到开发式扶贫再到精准扶贫，探索出一条符合中国国情的农村扶贫开发道路，为全面建成小康社会奠定了坚实基础。脱贫攻坚战取得决定性进展，贫困人口大幅减少，为世界减贫事业作出了重大贡献。按照我国现行农村贫困标准测算，1978 年我国农村贫困人口为 7.7 亿人，贫困发生率为 97.5%。2018 年年末农村贫困人口为 1660 万人，比 1978 年减少 7.5 亿人；贫困发生率为 1.7%，比 1978 年下降 95.8 个百分点，平均每年下降 2.4 个百分点。我国是最早实现联合国千年发展目标中减贫目标的发展中国家。就业形势长期稳定，就业总量持续增长，从 1949 年的 1.8 亿人增加到 2018 年的 7.8 亿人，扩大了 3.3 倍，就业结构调整优化，就业质量显著提升，劳动力市场不断完善。教育事业获得跨越式发展。1970—2016 年，我国高等教育毛入学率从 0.1% 提高到 48.4%，2016 年我国高等教育毛入学率比中等收入国家平均水平高出 13.4 个百分点，比世界平均水平高 10.9 个百分点；中等教育毛入学率从 1970 年的 28.0% 提高到 2015 年的 94.3%，2015 年我国中等教育毛入学率超过中等收入国家平均水平 16.5 个百分点，远高于世界平均水平。我国总人口由 1949 年的 5.4 亿人发展到 2018 年的近 14 亿人，年均增长率约为 1.4%。人民身体素质日益改善，居民预期寿命由新中国成立初的 35 岁提高到 2018 年的 77 岁。居民环境卫生条件持续改善。2015 年，我国享有基本环境卫生服务人口占总人口比重为 75.0%，超过中等收入国家 66.1% 的平均水平。我国居民基本饮用水服务已基本实现全民覆盖，超过中等偏上收入国家平均水平。

思想文化建设取得重大进展。党对意识形态工作的领导不断加强，党的理论创新全面推进，马克思主义在意识形态领域的指导地位更加巩固，中国特色社会主义和中国梦深入人心，社会主义核心价值观和中华优秀传统文化广泛弘扬。文化事业繁荣兴盛，文化产业快速发展。文化投入力度明显加大。1953—1957 年文化事业费总投入为 4.97 亿元，2018 年达到 928.33 亿元。广播影视制播能力显著增强。新闻出版繁荣发展。2018 年，图书品种 51.9 万种、总印数 100.1 亿册（张），分别为 1950 年的 42.7 倍和 37.1 倍；期刊品种 10139 种、总印数 22.9 亿册，分别为 1950 年的 34.4 倍和 57.3 倍；报纸品种 1871 种、总印数 337.3 亿份，分别为 1950 年的 4.9 倍和 42.2 倍。公共文化服务水平不断提高，文艺创作持续繁荣，文化事业和文化产业蓬勃发展，互联网建设管理运用不断完善，全民健身和竞技体育全面发展。主旋律更加响亮，正能量更加强劲，文化自信不断增强，全党全社会思想上的团结统一更加巩固。改革开放后，我国对外文化交流不断扩大和深化，已成为国家整体外交战略的重要组成部分。特别是党的十八大以来，文化交流、文化贸易和文化投资并举的"文化走出去"、推动中华文化走向世界的新格局已逐渐形成，国家文化软实力和中华文化影响力大幅提升。

生态文明建设成效显著。70 年来特别是改革开放以来，生态文明建设扎实推进，走出了一条生态文明建设的中国特色道路。党的十八大以来，以习近平同志为核心的党中央高度重视生态文明建设，将其作为统筹推进"五位一体"总体布局的重要内容，形成了习近平生态文明思想，为新时代推进我国生态文明建设提供了根本遵循。国家不断加大自然生态系统建设和环境保护力度，开展水土流失综合治理，加大荒漠化治理力度，扩大森林、湖泊、湿地面积，加强自然保护区保护，实施重大生态修复工程，逐步健全主体功能区制度，推进生态保护红线工作，生态保护和建设不断取得新成效，环境保护投入跨越式增长。20 世纪 80 年代初期，全国环境污染治理投资每年为 25 亿—30 亿元，2017 年，投资总额达到 9539 亿元，比 2001 年增长 7.2 倍，年均增长 14.0%。污染防治强力推进，治理成效日益彰显。重大生态保护和修复工程进展顺利，森林覆盖率持续提高。生态环境治理明显加强，环境状况得到改善。引导应对气候变化国际合作，成为全球生态文明建设的重要参与者、贡献者、引领者。①

新中国 70 年的辉煌成就充分证明，只有社会主义才能救中国，只有改革开放才能发展中国、发展社会主义、发展马克思主义，只有坚持以人民为中心才能实现党的初心和使命，只有坚持党的全面领导才能确保中国这艘航船沿着正确航向破浪前行，不断开创中国特色社会主义事业新局面，谱写人民美好生活新篇章。

---

①   文中所引用数据皆来自国家统计局发布的《新中国成立 70 周年经济社会发展成就系列报告》。

繁荣中国学术　发展中国理论
传播中国思想

　　70 年来，我国哲学社会科学与时代同发展、与人民齐奋进，在革命、建设和改革的各个历史时期，为党和国家事业作出了独特贡献，积累了宝贵经验。

一　发展历程

　　——在马克思主义指导下奠基、开创哲学社会科学。新中国哲学社会科学事业，是在马克思主义指导下逐步发展起来的。新中国成立前，哲学社会科学基础薄弱，研究与教学机构规模很小，无法适应新中国经济和文化建设的需要。因此，新中国成立前夕通过的具有临时宪法性质的《中国人民政治协商会议共同纲领》明确提出："提倡用科学的历史观点，研究和解释历史、经济、政治、文化及国际事务，奖励优秀的社会科学著作。"新中国成立后，党中央明确要求："用马列主义的思想原则在全国范围内和全体规模上教育人民，是我们党的一项最基本的政治任务。"经过几年努力，确立了马克思主义在哲学社会科学领域的指导地位。国务院规划委员会制定了1956—1967 年哲学社会科学研究工作远景规划。1956 年，毛泽东同志提出"百花齐放、百家争鸣"，强调"百花齐放、百家争鸣"的方针，"是促进艺术发展和科学进步的方针，是促进中国的社会主义文化繁荣的方针。"在机构设置方面，1955 年中国社会科学院的前身——中国科学院哲学社会科学学部成立，并先后建立了 14 个研究所。马克思主义指导地位的确立，以及科研和教育体系的建立，为新中国哲学社会科学事业的兴起和发展奠定了坚实基础。

　　——在改革开放新时期恢复、发展壮大哲学社会科学。党的十一届三中全会开启了改革开放新时期，我国哲学社会科学从十年

"文革"的一片荒芜中迎来了繁荣发展的新阶段。邓小平同志强调"科学当然包括社会科学",重申要切实贯彻"双百"方针,强调政治学、法学、社会学以及世界政治的研究需要赶快补课。1977 年,党中央决定在中国科学院哲学社会科学学部的基础上组建中国社会科学院。1982 年,全国哲学社会科学规划座谈会召开,强调我国哲学社会科学事业今后必须有一个大的发展。此后,全国哲学社会科学规划领导小组成立,国家社会科学基金设立并逐年开展课题立项资助工作。进入 21 世纪,党中央始终将哲学社会科学置于重要位置,江泽民同志强调"在认识和改造世界的过程中,哲学社会科学和自然科学同样重要;培养高水平的哲学社会科学家,与培养高水平的自然科学家同样重要;提高全民族的哲学社会科学素质,与提高全民族的自然科学素质同样重要;任用好哲学社会科学人才并充分发挥他们的作用,与任用好自然科学人才并发挥他们的作用同样重要"。《中共中央关于进一步繁荣发展哲学社会科学的意见》等文件发布,有力地推动了哲学社会科学繁荣发展。

　　——在新时代加快构建中国特色哲学社会科学。党的十八大以来,以习近平同志为核心的党中央高度重视哲学社会科学。2016 年 5 月 17 日,习近平总书记亲自主持哲学社会科学工作座谈会并发表重要讲话,提出加快构建中国特色哲学社会科学的战略任务。2017 年 3 月 5 日,党中央印发《关于加快构建中国特色哲学社会科学的意见》,对加快构建中国特色哲学社会科学作出战略部署。2017 年 5 月 17 日,习近平总书记专门就中国社会科学院建院 40 周年发来贺信,发出了"繁荣中国学术,发展中国理论,传播中国思想"的号召。2019 年 1 月 2 日、4 月 9 日,习近平总书记分别为中国社会科学院中国历史研究院和中国非洲研究院成立发来贺信,为加快构建中国特色哲学社会科学指明了方向,提供了重要遵循。不到两年的时间内,习近平总书记专门为一个研究单位三次发贺信,这充分说明党中央对哲学社会科学的重视前所未有,对哲学社会科学工作者的关怀前所未有。在党中央坚强领导下,广大哲学社会科学工作者增强"四个意识"，坚定"四个自信"，做到"两个维护"，坚持以习近平新时代中国特色社会主义思想为指导，坚持"二为"方向和"双百"方针，以研究我国改革发展稳定重大理论和实践问题为主攻方向，哲学社会科学领域涌现出一批优秀人才和成果。经过不懈努力，我国哲学社会科学事业取得了历史性成就，发生了历史性变革。

二　主要成就

70 年来，在党中央坚强领导和亲切关怀下，我国哲学社会科学取得了重大成就。

马克思主义理论研究宣传不断深入。新中国成立后，党中央组织广大哲学社会科学工作者系统翻译了《马克思恩格斯全集》《列宁全集》《斯大林全集》等马克思主义经典作家的著作，参与编辑出版《毛泽东选集》《毛泽东文集》《邓小平文选》《江泽民文选》《胡锦涛文选》等一批党和国家重要领导人文选。党的十八大以来，参与编辑出版了《习近平谈治国理政》《干在实处　走在前列》《之江新语》，以及"习近平总书记重要论述摘编"等一批代表马克思主义中国化最新成果的重要文献。将《习近平谈治国理政》、"习近平总书记重要论述摘编"翻译成多国文字，积极对外宣传党的创新理论，为传播中国思想作出了重要贡献。先后成立了一批马克思主义研究院（学院）和"邓小平理论研究中心""中国特色社会主义理论体系研究中心"，党的十九大以后成立了 10 家习近平新时代中国特色社会主义思想研究机构，哲学社会科学研究教学机构在研究阐释党的创新理论，深入研究阐释马克思主义中国化的最新成果，推动马克思主义中国化时代化大众化方面发挥了积极作用。

为党和国家服务能力不断增强。新中国成立初期，哲学社会科学工作者围绕国家的经济建设，对商品经济、价值规律等重大现实问题进行深入研讨，推出一批重要研究成果。1978 年，哲学社会科学界开展的关于真理标准问题大讨论，推动了全国性的思想解放，为我们党重新确立马克思主义思想路线、为党的十一届三中全会召开作了重要的思想和舆论准备。改革开放以来，哲学社会科学界积极探索中国特色社会主义发展道路，在社会主义市场经济理论、经济体制改革、依法治国、建设社会主义先进文化、生态文明建设等重大问题上，进行了深入研究，积极为党和国家制定政策提供决策咨询建议。党的十八大以来，广大哲学社会科学工作者辛勤耕耘，紧紧围绕统筹推进"五位一体"总体布局、协调推进"四个全面"战略布局，推进国家治理体系和治理能力现代化，构建人类命运共同体和"一带一路"建设等重大理论与实践问题，述学立论、建言献策，推出一批重要成果，很好地发挥了"思想库""智囊团"作用。

学科体系不断健全。新中国成立初期，哲学社会科学的学科设置以历史、语言、考古、经济等学科为主。70 年来，特别是改革开放以来，哲学社会科学的研究领域不断拓展和深化。到目前为止，已形成拥有马克思主义研究、历史学、考古学、哲学、文学、语言学、经济学、法学、社会学、人口学、民族学、宗教学、政治学、新闻学、军事学、教育学、艺术学等 20 多个一级学科、400 多个二级学科的较为完整的学科体系。进入新时代，哲学社会科学界深入贯彻落实习近平总书记"5·17"重要讲话精神，加快构建中国特色哲学社会科学学科体系、学术体系、话语体系。

学术研究成果丰硕。70 年来，广大哲学社会科学工作者辛勤耕耘、积极探索，推出了一批高水平成果，如《殷周金文集成》《中国历史地图集》《中国语言地图集》《中国史稿》《辩证唯物主义原理》《历史唯物主义原理》《政治经济学》《中华大藏经》《中国政治制度通史》《中华文学通史》《中国民族关系史纲要》《现代汉语词典》等。学术论文的数量逐年递增，质量也不断提升。这些学术成果对传承和弘扬中华民族优秀传统文化、推进社会主义先进文化建设、增强文化自信、提高中华文化的"软实力"发挥了重要作用。

对外交流长足发展。70 年来特别是改革开放以来，我国哲学社会科学界对外学术交流与合作的领域不断拓展，规模不断扩大，质量和水平不断提高。目前，我国哲学社会科学对外学术交流遍及世界 100 多个国家和地区，与国外主要研究机构、学术团体、高等院校等建立了经常性的双边交流关系。坚持"请进来"与"走出去"相结合，一方面将高水平的国外学术成果译介到国内，另一方面将能够代表中国哲学社会科学水平的成果推广到世界，讲好中国故事，传播中国声音，提高了我国哲学社会科学的国际影响力。

人才队伍不断壮大。70 年来，我国哲学社会科学研究队伍实现了由少到多、由弱到强的飞跃。新中国成立之初，哲学社会科学人才队伍薄弱。为培养科研人才，中国社会科学院、中国人民大学等一批科研、教育机构相继成立，培养了一批又一批哲学社会科学人才。目前，形成了社会科学院、高等院校、国家政府部门研究机构、党校行政学院和军队五大教研系统，汇聚了 60 万多专业、多类型、多层次的人才。这样一支规模宏大的哲学社会科学人才队伍，为实现我国哲学社会科学建设目标和任务提供了有力人才支撑。

三　重要启示

70 年来，我国哲学社会科学在取得巨大成绩的同时，也积累了宝贵经验，给我们以重要启示。

坚定不移地以马克思主义为指导。马克思主义是科学的理论、人民的理论、实践的理论、不断发展的开放的理论。坚持以马克思主义为指导，是当代中国哲学社会科学区别于其他哲学社会科学的根本标志。习近平新时代中国特色社会主义思想是马克思主义中国化的最新成果，是当代中国马克思主义、21 世纪马克思主义，要将这一重要思想贯穿哲学社会科学各学科各领域，切实转化为广大哲学社会科学工作者清醒的理论自觉、坚定的政治信念、科学的思维方法。要不断推进马克思主义中国化时代化大众化，奋力书写研究阐发当代中国马克思主义、21 世纪马克思主义的理论学术经典。

坚定不移地践行为人民做学问的理念。为什么人的问题是哲学社会科学研究的根本性、原则性问题。哲学社会科学研究必须搞清楚为谁著书、为谁立说，是为少数人服务还是为绝大多数人服务的问题。脱离了人民，哲学社会科学就不会有吸引力、感染力、影响力、生命力。我国广大哲学社会科学工作者要坚持人民是历史创造者的观点，树立为人民做学问的理想，尊重人民主体地位，聚焦人民实践创造，自觉把个人学术追求同国家和民族发展紧紧联系在一起，努力多出经得起实践、人民、历史检验的研究成果。

坚定不移地以研究回答新时代重大理论和现实问题为主攻方向。习近平总书记反复强调："当代中国的伟大社会变革，不是简单延续我国历史文化的母版，不是简单套用马克思主义经典作家设想的模板，不是其他国家社会主义实践的再版，也不是国外现代化发展的翻版，不可能找到现成的教科书。"哲学社会科学研究，必须立足中国实际，以我们正在做的事情为中心，把研究回答新时代重大理论和现实问题作为主攻方向，从当代中国伟大社会变革中挖掘新材料，发现新问题，提出新观点，构建有学理性的新理论，推出有思想穿透力的精品力作，更好服务于党和国家科学决策，服务于建设社会主义现代化强国，实现中华民族伟大复兴的伟大实践。

坚定不移地加快构建中国特色哲学社会科学"三大体系"。加快构建中国特色哲学社会科学学科体系、学术体系、话语体系，是习近平总书记和党中央提出的战略任务和要求，是新时代我国哲学社会科学事业的崇高使命。要按照立足中国、借鉴国外、挖掘历史、把握当代、关怀人类、面向未来的思路，体现继承性、民族性，原创性、时代性，系统性、专业性的要求，着力构建中国特色哲学社会科学。要着力提升原创能力和水平，立足中国特色社会主义伟大实践，坚持不忘本来、吸收外来、面向未来，善于融通古今中外各种资源，不断推进学科体系、学术体系、话语体系建设创新，构建一个全方位、全领域、全要素的哲学社会科学体系。

坚定不移地全面贯彻"百花齐放、百家争鸣"方针。"百花齐放、百家争鸣"是促进我国哲学社会科学发展的重要方针。贯彻"双百方针"，做到尊重差异、包容多样，鼓励探索、宽容失误，提倡开展平等、健康、活泼和充分说理的学术争鸣，提倡不同学术观点、不同风格学派的交流互鉴。正确区分学术问题和政治问题的界限，对政治原则问题，要旗帜鲜明、立场坚定，敢于斗争、善于交锋；对学术问题，要按照学术规律来对待，不能搞简单化，要发扬民主、相互切磋，营造良好的学术环境。

坚定不移地加强和改善党对哲学社会科学的全面领导。哲学社会科学事业是党和人民的重要事业，哲学社会科学战线是党和人民的重要战线。党对哲学社会科学的全面领导，是我国哲学社会科学事业不断发展壮大的根本保证。加快构建中国特色哲学社会科学，必须坚持和加强党的领导。只有加强和改善党的领导，才能确保哲学社会科学正确的政治方向、学术导向和价值取向；才能不断深化对共产党执政规律、社会主义建设规律、人类社会发展规律的认识，不断开辟当代中国马克思主义、21 世纪马克思主义新境界。

《庆祝中华人民共和国成立 70 周年书系》坚持正确的政治方向和学术导向，力求客观、详实，系统回顾总结新中国成立 70 年来在政治、经济、社会、法治、民族、生态、外交等方面所取得的巨大成就，系统梳理我国哲学社会科学重要学科发展的历程、成就和经验。书系秉持历史与现实、理论与实践相结合的原则，编撰内容丰富、覆盖面广，分设了国家建设和学科发展两个系列，前者侧重对新中国 70 年国家发展建设的主要领域进行研究总结；后者侧重对哲学社会科学若干主要学科 70 年的发展历史进行回顾梳理，结合中国社会科学院特点，学科选择主要按照学部进行划分，同一学部内学科差异较大者单列。书系为新中国成立 70 年而作，希望新中国成立 80 年、90 年、100 年时能够接续编写下去，成为中国社会科学院学者向共和国生日献礼的精品工程。

是为序。

目　　录

第 一 章
绪 论

中国是一个统一的多民族国家，多语言、多文字是我国语言文字的基本国情，也是我国一个重要的发展特色和优势。基于类型各异、特点鲜明的语言文字，我国各民族共同创造了历史悠久、璀璨多姿的中华文化百花园。但在新中国成立前，各少数民族的语言文字长期被漠视、排斥，各少数民族人民没有使用和发展本民族语言文字的平等权利，少数民族语言文字的研究总体上呈空白状态。

新中国成立以后，党和国家坚持马克思主义民族观和语言观，坚持各民族一律平等，高度重视少数民族语言文字的使用和发展，少数民族语言文字事业取得了辉煌成就。少数民族语言文字的研究也从无到有，不断发展提升，最终发展成为极具中国特色的哲学社会科学学科。蓬勃发展的少数民族语言研究事业，不仅极大地促进了我国民族事业的繁荣，也充分彰显了新中国民族工作的四个自信，在世界上也产生了积极的学术影响。

第一节　中国少数民族语言文字概况

类型多样、绚丽多姿的各民族语言文字，既是我国各民族的重要特征，又是极具多样性的文化宝库。分属五大语系类型各异的 129 种语言，历史上先后使用、流传的具有多种来源和独特发展特征的近 80 种民族文字，充分展示了中华民族语言文化的多样性，这是中华文化源远流长、博大精深的重要基础。

一　中国的少数民族语言

我国的 55 个少数民族，除回族、满族已转用汉语外，其他 53 个民族都有自己的语言。据《中国的语言》[①] 一书刊布的材料，中国境内各民族共使用着包括汉语在内的 129 种语言。[②]

之所以语种的数量远远多于民族的数量，是因为我国的语言情况十分复杂。一般情况下，大多数少数民族使用本民族的一种母语。但也有一些少数民族除了使用单一的母语以外，还使用另外一种或数种语言。例如蒙古族主要使用蒙古语，但云南的蒙古族还使用卡卓语，新疆的蒙古族还使用图瓦语；门巴族除了使用门巴语外，还使用仓洛语；瑶族主要使用勉语，但部分瑶族还使用布努、拉珈、巴哼、炯奈等语言；仡佬族主要使用仡佬语，广西隆林一带的仡佬族使用侬语；哈尼族主要使用哈尼语，但部分哈尼族使用桑孔语；布依族主要使用布依语，但贵州荔波、独山等地的布依族使用莫语；藏族除了使用藏语外，四川部分地区的藏族使用嘉戎、尔龚、木雅、尔苏等语言；汉族主要使用汉语，但海南临高的部分汉族居民使用属于侗台语族的临高语，广东怀集等地的汉族使用属于壮傣语支的标话；回族一般都使用汉语，但海南三亚的回族使用回辉语，青海省尖扎县部分地区的回族使用康家语等。

有的少数民族因为地区和支系的不同，使用两种或多种不同的母语，例如西藏的珞巴族分别使用博嘎尔语、苏龙语、义都语、崩

---

① 孙宏开、胡增益、黄行主编：《中国的语言》，商务印书馆 2007 年版。

② 关于中国境内的语言数量，有不同的观点和数据。近年来，又有报道和研究涉及一些新发现的语言。本书统一采用《中国的语言》的数据。下同。

如语等；云南的怒族分别使用怒苏语、柔若语、阿侬语；景颇族使用景颇、载瓦、浪速、波拉、勒期等语言；台湾的高山族分别使用阿美、布农、排湾、赛夏赛德克、泰耶尔、鲁凯、雅美、巴则海、邹、卑南、沙阿鲁阿、卡那卡那富、邵、噶玛兰等15种语言；甘肃省的裕固族分别使用属蒙古语族的东部裕固和属实厥语族的西部裕固两种语言等。

由于语言情况复杂，中国的语言国情研究任务十分艰巨。新中国成立以来，经过70年的语言调查和语言识别，虽然已取得了重大成就，但仍有不少问题需要进一步深入研究。

基于已有的描写和历史比较研究，中国的上述语言分别属于五个语系，即汉藏语系、阿尔泰语系、南岛语系、南亚语系和印欧语系。

按照中国民族语言学界的主流认识，汉藏语系又可分为汉语和藏缅、苗瑶、壮侗（又称侗台）三个语族；但国际学界不少学者认为壮侗和苗瑶两个语族的语言属于"澳泰语系"。

藏缅语族语言在我国主要分布在西藏、青海、甘肃、四川、云南、贵州、湖南、湖北、广西等省区，在国外也有广泛分布。该语族又可以分为藏语支、羌语支、彝语支、缅语支、景颇语支，包括藏、门巴、仓洛、珞巴、羌、普米、独龙、景颇、彝、傈僳、哈尼、拉祜、纳西、基诺、怒苏、阿侬、柔若、白、土家、载瓦、阿昌等46种语言。公元58—75年用汉字记录的《白狼歌》的语言属藏缅语族。唐宋以来西夏语文的文献和各类字书，特别是唐代以来用拼音藏文写下的碑铭、木牍、写卷、刻印经典等藏语文献，对藏缅语族语言和历史的研究尤为重要。唐代樊绰《蛮书》所记乌蛮、白蛮语也属藏缅语族。纳西族东巴文和哥巴文的经书以及彝文的碑铭、写本，也是藏缅语族的重要文献。白族在历史上创造了仿汉文字"僰文"，用来书写曲本、经书、祭文等文献，至今仍在白族民间使用。

苗瑶语族语言在我国主要分布在贵州、湖南、云南、四川、广东 5 省和广西壮族自治区，一般分为苗语支、瑶语支两个语支，包括苗、布努、勉、畲、巴哼、炯奈、巴那 7 种语言。瑶族在历史上曾经在汉字基础上创造了方块瑶字并用来记录经书、传说和民歌故事等。

壮侗语族语言主要分布在广西壮族自治区和云南、贵州、湖南、广东等省。一般分为台语支（壮傣语支）、侗水语支、黎语支、仡央语支 4 个语支，包括壮、布依、傣、侗、水、仫佬、毛南、拉珈、黎、仡佬等 22 种语言。公元前 500 年左右用汉字记录的《越人歌》的语言属于这个语族。傣语有 13 世纪以来的基于印度婆罗米字母形成的傣文文献。壮、布依、侗、毛南等民族历史上还在汉字基础上发展了仿汉文字，用来记录歌书、经书、祭文等文献。水族的水书由汉字变形和部分象形字构成，主要用于书写宗教经书。

阿尔泰语系又可分为蒙古、突厥、满—通古斯三个语族。基于大量相同和相近的词根、附加成分是同源还是借贷的问题，对于 3 个语族的关系也还有其他的意见。

蒙古语族语言主要分布在内蒙古自治区、新疆维吾尔自治区和黑龙江、辽宁、吉林、青海、甘肃等省，包括蒙古、达斡尔、东乡、东部裕固、土、保安、康家 7 种语言，古代的契丹语也属于这个语族。蒙古族有 13 世纪回鹘式蒙古文的碑铭，元明以来的回鹘式蒙古文和八思巴文文献、汉字译音的《元朝秘史》（又称《蒙古秘史》）等其他重要文献。

突厥语族语言主要分布在新疆维吾尔自治区和青海、甘肃、黑龙江等省，包括维吾尔、哈萨克、柯尔克孜、乌孜别克、塔塔尔、撒拉、西部裕固图瓦、土尔克 9 种语言。突厥语族较早的文献是公元 6—10 世纪的突厥文碑铭、写卷和公元 8—15 世纪的回鹘文碑铭、宗教经典，此外还有 11 世纪的《突厥语词典》和其他重要文献。

满—通古斯语族语言主要分布在新疆维吾尔自治区、内蒙古自治区和黑龙江省。属于满—通古斯语族的有满、锡伯、赫哲、鄂温克、鄂伦春、朝鲜 6 种语言。[①] 12 世纪文献中的女真语属于这个语族。现在满族通用汉语。黑龙江省爱辉和富裕两县还有少数农村的满族老人会说满语。女真文最早的文献是 1185 年的《得胜陀颂》碑铭。1599 年创制的满文有丰富的文献。

属于南亚语系的有佤、德昂、布朗、克木、克蔑、京、莽、布兴、俫等语言。上述语言多数是跨境语言，在我国境内主要分布在云南省西南部边疆地区。

属于南岛语系（也称马来—波利尼西亚语系）的是台湾省的高山族诸语言（据已有资料共 15 种），以及海南省回族使用的回辉语。

在中国，印欧语系的现代语言是属于斯拉夫语族的俄语和属于印度—伊朗语族的塔吉克语。中国古代属印欧语系的语言有粟特语和于阗语、焉耆—龟兹语，并有公元 3—5 世纪以来流传使用几百年的粟特文、焉耆—龟兹文、于阗文文献。

此外，朝鲜语和京语的系属问题还悬而未决。国际学界有学者已把朝鲜语列入阿尔泰语系，但仍有不同意见。京语究竟属南亚语系还是属汉藏语系或另有归属，也有待于进一步研究。

二　中国的少数民族文字

文字是书写语言的符号，它产生以后，可以克服有声语言的时空限制，增加了文化积累，对社会的发展产生巨大的推动作用。

中国是一个多民族的国家。除了口头语言之外，我国很多少数民族在不同的历史时期曾创造了本民族的文字，并保存了用这些文字书写的大量文献。这些文字可以分为传统文字、新创和改进文字两大类。

（一）传统文字

中国境内各民族在新中国成立以前的不同历史时期创造和使用的文字，统称为民族传统文字，总数在 30 种以上。这些文字类型各

---

① 朝鲜语的语言地位问题，学界还有较大的意见分歧。

异，使用情况不一。有的是在历史上形成发展并一直使用至今；有的则已经成了死文字，但仍有数量各异的文献保留到现在。这些文字和文献，是中华民族珍贵的文化遗产。

中国不但语言类型较多，文字类型也很丰富。按照文字符号的来源，总体上可以分为非字母文字和字母文字两大类，每一大类又可以分为多种类型。

1. 非字母文字

（1）图画—象形文字，如纳西族东巴文、四川尔苏人（旧称西蕃人）的沙巴文。这类文字处于图画文字向象形文字过渡的阶段。其中沙巴文更偏向图画文字，符号性不突出；而东巴文已经有一定的符号性，更偏向于象形文字。此外，贵州水族水书的符号系统里也有一部分象形文字符号。

（2）音节文字。音节文字的特点是每个符号表示一个音节，笔画比较简单。这一类文字，已知的主要有三种，即彝文、纳西族的哥巴文和云南迪庆藏族自治州维西县部分地区傈僳族使用的"竹书"（又称为"汪忍波傈僳文"）。

（3）汉字系民族文字。这类文字共有十几种，古代的有契丹文（分大字、小字两种）、女真文、西夏文，沿用到现代的有水书、方块白文、方块壮文、侗字、布依文、方块苗文、方块瑶文、毛南文等。此外，还有纳西族的玛丽玛莎文、纳西族摩梭人的达巴文、阮可人的阮可文等。主要包括两种类型：一类是对汉字字形结构或偏旁进行不同形式的改造、变异，造成新字，借用汉字少，属这一类的如契丹大字、西夏文和女真文；另一类可以称为仿汉文字，主要使用假借汉字（包括音读汉字和训读汉字等）来记录民族语言，同时也用形声及其他方法创制表达本族语词的新字，如方块壮字、方块白文和方块瑶字等。

2. 字母文字

字母文字又称为拼音文字。按字母形式的来源以及其他特征，中国各民族的字母文字可以分为以下一些类型：

（1）来源于阿拉美字母体系的有佉卢字、粟特文、回鹘文、回鹘式蒙古文、满文、锡伯文、突厥文。

（2）来源于印度婆罗米字母体系的有焉耆—龟兹文、于阗文、藏文、八思巴文以及傣泐文、傣哪文、傣绷文和金平傣文等四种傣文。

（3）来源于阿拉伯字母的有察合台文。后来的维吾尔文、哈萨克文、柯尔克孜文都从察合台文发展而来。同一个字母的书写形式因位置在词头、词中、词尾的区别而略有不同。

（4）来源于汉字及其他符号的朝鲜训民正音文字（朝鲜谚文）、契丹小字。这两种文字在汉字的影响下，都把字母拼写在一起，构成一个方块形。也有意见认为训民正音文字是一种音节文字。

（5）来源于斯拉夫字母的俄文。新疆伊犁、塔城等地的俄罗斯族人使用俄文。

（6）来源于拉丁字母形式的各种传教士文字。19世纪末20世纪初，西方传教士深入我国西南民族地区传教，并在拉丁字母的基础上创制了一批少数民族文字，如景颇文、傈僳文、拉祜文、佤文，以及滇东北一带的伯格理苗文等。景颇文、傈僳文、拉祜文等至今仍在使用。

上述一些传统文字，如藏文、彝文等已经有一千多年的历史，其他文字也都有几百年的历史。不少传统文字已经有比较规范的习惯用法，使用范围广，影响也比较大，保留了珍贵的历史文献。另外一些传统文字没有经过系统的规范，只在民间使用，因人而异、因地而异特点突出，文献也相对比较零散。个别一些书写符号体系的文字地位尚需论证，如云南文山壮族使用的"坡芽歌书"等。

（二）新创和改进文字

新中国成立后，党和国家坚持马克思主义语言平等观，切实保障各民族使用和发展本民族语言文字的权利，组织开展了大规模的少数民族语言调查研究，并在此基础上，帮助少数民族创制和改革文字。民族文字的创制和改革工作从20世纪50年代初至"文化大革命"前基本完成，部分工作到 20 世纪 90 年代完成。主要内容包括：（1）帮助壮、布依、彝、苗、哈尼、傈僳、纳西、侗、佤、黎 10 个民族创制了 14 种拉丁字母形式的文字。（2）帮助傣、拉祜、景颇（景颇支系）、彝等 4 个原有文字的民族改进了 5 种文字；帮助维吾尔、哈萨克两个民族改革文字系统，即把原来阿拉伯字母文字改为拉丁字母文字。（3）先后帮助景颇族（载瓦支系）、土族、羌族创制了拉丁字母形式的文字方案。创制的壮文于 1957 年经国务院批准正式推行，改进的彝文于 1980 年由国务院批准正式推行；其他文字经国家民族事务委员会批准试验推行；羌族文字方案经国家民族事务委员会批准试点推行。20 世纪 80 年代根据本民族的要求，又为白、土家、瑶、基诺、独龙等民族设计了拼音文字方案。这些文字分别在各民族地区试验推行，为各民族语言文化的发展发挥了积极的作用。

在创改文字的过程中，各级政府始终遵循少数民族自愿自择的原则，充分尊重少数民族的意愿和要求。一些民族在使用新文字一段时间之后，认为新文字不符合本民族的需要，对文字使用进行了重新选择。如黎族放弃新创制的黎文，直接使用汉文；维吾尔族、哈萨克族于 1982 年恢复使用原有的阿拉伯字母文字；彝族放弃新创制的拉丁字母文字，使用改进的规范彝文等。

在我国，汉文不但是汉族的传统文字，也是全国各民族通用的规范文字，是在国际活动中代表中国的法定文字。通用汉语的几个少数民族，很自然地以汉文作为自己的文字；没有与自己语言相一致的文字的少数民族，大多也选择了汉文作为自己的文字。

当前，各少数民族使用的文字，包括汉文、沿用至今的传统文字、新创或改进的民族文字等，总数在 40 种以上。

三　新中国各民族语言文字的使用和发展

2009 年 9 月 27 日国务院新闻办发表的《中国的民族政策与各民族共同繁荣发展》白皮书指出："目前，我国少数民族约有 6000 万人使用本民族语言，占少数民族总人口的 60% 以上；约有 3000 万人使用本民族文字。"作为统一的多民族国家，我国在马克思主义语言观的基础上，结合中国各少数民族及其语言的发展实际，不断探索和推进马克思主义民族观、语言观中国化的理论问题，并用其指导民族语文工作实践，推动构建功能互补、多语和谐的语言生活，为各民族交往交流交融奠定了语言文字基础，这是我国民族团结进步事业的重要体现和重大成就。

1949 年 9 月 29 日，中国人民政治协商会议通过的《共同纲领》第五十三条规定："各少数民族均有发展其语言文字、保持或改革其风俗习惯及宗教信仰的自由。"1954 年 9 月 20 日，第一届全国人民代表大会第一次会议通过的《中华人民共和国宪法》第三条规定："各民族都有使用和发展自己的语言文字的自由。"第七十一条规定："自治区、自治州、自治县的自治机关在执行职务的时候，使用当地民族通用的一种或几种语言文字。"在《宪法》基础上形成的一系列法律法规，都明确了各民族使用和发展自己语言文字的权利，为统一多民族国家构建和谐语言生活奠定了政治和法律基础。

新中国成立以来，特别是改革开放以来，少数民族语言文字在各个领域得到广泛应用，与国家通用语言文字一起，共同构建了功能互补、双语和谐的语言生活。

政治领域：在中国共产党全国代表大会、全国人民代表大会、全国政治协商会议等重要会议上，除了提供汉文文件之外，还要向少数民族代表和委员提供蒙、藏、维、哈、朝、彝、壮 7 种文字的译本，同时提供这 7 种语言的同声传译服务，少数民族代表和委员能够通过自己熟悉的语言文字参政议政，行使党和人民赋予的权力。民族文字在各自地方的行政机关和业务部门得到较为广泛的使用。在部分少数民族聚居区，各种重大会议和活动，也都根据客观需要配备翻译人员。各种文件都使用民族文字，不少民族聚居的县、乡、村等基层举办各种活动时，为便于交流，主要使用民族语言。使用汉文和当地通用的民族文字发布文件在许多民族自治地方得到执行。

在民族聚居区的司法领域，民族语文也得到尊重和使用。

教育领域：在北方一些有传统文字的民族中，重新确定了以本民族语授课为主、加授汉语文的双语文教学体系；在南方一些民族中，在进行大量双语教学实验的基础上，则逐步确立了主要以汉语文授课为主、加授民族语文的双语文教学体系。到 2016 年年底，我国实行民汉双语教学的中小学校有 1.2 万多所，使用 21 个民族的 29 种文字开展双语教学，共有 800 万名中小学在校生。使用民族语文进行教学的各类扫育班、培训班共有 2500 多所，学员达 100 多万名。每年编译出版少数民族文字教材达 3500 多种，总印数达 1 亿多册。

文化领域：我国有 36 家出版社出版少数民族语文图书，共用 27 种民族文字出版各类图书达 4100 多种，印数达 5300 万册，种类包括各种课本，文学、社会科学、自然科学、生活读物，工具书，古籍整理及其他大量的翻译读物等；出版了 103 种少数民族文字报纸和 227 种少数民族文字期刊；各级广播电台使用蒙古语、朝鲜语、藏语、维吾尔语、哈萨克语、瑶语、壮语、京语、临高语、彝语、西双版纳傣语、德宏傣语、傈僳语、景颇语、拉祜语、哈尼语、苗语、载瓦语、安多藏语、康巴藏语、柯尔克孜语 21 种民族语言（方言）进行广播。中央人民广播电台现设有民族部，用蒙古语、藏语、维吾尔语、哈萨克语、朝鲜语 5 种民族语言对国内外进行广播。内蒙古（蒙古语）、新疆（维吾尔语和哈萨克语）、西藏（藏语）等自治区电视台开设民族语言电视频道，广西电视台开播壮语新闻节目。省级以下电视台使用民族语播放节目更为广泛。一些民族自治地方的自治区、自治州建立了民族语影视节目译制机构，每年都译制出大量民族语影视节目。各民族都在使用本民族语言文字表演各种本民族群众喜闻乐见的文艺节目。

信息化领域：党和国家高度重视民族语言文字信息化工作。蒙古语文、藏语文、维吾尔语文等 11 种少数民族语文在字符集、键盘、字模标准的研制、语文数据库的建立以及民族文字操作系统、出版照排系统和各类应用系统的开发等语文现代化方面，都已有不同程度的开展。继信息交换用藏文编码标准字符集、键盘和字形项标准于 1996 年年底在少数民族文字中第一个成为国家标准、1997 年成为国际标准之后，已有部分少数民族文字信息编码标准取得国家和国际的认可，为这些少数民族文字开发软件、进行国际信息交流、进入国际互联网络铺平了道路。到目前为止，蒙古文、藏文、维吾尔文、哈萨克文、朝鲜文、柯尔克孜文等已经完成了国家级编码字符标准、键盘标准、字模标准的测试。各地、各有关单位还研发了蒙古文、藏文、维吾尔文、哈萨克文、柯尔克孜文、朝鲜文、彝文、壮文、傣文、锡伯文、满文的操作系统、电子出版系统以及翻译辅助软件，建立了蒙古语文、藏语文、壮语文的数据库，为民族语文标准化和信息化打下了坚实的基础。2004 年第一款少数民族语言（维吾尔语）手机诞生以来，我国各少数民族文字手机相继面市。① 目前藏文、蒙古文、维吾尔文等都有了网站，进行信息发布和交流。

　　基于以上马克思主义语言观中国化的理论和实践，新中国正确处理了国家通用语言文字和各少数民族语言以及各汉语方言之间的关系，各民族语言的使用和发展得到了切实保障，基于各民族语言文字的民族文化大发展、大繁荣成效显著，为各民族语言文化之间的交融发展提供了基础条件。特别是改革开放以来，随着经济交流和社会发展，各民族交往交流交融不断增强，兼通民族语和汉语的双语人越来越多，民族语文仍有自己的独特生存和发展空间，并与汉语文长期并存，互为补充，共同发展。

　　但同时也要看到，由于我国语言国情复杂，各民族、各地区的社会、经济和文化发展特点不同，因此，各民族语言的发展、传承

---

　　① 以上内容综合参见李旭练、黄威宁《马克思主义民族语言平等观中国化历程及实践经验》，《民族翻译》2013 年第 4 期；祖力亚提·司马义《普及国家通用语言文字是实现各民族团结平等的重要保障》，《光明日报》2018 年 10 月 14 日第 6 版。

情况也不一样。总体上看，目前少数民族语言的使用情况大致有以下三种类型：

第一种类型，如蒙古、藏、维吾尔、哈萨克、朝鲜等族，有大片聚居区，人口均在百万以上，传统文字历史悠久，这些民族的语言除了在家庭内部、邻里亲友间使用外，还在本民族的政治、经济、文化、教育各个领域中使用，甚至在一些邻近的或者杂居在一起的其他民族中使用。

第二种类型，如彝族和傣族等，他们虽然也有成片的聚居区，有传统的文字，但是文字没有统一的规范，方言差异也较大，本民族的语言在社会上的应用不如蒙古、藏、维吾尔、哈萨克、朝鲜等民族那么广泛。壮语等语种由于语言内部差别较大，全民族通用的共同语还没有形成，文字的使用范围也很小，语言使用情况与彝语、傣语接近。

第三种类型，本民族语言只在本民族内部日常生活中使用，在政治生活、学校教育中往往使用其他民族的语言（主要是汉语，有些地方也使用其他少数民族语言）；没有与本民族语言相一致的文字或传统文字不通用，一般使用汉文。属于这一类型的少数民族语言相当多，占语言总数的四分之三以上，使用人口占少数民族总人口的一半以上。

据研究，中国 90% 的少数民族语言人口使用壮、维吾尔、彝、苗、蒙古、藏、布依、朝鲜、侗、哈萨克、哈尼、白、傣、瑶 14 种语言，而 90% 的语言其使用人数仅占少数民族语言人口的 13%。① 随着全球化、城镇化进程的进一步深化，一些少数民族语言，特别是使用人口较少的语言，面临着功能弱化、传承困难的濒危问题，引起了党和国家以及社会各界的普遍关注。

2011 年 10 月，中国共产党十七届六中全会通过《中共中央关于深化文化体制改革，推动社会主义文化大发展大繁荣若干重大问

---

① 黄行：《少数民族语言文字使用情况调查述要》，《民族翻译》2013 年第 3 期。

题的决定》，明确提出了"大力推广和规范使用国家通用语言文字，科学保护各民族语言文字"的指导方针。2015 年，教育部、国家语委实施"中国语言资源保护工程"，到 2019 年，已经调查、收集和整理了 1100 个汉语方言点，400 多个少数民族语言点，并于 2019 年推出《濒危语言志》系列丛书。在"语保工程"的推动下，"语言资源观"逐渐深入人心，以保护和促进世界语言多样性《岳麓宣言》为代表的语言文化多样性保护理念在世界范围内发挥了示范作用，新中国民族语言文字的保护和发展进入一个新的阶段。

第二节　新中国成立前的少数民族语言文字研究

新中国成立以前，除了少数几种有传统文字文献的民族以外，大多数少数民族的语言文字一直无人问津，学术研究呈空白状态。有传统文字文献的民族，其语言文字研究也较为零散，且大多属于语文学研究范畴。到 19 世纪末 20 世纪初，西方传教士为了传教目的，到边疆民族地区考察语言并创制了一些拼写符号。服务于殖民主义目的的西方科学考察队在考察报告中或旅行游记里描述了民族地区的风土人情、民俗及其语言情况。20 世纪 40 年代抗日战争时期，大学西迁，一批受过语言学训练的专家学者来到民族地区，运用现代语言学方法调查研究西南地区的少数民族语言，开启了少数民族语言科学研究的序幕，但成果较为零散，没有形成体系。

一　西方科考者和传教士的少数民族语言调查

19 世纪西方科考人士和传教士对川滇两省进行过考察，对当地的民族、历史、支系和语言进行过描述，如法国人克拉普罗特（Klaproth，1826）的《亚洲笔记：关于东方各族人民历史、地理和语言学的调查研究》。英国人哈德森（Hodgson，1847）的《第一集：科奇、博多与迪马尔部落》记录了一些当地部落的包括词汇、语法、位置、数字、信条、风俗习惯、生活条件以及人们的生理和道德特征。英国人巴伯尔（Baber，1882）的《华西旅行考察记》介绍了西南少数民族风情，并从法国传教士那里拿到 8 张彝文手稿，附在该书第 128—129 页。英国人贝尔德（Bird，1899）出版的《扬子江流域及其腹地：中国四川境内之旅记》记述了川西北嘉戎藏族和羌族地区的所见所闻。英国人霍西（Hosie，1900）的《华西三年：云贵川三次旅行的叙述》介绍了当地少数民族支系、语言以及民风民情。

英国人戴维斯（Davies，1909）的《云南：联结印度与扬子江的链环——19 世纪一个英国人眼中的云南社会状况及民族风情》一书记录了中国西南有关民族学、经济学、社会学、政治文化方面的资料，还描述了云南的民族支系、语言、方言情况。

二　民国时期的少数民族语言调查研究

我国少数民族语言的记录和样本采集始于 19 世纪中晚期，但运用现代语言学方法来进行研究则始于 20 世纪 30—40 年代。抗战时期很多大学西迁昆明，国立北京大学、国立清华大学和私立南开大学联合组成西南联合大学，当时联大和成都的华西协和大学、迁往云南大理的华中大学的一些知名学者和研究生，基于身居西南少数民族地区的便利条件和对西南少数民族语言研究的兴趣，调查、记录了一批少数民族语言，发表了具有开创性的中国少数民族语言研究成果。

李方桂（1902—1987）1930—1942 年亲自调查研究了云南、广西、贵州属侗台语族的壮、布依、傣、侗、水、佯僙、莫等约 20 种语言和方言，到泰国调查了泰语。1934 年他发表 "The Hypothesis of a Preglottalized Series of Consonants in Primitive Tai"（《原始台语中带喉塞音声母的假设》），构拟了古台语一套带喉塞音的声母：*ʔb、*ʔd、*ʔj，这套声母与喉塞音一样对声调有重要影响。他把台语分为北支、中支和西南支。他还出版了《龙州土语》（1940）、《莫话记略》（1943）。根据他在 20 世纪 30—40 年代的语料，还先后出版了《武鸣土语》（1956），《佯僙语》（绪论与音韵、语料、词汇）（1966、1967、1968），《水语研究》（1977）。

袁家骅（1903—1980）对西南地区少数民族语言进行调查和研究，先后对窝尼语、阿细彝语、壮语进行过较为深入的探索，并发表有《窝尼语音系》（1947）、《峨山窝尼语初探（语法提要）》（1947）等。

罗常培（1899—1958）曾调查纳西语、民家（白族）语、俅（独龙族）语、怒语、景颇语、傈僳语、摆夷（又写作"摆彝"，即傣族）语等少数民族语言，并先后发表了《从语言上论云南民族的分类》（1942）、《论藏缅族的父子连名制》（1944）。在对西南边疆少数民族语的全面调查和研究过程中，他做了不少开创性的工作。这方面他著有《莲山摆彝语文初探》（与邢公畹合著，1950）、《贡山俅语初探》（1952）等。

闻宥（1901—1985）调查过羌语、彝语、白语、纳西语等，著有《论爨文丛刻兼论罗文之起源》（1936）、《倮罗译语考》（1940）、《民家语中同义字之研究》（1940）、《么些象形文之初步研究》（1941）、《川西羌语之初步分析》（1941）等。

傅懋勣（1911—1988）调查过纳西语、彝语，发表了《维西么些语研究》（语音部分，1940；语法部分，1941；词汇部分，1943）、《丽江么些象形文〈古事记〉研究》（1948）。

高华年（1916—2011）调查过纳苏彝语、哈尼语，并发表了《黑彝语中汉语借词研究》（1943）、《黑彝语法》（1944）等。

马学良（1913—1999）调查了撒尼彝语，并于 1941 年完成毕业论文《撒尼倮语语法》，后以《撒尼彝语研究》为题出版，这是中国第一部用现代语言学理论描写彝语的学术著作。

芮逸夫发表有《赫哲的语言》（1934），1937 年随中央研究院历史语言研究所迁至云南昆明，继续进行西南少数民族研究，先后发表《西南民族语文教育刍议》（1938）、《西南民族的语言问题》

（1943）、《中国边疆之语言文字及其传授方法》（1947）、《记栗粟语音兼论所谓栗粟文》（1947）。

金鹏（1909—1991）20 世纪 30 年代参加《汉藏大辞典》的编纂工作，40 年代赴四川阿坝调查民族语言，著有 *Etude sur le Jyarung*（《嘉戎语研究》）（1949）等著作。

邢公畹（1914—2004）于 1940 年进入中央研究院历史语言研究所师从李方桂学习汉语方言、汉语上古音、侗台系语言等。发表有《汉语"子""儿"和台语助词 luk 试释》（1948）、《远羊寨仲歌记音》（1942），为国内较早的布依语研究资料。另有《莲山摆彝语文初探》（与罗常培合著，1950）。

王辅世（1919—2001），1940 年考入燕京大学政治系转社会科学系。1942 年转北京大学经济系，1944 年毕业。同年考入辅仁大学人类学研究所，中途休学。1947 年复学，师从方言地理学家贺登崧调查宣化方言。同时于 1949 年秋又考上北京大学中文系研究部著名语言学家罗常培的研究生。1950 年获辅仁大学人类学研究所硕士学位，1952 年 6 月北京大学中文系研究部研究生毕业，毕业论文为《威宁苗语研究》。

中国现代语言学的奠基者罗常培、李方桂以及上面提及的大师和专家们开创了中国少数民族语言的研究。新中国成立后，他们继续从事少数民族语言的研究和教学工作，为新中国民族语言学学科的建立和发展做出了巨大贡献。

第三节　新中国 70 年民族语言学研究的发展

新中国成立以来，中国少数民族语言研究受到前所未有的重视，并成为民族工作的重要内容。为了全面推进民族地区的语言文化事业，党和国家组织全国力量进行少数民族语言文字大调查，为少数民族语言文字研究拉开了序幕。70 年来，新中国的少数民族语言研究一方面紧密结合中国民族工作的实际，为民族地区各项事业发展服务，一方面系统学习国际语言学界的前沿理论和方法，特别是系统借鉴汉语的研究经验，在学科体系、学术成果、学术平台等方面都取得了巨大的成就，业已成为极具中国特色的语言学重要分支学科，在新中国的语言文字事业中发挥了重要的作用。

新中国的民族语言学研究，具有丰富的内涵，下属分支学科众多。经过几代民族语言学者 70 年的努力，少数民族语言研究从单一的调查描写发展到多元化研究，在描写语言学、历史比较语言学、语言类型学、文化语言学、社会语言学、语言类型学、计算语言学、实验语音学、词典学、民族文字文献、民族语言应用、纪录语言学、跨境语言研究等方面都取得了巨大成就，民族语言学学科体系、学术体系、话语体系都得到了极大的发展和完善。以下按传统语言学研究、新兴学科和交叉学科研究分别阐述。

一　传统语言学研究

（一）描写语言学

描写研究是语言学研究的基础。新中国成立 70 年来，少数民族语言的描写研究走过了由结构主义理论框架下的分析描写到多种理论框架下的描写与解释相结合的研究道路。

新中国成立初期，国家的各项文化事业百废待兴。党和国家组织大量人力和物力展开少数民族语言文字大调查，为新中国少数民族语言研究奠定了坚实的基础。

1955 年 12 月，首届民族语文科学讨论会在北京召开，会议制定了少数民族语文工作的第一个五年计划和 12 年远景规划，并计划安排在两年（1956—1957）之内普遍调查少数民族语言，两三年（1956—1958）内为少数民族创立、改进或改革文字确定方案。中国科学院根据中央的指示，会同中央民族事务委员会和中央民族学院于 1956 年专门组建了少数民族语言研究所，全面负责组织和协调少数民族语言普查和文字创制改革工作。1956 年春，在国家民族事务委员会和中国科学院领导下，700 多名少数民族语言研究者和工作者，分成 7 个调查队奔赴民族地区进行语言普查。这次调查取得了丰硕成果，到 1959 年共调查了 42 个民族的语言，收集了 1500 多个调查点的语言资料，总体上掌握了少数民族语言（包括方言）的分布与使用状况，掌握了各民族的文字使用情况。这次民族语言文字大调查的直接成果，包括之后在《中国语文》《民族语文》等刊物上陆续发表的 100 多篇中国少数民族语言概况系列论文，以及 20 世纪 60—80 年代先后出版的 59 种《中国少数民族语言简志丛书》，此外还有一些民族语言研究论著和民汉/汉民语言词典。因此，这些大调查全面推动了中国少数民族语言的描写研究，产生了极其深远的学术影响。迄今为止，大调查获取的第一手调查资料，目前只刊布了其中的一部分，尚有很多材料有待整理、刊布和深入研究。

改革开放以后，中国少数民族语言文字调查研究进入了一个新的阶段。1983—1985 年，中国社会科学院民族研究所对全国 5 个自治区、30 个自治州（盟）、113 个自治旗县使用的 65 种语言和 30 种文字进行实地调查，并于 1992—1994 年先后出版了《中国少数民族语言使用情况》《中国少数民族文字》《中国少数民族语言文字使用和发展问题》等成果。

1992 年以来，中国社科院民族研究所依托国家社科基金项目组织专家对中国境内空白语言进行了调查，由孙宏开主编，先后出版了 40 多种少数民族语言的"中国新发现语言研究丛书"和 10 多部"中国少数民族语言方言研究丛书"，其中"中国新发现语言研究丛书"中有一部分是对濒危语言的调查和描写成果；戴庆厦（2004）等对满语、赫哲语、土家语、仡佬语和仙岛语 5 种濒危语言进行了细致调查，出版了《中国濒危语言个案研究》[①] 一书；此外还有许多调研报告和学术论文在这一时期出版发表。这些丛书或系列论文

---

① 戴庆厦：《中国濒危语言个案研究》，民族出版社 2004 年版。

都是对某些少数民族语言或方言的整体性描写，分量大，描写细，一般都有比较统一的调查规划和描写框架，体现出集体研究力量和团队协作优势。

21 世纪以来，民族语言学界又出版了系列语言描写和概况介绍的著作，代表性的有孙宏开等主编的《中国的语言》（商务印书馆 2007 年版）、戴庆厦主编的"中国少数民族语言参考语法研究系列丛书"、江荻主编的《中国民族语言语法标注文本》等。

中国少数民族语言研究通论的编写也取得了重大进展。马学良主编的《汉藏语概论》（1991）是一部国内汉藏语研究的通论性著作，该书有些章节，例如藏缅语族羌语支等部分包含大量对羌语支语言概况的描写。倪大白的《侗台语概论》（1990）和李增祥的《突厥语概论》（1992）也主要对语族内的各语言进行了较为具体的描写。各个时期都不断有语言研究者刊布、发表的基于少数民族语言调查和描写的研究成果，体现了民族语言描写研究的深化和拓展。如马学良《撒尼彝语研究》（1951），袁家骅《阿细民歌及其语言》（1953），高华年《扬武哈尼语初探》（1955），金鹏《藏语拉萨日喀则昌都话的比较研究》（1958），孙宏开等《门巴珞巴僜人的语言》（1980），那斯如拉《现代维吾尔语》（1980），瞿霭堂和谭克让《阿里藏语》（1983），李树兰等《锡伯语口语研究》（1984），陈康《台湾高山族语言》（1992），张济民《仡佬语研究》（1993），林向荣《嘉戎语研究》（1993），丁椿寿《彝语通论》（1993），李锦芳、周国炎《仡央语言探索》（1999），胡增益《鄂伦春语研究》（2001），胡毅《中国柯尔克孜语南部方言研究》（2001），陈康、许进来《台湾赛德克语》（2001），李锦芳《侗台语言与文化》（2002），戴庆厦等《仙岛语研究》（2005），朝克《现代锡伯语口语研究》（2006）等。

少数民族语言的语音、词汇、语法描写也取得了丰硕成果。在语音方面，傅懋勣等《云南省西双版纳允景洪傣语的音位系统》（1955）是少数民族语言语音描写和音系研究的典范。张均如编写出版了《壮语音系汇编》（1961）。更多的研究者对少数民族语音的某些现象如声调、松紧元音、复辅音等进行了集中、深入的描写，如王尧《藏语的声调》（1956），程默《载瓦语的声调》（1956），瞿霭堂《藏语的声调》（1981），戴庆厦《景颇语的声调》（1985），谭克让《夏尔巴藏语的声调系统》（1987），罗季光、马学良《我国汉藏语系元音的长短》（1962），胡坦、戴庆厦《哈尼语元音的松紧》（1964），瞿霭堂《藏语的复辅音》（1965），萧家成《景颇语的弱化音节》（1979），道布《蒙古语中的吸气音》（1980），易斌《现代维吾尔语的元音和谐形式及其特点》（2006）等。

　　少数民族语言的词汇研究取得了重大进展。中国社会科学院民族研究所主编的《藏缅语语音和词汇》（1991）、中央民族学院苗瑶语研究室编写的《苗瑶语方言词汇集》（1987）、壮侗语研究室编写的《壮侗语族语言词汇集》（1985）、黄布凡主编的《藏缅语族语言词汇》（1992）等都有重要的学术价值；戴庆厦、徐悉艰《景颇语词汇学》（1995）和成燕燕《现代哈萨克语词汇学研究》（2000）是少数民族语言词汇研究的重要著作。这些成果从各个方面描写和揭示了我国少数民族语言的特点，深化了对各语言的本体研究，丰富了中国少数民族语言科学的理论内涵和研究方法。

　　语法研究一直是少数民族语言描写的重点，成果最多，如高华年《彝语语法研究》（1955），喻世长《布依语语法研究》（1956），刘璐、恩昆腊《景颇语语法纲要》（1959），徐琳、木玉璋和欧益之《傈僳语语法纲要》（1959），张济民《苗语语法纲要》（1963），清格尔泰《现代蒙语语法》（1980），崔允甲《朝鲜语语法》（1980），格桑居冕《藏文文法教程》（1981），格拉吉丁、欧斯满《简明哈萨克语法》（1982），李民、马明《凉山彝话语法》（1982），韦庆稳《壮语语法研究》（1985），王春德《苗语语法（黔东方言）》（1986），李永燧《哈尼语语法》（1990），戴庆厦、徐悉艰《景颇语语法》（1992），宣德五《朝鲜语基础语法》（1994），陈康、巫达《彝语语法（诺苏话）》（1998）等。

进入 21 世纪以来，基于新的研究方法的描写语言学研究取得积极进展。兴起于 20 世纪 80 年代的参考语法研究，在我国民族语言研究领域也产生影响。2006 年开始，戴庆厦教授基于参考语法的研究框架，设立中央民族大学"985"工程语言中心重大科研项目，并申请国家社科基金重大项目，先后推出十余部"少数民族语言参考语法研究丛书"的系列著作，产生重要的学术影响，也有积极的应用价值。

从 2010 年开始，中国社会科学院民族学与人类学研究所开展"中国民族语言语法标注文本"研究，在建立适合中国民族语言的涵盖整个语法系统的语法标注集的基础上，对数十种少数民族语言进行创新范式的描写研究。2016 年出版的"中国民族语言语法标注文本丛书"共包含《藏语拉萨话语法标注文本》等在内的 10 本专著，并有 12 本专著已获得 2019 年国家出版基金资助。本项研究的成果除了语法标注文本外，还包括中国民族语言语法信息电子词典和中国民族语言语法标注集。

2015 年以来，按照"科学保护各民族语言文字"的指导方针，教育部、国家语委启动中国语言资源保护工程，并于 2016 年发布《关于推进中国语言资源保护工程少数民族语言调查的通知》，并颁布了 2015—2019 年在全国少数民族中展开 310 个一般点、110 个濒危点的总体规划表。截至 2018 年，少数民族语言调查总体上进展顺利，已完成的调研点涵盖了大陆和台湾 55 个少数民族 117 种语言的若干方言及土语，其中也包括数种特殊类型的语言，如混合语等。到 2019 年，拟完成总规划任务的 97.85%，共完成 411 个点，其中 323 个一般点，88 个濒危点。特别是 20 种少数民族语言被纳入国家出版基金资助的"中国濒危语言志"丛书，作为 2019 年新中国成立献礼工程出版，这是濒危语言调查和描写的重要成果。作为 21 世纪以来规模最大的语言调查工程，语言资源保护的调查和研究将为少数民族语言的描写研究提供新的发展机遇。

（二）历史比较语言学研究

历史比较语言学在印欧语系语言研究方面取得了巨大的成就，

并使语言研究成为严格意义上的科学。20 世纪初期，历史比较语言学的理论和方法传入中国，在汉语史研究方面取得了重大成就。由于中国少数民族语言数量众多，类型各异，情况复杂，且大多数没有表音的文字文献，因此历史比较语言学研究面临很大的困难。但是经过几代学人 70 年的艰苦努力，还是取得了巨大的成就，主要成就体现在语言系属分类和语言同源关系研究两个方面。

　　关于中国境内少数民族语言的系属分类，学界历来有不同观点。李方桂在 1937 年为英文版《中国年鉴》撰写 "Languages（and Dialects）" 时提出一个框架，并于 1973 年在美国的《中国语言学报》上重新发表为 "Languages and dialects of China"（《中国的语言和方言》），把中国的语言分为印—支（汉藏）、南—亚、阿尔泰等语系，汉藏语系又包括汉语、侗—台语族、苗—瑶语族和藏—缅语族（早先将汉藏语系分为汉台语和藏缅语两大类，汉台语包括汉语、台语和苗瑶语三族，1973 年调整为一语三族的分类格局）。[①] 1954 年罗常培、傅懋勣在《国内少数民族语言文字概况》[②] 中沿用并发扬了这种分类思想，将国内少数民族语言分为汉藏、阿尔泰、南亚、南岛和印欧五个语系。此后马学良、戴庆厦以及《中国大百科全书·语言文字卷》都遵循这一分类框架。国外白保罗等人主张把苗瑶语和侗台语从汉藏语系分割出去，另成立澳泰语系；法国学者沙加尔则认为汉语与南岛语有发生学关系，这些论争进一步激发了国内少数民族语言历史比较的讨论和探索。[③]

　　① 李方桂（Fanggui Li），Languages（and Dialects）. In *Chinese Yearbook*（1937），Shanghai. And Languages and dialects of China Reprinted in *Journal of Chinese Linguistics*（1973，1，pp. 1 – 13），梁敏的中译文载《民族译丛》1980 年第 1 期。

　　② 《中国语文》1954 年第 3 期。

　　③ 这些论争主要集中在壮侗语、苗瑶语与其他汉藏语有无发生学关系上，由此延伸到汉藏语与南亚语、南岛语的关系，详细情况可参阅游汝杰《中国语言系属研究述评》（《云梦学刊》1996 年第 3 期）及孙宏开、江荻《汉藏语言系属分类之争及其源流》（《当代语言学》1999 年第 2 期）。

语言历史关系研究方面代表性的成果有李方桂的《台语比较手册》（1977），陈其光、李永燧的《汉语苗瑶语同源例证》（1981），喻世长的《论蒙古语族的形成和发展》（1983），王辅世、毛宗武的《苗瑶语古音构拟》（1995），颜其香、周植志的《中国孟高棉语族语言与南亚语系》（1995），梁敏、张均如的《侗台语族概论》（1996），朝克的《满通古斯诸语比较研究》（1997），吴安其《汉藏语同源研究》（2002）等著作，都对部分国内语言的同源关系进行了探索。

历史比较语言学传入中国之后，在理论和方法方面不断创新，获得前所未有的进展。在 21 世纪历史语言学仍将充满活力，追寻和探索语言和人类自身的语言科学研究将继续拓展，语言学、人类学、考古学、生物学、地理学以及计算机科学都会在同一目标下汇聚到一起。2019 年张梦翰等在《自然》杂志上发表的关于汉藏语系历史源流的论文《语言谱系证据支持汉藏语系在新石器时代晚期起源于中国北方》，就是历史比较语言学与分子人类学等学科相结合的成果，引起了国际性的学术反响。基于这样的学科发展道路，历史语言学的新世纪是美好的。

（三）古文字与古文献研究

少数民族古文字与古文献研究，在旧中国长期不受重视，珍贵文字文献大批流失海外，基于民族文字文献研究的藏学、西夏学、敦煌学等学科，都早已成为国际显学，但研究中心都在欧美国家或俄罗斯、日本。这是旧中国的学术耻辱。新中国成立以后，党和国家高度重视少数民族古文字与古文献研究，不仅在国家民族事务委员会和各民族地区设立少数民族古籍保护办公室，并在 1983 年设立全国高等院校古籍整理研究工作委员会。1979 年，中国民族古文字研究会成立，搭建了中国少数民族古文字文献研究的学术平台。进入 21 世纪以来，由国务院对外公布国家珍贵古籍名录，其中不少是少数民族古文字文献。中国社会科学院等研究机构设立"绝学"学科，全力扶持少数民族古文字与古文献研究。

70 年的中国民族古文字文献研究，各文种及其文献在以往的基础上均有巨大进展，尤其是藏文文献、西夏文文献、黑水城多民族文字文献、蒙古文文献、突厥语族文献、印欧语系文献、纳西东巴文文献等保持了上扬的趋势，论文、著作数量繁多。此外，佉卢文文献、粟特文文献、吐火罗文献、于阗文文献、满文文献等也伴随着"一带一路"和"新清史"的讨论而成为新的热点和亮点，成果迭出。相比较而言，南方有文字文献传统的彝文文献、水书文献等则注重于探讨数字化、输入规范、文献刊布、保护策略等方面，对文字文献的本体研究依旧较少。

从整体的学术水准而言，印欧语系文字文献、藏文文献、突厥语族语言文献研究国际化程度较高，讨论精深、范式严谨，古今中外相融一体，已经实现了中外学界的对接。西夏文献的研究则主要集中在对草书文献的释读及佛教经典的对译和对勘研究，研究队伍随着研究的拓展而增加。相对而言，南方民族文字文献的研究则有一定的局限性，语文学意义的研究整体水平有待提升，对国外学界的研究进展关注较少，研究范式尚未实现规范化。特定文种及其文献虽然研究论著众多，但研究的深度和视野的广度、方法论都有待完善，大都以模仿汉文文献的研究范式为主，远未形成切合具体文字文献的研究译注范式。

70 年来，民族古文字文献研究对学术研究的推动是多方位、多层次的，其间所阐发的多元化、多学科的价值也必将在全新的视野中得到深入的体现。基于"一带一路"倡议以及大数据等新方法，无论是以往研究过的古代民族死文字文献，还是新近发现的民族文字文献材料，都会成为未来知识生产更新、学术进步不可偏废的重要研究领域，系统全面地收集、整理、翻译、研究各民族古文字文献的事业任重道远，前途未可限量。

（四）少数民族语言词典编纂

新中国成立后，党和政府十分重视少数民族语言文字的使用和发展，20 世纪 50 年代组织大批人力、物力和财力对少数民族语言进行大规模调查研究，改革开放前期又作了多次补充调查，积累了丰富的第一手资料，在此基础上完成了一些语言的词典编纂工作。到20 世纪 80 年代前，国内总共出版了 200 多种少数民族语言的各类词典，蒙、藏、维、哈、朝等几种文字历史较长、文献较多的民族语言词典编纂成就尤为显著，但也有一些小语种的词典出版。

改革开放后，中国少数民族语言词典编纂工作进入了新的历史阶段，开始编写出版无文字的或文字使用历史不长的民族语言词典；辞书的类型从比较单一的汉语与民族语的对照，发展到民族语言单语词典与双语、多语词典并举；特别是由中国社会科学院民族学与人类学研究所牵头，编辑出版了中国少数民族语言系列词典，具有重要的政治意义和学术价值。

二 新兴学科和交叉学科研究

新中国成立以来，特别是改革开放以来，语言学科发展迅速，涌现出很多新兴和交叉学科。这些学科的发展，大多基于国际语言学前沿理论和方法的引入，但在发展实践中，也紧密结合了中国少数民族语言文字的特点，极大地丰富和拓展了中国语言学的研究。

（一）文化语言学研究

文化语言学是一门综合性交叉学科。关于文化语言学内涵和外延的界定，学术界意见不完全一致。总的来看，文化语言学是把语言和文化的互动关系作为研究对象的语言学分支学科，或是基于特定民族文化背景对语言进行研究、阐释语言文化内涵和文化价值的语言学分支学科，学界也有观点称之为"人类语言学"。文化语言学是新中国成立以后才逐步发展起来的，其产生、发展和繁荣具有鲜明的中国特色，也是中国语言学对于世界语言和文化发展的重要贡献。

早在新中国成立之初，我国的学者就注意到民族语言与文化之间的密切关系，如林耀华的《分析言语意义对于文化研究的贡献》、罗常培的《从语言上看云南的民族分布》等。1950 年罗常培的《语言与文化》一书堪称我国文化语言学的"开山之作"。此后特别是

20 世纪 80 年代以来，基于少数民族语言的文化语言学在学科理论建设及具体应用研究方面都取得了重大进展，成果丰硕，形成了兼具理论性和实践性的学科特色。

改革开放后，文化语言学进入快速发展阶段。20 世纪 80 年代以来，基于对语言和文化关系的宏观把握和深刻洞察，以张公瑾为代表的一批民族语言学家致力于文化语言学的理论建设，先后发表了《语言的文化价值》《文字的文化属性》《文化环境与民族语文建设》《走向 21 世纪的语言科学》等一系列重要论文以及《文化语言学发凡》《文化语言学教程》等著作、教材，明确提出文化语言学是一门新兴的具有中国特色的语言学分支学科，其任务是研究语言的文化性质和文化价值，阐明了文化语言学的学科发展道路，构建了学科理论框架。张公瑾还将浑沌学的理论与方法引入民族语言文化研究中，注重考察语言系统发展的非线性现象，并大力倡导进行浑沌语言学的个案研究。民族语言学界积极开展少数民族语言和文化关系的研究，从不同的角度阐释了语言和文化的内在联系，充分体现了语言文化多样性的可贵价值。

70 年来，基于少数民族语言研究的文化语言学研究在以下方面取得重大成就：

第一，基本确立了文化语言学的理论体系及学科定位。自 20 世纪 50 年代以来，中国学界就一直开展对文化语言学的研究，并致力于理论和方法的探讨，到 80 年代，文化语言学成为学术界的热点，学科属性及学科地位逐步得到认可。进入 21 世纪以来，浑沌学理论应用于语言与文化研究，标志着文化语言学进入到崭新的阶段，体现了文化语言学在理论和方法方面的新探索。

第二，文化语言学研究初具规模，取得丰硕的研究成果。基于少数民族语言的文化语言学研究队伍不断壮大，研究成果涉及中国境内汉藏语系、阿尔泰语系、南亚语系、印欧语系、南岛语系的几十种民族语言，研究的语种和文种数量在逐年增加，成果数量和质量也在稳步提升。

进入新时代，文化语言学的发展迎来了更加广阔的发展空间。一方面得益于中国语言文化多样性的资源属性，另一方面也得益于党和国家以及社会各界的语言观不断深化，此外，各民族语言文化建设工作也需要文化语言学提供更加全面的学术支撑。

（二）社会语言学研究

新中国成立后，党和国家十分重视少数民族的各项事业，大力开展民族语文工作。社会语言学研究密切联系少数民族语言使用、发展的实际，将民族语文工作实践与国外学科理论借鉴相结合，形成中国社会语言学的本土学派和民族特色。少数民族语言的社会语言学研究是中国社会语言学的重要脉络，它包括语言政策与规划、语言国情调查、语言规范化标准化信息化、语言教学（双语教育）、语言保护、跨境语言等一些专门领域的研究。

新中国成立后，国家实施少数民族语言大调查和少数民族文字"创改选"工程，基本上全面掌握了中国少数民族语言的实际情况，解决了少数民族语言使用发展中的一些重要问题，为民族社会语言学的建立积累了宝贵的实践经验，培养了可观的人才队伍。著名语言学家傅懋勣先生不仅参与领导了民族语文规划工作，还梳理总结了这方面的经验，为建立中国社会语言学发挥了重要作用。改革开放后借鉴西方社会语言学理论方法，基于中国少数民族语言的社会语言学研究走向系统化、学理化，发表、出版了一批学科理论建设的成果。进入21世纪，少数民族语言使用和发展出现了很多新情况、新特点，学者们从语言资源和语言生活角度积极探索研究，形成了具有鲜明中国特色的社会语言学新学派——语言生活派，教育部自2006年开始按年度发布的《中国语言生活状况报告》（绿皮书）为该学派的发展提供了良好契机和研究平台。中国少数民族语言是语言生活研究的广阔天地。

（1）70年来，民族语言的社会语言学研究取得了显著成就。首先，通过开展语言国情调查和民族语文规划，为制定落实民族语言政策和规划措施提供科学支持，为国家的民族语文工作和少数民族经济社会发展奠定了重要基础。其次，通过调查和研究少数民族语言使用状况，促进民族语言发展和文化多样性保护。新时期以来，民族语言使用情况的调查研究成为社会语言学的主要内容；进入 21 世纪，语言生活状况研究成为社会语言学的重点，针对具体语言（或方言）、特定语言使用领域的社会语言调查研究，对促进民族语言发展、保持民族语言活力、保护语言文化多样性发挥了积极作用。最后，少数民族语言研究积累了丰富的调查经验、取得了各种实践和理论成果，推动了中国社会语言学的学科建立和本土化发展。具有中国学术特色的"语言生活派"就是社会语言学本土化和学理化发展的重要成果。

（2）70 年来中国少数民族语言的社会语言学研究内容广泛、成果丰富。从研究对象上可以划分出不同领域，如语言规划与政策、语言国情调查、民族语言"三化"（规范化、标准化和信息化）、少数民族双语教育、民族语文翻译民族语言保护等，从研究主题上涵盖语言变异、语言关系、语言态度、语言活力等方面。语言变异是社会语言学研究的基础理论，涉及性别、年龄、阶层、行业、民族、文化等社会因素影响形成的语言变体。语言接触形成的种种语言关系是社会语言学研究的重要内容，包括语言影响、语言兼用、语言转用等，这方面的成果不少。21 世纪以来语言和谐作为语言关系的一种目标状态，受到学者们的广泛关注，周庆生（2005）论述了语言和谐思想，戴庆厦（2006、2008、2013）深入阐释了语言和谐的内涵及构建语言和谐关系的途径、意义等理论问题，他还与其他学者对一些语言关系和谐的少数民族语言社区进行了个案研究。语言认同是语言观念（态度）的一种表现，王远新对少数民族语言态度特别是语言认同情况进行了长时间、多样本的调查研究。语言活力衰退导致的濒危语言现象是当前社会语言学研究的一个热点，这方面的研究比较充分。徐世璇早在 2001 年就出版了专著《濒危语言研究》，并在后来的一系列研究中对国内外濒危语言研究进程、濒危语言产生的原因、濒危语言文献记录的理论方法等予以深入探讨。戴庆厦、孙宏开、黄行、李锦芳、范俊军等对濒危语言研究的理论与方法、濒危语言调查的个案与经验、濒危语言保护的策略与技术手段等都有深入研究。

（3）70年来民族语言应用研究应时而为、与时俱进，紧密联系民族语文工作实际，研究成果突出、现实意义重大，主要集中于中国民族语言政策和规划、语言国情调查、民族语文规范化标准化信息化、双语教育、民族语文翻译语言保护等研究领域。

新中国成立伊始，开展了大规模的少数民族语言调查和文字创制改进工作。改革开放的新时期，在市场经济的社会转型以及标准化、规范化和信息化的技术革命中，少数民族语言文字在日益拓展使用领域的同时逐步建立术语规范和数字化系统。进入21世纪，伴随《国家通用语言文字法》的颁布以及语言生活和语言能力研究范式的提出，保护濒危语言和推进双语教学成为少数民族语言政策和语言规划的重点。当前，"大力推广和规范使用国家通用语言文字，科学保护各民族语言文字"成为中国语言文字工作的总原则，也是开展中国语言资源保护等重大工程的指导方针。

70年来开展了几次规模宏大的语言国情调查，主要有：20世纪50年代以帮助少数民族创制和改进文字为目标任务的民族语言大调查；20世纪后期开展的中国新发现语言调查、少数民族语言方言调查、《中国语言地图集》绘制、新创民族文字使用情况调查等多项语言国情调查；进入新时代，教育部、国家语委联合启动的中国语言资源保护工程，是一次范围更广、规模更大的语言国情调查。

70年来少数民族语言文字规范化、标准化、信息化工作逐步深入。20世纪五六十年代的少数民族语言文字规范化、标准化主要是围绕少数民族语言的语音标准、文字的设计原则、新词术语等研究展开的，目的是推广文字普及教育，提高少数民族群众的文化教育水平。改革开放以来，少数民族语言文字的规范化、标准化、信息化发展迅速，在语言文字标准确定、民族语言信息系统建设、民族语言文字网络化等方面展开，推动少数民族语言传承和使用、促进民族地区经济社会协调发展。

70 年来，少数民族语言保护成绩斐然。新中国成立初期的民族语言保护工作是伴随少数民族语言大调查和文字创制改进进行的，一批民族语言描写著作、民族语言词典和民族语言词汇集等得以出版，同时还形成了一些民族语言使用情况调查报告。新世纪以来，还开展了中国语言资源有声数据库建设和中国语言资源保护工程等。

（三）语言类型学研究

国内语言类型学的研究从 20 世纪五六十年代翻译、介绍、评介国外语言类型学的最新研究成果和动态，再到近 30 年来基于我国本土语言（汉语方言和少数民族语言）的语音类型学、形态句法类型学专题研究，都取得较为丰硕的研究成果，积累了比较丰厚的研究基础和宝贵的实践经验，为进一步深入研究我国少数民族语言的共性、区域性和差异性奠定了坚实基础。

20 世纪 80 年代起，基于汉语、少数民族语言的语言类型学研究已逐步开展起来，总结和归纳了我国少数民族语言系属内部的共性和类型差异，积累了一定的类型学研究成果，是进一步揭示我国少数民族语言的共性和类型最宝贵的资料。

随着语言研究的不断深入、研究视野的不断扩展，语言类型学将继续成为国内语言学的热点和重点研究领域之一。学科的发展需要引入一些新的研究方法，如方言地理学、计量类型学等。形态类型学应拓展到南方分析性语言研究中，系统研究中国民族语言类型学特征，深入梳理、归纳和总结中国民族语言类型学特点，为语言类型学和语言共性研究提供重要的类型学参项和理论支持。

（四）计算语言学

民族语言计算语言学研究是基于计算机技术发展起来的新兴交叉学科。经过几十年的发展，取得了大量的研究成果，积累了丰富的研究经验。目前已基本完成计算机字符编码，实现现行文字和古文字计算机输入、输出、显示、打印，基于统一编码的民族文字的网络传输成为现实。计算语言学的发展，为民族文字的文本信息化、基于民族文字的文化保护和传承、资源库建设奠定了基础。

少数民族语言"字"处理研究取得了大批科研成果。蒙、藏、维、朝、哈、柯、彝等民族语言在分词、词干词缀切分、词性标注等基础研究领域成果丰富，构建了大批数据资源，开发了语言研究和分析工具，基本满足了民族语言自然语言处理的需要。

少数民族语言句法、语义和篇章研究初具规模。基于句子级、篇章级的资源库不断积累，推动民族语言本体和应用研究深入开展。

基于少数民族语言计算语言学研究的应用产品不断涌现。一部分跨国、跨境语言的民族语言文字应用产品的开发和使用，对维护国家边疆稳定、地区和平发挥着重要作用。"一带一路"沿线多语机器翻译、语音识别产品对跨国、跨地区经济、文化交流提供服务。蒙、藏、维语音识别和机器翻译系统基本达到实用水平，推动了各民族之间的文化交流。

少数民族语言文字的搜索引擎、信息过滤等软件工具在净化网络环境、维护网上信息安全等方面发挥了重要作用。

（五）实验语音学研究

实验语音学是使用各种实验仪器来研究、分析语音的一门学科，是语言学的一个重要分支。

20 世纪 50 年代末，民族语言学家已经利用浪纹计（Kymograph）等研究民族语言的语音问题（清格尔泰、确精扎布，1959）。1985 年，中国社会科学院民族研究所再次建立语音实验室，这是我国民族语言实验语音学学科成立的标志。近年来，我国实验语音学学科有了长足的发展，地方院校和科研单位也纷纷建立语音实验室，有效开展少数民族语言语音实验研究，取得了不少成果。大体来看，主要的学术发展经历了以下几个阶段。

1. 语音声学参数资源库建设及其声学生理研究探索阶段。

1986—1999 年，我国民族语言实验语音学学界主要开展了民族语言语音声学和生理实验基础研究工作，主持完成了多项国家自然科学基金和国家社会科学基金项目。该阶段研制了我国民族语言第一个语音声学参数库"藏语拉萨话语音声学参数数据库"（1990 年完成）。与该参数库同时启动和完成的还有"蒙古语语音声学参数数据库"（1992 年完成）和"哈萨克语语音声学参数数据库"（1993 年完成）。

该阶段代表性成果有《实验语音学概要》（吴宗济、林茂灿主编，1989）和《蒙古语语音声学研究》。除此之外，在国内外学术刊物上发表了数十篇具有一定影响的学术论文，为我国少数民族语言实验语音学学科的发展奠定了基础。

2. 语音嗓音发生类型和动态腭位语音调音研究阶段。

2000—2005 年，中国社会科学院民族研究所使用当时国际最先进的设备，如"声门高速摄影"和"电子动态腭位仪"开展了汉语普通话和少数民族语言发声类型和调音的生理声学研究，主持完成了多项国家自然科学基金、国家社会科学基金项目、中国社会科学院和教育部相关项目。这一阶段除撰写出版《论语言发声》和 *A Basic Study of Mongolian Prosody*①等两部专著外，还发表了 50 余篇有影响的学术论文。如，基于 EPG 的蒙古语塞音、塞擦音研究和蒙古语辅音腭化问题研究等。这些成果在国内外实验语言学和言语工程学界以及嗓音病理学界产生较大反响，提升了民族实验语音学学科在国内外学术界中的地位。

3. 语音声学研究走向规范化、标准化和自动化阶段。

2006 年以来，民族语言语音声学研究走向规范化、标准化和自动化阶段。2014 年 2 月中国社会科学院民族学与人类学研究所实验

---

① Huhe Harnud, *A Basic Study of Mongolian Prosody*. Publications of the Department of Phonetics, University of Helsinki, Series A, 45. ISBN 952 – 10 – 1347 – 8, ISSN 0357 – 5217, Hakapaino Oy, 2003, Helsinki, FINLAND.

语音学团队以国家社会科学基金重大招标项目"中国少数民族语言语音声学参数统一平台建设研究"（12 & ZD225）为依托，基于多年积累的语音声学参数库研制经验，研发并投入使用"语音声学参数自动标注/提取系统"（3.3版本）和诸多数据处理小工具，使该项工作逐渐走上自动化，可有效提高工作效率和准确率，排除采集者的主观因素干扰，确保了数据的客观性和准确性。该平台将为我国同类语言数据库、档案库提供范例，为语言本体描写研究、比较研究和语音类型学研究提供真实、客观的数据资源，将会有力推动我国民族语言实验语音学学科走向规范化、标准化和自动化进程，促进民族语言学学科的发展。

（六）纪录语言学研究

20世纪末以来，随着计算机技术的快速发展和数字媒体的出现，语言档案的数字化使语料的永久保存和全球传播成为可能，纪录语言学也应运而生。纪录语言学是在新的语言观、新的调查研究手段基础上发展起来的新兴语言学分支学科，其意义是多方面的。首先，它作为一门新兴的交叉学科，对于语言学学科自身的发展有积极的推动作用；其次，作为在研究目的和研究手段上都有变革性发展的学科，其成果的学术价值尤其值得关注。语言记录的最终成果是多功能、多用途的多媒体数字档案，可以为不同学科、不同人群服务，有多方面的学术价值和社会效益。目前，国内学术界在民族语言的记录和研究方面大力应用数字技术，相关软件得到开发和应用，为少数民族语言特别是濒危语言的全方位记录奠定了技术基础。

（七）跨境语言研究

中国的跨境语言研究从无到有，经过近40年的发展历程，尤其是在最近十多年里，发展的步伐明显加快。以戴庆厦为代表的中国学者从学科建设的角度出发，致力于把跨境语言提高到语言学分支的高度来研究，在跨境语言材料积累和理论建设方面，都取得了一定的成绩。

新时期，在共建"一带一路"倡议背景下，跨境语言研究成为一个新热点，成果不断涌现，前景十分可观。

第四节　新中国 70 年民族语言学研究热点、重点和展望

70 年来，伴随着时代的发展进步，在一代又一代专家学者共同努力和接续奋斗下，民族语文工作经历了不平凡的进程，取得了不平凡的成就。新中国成立初期，根据党和国家"帮助尚无文字的民族创立文字、帮助文字不完备的民族逐渐充实其文字"的部署要求和第一、第二个五年计划的落实，中国科学院成立少数民族语言研究所，各省区市民族语文机构如雨后春笋般纷纷设立，全国由上到下展开了轰轰烈烈的少数民族语言普查，总体上摸清了各少数民族语言的基本情况，积累了珍贵的民族语言材料，培养了一批具有丰富田野工作经验、能够独立开展民族语言描写研究的专业人才，掀起了我国民族语言研究事业的高潮，为后续研究奠定了扎实基础。由于各种历史原因，20 世纪六七十年代的民族语言工作相对薄弱，不少工作陷于停滞状态。改革开放以来，民族语文研究工作出现了令人振奋的新形势，迎来了民族语言事业繁荣发展的第二个高潮，不仅梳理总结了 50 年代大调查的成果，还继续深入研究，对各民族语言的分布和使用情况展开了更加细致、更加具体的调查和分析。近 20 年来，民族语文研究又掀起了新一轮高潮，不仅科研成果批量涌现、各方面人才辈出，研究的内容和方法更加多样多元，语言文字资源的建设和保护也得到进一步重视。以下依据时间线索和民族语言研究的内在逻辑，按照新中国成立到"文化大革命"、改革开放到 2000 年和近 20 年三个历史阶段，概述 70 年来中国民族语言研究工作的热点和重点。

一　少数民族语言普查和文字创制

新中国成立后到"文化大革命"前，民族语言研究工作的重点和热点主要包括两个方面：少数民族语言普查和文字创制。

20 世纪 50 年代，党和国家迫切需要全面掌握中国的语言文字国情，为民族识别和民族语言政策制定提供学术依据。1956 年中国科学院少数民族语言研究所在政府主管部门的领导和部署下展开了轰轰烈烈的民族语言大普查。这次调查规模空前，很多语言是首次为人所知。调查积累了大量珍贵的语言资料，对多数语言的系属和划分提出了意见，对各语言的语音、词汇、语法、文字都做了深入的研究，摸清了我国最基本的语言国情，即各民族主要语言的分布、使用人口及现状、结构特点和内部差异、与周围民族语言的关系等，为我国的民族识别工作提供了参考依据，对新中国的民族语言学研究事业产生了重大的推动作用。

这次普查的一项重要任务，就是根据 1951 年中央政务院《关于民族事务的几项规定》的指示，调查各少数民族使用文字的情况，并提出解决民族文字问题的具体方案，大致分为"创、改、选"三类。在调查的基础上，国家民委、中国科学院少数民族语言研究所和有关地方政府合作，先后为壮、布依、黎、侗、苗、佤、哈尼、傈僳、纳西、彝 10 个民族设计了 14 种拉丁字母形式的拼音文字方案，之后又陆续设计了载瓦、土、羌 3 种拼音文字方案；帮助傣、拉祜、景颇、彝 4 个民族改进了 5 种文字方案，这些文字分别在各民族地区推行、试行或试验，极大地促进了各少数民族语言文化事业的发展。为各民族创制和改进文字，是我国民族工作的创举，充分体现了党领导下的民族语文工作的"四个自信"。

二　少数民族语言的描写和历史比较研究

改革开放迎来了民族语文事业的第二个高潮期，深入系统描写少数民族语言，并在此基础上展开历史比较，是这一阶段的重点和热点。

　　这一阶段在大调查基础上梳理成果、深入研究，集中表现为出版了语言简志、绘制了语言地图、并借此展开了语族内部的语言历史比较研究等。1980—1987 年国家民族事务委员会组织编写的《中国少数民族语言简志》（59 种语言）由民族出版社陆续出版，编辑组委托国内语言学家根据 20 世纪 50 年代以来调查记录的语言材料展开撰写，主要描述少数民族语言的语音系统、语法概要和常用词汇，有的简志还涉及方言和文字等内容。2009 年修订并以六卷本重新出版，增加了《满语简志》。1987 年版中国社会科学院和澳大利亚人文学院合作绘制的《中国语言地图集》，其中民族语言部分就是在大调查基础上由学者们补充调查、深入研究之后的杰作，全面展现了中国各少数民族语言的地理分布和分区分类状况，每幅地图都配有详细的文字说明。2012 年地图集又出版了第 2 版。这是中国语言学的一项重大成就，其意义不仅仅在于语言学领域自身，对民族学、考古学、人类学、经济学、社会学等诸多领域都有重要的参考借鉴价值。在历史比较研究领域，推出了《苗语古音构拟》（1994）、《苗瑶语古音构拟》（1995）、《侗台语族概论》（1996）、《藏缅语语音和词汇》（1991）和《中国孟高棉语族语言与南亚语系》（1995）等重要成果。

三　少数民族语言文字使用和发展国情调研

　　少数民族语言文字的使用和发展国情研究，是党和国家制定民族语言政策的重要学术依据。新创文字的使用和发展问题、各民族语言生活状况问题是其中的重点。

　　新创民族文字试验推行方面，根据《国务院批转国家民委关于进一步做好少数民族语言文字工作报告的通知》的要求，成立了新创和改进少数民族文字调查总结工作组，对 20 世纪 50 年代新创和改进少数民族文字工作进行全面调查总结，并提交了题为《我国新创和改进少数民族文字试行工作经验总结和理论研究》的报告，调查了傣文、景颇文、苗文、佤文等 12 种文字在民族地区双语教学、成人扫盲、出版发行、广播电视等领域的应用情况，以及在正式场合和民间活动场所的使用情况，肯定了各个文字推行工作的成效及其对民族文化发展发挥的重要作用。

另一研究热点就是语言国情和语言生活状况调研。国家民族事务委员会文化宣传司和中国社会科学院民族研究所联合编写的《中国少数民族文字》（1992）、《中国少数民族语言文字使用和发展问题》（1993）和《中国少数民族语言使用情况》（1994），包括全国少数民族语言使用情况综述，各省、自治区、自治州和自治县少数民族语言使用情况概述，各少数民族语言按语种分别描述的使用情况概述和人口统计等，全面反映了改革开放之后我国少数民族语言使用的现状和民族语文政策的执行情况。1998 年国家语委组织了中国语言文字使用情况调查，了解全国各县市语言使用情况（普通话、方言、民族语言、外语）、文字使用情况（简化字、繁体字、汉语拼音、民族文字、外国文字）以及使用场合。该项调查成果《中国语言文字使用情况调查资料》（2006）提供了我国多语种、多变量和多层次语言文字使用状况的具体人数及比例的丰富数据，被广泛使用和借鉴。

四　新时期研究热点多元化

21 世纪以来，民族语言研究趋向多元化，形成了百花齐放的繁荣局面。这一阶段的民族语言研究热点很多，如民族语言文字保护、民族文字信息化、跨境语言研究、民族语言翻译等。

随着全球化进程的加快，少数民族语言的使用范围日益萎缩、交际功能逐渐衰退，有些语言活力严重不足，越来越多的民族语言趋向濒危乃至消亡成为世界性的普遍现象。2000 年在北京召开的濒危语言问题学术研讨会上，民族语言学界首次提出"濒危语言"概念（《民族语文》编辑部，2000），2011 年中共十七届六中全会公报提出"科学保护各民族语言文字"的重要论断，直接促进了语言保护事业的繁荣发展。具体表现在两个方面。一是推出了一些代表性成果，如《中国的语言》和"新时期中国少数民族语言使用情况研究丛书"等。一是国家层面组织开展了几次大规模的语言保护工作，其中影响较大的是"中国有声语言数据库建设"和"中国语言资源保护工程"。2008 年国家语委启动"中国语言资源有声数据库"建设工程，是继 20 世纪 50 年代民族语言大调查以来推出的第二次国家层面的语言保护工程，主要工作是采集保存各少数民族语言及其方言的有声资料。在此基础上，2015 年，教育部、国家语委启动了中国语言资源保护工程，其中少数民族语言部分计划展开 300 个一般点、100 个濒危点的调查，成果形式为语言志、语言文化典藏、语言地图集和语言资料深度开发服务等。2018 年 9 月在长沙召开首届"世界语言资源保护大会"，2019 年 2 月发布保护和促进世界语言多样性《岳麓宣言》，这是语保工程的一个标示性成果，体现了中国在世界语言文化多样性保护工作中的引领作用。2009 年 11 月，中国首座以文字为主题的博物馆在河南安阳开馆，这是由国家批准的集文物保护、陈列展示和科学研究功能为一体的国家级专题博物馆，民族文字是其展览的一部分，比如：粟特文和八思巴字等古文字、藏文和傣文等传统民族文字、壮文和苗文等新创文字，汉字系民族文字、自创字符、传教士创制民族文字等，这是我国保护民族文字的重要成果。

　　顺应经济社会发展的需要，民族文字的信息化工作进程加快，其主要成绩是 2011 年启动的"中华字库"子项目包括"少数民族古文字的搜集整理与字库制作"和"现行少数民族文字的搜集整理与字库制作"，该课题在少数民族文献扫描图档的基础上建立了民族古文字和现行文字的原形字符库。在网络逐渐成为交往交流重要媒介的前提下，民族语文数据的传输、共享与信息安全，民族文字基础软件、通用软件的研发和统一平台的建设愈发重要，各少数民族语言纷纷建立了自身的操作系统。如能建立统一的规范和技术标准，实现相互兼容的瓶颈问题便可得到重大突破。

随着各国现代化进程的加快，国与国之间的交流更加频繁密切，民族语言学家除了研究本国语言，也逐渐把目光投向周边国家的语言。2006 年中央民族大学将跨境语言研究列入重点建设内容，自 2009 年以来，戴庆厦主编的"跨境语言研究系列丛书"（共计 11 部）由中国社会科学出版社陆续出版。2013 年 11 月，北京语言大学成立"中国周边语言文化协同创新中心"，全面开展周边语言文化研究。同年，第七届全国社会语言学学会研讨会暨首届跨境语言研究论坛在广西百色召开，这是国内外首次召开跨境语言的专题会议。跨境语言研究作为语言学一个独立的分支学科，逐渐成为学术热点。

近年来，政府加大了扶持少数民族语言翻译的力度。2007 年，国务院出台《少数民族事业"十一五"规划》，中宣部等五部委发布《关于进一步加大对少数民族文字出版事业扶持力度的通知》，这些都对加强少数民族语言翻译工作和人才培养力度作出了明确指示。2008 年，中国民族语文翻译局《民族翻译》创刊，国家社科基金等对相关研究的资助力度越来越大，民族语言翻译迎来了跃升期，不仅翻译出版了大量民族语文书籍，还使用民族语言进行广播。值得一提的是，目前将民族语翻译成汉语甚至外语的特殊领域和需求的翻译工作有所加强，如新近规划的"少数民族经典文库翻译工作"和"边境地区民族语文翻译出版物"等。加快民族地区国家通用语言文字的推广和普及，是 21 世纪"国家中长期语言文字事业改革和发展规划（2012—2020）"的首要任务，各民族地区都在想方设法，积极推广普及国家通用语言文字，以铸牢中华民族共同体意识，促进各民族交往、交流、交融。

总体而言，70 年来，民族语文工作的重点在于全面调查和了解中国境内的民族语言文字分布、系属及使用情况，集中解决民族语言文字使用中的一些基本问题，比如创改文字、语言地图、语言翻译、双语教育等，并在初步了解境内少数民族语言分布和使用等情况的基础上，引进现代语言学理论和方法，深入开展少数民族语言研究。在民族地区现代化进程中，民族语言面临的困难最挑战不断凸显，如何科学记录和保护民族语言、加强"一带一路"沿线国家语言研究、加强中国语言统一性的研究等，成为新的热点问题。

五　研究展望

在新的历史时期，党和国家的建设事业进入了新时代，民族地区的语言生活、语言关系、语言理论、语言政策、语言功能、语言态度等方面都在发生深刻变化，整个民族语言研究事业也进入了新的发展时期。随着研究工作的进一步深入，我国的民族语言研究势必会呈现新气象、突出新特点、面临新问题。比如：传统语言学与现代语言学理论的结合问题会更为凸显，如何结合中国语言学的实际，根据中国各民族语言的特点，构建有更强解释力的民族语言理论体系，将成为学科发展的重要问题。又如：在积极推进"语言强国"发展战略的新时期，如何全面了解各民族语言使用情况、制定更适合国情的民族语言政策，更好地服务于广大民族地区和民族同胞，服务于党和国家语言文字建设事业的大局，也是需要深入思考和研究的问题。在解决这一系列问题时，需要注重方式方法，以期达到较好效果。

一方面，打破壁垒，为我所用。要打破语言学内部各分支学科之间的壁垒，相互借鉴、相互促进，从更大范围、更高层次将全部语言学作为一个整体来加以研究和考量。比如，努力实现"五个结合"，即将普通话、汉语方言、古代汉语、民族语言和境外语言研究结合起来，努力做到"究内外之别、通古今之变"。要打破语言学与其他学科之间的壁垒，不断引进新技术、新方法、新理论，实现学科之间的交融互通、共同进步。比如怎样加强大数据方法在语言学中的应用，就是值得深思的课题。语言数据的结构性导致其自身就带有丰富足量的信息，语言研究中大数据方法其实对数据总量的要求并不是很高，因此运用大数据方法即可产出批量成果。又比如中国学者最新在国际知名科学刊物发表的运用贝叶斯系统发生学方法，结合分子分类学的成果，可以科学地推测出，汉语和藏缅语分化发生在距今大约 6000 年前的中国北方。所以，新时代的民族语言研究应当顺应历史大势，把握时代脉搏，时刻关注各学科最前沿的理论、技术和方法。无论是什么学科、什么学派，只要有助于探寻客观真理，都应该借鉴参考、为我所用。随着学科壁垒的破除，多学科的交融互通成为常态，更多的新兴学科和交叉学科也将应运而生、蓬勃发展，最终实现协同创新。

另一方面，突出特色、借鉴创新。以往的民族语言研究较为强调对汉语研究的借鉴，但这种借鉴经常存在简单套用的现象，往往将汉语研究方法照搬到民族语言研究中来，用汉语的研究方法和研究框架来看待民族语言，这样的描写和研究其实并不完全切合民族语言的实际。还有就是简单照搬印欧语的研究，也和中国民族语言实际格格不入。新时期的民族语言研究要进一步借鉴学习西方语言学的理论和方法以及汉语的研究理念和分析框架，但不应生搬硬套。在引进西方理论方法和汉语理论方法的过程中，如何选择、消化、吸收，正确处理借鉴与创新等，都需要有意识地进行学科构建，探索适合中国少数民族语言实际的理论、方法和话语体系，从而"立足中国、放眼世界"，力求"发思想之先声、成科学之体系"。

第 二 章

新中国少数民族语言的
描写语言学研究

　　描写语言学又称结构语言学，20 世纪 20 年代兴起于欧美，是一种把语言当做结构系统来描述其特征的语言学学科派，根据理论与方法可以区分为三个派系。美国描写语言学在调查研究无文字文献的美洲印第安语的基础上逐步形成，注重语言的结构形式，以描写语言学派著称；欧洲的布拉格学派注重语言结构功能分析，以功能学派著称；欧洲的哥本哈根学派注重结构间的关系，以关系学派著称。无论哪个学派，都以系统描写一种语言的语音、语法、词汇的全部面貌为己任，其理论与方法深深影响了当代人类学和社会学。

　　中国民族语言描写语言学研究起步于 20 世纪 30—40 年代，但涉及的语言少、成果不多，而真正的发展还是在新中国成立之后，尤其是改革开放以来取得了空前的成就。本章按语系和语族，从藏缅语族语言、壮侗语族语言、苗瑶语族语言、南亚语系语言、突厥语族语言、蒙古语族语言、满—通古斯语族语言、朝鲜语 8 个角度系统总结归纳中国民族语言描写语言学 70 年的成就。

第一节　藏缅语族语言描写研究

20 世纪 30—40 年代，部分学者初步运用现代语言学理论与方法开创了中国藏缅语描写语言学的先河。如闻宥研究嘉戎、羌、彝、纳西、白等语言，发表了《么些象形文字之初步研究》（1940）、《民家语中同义字之研究》（1940）、《论嘉戎语动词之人称尾词》（1944）、《川西羌语文初步分析》（1944）、《记西昌彝语的元音》（1948）。罗常培调查了独龙语和白语等，出版了《贡山俅语初探》（1952）等著作。王静如研究西夏语，出版了《西夏研究》。还有傅懋勣的《维西么些语研究》和《丽江么些象形文（古事记）研究》（1948）。马学良主攻彝语，出版了《撒尼彝语研究》（1951）。袁家骅调查了哈尼语、彝语，发表了《峨山窝尼语初探》（1947）、《阿细民歌及其语言》（1956）。高华年调查了彝语，发表了《彝语语法》（1985）。但上述研究总体上比较零散。对我国境内藏缅语族语言的系统调查和研究，是从 20 世纪 50 年代开始的，大体可分为改革开发前后两个历史阶段。

一　改革开放前的藏缅语描写与研究

在 1956 年的民族大调查时期，调查收集了 20 多种藏缅语语言材料，对各个语言的结构、语言亲属关系、语言相互影响有了较全面的了解，取得了三个方面的成绩。第一，《民族语文》或《中国语文》发表此次调查基础上的调查报告、语法纲要以及专题论文成果，在 20 世纪 80 年代出版了以此次调查资料为基础而编写的 55 部"中国少数民族语言简志丛书"成果（包括 13 部藏缅语简志书）以及各词典、语法著作，出版的专著有马学良的《撒尼彝语研究》（1951）、袁家骅的《阿细民歌及其语言》（1956）、金鹏的《藏语拉萨日喀则昌都话的比较研究》（1958）等，主要论文有高华年发表于

《中山大学学报》的《扬武哈尼语研究初探》（1955.2）、王尧发表于《中国语文》的《藏语的声调》（1956.6）等。第二，根据此次调查资料，帮助要求创制文字的民族，设计出拼音文字方案。第三，通过调查研究的实践，培养出藏缅语研究人才和研究队伍。

二　改革开放以来的藏缅语描写与研究

在这一时期，随着新理论和新手段的涌现和完善，以语音、语法研究为主要对象，对具体语言的共时描写成为主流，语音、语法、词汇研究呈现出蓬勃发展的趋势，研究方法上的多视点投射和不同语言间的相互印证也促进了藏缅语语言相似性或相近现象的交叉研究，归纳出来的类型学特征也具有更为广泛的普遍意义。具体体现在两个方面。

（一）出现了一批系统描写研究成果

如：孙宏开等《门巴、珞巴、僜人的语言》（1980），瞿霭堂、谭克让《阿里藏语》（1983），戴庆厦等《藏缅语十五种》（1991），戴庆厦、徐悉艰《景颇语语法》（1992），林向荣《嘉戎语研究》（1993），丁椿寿《彝语通论》（1993），傅爱兰《普米语动词的语法范畴》（1998），刘光坤《麻窝羌语研究》（1998），孙宏开、黄成龙、周毛草《柔若语研究》（2002），周德才《他留语研究》（2004），戴庆厦等《仙岛语研究》（2005），黄布凡、周发成《羌语研究》（2006），戴庆厦、李洁《勒期语研究》（2007），黄布凡《拉坞戎语研究》（2007），黄成龙《蒲溪羌语研究》（2007），陈康《彝语方言研究》（2010），曲木铁西《彝语义诺话研究》（2010），普忠良《纳苏彝语语法研究》（2017），等等。这些专著，或就某一语言的概貌做全面、系统的描写，或对某一语言现象进行了细致入微的分析研究。

（二）发表了大量语音、语法和词汇描写专题论文，其中，关于对藏缅语的声调、松紧元音、复辅音、量词、语法范畴、语序及类型、语法形式以及历时语言现象的发展与演变等问题是研究的重点。

具体介绍如下。

1. 声调研究

藏缅语族声调研究包括单一语言声调特点描写分析以及藏缅语声调系统研究两类。戴庆厦的《藏缅语的声调研究》（1992.6）对藏缅语的声调特点进行了综合描写和分析，从声调的数量、声调的功能、声调发展不平衡三个方面总结了藏缅语声调的发展特点，认为藏缅语言不同语支之间难以归纳调类关系，看不到声调上严格的对应关系。瞿霭堂的《谈谈声母清浊对声调的影响》（1979.2）、谭克让的《夏尔巴藏语的声调系统》（1987.2）、胡坦的《藏语（拉萨话）声调研究》（1980.1）、张济川的《藏语拉萨话声调分化的条件》（1981.3）、瞿霭堂的《藏语的变调》（1981.4）、冯蒸的《试论藏文韵尾对于藏语方言声调演变的影响》（1984.2）等论文，进一步探讨揭示了藏语声调的产生和演变规律。

2. 松紧元音研究

元音分松紧是藏缅语族彝缅语支普遍的发音特征和语音现象，自从马学良1948年发现彝语松紧元音以来，藏缅语元音的松紧问题一直受到人们的关注。戴庆厦的《我国藏缅语族松紧元音来源初探》（1979.1）一文系统分析了松紧元音喉头紧缩与不紧缩对声母、声调、舌位等特征的作用。后来，孔江平、石锋、周德才、朱晓农、周学文、刘劲荣等先后通过实验语音学研究探讨了藏缅语松紧元音的性质、特点。

3. 复辅音声母等研究

20世纪80年代以来，发表了不少有关藏缅语复辅音声母研究的成果。孙宏开发表于《中国语文》的《藏缅语复辅音的结构特点及其演变方式》（1985.1）一文，根据藏文、缅文和各藏缅语中的数量不等的复辅音，研究了藏缅语复辅音的演变方式与趋势，认为复辅音的演变方式为脱落、融合、分化、替代和换位，演变的总趋势是简化和脱落。

随着描写研究的不断深入，人们对藏语复辅音声母的构造特点已有基本认识，一些学者继而把兴趣转向探讨藏语复辅音声母的历史来源及其演变方式，试图构拟原始藏语复辅音声母的形式。瞿霭堂在《中国语文》发表的《藏语的复辅音》（1965.6）中，通过古藏语（7 世纪）与现代藏语比较，探讨了藏语复辅音声母的结构和演变，提出了类合、合并、脱落三种演变方式以及复辅音声母简化和演变的过程。车谦在《民族语文》发表《从gcig谈起》（1981.2），探讨了古藏语中清辅音、塞音声母送气不送气是否两套对立音位的问题。黄布凡在《民族语文》发表《十二、十三世纪藏语（卫藏）声母探讨》（1983.3），通过藏文文献材料与现代方言的比较推断12、13 世纪卫藏地区的藏语"古复辅音声母已大大简化，前置辅音有些已脱落，有些已合并部分基辅音和后置辅音结合变为新的单辅音"。江荻在发表于《中国藏学》的《藏语复杂声母系统及复杂演化行为》（1996.4）中讨论了藏语复杂声母的复杂演化行为，认为"复杂声母不仅由多个元素构成，形成复杂的结构类型和复杂的结构方式，而且往往具有复杂的演化行为。复杂声母作为非线性现象的演化虽然复杂多样，同一声母在不同时间和不同地域或许会有不同行为和不同方式，但个性中仍蕴含共性，相似的形式自然构成相同的类"；江荻在《民族语文》发表《藏语 db－音类的演化过程及时间层次》（1997.5）一文，借助与 db－音类同构 sb－、dp－、sp－ 等几类声母，以及相关的藏文文献和藏族史料，论述了 db－音类的历史演化过程及音变的时间层次，为我们初步推断藏语声调产生的时间提供了根据。zl－音类和 db－音类的声调演变特例不仅说明了语音演变的时空有效性以及旁证了关于 db－音类变化的过程及时间，也为初步推断藏语声调产生的时间提供了根据。《民族语文》刊发的张济川《古藏语塞音韵尾读音处探》（1982.6）、朱文旭《凉山彝语复辅音声母探源》（1989.3）、刘光坤《羌语复辅音研究》（1997.4）、黄成龙《羌语子句的关系化手段》（2008.4）等论文，还有王荣德发表于《青海民族研究》的《天峻藏语复辅音的特殊现象》（1994.3）一文以及孙宏开、齐卡佳、刘光坤著《白马语研究》

（2007）一书，都是在专题研究藏缅语辅音及辅音韵尾方面比较有影响的成果。

4. 量词研究

量词是藏缅语研究的一个热点，研究成果丰硕。如：李批然发表于《民族语文》的《哈尼语量词研究》（1992.5）一文较为详尽地分析和探讨了哈尼语量词的来源、类别、语法功能和发展趋势等问题，认为哈尼语量词在来源上与动词、名词、形容词有着密切的关系；在类别上除具有动量词和名量词外，还有一种"性状量词"；在语法功能上，主要从词法和句法两方面，阐明了哈尼语量词与其他词类的结合以及在句中充当的句法成分；最后推测了哈尼语量词的发展趋势。此类成果还有王锋的《白语的名量词及其体词结构》（2002.4）、杨娟和刘云的《彝族语言中的量词分析》（2015.4）、张雨江的《拉祜语量词研究》（2010.3）等。戴庆厦、蒋颖发表于《中央民族大学学报》的《论藏缅语的反响型量词》（2005.2）一文研究了反响型量词的分布和分类，把藏缅语的反响型量词分为"发达型""半发达型"和"不发达型"三种，归纳其具有能产性、语法功能超过语义功能、具有中介性的三个特点。

5. 语法范畴研究

藏缅语语法范畴研究取得了丰硕的成果。（1）在动词人称范畴研究方面，孙宏开在《民族语文》发表《我国藏缅语动词的人称范畴》（1983.2）和《再论藏缅语动词的人称范畴》（1994.4）两篇论文，前者以独龙语为代表描写和分析了藏缅语动词人称范畴的表达方式，认为动词人称范畴往往用添加前缀或后缀的方式表达；比较各语言动词人称范畴的同异情况，深入探讨了动词人称范畴与人称代词、动词人称范畴与时间等问题。后者认为人称代词用声母作前后缀、用韵母作前缀及用整个代词作前缀；人称代词后缀不仅表现在陈述句中，同时还表现在命令句中；代词化现象不仅包括动词的人称一致关系，也应包括名词的人称领属形式。他在发表于《国外语言学》的《藏缅语中的代词化问题》（1994.3）中总结评述藏缅语代词化问题研究，指出国内外四个方面的意见分歧，即人称一致关系的分布问题、人称关系是怎样来的、人称标记产生的时代、什么样的人称标记形式最古老。该文肯定了代词化现象探讨的深刻意义，并预测"藏缅语研究将以从同源词语音构拟为中心，逐步转向语法—形态为中心的轨道上来"。（2）在动词的互动范畴研究方面，孙宏开在《民族语文》发表《藏缅语动词的互动范畴》（1984.2），探讨互动范畴在不同语言中的表现形式和语法意义，认为"互动范畴仅出现在部分自主的及物动词中，在不及物动词和不自主动词中则很少出现"，"互动范畴采用动词词根的重叠形式表达。"木乃热哈、毕青青的《凉山彝语的互动态》（1988.6）认为动词的"态"除了主动态和被动态、自动态和使动态外，还有一种"态"是用分析形式来表示，即在有些动词前加"ʥɿ³³"（相互）构成互动态形式，表达动作是双向（互向）的，动作双方同时发出并作用于双方。（3）在动词的使动范畴研究方面，孙宏开发表于《民族语文》的《论藏缅语动词的使动语法范畴》（1998.6）分析了藏缅语不同语言中动词使动范畴的三种不同表达形式，即黏着形式、屈折形式和分析形式。另外，有关藏缅语的格、数量、情态、使动等范畴的论文成果有《民族语文》刊发的李永燧《藏缅语名词的数量形式》（1988.5）、黄布凡《藏缅语的情态范畴》（1991.2）、孙宏开《藏缅语人称代词格范畴研究》（1995.2）和《论藏缅语动词的命令式》（1997.6）、李大勤《藏缅语人称代词和名词的"数"——藏缅语"数"范畴研究之一》（2001.5）、黄成龙《羌语名词短语的词序》（2003.2）、孙宏开在《中央民族大学学报》刊发的《我国部分藏缅语中人称的领属范畴》（1984.1）等。

　　6. 语法形式研究

　　孙宏开发表于《民族语文》的《论藏缅语的语法形式》（1996.2）分析了现存于藏缅语言中的黏着、屈折、分析、重叠等语法形式，指出了各类语法形式的特点，相互之间的联系和区别，以及正确认识各类语法形式对建立藏缅语族各语言的语法体系的意义和作用。另外，

《民族语文》发表的黄成龙《羌语动词的前缀》（1997.2）、戴庆厦《景颇语"形修名"的两种语序对比》（2002.4）、戴庆厦等《景颇语的述补结构》（2004.6）等论文以及黄成龙《蒲溪羌语研究》（2007）一书等，都是研究藏缅语族语言语法形式的重要成果。黄成龙的《蒲溪羌语研究》一书，从类型学和功能主义的视角描写和讨论蒲溪羌语的音系、形态、句法和话语的结构和特征，从描写研究的理论和方法上系统地进行了探索和创新，具有积极的学术价值。

　　7. 语序及类型研究

　　语序问题是藏缅语研究的热点之一。黄布凡的《藏缅语"指代→名"偏正结构语序》（1994）通过对多种藏语的研究，发现藏语的指示代词修饰名词中心语的语序类型有四种：前置型，后置型，前置后置两可型，前置、后置、前后并置三可型。该文认为"在这几种类型中，前置型可能是原始藏缅语的遗留格式，后置型可能是形成较晚，代表了一种演变趋势，前置后置两可型以及前置、后置、前后并置三可型是前置型向后置型的过渡形式"。戴庆厦、傅爱兰在《中国语文》刊发的《藏缅语形修名语序》（2002.4）一文采用类型学比较方法，对10种藏缅语的形修名语序进行了研究。该文指出藏缅语的复合词和短语在形修名结构既有一致性也有差异性；形容词定语前置和后置于核心名词在形式及功能上面都存在差别。此外，该文还分析了形容词定语和指示词定语、数量定语共同修饰名词时可能出现的语序以及影响等级系列的条件。另外还有《民族语文》刊发的谢广华《拉萨藏语的句法结构》（1985.6）、李世康《彝语的宾语后置》（1988.6）、陈康《彝语自动词与使动词形态标志及其由来》（1999.2）、戴庆厦《景颇语单纯词句尾词形成的结构机制》（2003.2）、李泽然《哈尼语形容词修饰名词的语序》（2003.2）、赵燕珍和李云兵《论白语的话题结构与基本语序类型》（2005.6）、朱文旭《彝语句中的语序问题》（2004）、木仕华《论纳西语名词短语语序》（2004.4）、熊仲儒《彝语名词短语内部语序》

（2005.5）等。

8. 语法结构研究

孙宏开发表于《民族语文》的《藏缅语疑问方式试析——兼论汉语、藏缅语特指问句的构成和来源》（1995.5）介绍了藏缅语 7 种疑问方式的构成及特点，指出汉语书面语及方言特指问句的形式和来源与藏缅语同出一源，而且汉语和藏缅语构成特指问句的疑问语素在发生学上有同源关系。戴庆厦、傅爱兰的《藏缅语的述宾结构——兼与汉语比较》（2001.4）描写藏缅语 8 种语言述宾结构主要特点，重点分析了诸如形态、格助词、语序等语法标记及其优先等级。戴庆厦、黎意的《藏缅语的述补结构——兼反观汉语的述补结构特点》（2004.4）认为藏缅语述补结构的特点有三：发展不平衡，呈现出不同的层次类型；结构方式上有黏着型（无标记）和分析类（有标记）两种，二者比例因不同的语言而不同；补语不同程度地出现语法化的趋势。戴庆厦、李洁的《藏缅语的强调式施动句——兼与汉语被动句对比》（2006.3）从跨语言的比较中，剖析了彝缅语支强调式施动句的性质、特点及类型学特征，并探讨了这一句式的成因。戴庆厦、邱月的《OV 型藏缅语连动结构的类型学特征》（2008.3）认为连动结构是藏缅语句法结构中的一个独立单位，它能够大面积地存在是由 OV 型语序内部机制决定的。藏缅语言连动结构的语序先后与认知特点有关，但无绝对的蕴涵关系。田静的《藏缅语宾语句法标记比较研究》（2014.2）通过对藏缅语宾语语料的分析和跨语言的比较，归纳和提炼出一些反映藏缅语自身规律的观点，揭示藏缅语宾语句法标记的共性与个性特征。

9. 词汇研究

词汇的调查描写在藏缅语研究中占有重要的位置，各语言简志等描写著作都对词汇有或详或略的记录，在单语描写的基础上，还产生了语族层面上的词汇比较成果。藏缅语族语言学者编纂和翻译了一批词汇集和词典，这是藏缅语词汇研究的重要成果。如《藏缅语语音和词汇》（1991）、《藏缅语族语言词汇》（1992）、《景颇语词汇学》（1995）、《彝语词汇学》（1998）、《哈尼语词汇学》（2013）等词汇集，以及索郎降村和张怡荪的《藏汉大辞典》、《藏文词典》（1990）、于道泉的《藏汉对照拉萨口语词典》（1983）、土登尼玛的《藏汉双解格撒而尔词典》（1991）、索朗多杰等的《藏语敬语词典》（1993）、才旦复茸的《藏语词汇》（1995）、黄良荣和孙宏开的《汉嘉戎词典》（2002）、朵示拥汤和徐悉艰等的《汉载词典》、戴庆厦和徐悉艰等的《汉景词典》（1981）和《景汉词典》（1983）、《彝汉大词典》（1997）、张晋智的《简明彝汉字典》（2014）、陈海宏和谭丽亚的《怒苏汉简明词典》（2018）等，这些成果同时也为藏缅语族语言的描写研究和比较研究提供了便利。

10. 新发现语言和方言土语研究

20 世纪 90 年代以来，中国的民族语文研究者深入边疆、山区，对一些鲜为人知的藏缅语族语言进行了深入、系统、全面的调查研究，研究成果以孙宏开主编的"中国新发现语言研究丛书"的形式出版。在 33 部新发现民族语言著作中，属于藏缅语的有孙宏开、黄成龙、周毛草的《柔若语研究》（2002），孙宏开、齐卡佳、刘光坤的《白马语研究》（2006），戴庆厦、蒋颖、孔志恩的《波拉语研究》（2007），李永燧的《桑孔语研究》（2002）、戴庆厦等的《浪速语研究》（2005）、龚群虎的《扎巴语研究》（2007）、李大勤的《格曼语研究》（2002）和《苏龙语研究》（2004）、江荻的《义都语研究》（2005）、徐世璇的《毕苏语研究》（1998）等。

另外，在孙宏开主编的"中国少数民族语言方言研究"丛书中，有关藏缅语族语言方言的研究成果有黄成龙的《蒲溪羌语研究》（2006）、纪嘉发的《彝语方言研究》（2005）、刘光坤的《麻窝羌语研究》（1998）、木玉璋的《傈僳语方言研究》（2005）、陆绍尊的《门巴语方言研究》（2002）和《普米语方言研究》（2001）、尹蔚彬的《业隆拉坞戎语研究》（2007）、周毛草的《玛曲藏语研究》（2003）等。

三　总结与展望

70 年来藏缅语的描写研究走过了由结构主义理论框架下的分析描写到多种理论框架下的描写与解释相结合的研究道路，在语言系属划分、语音分析与实验研究、语法（句法）结构的研究以及词汇记录与描写等方面都取得了显著的成绩。

（1）系属问题。国外对藏缅语系语言的系属分类较有影响的有白保罗的"狭义汉藏语系分类"和沙加尔的大语系分类框架。李方桂开创的"一语三族"主流分类模式对中国汉藏语系语言系属分类研究具有开拓性和奠基性意义，长期以来是国内藏缅语研究的主流观点。以罗常培、傅懋勣、马学良、孙宏开和戴庆厦等为代表的中国语言学家不断补充完善和细化了这一分类体系，目前已基本确定藏缅语族语言由藏语支、羌语支、彝语支、缅语支和景颇语支组成的主流观点，但仍然存在白语、纳西语、土家语等少数语言归属问题的意见分歧。目前，系属分类尚未取得一致意见的原因主要有三个：一是藏缅语语种众多，语言关系复杂；二是对现代藏缅语的调查研究还不够充分，有待进一步深入；三是语言分类体系还不完善。

（2）语音问题。藏缅语语音研究主要集中在声调、复辅音、松紧元音以及双音节化等方面。汉藏语在语音上的一个突出特征是大多数语言都有反映音高变化的声调，但藏缅语的声调多寡不同，对应松散，其声调发展的不平衡性为研究提供了有利条件。通过 70 年的不断研究与深入分析，基本厘清了以下认识：藏缅语声调伴随着元音的松紧分化、韵尾辅音的脱落、声母辅音的简化等发展而自然产生；声调历经了一个从无到有、从少到多的形成过程；声调是语音变化的补偿手段，与声韵系统的变化密切相关等。此外，藏缅语复辅音发达，有的语言有 300 多个复辅音，目前不仅已较全面地描写了各个具体语言的复辅音系统，而且构拟了比较完整的复辅音声类。

（3）句法问题。藏缅语句法（语法）研究呈现三个趋势：一是

从单一的语言描写向跨语言的比较研究转变；二是从以描写为主转
向描写与解释相结合；三是从语言结构系统内部因素向语言结构与
语言接触等外部因素相结合的方向转变。

　　总之，70 年来的藏缅语描写研究取得了丰硕的成果。人们对藏
缅语的现状及其历史演变规律的认识不断深化，对一些语支，如藏
语支语言、羌语支语言的研究也取得了前所未有的成绩。在今后的
研究中，藏缅语研究应着力改变各语种及各语言要素研究的不均衡
状况，扩展深层次的语言田野调查、加强方言土语的描写研究，同
时期待藏缅语研究的更多理论和方法创新。

第二节　壮侗语族语言描写研究

　　根据孙宏开、胡增益和黄行主编《中国的语言》（2007），中国
壮侗语族语言包括 22 种语言。朝克、李云兵等著《中国民族语言文
字研究史论》（2013）中对 2006 年前的壮侗语族语言研究进行了详
细论述。鉴于研究成果数量众多，在此主要基于最具代表性的专著、
词典等成果，对壮侗语族语言语音、词汇、语法描写研究成就进行
概括性阐述。

一　改革开放前的研究

　　1949 年新中国成立后，20 世纪 50 年代，为了民族识别和解决
少数民族的文字和教育问题，调查了解中国少数民族语言使用情况，
制定语言政策和规划，推动语言研究，组织了 700 余人的 7 个语言
调查队，对少数民族语言进行了广泛调查。其中调查了壮侗语族的
壮、布依、水、毛南等语言和方言土语。通过这次大规模的调查，
为壮侗语族语言的研究积累了丰富的调查研究资料，编写了一些调
查报告、词典和语法介绍，如《布依语调查报告》（1959）和《水语
调查报告》（内部资料）等，并在《中国语文》1961 年 10—11 期上

发表了中国科学院少数民族语言研究所壮语小组的《壮语概况》，对壮语的语音、词汇、语法和文字进行了介绍，其中壮语标准音 22 个韵母，79 个韵母，8 个声调。词汇和语法部分对基本词类和构词方式进行了描述。此外《中国语文》还发表了王泽宏的《从附加成分看壮语的词类》（1957.1）、曹广衢的《试谈壮语语法中的新词序》（1959.5）、刀世勋的《傣仂语情况介绍》（1956.7）、欧阳觉亚和郑贻青的《黎语概况》（1963.5）、韦庆稳的《水语概况》（1965.5）等壮侗语族语言的描写研究论文。中国科学院少数民族语言研究所的《布依语调查报告》是对当时布依语调查的全面总结，分导论、语音、语法、词汇四个部分。语法方面，科学出版社出版了喻世长的《布依语语法研究》（1956）。这些研究为壮侗语族语言研究奠定了基础。

二　改革开放以来的研究

（一）语言简志系列

20 世纪 80 年代以后，民族出版社出版了"中国少数民族语言简志丛书"，其中包括壮、布依、傣、侗、水、毛南、仫佬、瑶（含拉珈语）等壮侗语族语言。具体情况如下：韦庆稳和覃国生编著《壮语简志》（1980）、喻翠容编著《布依语简志》（1980）、喻翠容和罗美珍编著《傣语简志》（1980）、梁敏编著《侗语简志》（1980）、张均如编著《水语简志》（1980）、梁敏编著《毛难语简志》（1980）、王均和郑国乔编著《仫佬语简志》（1980）、欧阳觉亚和郑贻青编著《黎语简志》（1980）、毛宗武和蒙朝吉及郑宗泽编著《瑶族语言简志（含拉珈语）》（1980）。这些语言简志基本从语音、词汇、语法三个方面进行研究，语音采用声母、韵母和声调分别描写的方法，词汇部分主要介绍词的构成方式和汉语借词，语法部分主要是对词类、词的组合以及句子和句子成分的描写，另外有 1000 多词的词汇附录。王均主编的《壮侗语族语言简志》（1984）总体描写了壮侗语族语言的语音、词汇、语法，介绍了文字情况，是对以上简志的一个整合。

（二）词汇与词汇学研究

专门的壮侗语词汇集有中央民族学院少数民族语言研究所第五研究室的《壮侗语族语言词汇集》（1985），共收录了词语 2400 条，条目以单词为主，兼收少量词组。以该书词汇为基础编撰的英文版在泰国出版［Zhou Guoyan, Somsonge Burusphat,（1996）Languages and Cultures of the Kam-Tai（Zhuang-Dong）Group: A Word List, Mahidol University, Thailand］。覃晓航的《壮语词汇学》（英文版，2004）一书是研究壮语词汇的专著，第一部分主要在理论上阐述壮语词汇的特点，包括壮语的分布、方言、构词方式、借词、成语和方言词汇等内容；第二部分主要对壮语的词条进行语义解释和功能分析，词的解释以字母为顺序进行逐一释义。蒙元耀的《壮语熟语》（2006）对壮语的熟语进行了收集和整理，选取常用成语、谚语、格言、警句、歇后语等 1800 余条，给予直注、翻译。小坂隆一、周国炎、李锦芳编《仡央语言词汇集》（1998）汇集了仡佬语、拉基语、布央语词汇 2000 余条，并与英汉对照，为侗台语族的研究提供了重要的词汇材料。潘永行、韦学纯的《水语词汇与常用语典藏》（2014）收录水语基本词汇 2500 条，提供意义分类和水汉英多种检索方式，附录部分提供常用语和水语歌曲，为民族语言的词汇研究提供了新的研究范式。在词汇词典方面，已经出版的有《壮汉词汇》（初稿本）、《壮语常用词汇简编：壮汉对照》《壮汉词汇》（修订本）、《汉壮词汇（初稿）》《壮语常用词汇：壮汉对照》《壮汉词汇》《广西壮语地名选集》《壮语虚词》《壮语词典》《壮语通用词与方言代表点词汇对照汇编》《壮汉英词典》《汉布依简明词典（初稿）》《布依汉简明词典（初稿）》《布依语常用词汇选编》《Bouyei-Chinese-English-Thai Dictionary（布依—汉—英—泰词典）》《布依汉词典》《傣语成语》《汉傣纳新词术语集》《傣汉字典》《傣仂汉词典》《德宏傣语同音词典》《汉、傣、景颇日常用语对照手册》（试用本）、《傣族谚语》《傣汉常用词对照手册》《古傣语词语译释》

《汉傣成语词典》《侗汉词典》《Kam-Chines-Thai-English Dictionry
（侗—汉—泰—英词典）》《汉水词典》《水—汉—泰—英词典》和
《汉瑶词典拉珈语》等。

　　（三）方言土语以及语法方面的研究

　　欧阳觉亚和郑贻青的《黎语调查研究》（1983）对黎语进行
了全方位的调查研究，分总论、语音、词汇、语法、黎语与同语
族诸语言的比较 5 个部分，内容翔实可靠。郑贻青的《靖西壮语
研究》（1996）分总论、语音、词汇、语法、方块壮字等内容，
附"孝子祭母文"等长篇材料和靖西话拼音方案两个附录。"中
国少数民族语言方言研究丛书"中出版了几部壮侗语方言描写
研究成果。张均如、梁敏和欧阳觉亚等的《壮语方言研究》
（1999）一书包括绪论、语音、词汇、语法、壮文等内容，另外
附有武鸣壮语同音字表、36 个调查点的词汇表、长篇材料故事
三个附录，是一部系统的壮侗语族描写语言学研究成果。周耀
文、罗美珍的《傣语方言研究（语音词汇文字）》（2001）和
《傣语方言研究（语法）》（2008）两部著作对傣语方言的语音、
词汇、文字和语法进行了描写研究。2005 年清华大学出版社以
《李方桂全集》的方式出版了李方桂的《龙州土语》（2005）、
《武鸣土语》（2005）、《剥隘土语》（2005）三部奠定壮侗语描
写研究基础的经典著作。杨通银的《通道侗语研究》（2009）采
用了谢芙琳的话语模式和拉波夫六部叙述体系来描述侗语叙述话
语文体的基本特征，并在功能主义框架下检视其结构框架和各部
分之间的嵌合，同时对语音、句法和语篇各层面进行考察。李旭
练的《都安壮语形态变化研究》（2011）从形态角度，首次详细
描写并分析了都安壮语里屈折、前缀和后缀的语言现象，进而认
为壮语是一种具有形态变化的语言。

　　专门语种的语法研究方面，张景霓的《毛南语动词研究》
（2006）主要运用"三个平面"的语法理论、配价语法理论和认知
语言学的构式语法理论，从句法结构和语义特征入手，研究毛南语

动词的语法意义和语法特点。龙耀宏的《侗语研究》（2003）分别从语音、词汇、语法、方言、文字等方面对侗语进行了系统的研究。巫凌云、杨光远著《傣语语法》（1993）重点描写德宏傣语语法并同汉语语法进行比较，指出了两种语法体系的异同。杨汉基、张盛著《简明侗语语法》（1990）简明扼要介绍了侗语的语法知识，分绪论、词的构造、词类、词的结构关系、句子成分、句子、侗语方言语法及其音变现象七个方面进行描写。

（四）新发现语言的研究

20世纪90年代以后，随着对边远地区语言调查的深入，发现了许多新的语言。以系列专著形式出版的"中国新发现语言研究丛书"（孙宏开主编），包括不少对壮侗语新发现语言进行语音、词汇、语法综合研究的成果。包括欧阳觉亚的《村语研究》（1998），梁敏、张均如的《临高语研究》（1997）、《标话研究》（2002），杨通银的《莫语研究》（2000），薄文泽的《佯僙语研究》（1997）、《木佬语研究》（2002），李锦芳的《布央语研究》（1999），李云兵的《拉基语研究》（2000）等。这些新发现语言的描写研究比语言简志更加详尽，在理论和方法上也有新的进展。

（五）壮侗语研究的新动态

随着研究的不断深入、材料的不断积累、视野的不断扩大，进入21新世纪，民族语言学界采用新的研究手段和方法陆续推出了"中国少数民族语言语法文本标注丛书"和"中国少数民族语言参考语法系列研究丛书"。江荻主编的"中国民族语言语法标注文本丛书"由社会科学文献出版社出版了12本，其中包括蓝利国著《壮语语法标注文本》和韦学纯著《水语语法标注文本》两本壮侗语研究专著。这套丛书首次采用国际上通行的隔行对照的标注方法，严格选取符合语言学资源类型和基本规范的长篇语料，综合研制出一套适合中国民族语言语法标注的符号体系，旨在为语言类型学、历史语言学、区域语言学、接触语言学等资源依赖型学科提供真实的文本语料，也为自然语言处理提供必备的资源和工具。此外，"中国少数民族语言参考语法系列研究丛书"由戴庆厦主编,已经出版多部著作,其中韦景云、何霜、罗永现著《燕齐壮语参考语法》(2011)和康忠德著《居都仡佬语参考语法》(2011)两部著作采用参考语法的理论框架体系,结合功能语言类型学的研究方法分别对燕齐壮语和居都仡佬语的主要语法结构作了描述和分析。韦茂繁的《下坳壮语参考语法》(2014)则以参考语法的框架对桂北土语广西都安县下坳乡壮语进行了研究。这些研究,在理论框架和研究方法上都进行了积极的探索,从整体上促进了民族语言学描写研究的发展。

三　总结与展望

新中国成立 70 年来,涌现出一代代的壮侗语言学家和从事壮侗语研究的专家学者,他们在每一个发展阶段,在各自的研究领域内取得了丰硕的研究成果。壮侗语研究主要学者有老一辈的如李方桂、罗常培、邢公畹、袁家骅、王均、欧阳觉亚、倪大白、喻世长、韦庆稳、傅懋勣、巫凌云、梁敏、张均如、王伟、张元生、郑贻青、曹广衢、罗美珍、刀世勋、周耀文、喻翠容、孟尊贤、吴启禄、石林、张公瑾、郑国乔、杨权、覃晓航等;稍微年轻的一代如李锦芳、周国炎、曾晓渝、陈保亚、蓝庆元、杨光远、杨通银、韦景云、符昌忠、刀洁、戴红亮、刘建勋、龙耀宏、韦茂繁、韦学纯等。这些新老学者,发表了大量的壮侗语研究论文和著作,产生了广泛的学术影响,体现了学术队的传承。随着学科发展和人才的不断培养,越来越多接受现代语言学系统教育的博士和硕士研究生已经逐渐成为壮侗语言的新生研究力量。

第三节　苗瑶语族语言描写研究

中国苗瑶语族包括苗、瑶(勉)、畲、布努、唔奈、炯奈、巴哼、优诺、坝那语 9 种语言。20 世纪 30 年代赵元任出版《广西瑶歌记音》（1930）、李方桂发表《广西凌云瑶语》（1930），拉开了国内苗瑶语研究的序幕。张琨、杨成志、闻宥、罗荣宗、凌纯声、芮逸夫、石启贵等都做了苗瑶语研究，其中张琨的《苗瑶语声调问题》（1947）影响最为深远。

一　改革开放前的研究

改革开放之前，苗瑶语的描写研究集中体现在 20 世纪 50 年代中国科学院第二工作队展开的苗瑶语普查，他们与贵州省语委合作出了一批成果，包括《苗语方言调查报告》（1956）、《苗汉简明词典》（川黔滇方言、滇东北方言、黔东方言）（1958）、《苗语概况》（1962）、《苗语语法纲要》（1963），《中国语文》刊发的《汉语在瑶族语言丰富发展中的作用》（1961.10）、《苗语中的汉语借词》（1962.5）等。当时的成果多以集体署名，也有一些个人署名的，比如：王春德的《苗语语法纲要（黔东方言）》（1977），《中国语文》刊发罗季光的《广西瑶语》（1953.9）、曹翠云的《黔东苗语状词初探》（1961.4）、毛宗武和周祖瑶的《瑶族语言概况》（1962.3）、易先培的《论湘西苗语名词的类别范畴》（1961.3），《语言研究》刊发王辅世的《贵州威宁苗语量词》（1957.2）、李永燧《苗语声母和声调中的几个问题》（1959.4），《民族语文》刊发毛宗武和蒙朝吉的《博罗畲语概述》（1982.1），等等。

二　改革开放以来的研究

改革开放以来，苗瑶语研究欣欣向荣、蓬勃发展。单单从描写研究的视角来看，大体包括：在 20 世纪 50 年代大调查基础上补充整理出版毛宗武的《瑶族语言简志》（1982）、王辅世和赵习的《苗语简志》（1985）、毛宗武和蒙朝吉的《畲语简志》（1986），"中国少数民族语言方言研究丛书"中向日征的《吉卫苗语研究》（1999）、蒙朝吉的《瑶族布努语方言研究》（2001）、郑宗泽的《江华勉语方言研究》（2011）、毛宗武的《瑶族勉语方言研究》（2014），"中国新发现语言研究丛书"中毛宗武和李云兵的《巴哼语》（1997）、《炯奈语研究》（2002）和《优诺语研究》（2007），陈其光的《汉藏语概论·苗瑶语族》（1991）、《巴哼语》（1996）、《苗瑶语文》（2013）和刊登在《民族语文》的《巴那语概况》（2001.2），舒化龙的《现代瑶语研究》（1992），巢宗祺和余伟文的《连南八排瑶语》（1989）、《广东连南油岭八排瑶语言概要》（1990），李云兵的《苗语方言划分遗留问题研究》（2000）、《苗瑶语比较研究》（2018），石德富的《苗语基础教程》（2006），杨再彪的《苗语东部方言土语比较》（2004）等。此外，还出了大批词典和语音、词汇、语法专题研究成果。在全面描写苗瑶语族诸语言的基础上，诞生了苗瑶语历史比较里程碑式的著作，即王辅世和毛宗武合著的《苗瑶语古音构拟》（1995），讨论了苗瑶语的系属和方言划分等问题，绘制了《中国语言地图集》（1987）苗瑶部分。近些年来，实验语音、数学方法、参考语法等，为苗瑶语研究注入了新的活力。下面从语音、词汇和语法三个方面简要梳理新中国成立 70 年来苗瑶语描写研究的主要成就。

（一）语音描写研究

从苗瑶语语音描写研究来看，苗瑶语学者广泛深入开展调查研究，细致描写了各方言的语音系统和各方言土语间的语音差异，掌握了苗瑶语的总体语音面貌，并通过语音分析和对比探寻了一些语音演变的规律。

苗瑶语声韵系统区域差异很大，声母多的达 100 多个、少的不足 20 个，韵母从 15 个到 90 个。语音的特点主要在于：声调发达、类型多样，基本是四声八调系统的框架、演变脉络分明且在各方言对应整齐，多数语言有入声调，音高为主要区别特征。多数地方有鼻冠音声母，往往与同部位塞音声母不对立，不少地区有清浊鼻音对立，多数地方有小舌塞音和舌尖边擦音，有些地方还有内爆音、浊送气等语音类型。苗瑶语的一些语音专题得到了较为充分的研究，特别是音位描写、鼻冠音、内爆音、浊流声母、长短元音、辅音韵尾和连读变调等。比如：王辅世发表在《民族语文》的《苗语方言

划分问题》（1983.5），陈其光发表在《中国语文》的《音位音标的
几种选择》（1994.4）及发表在《民族语文》的《苗瑶语鼻音韵尾
的演变》（1988.6）、《古苗瑶语鼻冠闭塞音声母在现代方言中反映形
式的类型》（1984.5），金理新刊发在《语言研究》的《构词前缀
*m－与苗瑶语的鼻冠音》（2003.3），孔江平发表于《民族语文》的
《苗语浊送气的声学研究》（1993.1），王辅世和王德光收载于《中国
民族语言论文集》的《贵州威宁苗语的声调》（1986），鲜松奎发表
在《民族语文》的《贵州紫云水井平苗语和望谟新寨苗语的连读变
调》（1990.3），蒙朝吉发表在《民族语文》的《瑶族布努语1′至4′
调的形成和发展》（1983.2）、《语言研究》的《瑶族布努语连读变
调问题初探》（1985.1），盘承乾刊发于《民族语文研究》的《论苗
瑶语辅音韵尾的演变问题》（1983），王贤海发表在《民族语文》的
《国内几种少数民族语言擦音送气实验研究》（1988.1），李云兵刊于
《民族语文》的《论苗瑶语的连读变调》（2015.3），龙国贻的《藻
敏瑶语语音研究》（2016）等。

（二）词汇描写研究

从苗瑶语词汇描写研究历史来看，苗瑶语学者编纂和翻译出版
了一批苗瑶语词典和词汇集，比如：中国社会科学院民族研究所编
纂的《新苗汉词典》（2000）、《汉苗词典》（1992）、《汉苗词典（湘
西方言）》（1992）、《汉苗词典（黔东方言）》（1992）、《汉瑶词典
（勉）》（1992）、《汉瑶词典（布努语）》（1996）、《瑶汉词典（布努
语）》（2008），中央民族学院苗瑶语研究室编纂的《苗瑶语方言词汇
集》（1987），新谷忠彦和杨昭编写《海南岛门语——分类词汇集》
（1990），李增贵翻译的记录泰国北部瑶语词汇的词典，还有《苗汉
英大词典》编委会编写的《苗语词汇调查》（2013）、石如金《苗汉
汉苗词典》（1997）、李锦平《苗语同义词反义词词典　黔东方言》
（2005）和《黔东方言　苗语俗语小词典》（1994），等等。

在记录词汇基础上展开了一些专题研究，主要集中在四个方面。
一是关于同源词的讨论。较有代表性的是王辅世刊发于《民族语文》

的《苗瑶语的系属问题初探》（1986.1）、陈其光和李永燧刊发于
《民族语文》的《汉语苗瑶语同源例证》（1982.2）、陈其光的《汉
语苗瑶语比较研究》（1986）、吴安其的《汉藏语同源研究》（2002）
和刊发于《民族语文》的《苗瑶语核心词的词源关系》（2002.4）
等，这些研究支撑了苗瑶语族归属汉藏语系的观点。二是关于构词
法的讨论。苗瑶语几乎没有构形词缀，构词词缀以前缀居多，可以
参考陈其光刊登于《民族语文》的《苗瑶语的前缀》（1993.1）、乐
赛月发表在《民族语文》的《贵阳花溪区甲定苗语的前加成分》
（1979.3）、盘承乾和邓方贵刊于《广西民族学院学报》的《瑶语构
词中的几个特点》（1985.1）、麻树兰发表在《中央民族大学学报》
（1986 语言文学增刊）的《湘西苗语的多义词素 bad》等。三是关
于四音格的讨论。比如，向日征刊于《民族语文》的《湘西苗语的
四字并列结构》（1983.3）、余金枝发表在《中央民族大学学报》的
《湘西矮寨苗语四音格词研究——兼与吉首四音格词比较》（2006.3）
等。四是关于汉借词及其历史层次的讨论。借词是苗瑶语丰富词汇
的主要手段，在勉语和布努语中汉语借词占到了词汇的一半以上。
人们先是区分新老借词，进而展开了深入的历史层次分析。黄行、
沙加尔、曾晓渝、赵敏兰、石德富、金理新、谭晓平、龙国贻等都
作过研究。

（三）语法描写研究

从苗瑶语语法描写研究历史来看，学界通过大量的描写和研究，
对苗瑶语语法系统已经有了较为全面深入的认识，并概括了苗瑶语
语法的基本特点，主要包括：指示词和状词都是独立的词类；重叠
是重要的语法手段，名、量、动、形容词都可以重叠；属于 SVO 型
语言，补语放在谓语之后，定语和状语都分前后两类，等等。系统
描写某个语言或方言的语法的成果很多，比如：贵州省民族语文指
导委员会研究室的《苗语语法纲要（川黔滇方言）》（1963），王春
德的《苗语语法（黔东方言）》（1986）、《苗语语法纲要（黔东方
言）》（1977），罗安源的《现代湘西苗语语法》（1990）、《松桃苗话

描写语法学》（2005），罗有亮的《苗语语法（川黔滇方言）》（1999），石怀信的《苗语语音苗语语法》（2008）等。近些年参考语法的专著也不少，如：余金枝的《湘西矮寨苗语参考语法》（2011）、姬安龙的《苗语台江话参考语法》（2012）等。

语法专题研究中，词类研究较多的是状词、量词、名词、人称代词、方位词、指示词和动词的虚化、体和形态变化等问题，句法研究主要讨论了形＋体词结构、（数）＋量＋名、述宾和述补结构，语序的讨论主要是关于形容词修饰名词的顺序、状语前置或者后置等，句型讨论较多的是被动句和反复疑问句。比如：王辅世和王德光刊发于《语言研究》的《贵州威宁苗语的状词》（1983.3）、刊发于《民族语文》的《贵州威宁苗语的方位词》（1982.4），罗安源发表于《民族语文》的《贵州松桃苗语的冠词》（1980.4）、发表于《语言研究》的《苗语（湘西方言）的"谓—主"结构》（1983.1），向日征的《苗语湘西方言的词头 tçi^{44}》（1980），李云兵发表在《民族语文》的《论坝那语动词的体貌系统》（2017.3）、发表于《语言科学》的《苗语重叠式的构成形式、语义和句法结构特征》（2006.2），石德富收录于《语言教学与研究》（第四辑）的《苗汉多项定语语序比较研究》（2001），以及余金枝刊于《中央民族大学学报》的《湘西苗语被动句研究》（2009.1）等。

三　总结与展望

总之，新中国成立70年以来，尽管专门研究苗瑶语的学者相对而言人数并不多，但苗瑶语的调查描写依然取得了辉煌成就，主要体现在四个方面。一是在调查描写的基础上讨论了苗瑶语的系属问题。不论是否认为苗瑶语和汉藏语同南岛语、南亚语都有共同起源，但中国学者大体上认为苗瑶语应归属汉藏语系。具体可以参考罗常培、傅懋勣、马学良、王辅世、陈其光、郑张尚芳、潘悟云等人的研究。二是厘清了苗瑶语内部的方言划分问题。王辅世和毛宗武的《苗瑶语古音构拟》（1995）对于苗语方言的划分，是整个苗瑶语描写研究中的最大亮点，既有共时的类型学意义，又有历时的比较语言学意义。毛宗武、周祖瑶、蒙朝吉、陈其光、王辅世、李云兵先后论证了布努语、畲语、炯奈语、巴哼语、优诺语和唔奈语都是独立语言。在语支的划分上，畲语的系属研究是热点，可参考毛宗武、蒙朝吉发表在《中国语言学报》的《试论畲语的系属问题》（1985. 2）和黄行刊于《民族语文》的《苗瑶语方言亲疏关系的计量分析》（1999. 3）等。苗瑶语语言、方言、次方言和土语的划分研究经历了从模糊划分到量化划分的发展，取得了长足进步。三是全面深入描写了苗瑶语的整体面貌和特定语言或方言土语的详细面貌，并在此基础上展开了一系列专题研究。四是深入细致的共时描写为苗瑶语历时研究提供了基础，清声母、浊声母、鼻塞音声母、辅音韵尾、长短元音和声调的演变等问题得到集中深入的研究，张琨、王辅世、毛宗武、陈其光、吴安其等对苗瑶语的古音进行了构拟，李永燧、陈其光、李炳泽等还进行了词汇和语法演变的研究。

概言之，新中国成立 70 年来，苗瑶语研究取得了丰硕成果，积累了一大批科研人才和学术成果，但作为一个重要语族，由于内部情况较为复杂，借用汉语成分较多，很多问题还亟须深入研究，希望能有更多学者进入这个领域，同时将更多先进理论和方法借鉴到苗瑶语研究中来，也希望未来能从苗瑶语入手不断探索，逐渐揭开东亚语言和族群之谜。

第四节　南亚语系语言描写研究

中国境内属于南亚语系的语言有佤语、布朗语、德昂语、克木语、克蔑语、布兴语、莽语、户语、布芒语、京语、布赓语、俫语 12 种。在语族分类上，学术界一般认为佤语、布朗语、德昂语、克木语、克蔑语、布兴语、莽语、户语、布芒语属于南亚语系孟高棉语族；京语、布赓语、俫语属于南亚语系越芒语族。

在我国，对于南亚语系语言的描写分析研究，新中国成立以前几乎是空白，最早研究南亚语系语言的成果当属罗常培的《云南之语言》（1944），文中提及云南境内的布朗语、佤语、德昂语属于孟高棉语。南亚语系语言描写研究 70 年可分为改革开放之前、改革开放 40 年两个历史阶段。

一　改革开放之前的研究

新中国成立后，随着民族语文事业的发展，我国开展了相关民族语言人才的培养工作，1952 年，中央民族学院语文系首次开办佤语班，培养了新中国第一批南亚语系语言研究人才，进而开启了国内南亚语系语言的调查研究工作。

1956 年，中国科学院少数民族语言调查第三工作队佤语调查组对佤语进行了全面的调查，完成《卡瓦语言情况和文字问题》和调查报告，1957 年 3 月通过了《卡瓦文字方案（草案）》。在调查佤语的同时，调查人员还调查了云南境内的布朗语、德昂语和克木语，积累了第一手资料。至 20 世纪 60 年代，经过相关的田野调查研究及描写分析，对于我国境内的佤语、布朗语、德昂语、京语等语言结构、本体特征有了大体的了解与认识，这是新中国成立后国内南亚语系语言描写研究领域的基本成就与重要研究成果。

二　改革开放以来的研究

改革开放初期，国内学者对佤语、布朗语、德昂语、京语等语言做了大量的调查研究，对这些语言语音、词汇、语法的结构特征进行深入、细致的描写分析，取得了较大的研究成果。

（一）专题性描写研究

20 世纪 80 年代后，在《民族语文》上发表了有关这些语言的专题性描写分析成果，主要代表性成果如：邱锷锋、李道勇、聂锡珍的《佤语概况》（1980.1），周植志、颜其香的《布朗语概况》（1983.2），颜其香的《崩龙语概况》（1983.5），王连清的《京语概况》（1983.1）

等。在这些成果中，主要介绍了这些语言的语音、词汇、语法、方言等基本情况。

编写出版了有关语言的简志丛书，如：周植志、颜其香的《佤语简志》（1984），欧阳觉亚、喻翠容、程方的《京语简志》（1984），李道勇、聂锡珍、邱锷锋的《布朗语简志》（1986），陈相木、王敬骝、赖永良的《德昂语简志》（1986）等。这些专著主要对这些语言的语音、词汇、语法、方言进行了详细的描写和分析研究。

同时，在上述研究基础上，相关学者对南亚语系语言进行了深层次的专题研究，研究成果颇丰，出版、发表有不同类型的描写研究成果。

在专著方面，比较有代表性的如王敬骝的《佤语研究》（1994）收集了涉及佤语语音、词汇、语法等方面的研究成果；颜其香、周植志的《中国孟高棉语族语言与南亚语系》（1995）对中国孟高棉语语音进行了全面介绍，主要包括孟高棉语声调产生机制、原始孟高棉语音构拟等核心内容；周植志、颜其香、陈国庆的《佤语方言研究》（2005）对国内佤语方言进行详细描写和介绍，详细论证了佤语方言划分的依据，修正了以往一些佤语方言土语的划分观点；赵岩社、赵福和的《佤语语法》（1998），赵岩社的《佤语概论》（2006）均对佤语巴饶克方言语音、词汇、语法等方面特点做了介绍；刘岩的《孟高棉语声调研究》（2006）对孟高棉语的声调及有关的语音、语义、语法特征进行了微观的描写、分析；陈国庆的《孟高棉语次要音节研究》（2018）主要对孟高棉语言次要音节这一特殊的语音结构做了专题性描写分析研究。

同时，相关学者在《民族语文》《语言研究》《中央民族大学学报》等刊物上，先后发表一系列涉及南亚语系语言语音、词汇、语法等方面的学术论文，比较有代表性的论文主要有：周植志、颜其香《从现代佤语的方音对应看古代佤语的辅音系统》（1983.1），周植志、颜其香《论古代佤语的元音系统》（1985.1），周植志《佤语细允话声调起源初探》（1988.3），鲍怀翘、周植志《佤语浊送气声学特征分析》（1990.2），戴庆厦、刘岩《中国德昂语广卡话声调分析》（1997.1），刘岩《布朗语关双话声调初探》（1997.2），陈国庆《柬埔寨语佤语前置音演变初探》（1999.4），赵岩社《佤语的前置音》（2001.4），朱晓农、龙从军《弛化：佤语松音节中的元音》（2009.2），尹巧云《从佤语中的傣语借词看古傣语声母》（2010.6），陈国庆《孟高棉语 *Cl－、*Cr－类复辅音声母》（2016.3）等，主要对南亚语系语言语音的特征与结构进行描写分析。

王敬骝、陈相木《论孟高棉语与侗台语的"村寨"、"姓氏"、"家"的同源关系》（1982.3），肖玉芬、陈愚《佤语"烟草"语源考》（1994.4），赵富荣、蓝庆元《佤语中的傣语和汉语借词》（2005.4），刘岩《德昂语广卡话的双音节名词》（2002.2），赵金萍《德昂语借词的变化》（2005.5）等文，主要对南亚语系语言词汇意义以及词汇特征进行描写分析。

肖则贡《佤语中的主语和谓语的语序》（1981.2），王敬骝、陈相木《佤语词的形态变化》（1984.1），邱锷锋、聂锡珍《谈谈布朗语的形态变化》（1985.2），颜其香《关于佤语词序问题》（1987.1），颜其香、周植志《佤语动词的时貌系统》（1994.1），陈国庆《柬埔寨语与佤语的构词形态》（2000.6）、《孟高棉语人称代词的形态特征》（2005.6），李云兵《中国南亚语系语言构词形态的类型学意义》（2007.5），陈国庆《孟高棉语前缀》（2010.4）等文，主要对南亚语系语言词的形态、词法特点进行描写分析。

（二）新发现南亚语系语言描写研究

改革开放初期，中国境内新发现了一批少数民族语言，其中包括克木语、克蔑语、布兴语、莽语、户语、布芒语、布赓语、俫语等南亚语系语言。在此期间，相关学者针对这些语言结构、本体特征进行具体的描写研究，代表性文章主要有：黄才贞《俫语简况》（1983.2），梁敏《俫语概况》（1984.4），李道勇《我国南亚语系诸语言特征初探》（1984.4），王敬骝《中国孟高棉语研究概况》（1985.4）、《克木语调查报告》（1986.3）、《莽语调查报告》（1986.4），王敬骝、石锋《俫

语调查报告》（1989.5），武自立《本甘语初探》（1992.2），李锦芳
《户语概况》（2004.5）等。

1992 年开始，中国社会科学院"中国新发现语言研究"项目针对
这些语言进行调查研究，每一种语言完成一本描写语言学方面的专
著，目前已完成陈国庆《克木语研究》（2002）、高永奇《莽语研究》
（2003）、李旭练《俫语研究》（2003）、高永奇《布兴语研究》
（2004）、高永奇《布赓语研究》（2005）、陈国庆《克蔑语研究》
（2005）、刀洁《布芒语研究》（2006）等新发现南亚语系语言描写研
究专著。

三　总结与展望

纵观国内南亚语系语言 70 年的描写研究现状，主要有以下几个方
面的特征：

（1）佤语、布朗语、德昂语、京语等语言在 20 世纪 50 年代就已
较早地进行描写分析研究，对这些语言的语音、词汇、语法等方面进
行了较为翔实、具体的描写分析，取得一定程度的研究成果，但由于
受当时特殊的研究条件、传统的研究手段所限，并不是每一种语言都
已经做到了全面、准确的分析研究。

对于这些语言本体特征进行深入细致的深层描写研究，特别
是进行专题性的描写与研究，主要还是集中在改革开放 40 年期
间，在整个南亚语系语言 70 年描写研究成果中，这个时期所产
生的描写研究成果，其学术价值及影响力尤为凸显，具有不可替
代的作用。

（2）克木语、克蔑语、布兴语、莽语、户语、布赓语、俫语、
布芒语等语言，改革开放前，国内对这些语言的研究重视程度不够，
研究成果匮乏；加上这些语言的使用人口稀少，部分语言已经处于
濒危状况，对这些语言的描写、分析研究迫在眉睫。

改革开放以来的 40 年，国内对这些新发现南亚语系语言所进行
的描写研究成果，为丰富南亚语言领域研究成果提供了材料基础，

为进一步研究探讨南亚语系语言的特点和演变，提供了理论层面的支撑；描写研究本身为保留这些濒危语言资料起到了积极的作用，同时也具有较高的学术水平与学术价值，在国内外具有较大学术影响力。

在南亚语系语言进一步的研究过程中，有必要在以下方面进行深入讨论与探索：

（1）就研究材料看，国内南亚语系语言大都属于跨境语言，在与中国接壤的缅甸、老挝、越南等地都有分布，境外南亚语系语言特点、语言方言分布、使用人口等研究，都比国内更加完整与广泛，研究成果也很丰富。对此，大力开展跨境南亚语系语言的描写比较研究，应该是南亚语系语言描写研究的一个重要走向。

（2）就研究手段或方法看，此前的研究成果大都维系传统的研究手段与方法，在传统语言理论框架下，对南亚语系语言进行分析、研究，因此，在往后的研究中，可在有关语音田野调查软件的支撑下，进行南亚语系语言有声语料库的建设。语言数据库的建立不仅可对以往所调查的语料进行修正与规范，同时也有助于南亚语言语料的保存，为南亚语系语言的深入研究提供材料保障。

第五节　突厥语族语言描写研究

一　改革开放之前的研究

20世纪50年代中国科学院、中央民族学院等单位的突厥语研究者组成了突厥语族语言调查队，对维吾尔、哈萨克、柯尔克孜等突厥语族语言进行了调查，李森、魏萃一、陈宗振、高世杰、耿世民、胡振华等合作撰写了《新疆民族语言调查汇报》（1955），编写出了包括维吾尔、哈萨克、柯尔克孜等语言的《方言调查研究大纲》（1956），提出了将维吾尔语划分为中心、和田、罗布三个方言，柯尔克孜语划分为北部、南部两个方言等意见。该次调查还发现裕固语包括突厥语族西部裕固语和蒙古语族东部裕固语两个分支。

二　改革开放以来的研究

（一）出版了语言简志丛书

20 世纪 80 年代以后，陆续出版了"中国少数民族语言简志丛书"，其中包括赵相如、朱志宁的《维吾尔语简志》（1985），耿世民、李增祥的《哈萨克语简志》（1985），陈宗振、雷选春的《西部裕固语简志》（1985），林莲云的《撒拉尔语简志》（1985），陈宗振、伊里千的《塔塔尔语简志》（1986），胡振华的《柯尔克孜语简志》（1986）和程适良、阿不都热合曼的《乌孜别克语简志》（1987）等，分别描写了突厥语族七种语言的语音、词汇、语法的基本特征。

（二）发表了大量的语音学论文

论文成果内容涉及语音系统、元音和谐律、元音音变、音节结构、辅音问题，通过对柯尔克孜语、维吾尔语、土瓦语、撒拉语、西部裕固语、哈萨克语等具体语言的语音现象的描写与分析，基本阐明了突厥语族语言的语音问题。代表性的成果有胡振华发表于《中央民族学院学报》的《柯尔克孜语中的元音和谐——兼论元音和谐不等于同化作用》（1981.1），《民族语文》刊发的张鸿义和孟大庚《浅说现代维吾尔语元音/i/及其变体》（1982.5）、宋正纯《我国土瓦语音系初探》（1982.6）、赵相如《维吾尔语的音节结构和借词拼写法的关系》（1984.4）、林莲云《撒拉语语音特点》（1986.6）、陈宗振《论西部裕固语的带擦元音》（1986.2）等论文，还有尤丽杜丝·阿曼吐尔发表于《语言与翻译》的《柯尔克孜语语音》（1988.2），张定京发表于《新疆大学学报》（哲学社会科学版）的《哈萨克语元音中的清化现象》（1990.3），《民族语文》刊发的王远新《哈萨克语土耳其语辅音对应特点——兼论语音对应与语言影响的关系》（1994.6）、赵明鸣《论现代维吾尔语元音 i 的音位体现》（1998.3）、米娜瓦尔·艾比布拉《撒拉语元音的特点》（2005.6），以及马伟《撒拉语语音的内部变化》（2017.4）、努尔夏提·居马巴依《浅谈柯尔克孜语元音的特点》（2007.3）。

（三）词汇学研究果丰硕

相较来说，词汇学研究成就比较多，除了大量编写出版各类词汇词典，还出版词汇专题著作，发表了专题性词汇学论文。词典可以分为几个不同类型。主要的对照词汇词典中，金炳喆的《哈汉词典》（1980）是最早出版的，共收录萨克语词汇 3.1 万条左右的工具书，新疆大学的《维汉词典》（1982）以汉语解释现代维吾尔语，收词 3 万条，除常用词语外，还收录了一些专业名词和方空词汇的中型对照词典，努尔别克、崔崇德、李增祥的《哈汉词典》（1989），安子俊、陈宗振的《中国突厥语族语言词汇集》（1990），雷选春的《西部裕固语汉语词典》（1992），林莲云的《撒拉汉、汉撒拉词汇》（1992），陈世明、廖泽余的《实用维汉词典》（1995），马克来克·玉买尔拜的《汉柯新词新语词典》（1998），廖泽余、马俊民的《维汉词典》（2000），郎建兰的《汉语西部裕固语对照词典》（2014）、阿尔达克·阿布里哈孜的《汉哈新词语词典》（2014）等。固定词语词典中，阿不拉什和努尔别克的《哈萨克语词组和成语词典》（1982）是包括哈萨克语基本词组和常用成语的工具书，热外都拉·海木都拉的《维吾尔熟语详解词典》（1984）收集了 1700 多条熟语，其中包括了相当一部分维吾尔语成语，美拉特汉的《哈汉谚语词典》（1986）、马兴仁的《简明维汉对偶词词典》（1989）是目前第一本将对偶词收集整理成册的词典。词典中作者对对偶词进行讨论。正字正音类词典有阿不拉什和努尔别克的《哈萨克文正字词典》（1986）、马克来克·玉买尔拜的《柯尔克孜文正字词典》（1989）中主要收集了哈萨克语、柯尔克孜语规范用语、用词和正确使用哈、柯文字母的词条。解释词典有新疆维吾尔自治区民族语言文字工作委员会的《维吾尔语详解词典》（1—6 卷，1990—1999）、阿不都沙拉木·阿巴斯的《维吾尔语成语详解词典》（1991）、阿尔达克·阿布里哈孜的《哈萨克语简明解释小辞典》（2013）、加尔肯·阿布力孜的《哈萨克人名详解词典》（2016）、张定京的《哈萨克体态语

"哈—俄—汉"详解词典》（2017）、庄智象的《外教社哈萨克语英语汉语图解词典》（2018）等。分类词典有阿不都沙拉木·阿巴斯的《维吾尔语同义词词典》（1993）、诺肉孜·玉山阿勒的《柯尔克孜语同音词词典》（2006）、布拉提·阿不都克里木的《汉哈同义词解释词典》（2012）等。这一系列词典的内容丰富，功能全面，一典多用，可满足读者多方面的需求。

词汇研究著作中阿不都鲁夫·普拉提的《维吾尔语词汇学》（1995）是维吾尔语词汇学理论方面的第一部专著，内容比较丰富，其中关于阿拉伯语、波斯语借词部分是极富价值的详尽论述，邢欣、廖泽余的《维吾尔语词汇演变研究》（1997）将《福乐智慧》出现的部分词汇与其在现代维吾尔语的对应进行对比，阐述了词汇中的元音演变、辅音演变和词义演变等问题，成燕燕的《现代哈萨克语词汇学研究》（2000）把理论研究和语言实际研究结合起来，并对境内外的哈萨克语进行比较，力求对哈萨克语的词汇系统作出较为全面、系统、真实的分析。此外，许伊娜的《新疆—青海撒拉语维吾尔语词汇比较》（2001）、马德元的《汉维对比词汇学》（2004）、黄中祥的《哈萨克词汇与文化》（2005）、阿布都鲁甫·塔克拉玛干尼的《维吾尔语词汇学与研究》（2011）等著作都是突厥语族语言词汇学方面的基础研究成果。

突厥语族语言词汇研究论文也很多，研究词汇演变或者古词汇的有发表于《民族语文》的魏萃一的《维吾尔语词汇演变的规律性》（1981.4），陈宗振的《〈突厥语词典〉中保留在西部裕固语里的一些古老词语》（1992.1）和《再论〈突厥语词典〉中保留在西部裕固语里的一些古老词语》（1993.1），米娜瓦尔·艾比布拉的《撒拉语词汇探析》（2002.1）和《撒拉语中保留的〈突厥语大词典〉古词语》（2009.4）等。《语言研究》刊登的吴宏伟的《从现代哈萨克语词的构成看原始突厥语词汇的特点》（1994.1），《中央民族大学学报》（哲学社会科学版）刊发的才甫丁·依沙克的《柯尔克孜语与维吾尔语在语言接触中的旧词新用现象》（2015.1）。此外还有

《河西学院学报》刊发的米热古丽·黑力力的《西部裕固语中保留的回鹘碑铭文献古词语》（2018.4）和汪威的《东、西部裕固语中共有词汇的搜集整理研究》（2018.4）等。

关于民族特色文化词汇，有《民族语文》刊发的陈宗振的《试释西部裕固语中关于服饰的某些词语》（1998.5）和力提甫·托乎提的《论 kariz 及维吾尔人的坎儿井文化》（2003.4），《满语研究》刊发的陈晓云的《哈萨克语与马有关的词汇研究》（1996.2）和曹道巴特尔的《试析图瓦语和鄂温克语亲属称谓及驯鹿文化词》（2016.1）。

词源学论文不少，有《民族语文》刊发的魏萃一的《维吾尔语词汇演变的规律性》（1981.4）、《维吾尔语 bywi 一词的源流》（1984.4），史铸美的《试论近代哈萨克语的一些演变》（1986.4），巴扎尔汗的《哈萨克语对偶合成词中某些成分的来源》（1993.1），木再帕尔的《维吾尔语 bayat、kicik、bala 词源考》（2015.1）等。《语言与翻译》刊发了尚正熙的《试论"manga"一词的渊源》（1990.2），李祥瑞的《浅议现代维吾尔语中的－ki》（2003.1）、《维吾尔语 xaqan/xan（＜qaran＜kagan）、qara＜kara 两词词源考》（2017.1），沈淑花的《维吾尔语"父""母"称谓词源考》（2008.2）。还有沈淑花发表于《西域研究》的《黍、粟的维吾尔语词源考》（2011.4）和靳焱、沈淑花发表于《新疆大学学报》（哲学·人文社会科学版）的《维吾尔语农作物水稻词源考》（2017.3），都是探讨词源的代表性成果。

（四）语法研究系统深入

主要著作方面，哈米提·铁木尔《现代维吾尔语语法（形态学）》（1987）一书分别论述了名词、形容词、动词、副词的构成以及构词附加成分的来源。高莉琴《维吾尔语语法结构分析》（1987）一书吸收采用结构主义和转换生成语法进行研究。刘珉《汉维共时对比语法》（1991）一书讨论了汉语介词在维吾尔语中的对应。程适良《现代维吾尔语语法》（1996）一书内容全面详尽、结构严谨合理、方法新颖、图文并茂、论述精辟。杨凌《现代哈萨克语结构研究》（2002）一书对哈萨克语的音位、词义与形态之间的关系、情态动词的归属等方面做了深入研究。力提甫·托乎提的《维吾尔语及其他阿尔泰语言的生成句法研究》（2001）和《从短语结构到最简方案——阿尔泰语言的句法结构》（2004）两部著作是采用生成句法理论研究阿尔泰语的代表性成果。韩建业的《撒拉族语言文化论》（2004）是从新的视角探讨撒拉语语音、词汇、句法内部结构规律的著作。陈宗振的《西部裕固语研究》（2004）是一部内容丰富、观点新颖、资料翔实、文法质朴的书。阿不都热西提·亚库甫、力提甫·托乎提和张定京的《阿尔泰语系语言的传据范畴研究》（2013）是国内传信范畴研究的主要成果。木再帕尔的《维吾尔语的静词化短语》（2014）一书采用生成语法理论，全面系统描写、分析和解释了现代维吾尔语静词化短语的结构和特点。此外还有马伟的《撒拉语形态研究》（2015）、陈宗振的《维吾尔语史研究》（2016）等成果。

关于语法问题的论文也相当丰富。《民族语文》刊发了哈米提·铁木尔的《论维吾尔语动词的陈述语气》（1982.1），陈宗振的《西部裕固语概况》（1982.6），王远新的《现代哈萨克语量词浅析》（1984.3），米娜瓦尔·艾比布拉的《撒拉语动词陈述式研究》（2008.6），力提甫·托乎提的《轻动词理论与维吾尔语动词语态》（2004.6）、《生成语法框架内的维吾尔语句法》（2005.6），钟进文的《西部裕固语使动态的主要特点》（2012.3）等论文，内容涉及相关语言的词类和语法形态。此类成果还有《青海民族研究》刊发的马伟的《循化汉语的"是"与撒拉语［sa/se］语法功能比较》（1994.3）和胡振华的《试析柯尔克孜语中的助动词及其用法》（1998.3），《语言与翻译》刊发的哈米提·扎克尔的《突厥语族诸语言词法描写中尚待解决的若干问题》（2002.2），《中央民族大学学报》（哲学社会科学版）刊发的张定京的《哈萨克语名词的第八种格》（2005.4），《河西学院学报》刊发的钟进文的《西部裕固语动词陈述式的特点与意义》（2014.3），《暨南学报》（哲学社会科学版）

刊发的米娜瓦尔·艾比布拉的《撒拉语数词的特点及功能》
（2010.4）等论文。

三　总结与展望

70年来，突厥语族语言研究取得了丰硕的研究成果，同时还存
在着以下问题：

对于突厥语族语言的理论研究欠缺，一些研究长期受限于传
统语言学的方法，很少运用新的应用语言学和文献语言学的研究
方法。对濒危语言不够重视，我国突厥语族语言中西部裕固语、
撒拉语、图瓦语属于濒危语言，使用这些语言的人口数量非常
少，因此应该加大对这些语言的研究力度。忽视突厥语族语言的
历史语言学和比较语言学方面的研究。从历史文献语言与现代突
厥语言的关系出发阐述民族语言的发展史，在语言学研究中具有
很重要的地位，但我国突厥语族语言研究缺乏这一方面的成果，
仅有的一些成果也缺乏研究深度。

第六节　蒙古语族语言描写研究

在1955—1956年民族大调查之前，我国蒙古语族语言研究主要
集中在蒙古语，而达斡尔语、东乡语、保安语、土族语、东部裕固语
等语言几乎没有得到关注，更没有产生描写语言学研究成果。我国蒙
古语描写语言学研究始于20世纪40年代初，其标志为额尔敦陶克陶
的《蒙古文新鉴》（1942），而清格尔泰的《蒙文文法》（1949）代表
着新发展阶段的开始。不过，新中国成立以来才出现全面系统研究
的新气象。

一　改革开放之前的研究

在1955—1956年民族大调查之后，调查组的《蒙古语族语言和

方言调查汇报》（1955）、《中国蒙古语语族语言和方言土语概况》
（1956）、《蒙古语方言调查报告（初稿)》（1959）等调查报告油印
成册，在《中国语文》陆续发表道布《蒙古语概况》（1964.3）、照
那斯图《土族语概况》（1964.6）和《东乡语概况》（1965.2）、仲素
纯《达斡尔语概况》（1965.4）等系列论文，总结归纳 1955—1956
年大调查资料，在不同程度上概括介绍了蒙古语族语言语音、语法、
词汇基本特征。20 世纪 50 年代初，清格尔泰、确精扎布、新特克、
哈斯额尔敦、布和吉日嘎拉、白音朝克图等新一代的语言学家，纷
纷发表论文，探讨蒙古语语音诸方面问题。《蒙古语文》发表的确精
扎布《关于蒙古语的长元音和复元音》（1954.2）是关于蒙古语语音
问题的早期论文之一。经过 20 世纪 50 年代初蒙古语族语言大调查
的培训和田野调查锻炼，一批年轻的语言学家开始采用现代语音学
的结构描写和音位学理论与方法，对蒙古语的元音和辅音进行了初
步的研究。较为代表性的有《蒙古语文》刊发的额尔德穆巴特尔
《蒙古语长辅音和语音重叠》（1956.1）、哈斯额尔敦《语音的三个特
征和蒙古语的吐气与不吐气辅音》（1958.12）、确精扎布发表于《蒙
古语言文学历史》的《关于蒙古文学语言的音位及其现行书写法》
（1959.3）、确精扎布与清格尔泰发表在《内蒙古大学学报》的《关
于蒙古语的辅音》（1959.1）等。这些论文从蒙古语语音的发音特
征、口语语音的书写方法等各方面，进行了广泛的讨论。主要语法
著作有巴图巴雅尔的《初级蒙古语语法》（1960）和内蒙古大学的
《现代蒙古语》（1964），它们是这一发展阶段有关蒙古语描写研究的
代表性成果。

二　改革开放以来的研究

改革开放以来，蒙古语族语言研究空前发展，陆续出版了哈斯
额尔敦与那仁巴图的《蒙古语基础》（1978）、布和吉日嘎拉与恩和
的《蒙古语语法》（1978）、清格尔泰的《现代蒙语语法》（1979）、
那森柏等的《现代蒙古语》（1982）等语法著作。其中清格尔泰的

《现代蒙语语法》（1979）用书面语和口语的对应描写了蒙古语的语音系统，用书面语资料描写了蒙古语的语法系统。那森柏等的《现代蒙古语》（1982）用口语资料描写了蒙古语标准音的语音系统，用文学作品实例描写了蒙古语语法特征。出版于20世纪80年代初的照那斯图的《土族语简志》（1981）、刘照雄的《东乡语简志》（1981）、照那斯图的《东部裕固语简志》（1981）、布和与刘照雄的《保安语简志》（1982）、仲素纯的《达斡尔语简志》（1982）、道布的《蒙古语简志》（1983）六部著作，补充、扩展、提升了20世纪60年代的"概况"系列，更加客观地反映了蒙古语族语言的语音、语法、词汇特征。内蒙古大学的"蒙古语族语言方言研究丛书"在20世纪80—90年代陆续出版了恩和巴图的《达斡尔语和蒙古语》（1988）、恩和巴图等的《达斡尔语词汇》（1984）、恩和巴图等的《达斡尔语话语材料》（1985）、布和的《东乡语和蒙古语》（1986）、布和等的《东乡语词汇》（1983）、布和的《东乡语话语材料》（1987）、陈乃雄的《保安语和蒙古语》（1987）、陈乃雄等的《保安语词汇》（1986）、陈乃雄等的《保安语话语材料》（1987）、清格尔泰的《土族语和蒙古语》（1991）、保朝鲁等的《土族语词汇》（1986）、哈斯巴特尔等的《土族语话语材料》（1988）、保朝鲁与贾拉森的《东部裕固语和蒙古语》（1991）、保朝鲁等的《东部裕固语词汇》（1985）、保朝鲁与贾拉森的《东部裕固语话语材料》（1988）、包祥与吉仁尼格的《巴尔虎土语》（1995）、武达等的《巴尔虎土语词汇》（1985）、武达等的《巴尔虎土语话语材料》（1995）、确精扎布与纳·格日勒图的《卫拉特方言词汇》（1998）、确精扎布等的《卫拉特方言话语材料》（1987）20部著作，系统描写了蒙古语族每一种语言的语音和语法特征，汇总了每一种语言的4000—5000个词汇，记录汇编了每一种语言各种题材的话语材料，把蒙古语及蒙古语族语言研究更加推进了一步。

除此之外，自20世纪80年代至今调查研究蒙古语方言土语，先后出版了查干哈达《蒙古语科尔沁土语研究》（1996）、白音门德

《巴林土语研究》（1997）、孟根格日勒《奈曼土语》（1998）、呼和巴日斯与其木格《乌珠穆沁土语》（1998）、诺尔金《标准音——察哈尔土语》（2001）、巴音朝克图《科尔沁土语研究》（2002）、斯琴巴特尔《蒙古语察哈尔土语——描写语法》（2003）、陶·布力格《蒙古语卫拉特方言研究》（2005）、曹道巴特尔《喀喇沁蒙古语研究》（2007）、森格与金钰《蒙古语鄂尔多斯土语研究》等多部成果，全面系统描写了国内蒙古语方言土语，尤其是汉语影响下的喀喇沁土语、科尔沁土语等引起关注。

多年来，《民族语文》《蒙古语文》《内蒙古社会科学》《中国蒙古学》《内蒙古大学学报》《内蒙古师范大学学报》《满语研究》等学术期刊刊登了数百位专家学者的几千篇学术论文，其中描写语言学成果占有相当大的比重。

（一）语音研究

蒙古语族语言语音问题主要涉及元音系统、辅音系统、元音和辅音特征、元音和谐律、辅音结合律、重音、语音变化、音节等。

1. 在元音方面，长短元音、单复元音、元音和谐是蒙古语族语言描写语言学研究的重点。确精扎布较早关注蒙古语的长元音和复合元音问题（1954），自 20 世纪 80 年代至今宝力高、嘎日迪、孟和宝音等逐步加深长元音和复合元音研究。清格尔泰、新特克率先总体论述元音系统（1959），白音朝克图、巴图赛恒等展开圆唇元音问题讨论，白音朝克图探讨 i 元音松紧对立，金刚、诺尔金等探讨元音区别特征，白音朝克图、那·格日勒图等讨论前化元音问题，清格尔泰、孙竹、道布探讨弱化元音或依附元音或过渡元音，哈斯额尔敦、孟和宝音等谈论元音同化，清格尔泰、道布讨论元音和谐律，就蒙古语元音问题进行了长期而有效的理论探讨。总体上讲，元音问题讨论解决或达成以下共识，并被纳入语法教科书：第一，元音的松紧对立与喉头紧张度有关，是除元音发声所需舌位前后、口腔开合、唇形圆展三个条件之外的蒙古语所特有的第四个条件。第二，i 元音不仅仅是中性元音，在口语中存在松紧对立的 ɪ 和 i 两个元音。

第三，存在 æ、œ、ɤ 等前化元音并且有一整套的产生机制。第四，非词首位置元音普遍出现弱化甚至趋同化，形成了"依附元音""ə化""中和"。第五，存在长短元音的对立，长元音有其产生机制和规律。第六，普遍存在复合元音及其产生规律。第七，元音和谐律有"求同性、限制性、序列性、制约性"。在上述最重要的理论问题突破方面，清格尔泰、道布、哈斯额尔敦、孙竹、白音朝克图、确精扎布等具有重要贡献。另外，那森柏发现东乡语重音存在区别意义功能，布和发现东乡语元音和谐律不十分严谨和中性元音比重大等问题，恩和巴图等关于达斡尔语元音和谐残缺问题研究等，是具体语言元音重要特征方面的理论探讨。

2. 在辅音方面，经过蒙古语族语言描写研究，基本弄清楚了各个语言和方言土语的单辅音系统、复辅音、音节结构、辅音结合规律、重音、语音变化规律等，并都得到了解释。蒙古语辅音问题研究重要成果有容舟、乌力吉布仁关于吸气音，宝力巴苏日勒关于送气辅音，福珠关于辅音的条件变化，阿·鲁塔杰尔嘎拉关于 n 和 ng，诺尔金关于收尾辅音与辅音的连接规则，呼和、曹道巴特尔关于词末短元音，付令阿关于结尾辅音及辅音音节问题的讨论。对达斡尔语辅音的词末复辅音问题、x 和 k 的并存问题等也展开了讨论。

语言学家们通过描写研究，发现了蒙古语外的其他蒙古语族语言元音和谐律程度不同地被破坏、程度不同的保留中世纪的词首元音之前的 *h 辅音、词首出现复辅音等情况，为语音保存和语音变异研究以及语音历史比较研究准备了积累。

（二）词汇研究

通过各个语言的描写研究，蒙古语族语言固有词、借词、构词法等研究逐步深入，力提甫·托乎提主编的《阿尔泰语言学导论》（2002）、德力格尔玛和波·索德编著的《蒙古语族语言概论》（2006）、孙竹主编的《蒙古语族语言词典》（1990）等著作较系统地反映了词汇的一般情况。借助词汇描写研究的大量第一手资料，可以深入阿拉伯语、波斯语、印度语、汉语、藏语等对蒙古语族语言的影响及其历史层次、历史上多文化交流等方面的研究。词汇学专著有新特克的《蒙古语词汇研究》(1990) 和巴特尔的《蒙古语词汇学研究》(1988)。论文成果数量多,包括词义—语义学、词汇分类、词源学、词汇规范等几个大方向。单语词汇集和词典有布和等《东乡语词汇》(1983)、恩和巴图等的《达斡尔语词汇》(1985)、保朝鲁的《东部裕固语词汇》(1985)、哈斯巴特尔等的《土族语词汇》(1985)、陈乃雄等《保安语词汇》(1986),还有李克郁的《土汉对照词典》(1989)、阿·舍勒夫、阿·伊布拉黑麦的《东乡语汉语词典》(2001)。

（三）语法研究

蒙古语族语言语法问题主要涉及词法学、句法学。

1. 词类。词法学核心是词类的分类,一般都要遵循抽象词义、语法性质、句法功能三个标准来进行分类,基本把词类划分为几个大类,再细化为若干个小类,但是在具体的分类上至今存在细微的差异。比较有代表性的有《现代蒙古语》(1964),把蒙古语词划分为实词类、虚词类、感叹词三个大类,实词类下面划分名词类、动词类,名词类又划分为名词、形容词、数量词、助名词、代词,动词类又划分为动词、连动词、助动词、代动词,虚词类划分为副词、后置词、语气词、连接词,在实词和虚词间又列出了摹拟词、情态词。清格尔泰的《蒙古语语法》(1991) 把蒙古语词划分为静词类、动词类、不变词类三个大类,静词类划分为名词、形容词、数量词、时位词、代词五类;动词类划分为具有词尾变化的式动词（祈使式、陈述式）、副动词、形动词三小类和具有词干变化的态、体两个小类,一共五类;不变词类划分为副词、情态词、摹拟词、后置词、语气词、连接词、感叹词七类。而那森柏等的《现代蒙古语》(1982) 则把蒙古语词划分为实词类、虚词类两个大类,实词类划分为名词、形容词、数词、代词、动词、副词,虚词类划分为后置词、连接词、语气词、感叹词。道布在《蒙古语简志》中提出了蒙古语13 个词类,具有特点的提法是包括在实词类的判断词、包括在虚词类的状词、强调词等。蒙古语族语言的副词分类复杂，被称为百宝箱，一些语法书把性质不明显、界限模糊的一些词语都装进了副词类，这是一种无奈的举措。另一方面，从过去的副词中剥离出情态词、摹拟词、时位词等虽然是一种建设性举措，但仍不是万全之策，因为蒙古语族语言本身就具有这样界限模糊的特点，因此有关争论仍然在继续。

2. 形态学。蒙古语族语言是黏着性语言，主要以一整套的语法形态后缀来表示语法意义，同时也兼用助词法、重叠法、曲折法等。语法形态的格、数、反身、比较等主要用于名词类词语，式、态、体等主要用于动词类，所有的语法形态担负着重要的词法和句法功能。经过几十年的研究，蒙古语族语言词法形态及其功能得到了充分的描写，从而解决了很多的理论问题。

3. 句法学。蒙古语族语言句法学研究包括组词法、造句法两个部分。组词法解决形态、虚词、词序、语调的组词作用，词组词语关系，自由词组和固定词组，词组的类别等问题。造句法解决句法结构、句类、句式等问题。蒙古语族语言研究通常把形态放在词法学中进行讨论，但是语法形态的功能似乎更多体现于句法功能，进入 21 世纪以来，金刚、宝玉柱、德力格尔玛等更加重视语法形态的句法学功能。另外，德力格尔玛纳入语义学，高莲花等纳入句法短语结构分析法，为蒙古语族语言句法学研究带来新的气息。

三　总结与展望

改革开放之前的成果比较少，主要以介绍文章为主，通过 1955—1956 年的调查和系列报告，基本摸清了蒙古语族语言的基本情况，同时还出版了《现代蒙古语》（1964）等巨型语法著作。改革开放以后，蒙古语族语言描写研究进入蓬勃发展阶段，各语族语言得到了初步的调查研究，陆续出版简志系列和新发现语言系列以及方言研究著作，并且在此基础上也进行了语音、语法、词汇理论探索。经过 70 年，蒙古语族语言描写研究为更加深入的研究积累了丰厚的资料基础和经验基础，特别是为建立立足于黏着性语言自身特征上的语言学理论体系准备了条件。

第七节　满—通古斯语族语言描写研究

中国境内的满—通古斯语族语言有满语、锡伯语、赫哲语、鄂温克语和鄂伦春语，使用者集中在黑龙江省，内蒙古自治区和新疆维吾尔自治区等地区，在吉林、辽宁、河北等省份也有分布。新中国成立前主要是对满文和锡伯文进行过一些研究，但尚未形成满—通古斯语族语言描写语言学的研究成果。

一　改革开放之前的研究

自 20 世纪 50 年代大调查之后，李树兰在《中国语文》发表《鄂伦春语概况》（1965.3），概括介绍了满—通古斯语族语言语音、语法、词汇。除此之外，直到改革开放，没有出现其他研究成果。当然，《民族语文》发表的李树兰《锡伯语概况》（1979.3）、胡增益《鄂温克语概况》（1984.1）、王庆丰《爱辉满语概况》（1984.4）、安俊《赫哲语概况》（1984.6）等论文，都是在 20 世纪 50 年代大调查的第一手资料基础上完成的。

二　改革开放以来的研究

改革开放以来，满—通古斯语族语言描写语言学研究快速发展，出版了李树兰与仲谦《锡伯语简志》（1986）、胡增益与朝克《鄂温克语简志》（1986）、胡增益《鄂伦春语简志》（1986）、安俊《赫哲语简志》（1986）等简志丛书系列，出版了胡增益《鄂伦春语研究》（2001）、王庆丰《满语研究》（2005）、哈斯巴特尔《敖鲁古雅方言研究》（2016）以及朝克《鄂温克语研究》（1995）、《鄂温克语参考语法》（2009）、《楠木鄂伦春语研究》（2009）等著作，在翔实可靠的田野调查资料基础上，较全面、系统描写了满—通古斯语族诸语言的语音、词汇、语法、句法体系。

（一）语音描写研究

在本语族语言的语音描写中，满语语音研究成果比较丰富。1982 年清格尔泰在《内蒙古大学学报》（建校 25 周年专刊）发表的《满语口语语音》一文，是现存满语口语语音系统研究的第一篇学术论文。之后《满语研究》发表了王庆丰的《试论满语元音 o、u、u⁻》（1986.1），穆晔骏的《阿勒楚喀满语语音简论》（1985.1）、《拉林满语语音概论》（1986.2），沈原、赵志强的《满语元音简论》（1995.1），吴雪娟、尹铁超的《满语第六元音研究》（2009.2）等论文；《民族语文》刊发的乌拉熙春的《满语支语言中的送气轻擦音》（1993.6）、《满语支语言的松紧元音》（1995.2）、《满语支语言中的过渡音》（1997.1）等论文，都以调查材料为基础描写了现代满语的语音特征。此外《民族语文论文集》（1985）收录季永海的《满语的元音和谐》一文，《满语研究》刊发的刘景宪的《论满语元音和谐》（1995.2）、《固有满语中性元音和谐问题之探讨》（1998.1）等论文，以及哈斯巴特尔的《初论满语元音曲折现象》（2004.2）一文等，均为有关满语元音和谐律的描写研究成果。

在专著方面，恩和巴图的《满语口语研究》（1996），赵杰的《现代满语研究》（1989），赵阿平、朝克的《黑龙江现代满语研究》（2001），王庆丰的《满语研究》（2005），戴光宇的《三家子满语语音研究》（2012）等著作，都是基于现存满语口语实地调查资料的代表性成果。

其次是锡伯语语音研究。朝克的《现代锡伯语口语研究》（2004）一书系统介绍了现代锡伯语口语语音系统，《满语研究》刊发的王小虹和郭美兰的《锡伯语口语音位系统》（1985.1），朝克的《关于锡伯语口语单元音系统》（2005.1）；《语言与翻译》刊发的郭庆的《浅论锡伯语重音现象及其规律》（1996.4）、《浅论锡伯语书面语中固有词类的元音不和谐现象》（1998.4），安成山的《修订锡伯语口语复合音探析》（2001.2），安成山和焦建英的《简论锡伯语口语语音》（1999.4）等论文；《新疆师范大学学报》刊发的李兵的《锡伯语唇状元音和谐的从属音系学分析》（1999.1），安成山的《浅析修订锡伯语元音音变》（2003.3）；《民族语文》刊发的张泰镐的《新疆锡伯语口语音位系统》（2003.5）；《南开语言学刊》刊发的李文欣的《锡伯语"增音"的描述与分析》（2015.2）等论文，这些论文从语音系统、重音、元音和谐及音变等方面较详细描写了锡伯语语音现象。

在鄂温克语语音方面，朝克在《内蒙古师范大学学报》（蒙文版）刊登的《关于鄂温克语语音归纳》（1983.1）一文，是介绍鄂温克语语音系统的首篇学术论文。朝克在《中央民族学院学报》刊发的《鄂温克语各方言的语音关系》（1985.4），哈斯巴特尔在《满语研究》刊发的《关于鄂温克语语音》（2006.1）等论文介绍了鄂温克语各方言间的语音基本情况。此外《满语研究》刊发了多丽梅的《通古斯鄂温克语的元音系统》（2014.2）、哈斯巴特尔的《鄂温克语敖鲁古雅方言的元音》（2015.1）等论文。

在鄂伦春语语音方面，萨希荣的《简明汉语鄂伦春语对照读本》（1981）是首部简要介绍鄂伦春语语音系统的著作。朝克在《满语研究》刊发的《论呼玛鄂伦春语元音结构》（1992.1），何雪娟在《黑龙江民族丛刊》刊发的《赫哲语语音系统》（1988.3）等论文系统介绍了鄂伦春语和赫哲语语音系统。

（二）词汇描写研究

词汇描写研究也是一个重要的内容。在满语方面主要有《满语研究》发表的赵阿平的《论满语词汇特点》（1990.1）、《满语多义词语同音词的辨别及运用》（1991.2），屈六生的《满语中的多义词、同义词、反义词》（1986.2）、《满语中的兼类词举隅》（1991.2）等论文。在锡伯语方面，主要代表性成果有李树兰发表于《民族语文》的《锡伯语的藻饰词》（1991.1）一文，还有李树兰、仲谦、王庆丰合著的《锡伯语口语研究》（1984）。在赫哲语方面，主要代表成果有尤志贤、傅万金合著的《赫哲语汉语对照读本》（1987）。在鄂温克语方面，主要论文成果有朝克在《民族语文》刊发的《鄂温克语构词方式》（1984.2），在《蒙古语言文学》（蒙文版）刊发的《鄂温克语词汇特征》（1986.3）；吉特格勒图在《蒙古语文》刊发的《鄂温克语言词汇结构》（1998.12）等论文。专著有贺兴格、其达拉图、阿拉塔的《鄂温克语词汇集》（1983），多丽梅、朝克的《通古斯鄂温克语研究》（2016），翁建敏、朝克的《敖鲁古雅鄂温克语研究》（2016），朝克的《鄂温克族三大方言词汇比较》（2017），朝克、卡佳的《讷河鄂温克语基本词汇》（2017），朝克、卡丽娜的《阿荣鄂温克语》（2017），娜佳的《杜拉尔鄂温克语研究》（2017）等系列著作。在鄂伦春语方面的代表成果，李树兰收录于《民族语文论集》（1981）的《鄂伦春语词汇述略》是首篇介绍鄂伦春语词汇的学术论文。

（三）语法描写研究

语法形态描写是满—通古斯语描写研究的重要内容。在满语方面，乌拉熙春的《满语语法》（1983）是新中国成立后第一本用汉文出版的满语书面语语法专著。季永海、屈六生合著的《满语语法》（1986），刘景宪、赵阿平、赵金纯合著的《满语研究通论》（1997），关嘉禄、佟永功合著的《简明满文文法》（2002），爱新觉罗·瀛生的《满文杂识》（2004）等都是满语语法的代表性著作，这些成果的核心部分就是语法结构。关于满—通古斯语语法的论文成果，主要有季永海发表于《中央民族大学学报》的《满语格位范畴》（1983.3），刘景宪发表于《民族语文》的《关于满语复数研究》（2003.4）等，还有《满语研究》发表的赵金纯的《初探三家子满语"式"的表示法》（1986.1），赵盛利的《辨析满语的主动态、被动态、使动态》（1989.1）和《辨析满语的多重复句》（1989.2），赵志强的《满语动词过去时新解》（2002.1）等论文。

锡伯语研究的主要论文有李树兰在《民族语文》发表的《锡伯语的领属范畴》（1982.5）、《锡伯语动词陈述式的亲知口气和非亲知口气》（1984.6）、《锡伯语的状词》（1985.5）、《论锡伯语助动词》（1988.6）、《反身领属范畴在锡伯语中的补偿手段》（1989.3）等系列论文，邓彦、武金峰在《满语研究》发表的《试析锡伯语动词词缀 – bu》（2010.2），孙明在《民族语文》发表的《锡伯语口语中动词变化的特点》（2015.1）等论文。专著成果有研究锡伯语书面语语法的李树兰、仲谦、王庆丰合著《锡伯语口语研究》（1984），图奇春、杨震远合著《锡伯语语法》（1997）等著作，研究锡伯语口语语法的有郭秀昌、佟清福、扎鲁阿用锡伯文合写的《现代锡伯语》（1995）、朝克的《现代锡伯语口语研究》（2006）、佘吐肯的《锡伯语语法通论》（2009）等。

鄂温克语研究主要论文有朝克发表于《民族语文》的《鄂温克语的构词方式》（1984.2）、《鄂温克语的后置词》（1986.6）、《鄂温克语名词数的形态变化》（2009.4），发表于《内蒙古师范大学学报》的《论鄂温克语动词》（1985.4），发表于《满语研究》的《鄂温克语的格》（1985.1）、《关于鄂温克语的代词特征》（1986.2）、《论鄂温克语连词》（1988.2）、《论鄂温克语句子结构》（1989.2）、《论鄂温克语的词组结构》（1991.1），发表于《中央民族大学学报》的《关于鄂温克语助词》（1992.4）等系列论文；还有卡丽娜在《满语研究》发表的《论鄂温克语结构特征》（2000.2），吉特格勒图在《民族教育研究》（1999 年增刊）发表的《论鄂温克语动词与人称关系》等其他论文成果。专著有 2016 年出版的多丽梅、朝克《通古斯鄂温克语研究》和翁建敏、朝克《敖鲁古雅鄂温克语研究》等著作，它们从不同方言土语角度研究了鄂温克语语法。

关于赫哲语语法问题的研究成果主要有朝克在《满语研究》上发表的《论赫哲语动词陈述式》（1997.1），戴光宇在《内蒙古民族大学学报》（社会科学版）发表的《论赫哲语的钝音加 se/te 词尾》（2007.2）等。

三　总结与展望

新中国成立后，满—通古斯语族的研究取得了丰硕的成果，也存在一些问题。主要表现在：第一，开展了广泛的语言调查，编写了满—通古斯语族语言各语言简志和语言概况。第二，各语言语音、语法、词汇研究都取得了空前的进展和新的突破。第三，各语言研究关注度和研究深度有所不同，存在不均衡情况。总体上对有文字的满语和锡伯语的研究成果占多数，语音、词汇、语法、句法等各方面都有深入浅出的论述，研究成果众多；与之相比较鄂温克语的语音、词汇、语法、句法、方言等有相当细致的研究，并有相当数量的成果；而对鄂伦春语、赫哲语的关注度低，研究成果少。

第八节　朝鲜语描写研究

中国境内的朝鲜族主要分布在吉林、黑龙江、辽宁三省和内蒙古自治区。朝鲜语是语系未确定的语言，我国民族语言学界一般认为属阿尔泰语系。

我国的朝鲜语研究始于新中国成立以后，起步较晚。朝鲜语描写研究 70 年可分为新中国成立后、改革开放 40 年两个历史阶段。

一　改革开放之前的研究

新中国成立后，国家积极培养朝鲜语文的教学和研究人才，逐步建立起一支教学科研的骨干队伍。50 年代中期开始着手编写大学教材和必需的工具书和参考资料，为教学和科研服务。1956 年，延边大学朝鲜语教研室编写了《现代朝鲜语》。该书内容包括语音、形态、句法、词汇等，分别由李世龙、崔允甲、金学燃等执笔。这是我国学者编写的第一部语法书，影响颇大。这标志着我国朝鲜语学者开始独立研究。

金祥元的《现代朝鲜语（词汇学）》（1962）一书是朝鲜语词汇学研究的开山之作。

1977 年 5 月创建了东北三省朝鲜语文工作协调小组（简称"三协"）和创办机关刊物《中国朝鲜语文》，极大地推动了中国朝鲜语的研究工作。

二　改革开放以来的研究

改革开放以来，朝鲜语描写语言学研究快速发展，出版了宣德五等编著的《朝鲜语简志》（1985），宣德五等的《朝鲜语方言调查报告》（1991）、黄大华的《朝鲜东海岸方言研究》（1986）、赵习和宣德五的《朝鲜语六镇话的方言特点》（1986）、全学锡的《朝鲜语的民族特性》（1987）、韩振乾的《六镇方言研究》（1996）等著作，在翔实可靠的田野调查资料基础上，较全面、系统描写了朝鲜语的语音、语法、词汇体系。

朝鲜语语音研究长期以来都是朝鲜语研究的重要部分，直至今日仍保持着这一传统。

全学锡在《朝鲜语的民族特性》（1987）一书中基于美国学者马丁发表的《朝鲜语音位学》，把朝鲜语的一套紧喉辅音和一套送气辅音都处理为独立音位，因此辅音音位数超过了马丁所确立的音位数。他还详细分析了朝鲜语的韵律特征。

金镇容对朝鲜语音节做了专题研究，他在《朝鲜语学习与研究》发表的《现代朝鲜语音节字研究》（1984）中认为除去标记外来词的字，朝鲜语音节数为 1906 个。其在《朝鲜语言学论文集》（1987）发表的《现代朝鲜语音节探析》一文中以音素为依据，按语音规则确定音节，对实际使用的各种音节结构类型进行定量分析，进一步阐明了朝鲜语音节结构的特点。

《朝鲜语方言调查报告》（1991）中的"语音总论"部分提出了"零音位"及其变体的观点，认为朝鲜语除传统所说的 19 个辅音外，还有一个零辅音，其在口语中具有 5 种变体。零辅音的设定更精确地描述了朝鲜语的音位系统。

20 世纪 80 年代，我国的朝鲜语语法研究进入繁荣期，各种语法专著先后问世。辽宁民族出版社出版的崔允甲《朝鲜语语法》（1980）、徐永燮《朝鲜语实用语法》（1981），延边大学出版社出版的姜银国的《现代朝鲜语》（1987），商务印书馆出版的宣德五《朝鲜语语法》（1994）等，都属于朝鲜语传统语法研究范畴。

朝鲜语是黏着语，各种语法范畴和语法关系主要通过在实词词干后添加附加成分来表示。学术界对此类后缀成分的性质有虚词和助词的不同看法。崔允甲的《朝鲜语语法》（1981）和宣德五的《朝鲜语基础语法》（1994）则认为是黏着性的词缀。

语法范畴研究是朝鲜语语法研究的热点。毕玉德的《朝鲜语情态问题研究》（1997）从格形态出发，探讨朝鲜语情态概念及其分类问题。赵新建在《民族语文》发表《试析朝鲜语添意词尾范畴的伸缩性》（1999.1）一文，认为，"添意词尾作为朝鲜语词尾的重要组成部分，其成员之间有典型成员与非典型成员之分，并且与相关范畴的边界也不清楚，因此造成了添意词尾范畴边界的伸缩性"。宣德五载《中国民族语言论文集》（1986）的《朝鲜语谓词连体形的语法范畴浅析》（1986）一文研究了谓词连体形的语法范畴问题。

在句法研究方面，姜银国从 20 世纪 80 年代开始进行朝鲜语句型研究，1993 年出版了《朝鲜语句型研究》，从理论上论述了确定句型的标准，阐明了反映朝鲜语特点的基本句子结构类型。

我国的朝鲜语词汇描写研究是从编写大学教材才开始的。

此后陆续出版了崔应久的《现代朝鲜语词汇学》（1980）、金锦钟等的《朝鲜语的民族特性》（1987）、刘银钟的《朝鲜语词汇学》（1991）等著作，初步建立起了朝鲜语词汇学的理论体系。

在《民族语文》发表的许东振的《浅谈朝鲜语构词的语音交替法》（1982.2）、刘银钟的《朝鲜语词根和词缀的界限》（1984.2）、金纯培的《朝鲜语特异结构词浅析》（1988.5）等主要讨论了朝鲜语的构词法。

朝鲜语词汇体系中,汉字词占有很大一部分。陈植藩在《中国语文》发表的《朝鲜语中的汉字词》(1964),通过大量例证讨论了朝鲜语中的汉字词问题。李得春的《关于朝鲜语里的汉语借词》(1986)一文分析了朝鲜语的近代汉语借词问题。宣德五的《关于朝鲜语汉字词的几个问题》讨论了朝鲜语汉字词在使用过程中的三个现实问题,即汉字词的地位和作用、研究汉字词构词法的必要性、汉字词的标记法。

朝鲜语词汇构成中除了固有词、汉字词外,还有一定数量的外来词。张兴权在《中央民族大学学报》(1985.3)发表的《现代朝鲜语中的英语外来词》一文,就现代朝鲜语外来词的借用原因、语音对应关系、词形变化情况和语义改变等问题进行了专题研究。还有《民族语文》发表的沈希燮的《中国朝鲜语中的新词》(1988.3)、李亿哲的《朝鲜语从汉语中吸收新词的原则和方法》(1990.3)和《东疆学刊》发表的金光洙《中国朝鲜语新名词术语分析》(2008.7)等论文。

三　总结与展望

新中国成立后,我国朝鲜语研究的成就可归结为三个方面:

一是新理论与朝鲜语研究实际相结合。根据朝鲜语特点,运用朝鲜半岛研究成果分析朝鲜语语音、语法、词汇是中国朝鲜语研究的一大特点。

二是朝鲜语方言描写成果少。在过去的一段时间里,学术界公开发表的朝鲜语方言研究成果很少。方言研究的缺失,制约了中国朝鲜语研究的发展进程。

三是在继承传统的语言描写研究方法的同时,要结合我国的实际情况,开展朝鲜语描写研究。

朝鲜语是跨境语言,进一步深入调查描写中国朝鲜语对于加强中、朝、韩三国的文化交流事业也有重要意义。

第 三 章

新中国少数民族语言的历史
比较语言学研究

　　历史比较语言学属历史语言学，其基本方法是历史比较法，其目的是通过对古文字文献、共时语言的语音、词汇、形态的历时、共时的比较探求语言的发展演变规律，以进一步重建原始语。基于对语音、词汇、形态等的严格对应规律的探索及其重大成就，语言的历史比较研究使语言学脱离哲学成为一门科学。

　　历史比较语言学兴起于北欧，兴盛于西欧，用历史比较法建立了印欧语系，用谱系树图勾勒出印欧语系的发展分化，用方言地理学方法绘制出语言分化的界限，用"波浪论"解释语言扩散形成的地域性特征，用语言联盟解释语言接触形成的区域性共性。随着西学东渐和中国留学人员归国以及翻译等途径，在新中国成立前，历史比较语言学逐渐传播到中国并用于汉语与少数民族语言的研究，在相关研究领域已取得了开创性的成果。新中国成立以后，随着语言和文字调查材料的极大丰富，基于中国少数民族语言的历史比较语言学研究取得了重大成就，不仅极大地深化了历史比较语言学的理论和方法，而且对中国的民族识别等民族工作也提供了极为重要的学术依据。

第一节　新中国成立前传统语文学
创新和历史比较研究初创

一　中国传统语文学的理论方法及其创新探索

中国传统语文学以音韵、文字、训诂为本，从书面文献材料的分析和排比中寻找语言演变的线索。这种方法的优点是言之有据，结论较为可靠，缺点是语音史的研究只能区分音类，无法对语言的演变进行具体的展示，而且还无法研究原始语的语言结构。同时，只重视对书面材料的研究而忽视对口语材料的研究，使传统语文学的研究到清末时已经走到了尽头，用传统语文学的方法已经很难使古汉语的研究再出现新的局面，因此，需要探索新的研究方法和理论框架。瑞典汉学家高本汉是第一个将历史比较语言学的方法引入传统汉语音韵研究的人，取得了很大的成功，从而开拓了汉语语音史历史比较语言学的研究领域。

高本汉之前，清儒的汉语音韵研究仅对书面文献材料进行考订，忽视口语和方言的研究，因此，他们只整理出汉语古音类的系统，高本汉使用韵书等大量书面材料确定音类的同时，对汉语方言的语音差异进行比较并确定音值，对汉语从《切韵》到现代各方言的语音变化做出了较为合理的解释，为汉语历史比较语言学的研究开辟了新的道路。他在完成汉语中古音系的研究之后，又以《切韵》为基础，采用共时分析的内部拟测法对汉语的上古音进行了构拟，经十年之力完成巨著《中国音韵学研究》，成为后世学者研究汉语音韵学必须倚重的文献。高本汉研究汉语音韵学的基本方法是对音法，即语音对应规律。

高本汉的研究成果对中国学者研究汉语史有深远的影响，中国的一些学者，如董同龢、李方桂、王力、陆志韦、丁声树、罗常培、李荣等，对汉语史的研究或多或少都受到高本汉的一些影响，李方桂先生的《上古音研究》除采用历史比较法之外，还结合传统语文学的谐声构拟了上古汉语的复辅音声类。

二　中国少数民族语言历史比较研究初创

中国少数民族语言的调查研究始于 20 世纪 20 年代末，最早对少数民族语言进行调查的是赵元任，他除了对广西的壮语进行过调查之外，还对广西瑶族用汉语方言唱的歌进行了调查和记录，写成《广西瑶歌记音》（1930）。抗日战争前，李方桂对广西的壮语进行过调查。抗日战争全面爆发后，北方高校及中央研究院历史语言研究所南迁，一些语言学家随之南迁，他们在南迁的过程中接触到了一些少数民族语言并进行了调查。相对全面调查研究是西南联大时期，一些语言学家在较为困难的条件下，深入少数民族地区，用现代语言学理论和方法对多种少数民族语言进行实地调查研究。

20 世纪 30—40 年代的中国少数民族语言调查多出自语言学家的旨趣，但一些研究成果开创了中国少数民族语言历史比较研究的篇章，属中国少数民族语言历史比较研究的发端和初创。这一时期较为重要的成果有李方桂的《原始台语中系列先喉塞辅音的拟测》（1943）、《水话中声母和声调的分布》（1948），张琨的《苗瑶语声调问题》（1848）等。虽然数量不多，但产生了极其深远的引领作用。

第二节　中国少数民族语言的谱系分类

中国有 55 个少数民族，但却使用 130 多种语言，语言使用情况十分复杂，有一些语言的系属问题尚有不同的观点，一些语言的性质也存在不同的看法。但经过中国民族语言学界的努力，中国少数民族语言的谱系分类已形成比较稳定的框架，可以绘制出基本的谱系树图。

一　中国少数民族语言谱系分类初阶

中国历史上，语言问题很早就引起了关注，如《尔雅》《方言》《说文》《释名》《切韵》《广韵》《番汉合时掌中珠》《中原音韵》《洪武正韵》等都是中国历朝历代关注语言问题的著述，明清时期更有传统语文学的兴盛，但在欧洲的历史比较语言学传入之前，没有人对中国的语言特别是少数民族语言进行过分类，更谈不上谱系分类。

对中国语言作出最初分类的都是国外的学者，据孙宏开、江荻①和 Merritt Ruhlen（1987）②，19 世纪后半期国外学者对中南半岛、中国的语言的分类大体是：

1896 年，孔好古（A. Conrady）明确提出汉藏语系的分类，但在他的分类中不包括苗瑶语③：

---

①　孙宏开、江荻：《汉藏语言系属分类之争及其源流》，《当代语言学》1999 年第 2 期。

②　Ruhlen Merritt. 1987. A Guide to the World's Languages，Vol. 1：Classification. Stangford University Press.

③　Conrady August. 1896. Eine indochinesische casuativ-denominativ-Bildung und ihr Zusammenhang mit den Tonaccenten. Leipzig.

随着语言调查的进一步展开和材料的不断丰富，20 世纪初国外学者对中国少数民族语言的分类有了新的变化。1906 年德国人类学家施密特（W. Schmidt）① 建立南方语系（Austroasiatic Family），也称奥亚语系，即南亚语系。南方语系包括台语、孟高棉语、苗瑶语：

1909 年，英国的戴维斯（H. R. Davies）在支那诸语（Sinitic Languages）下提出孟高棉语系（Mon-Khmer Famly），认为孟高棉语系有三个语族，即苗瑶语、民家语、佤崩龙语② ：

1909 年，瑞典的科诺（S. Konow）③ 提出汉藏语系的分类为：

①　Schmidt, W. 1906. Die Mon-khmer-Volker, ein Bindeglied Zwischen Volkern Zentralasiens und Austronesiens. Arch Anthrop. , Braunschw. n. s. 5.

②　Davies, Henry R. 1909. Yünnan, the Link between India and the Yangtze. Cambridge University Press.

③　Konow, Sten. 1909. Linguistic Survey of India, Vol. 3.

科诺把苗瑶语排除出在汉藏语系之外，认为苗瑶语是独立的语系，称为蛮语系（Man Family）①。1926 年施密特主张苗瑶语属台语系（Thai Family）②。1929 年，法国汉学家马伯乐（H. Maspéro）认为苗瑶语是独立的苗瑶语系（Miao-Yao Family）③。1948 年法国学者欧德里古尔（A. G. Haudricourt）④ 认为苗瑶语属于 1906 年施密特建立的澳亚语系（Austroasiatic Family），即南亚语系。

1852—1855 年，英国罗根（J. R. Logan）对印度—太平洋群岛的语言进行调查研究并发表了《印度—太平洋群岛人类学》，认为高棉语、孟语、占语、越南语等有发生学关系，并提出孟—安南语族的问题。施密特对中南半岛及其附近岛屿的语言进行调查研究后，于 1907 年提出"南亚语系（Austro-Asiatic Family）"，南亚语系包括五个语群⑤：

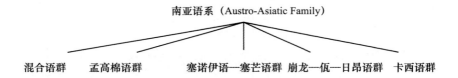

1924 年，伯叙吕斯基（J. Przyluski）提出把南亚语系分为蒙达语族、孟高棉语族和安南语族，把越南语列入安南语族⑥。

1926 年，德国人类学家施密特对南亚语系诸语言重新作了分

---

① Konow, Sten. 1909. Linguistic Survey of India, Vol. 1, part 1.

② Schmidt W. 1926. Die Sprachfamilien und Schprachenkreise der Erde. Heidelberg.

③ Maspéro, Henri. 1929. Language, in L'Indo-Chine. In Georges Maspéro（ed），Un Empire colonial français, l'Indo-Chine, 2 vols, Paris.

④ Haudricourt A. G. 1948. Les phonemes et le Vocabulaire du thai commun. Journal Asiatique.

⑤ Schmidt W. 1907. Les peoples Mon-Khmer, trait d'union entre les peoples l'Asie Centrale etde l'Austronesi. BEFEO, VIII：213 – 263.

⑥ Przyluski J. 1924. Les language Austroasiatiques. In：A Meillet et M. Cohen, Les Language du Monde（Ieréd）385 – 403, Paris：Chmpion.

类，把南亚语系分为四个语族①：

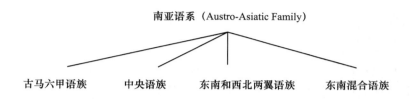

其中，中央语族包括卡西语、尼科巴语、佤语、崩龙语和日昂语。

在南亚语系的分类中，施密特所说的混合语群或东南混合语族，主要是指越南南部和柬埔寨东南部的占婆语支语言，属于南岛语系语言。中国的南岛语系语言主要分布在台湾中部山脉地区和东部纵谷平原以及兰屿岛，对南岛语系语言的最初分类也是由国外学者提出的。荷兰占领台湾时期，尽管殖民统治者对台湾的语言作过一些记录，但并没有进行分类。日本占领台湾时期，殖民统治者的一些学者也对台湾的语言作过调查和记录，他们按照地理分布，把台湾的少数民族语言分为"高砂族"语言和"平埔族"语言②。在中国学者展开对台湾南岛语进行调查研究之前，对台湾南岛语进一步分类研究的主要是西方的一些学者，美国学者戴恩（Isidore Dyen）从语言分布、民族迁徙和词汇统计的角度对台湾南岛语作了分类，把台湾南岛语分为三个语群和一个语支，即泰雅语群、邹语群、排湾语群和丹巴语支，其中，泰雅语群、邹语群、排湾语群统称为"台湾语支"，泰雅语群有泰雅语、塞德克语两种，邹语群有邹语、沙阿鲁阿语、卡那卡富语三种，排湾语群有排湾语、阿美（阿眉斯）语、

---

① Schmidt W. 1926. Die Sprachfamilien und Sprachenkreise der Erde. Heidelberg：Carl Winter.

② ［日］小川尚义、井浅惠伦：《原语にとる台湾高砂族传说集》（台湾高砂族原语传说集），台北帝国大学语言学研究室，1935 年；［日］小川尚义、井浅惠伦：《台湾高砂族原语传说集》（翻印版），台北南天书局 1996 年版。

布农（布嫩）语、鲁凯语、赛夏语、卑南语、邵语七种，丹巴语支
只有雅美语一种①。戴恩的分类影响较大，为极大多数研究台湾南岛
语的学者接受。

18 世纪，语言学界出现了"乌拉尔—阿尔泰语系"的假
设。19 世纪，又出现了"阿尔泰语系"的假设，有一些学者
根据突厥语、蒙古语、满—通古斯语，或者还包括朝鲜语的一
些共同点和规律性，建立了阿尔泰历史比较语言学，论证这些
语言有发生学关系，即亲缘关系。而另一些学者则认为，突厥
语、蒙古语、满—通古斯语等的相近、相似，不是由于有亲缘
关系的原因，而是语言类型相近和彼此接触、相互影响造成
的，即类型关系。

H. A. 巴斯卡科夫的《阿尔泰语系语言及其研究》阐述了从
"乌拉尔—阿尔泰语系"到分成"乌拉尔语系""阿尔泰语系"的过
程，并把阿尔泰语系分为突厥诸语言、蒙古诸语言、满—通古斯诸
语言②；［苏］G. J. 兰司铁的《阿尔泰语言学导论》把阿尔泰语系
分为突厥语族、蒙古语族、满—通古斯语族、朝鲜语，并认为它们
之间有发生学关系③；N. 鲍培的《阿尔泰语言学导论》把阿尔泰语
系分为蒙古语族、满洲通古斯语族、楚瓦什—突厥语族、朝鲜语并
认为它们之间有发生学关系④，而《阿尔泰语比较语法》把蒙古语、

---

① Dyen, Isidore. 1956. Language distributiaon and migration theory. Language,
Vol. 32, No. 4; Dyen, Isidore. 1962. The lexicostatistical classification of the Malayopolyne-
sian. Language, Vol. 38; Dyen, Isidore. A lexicostatistical classification of the Austronesian
languages. IUPAL Memoir 19, supplement to IJAL.

② ［苏］H. A. 巴斯卡科夫：《阿尔泰语系语言及其研究》，陈伟译，内蒙古教育
出版社 2004 年版。

③ ［苏］G. J. 兰司铁：《阿尔泰语言学导论·形态学》，陈伟、沈成明译，中国
社会科学出版社 1981 年版；［苏］G. J. 兰司铁：《阿尔泰语言学导论·语音学》，周建
奇译，内蒙古教育出版社 2004 年版。

④ ［美］N. 鲍培：《阿尔泰语言学导论》，周建奇译，照日格图审校，内蒙古教
育出版社 2004 年版。

突厥语、满洲通古斯语等看做有亲属关系并对蒙古语与突厥语的关系进行了比较研究①。国外学者的分类影响较大，中国学者对中国境内阿尔泰语系语言的分类基本遵循 G. J. 兰司铁的分类，只是对朝鲜语的系属问题没做最后的确定。

由于历史比较语言学的兴起和西方殖民扩张，国外学者很早就在亚洲殖民地开始了包括汉藏语系、南亚语系、南岛语系、阿尔泰语系的调查和分类，而且一些分类也为现代语言学研究者接受。中国尽管较早就出现传统语文学，但明清以来主要是对汉语音韵的考订或审订，少数民族语言的研究到 20 世纪 20 年代才有拓荒，到 30 年代才对中国少数民族语言有了一个初步的了解，李方桂（1937［1973］）应该是最早对中国的语言进行谱系分类的学者，他结合国内外文献把中国的语言分为印—支语系（Indo-Chinese Family）又称"藏—汉语系""汉—藏语系"（Sino-Tibetan Family）、南—亚语系（Austro-Asiatic Family）、阿尔泰语系（Altaic Family）和已经消亡的可能属印欧语系一个独立语群的吐火罗语、似乎属彝语群的西夏语以及有文字遗留的契丹语②。李方桂认为汉藏语系分汉语族、侗—台语族、苗—瑶语族、藏—缅语族，南—亚语系分门达语、孟—高棉语、越南语，阿尔泰语系分突厥语族、蒙古语族、通古斯语族。根据李方桂的论文，我们把中国少数民族语言的分类整理如下：

南—亚语系 ｛ 门达语
孟—高棉语：崩龙语、佤语、其他语言
越南语

---

① ［美］N. 鲍培：《阿尔泰语比较语法》，周建奇译，内蒙古教育出版社 2004 年版。

② Fanggui Li. 1937. Languages（and Dialects），Chinese Yearbook，pp：58 – 65；Fanggui Li. 1973. Languages and Dialects of China. Journal of Chinese Linguistics，Vol. pp：1 – 13.

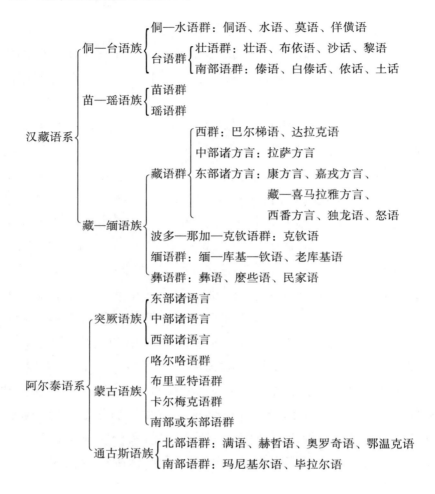

侗—台语族
　侗—水语群：侗语、水语、莫语、佯僙语
　台语群
　　壮语群：壮语、布依语、沙话、黎语
　　南部语群：傣语、白傣话、侬话、土话

苗—瑶语族
　苗语群
　瑶语群

汉藏语系

藏—缅语族
　藏语群
　　西群：巴尔梯语、达拉克语
　　中部诸方言：拉萨方言
　　东部诸方言：康方言、嘉戎方言、
　　　　　　　　藏—喜马拉雅方言、
　　　　　　　　西番方言、独龙语、怒语
　波多—那加—克钦语群：克钦语
　缅语群：缅—库基—钦语、老库基语
　彝语群：彝语、麽些语、民家语

阿尔泰语系

突厥语族
　东部诸语言
　中部诸语言
　西部诸语言

蒙古语族
　咯尔咯语群
　布里亚特语群
　卡尔梅克语群
　南部或东部语群

通古斯语族
　北部语群：满语、赫哲语、奥罗奇语、鄂温克语
　南部语群：玛尼基尔语、毕拉尔语

　　新中国成立后，根据中央访问团的走访并综合文献资料，学者们对中国少数民族语言的分类有了新的认识，作出了新的分类，其中，罗常培和罗常培、傅懋勣的分类较具有代表性。① 下面根据罗常培、傅懋勣的分类，画出谱系树图：

---

　　① 罗常培：《国内少数民族语言和文字情况》，《人民日报》1951 年 3 月 31 日；罗常培、傅懋勣：《国内少数民族语言文字的概况》，《中国语文》1954 年 3 月号。

汉藏语系
- 侗傣语族
  - 壮傣语支：壮语、布依语、侬语、沙语、傣语
  - 侗水语支：侗语、水语
  - 黎语支：黎语
- 藏缅语族
  - 藏语支：藏语、嘉戎语、羌语、西番语、俅语、怒语
  - 彝语支：彝语、傈僳语、拿喜语、哈尼语、拉祜语、阿昌语、民家语
  - 景颇语支：景颇语
  - 缅语支：缅语、载瓦语、腊讫语（茶山）、浪莪（浪速）语
- 苗瑶语族
  - 苗语支：苗语
  - 瑶语支：瑶语

阿尔泰语系
- 突厥语族
  - 西匈语支：维吾尔语、撒拉语、乌兹别克语、哈萨克语、塔塔尔语
  - 东匈语支：雅库特语、柯尔克孜语、西部裕固语
- 蒙古语族
  - 蒙古语支：内蒙古、喀尔喀尔、布里亚特、喀尔玛克等方言
  - 达斡尔语支：达斡尔语
- 通古斯语族
  - 通古斯语支：鄂温克语、鄂伦春语
  - 满语支：满语、锡伯语、赫哲语

说明：东乡族使用的语言、土族使用的语言属蒙古语族，但当时尚未经过科学调查和研究，它们与蒙古语及蒙古语的方言、达斡尔语的关系尚未确定。

南亚语系——孟高棉语族
- 佤绷龙语支：佤语、绷龙语
- 蒲满语支：蒲满语

说明："绷龙"后改为"德昂"，绷龙语即德昂语。"蒲满"后改为"布朗"，蒲满语支即布朗语支，蒲满语即布朗语。

印欧语系
- 斯拉夫语族东斯拉夫语支：俄罗斯语
- 伊朗语族：塔吉克语

说明：台湾高山族所说的语言系属当时尚无定论，未作分类。同时，西藏东南部察隅地区、四川北部理番一带、新疆南部一些地区的语言尚未深入调查或缺少调查，故未作分类。

　　李方桂、罗常培、傅懋勣等语言学家对中国少数民族语言进行分类的主要依据，除了一定程度上考虑历史比较语言学研究可能的发生学关系外，很大程度上似乎主要依据"神似"的外在特征，如音节、声调、量词、词序、虚词、元音和谐、语音演变的共同趋势、构词法、形态类型等，这种分类依据可称之为"同构标准"，它既有词汇的相似，也有结构类型的相似。这种"同构标准"在没有进行深入的历史比较研究之前，无论是对汉藏语系语言、南亚语系语言的分类，还是对阿尔泰语系语言、印欧语系语言的分类都是有一定的效果的，不过分类的结果可能是暂时的。语言系属的分类既然是根据历史的观点，它就必须建立在历史比较语言学的基础上，学界都十分清楚，李方桂、罗常培、傅懋勣等语言学家对中国少数民族语言进行分类的时代，仅有为数不多的中国少数民族语言有初步的研究，还没有足够的材料和科学的比较结果，而绝大多数中国少数民族语言还没有经过科学的调查研究，所以，从"神似"的"同构标准"对中国少数民族语言的分类还不是结论性的，只是暂时性的，随着中国少数民族语言调查研究的深入可以进行补充和修订。毋庸讳言，李方桂、罗常培、傅懋勣等语言学家对中国少数民族语言进行分类的方法其学术价值是难以撼动的，它对 20 世纪 50 年代中国少数民族语言的普遍调查、语言与方言的识别与划分有极其重要的现实意义，起到了极其重要的指导作用。当然，为进一步确定各种语言的系属，除了"神似"的"同构标准"外，还需要用历史比较语言学的方法对各种语言进行精密的研究。

二　国外学者观点对中国少数民族语言谱系分类的影响

　　阿尔泰语系突厥语族、蒙古语族、满—通古斯语族之间的相似性是亲缘关系还是类型关系，国内学者并没有做出明确的回应，一般默认为是有亲缘关系。至于朝鲜语，国内外学者倾向于放到阿尔泰语系里，但也有学者认为朝鲜语跟南岛语有亲缘关系，值得进一步研究。

　　国外学者观点对中国少数民族语言谱系分类冲击最大的是"汉藏语系"，其中，白保罗把侗台语、苗瑶语剔出"汉藏语系"的冲击最大，白保罗、马提索夫对藏缅语的分类也引起中国学者的反响。

　　白保罗等认为汉语和侗台语、苗瑶语之间的关系词是借词，侗台语和汉语没有同源关系，而是跟南岛语有同源关系，提出汉语、藏—克伦语的汉藏语系二族说（1942、1972、1975）。但是，白保罗并没有提出区分同源词和借词的严格标准，他的论证在很大程度上还依靠了考古学和民族学的标准，不过，从方法论上看，要用考古学和民族学来证明语言的发生学关系还有很多困难的。针对白保罗的观点，李方桂（1973）、邢公畹（1984）、严学宭（1979）、罗美珍（1983）、郑张尚芳（1995）等坚持认为汉语和侗台语同源，王辅世（1986）、陈其光（1990）等认为汉语和苗瑶语同源，邢公畹（1996）进一步认为汉语、侗台语、南岛语都同源。中国学者在坚持汉语、侗台语、苗瑶语具有"同构关系"的同时，还根据语音对应寻找同源词，然后确定同源关系，并且这些同源词中不乏最常用的生活词汇，正是有这样一些词汇的支持，王均主编的《壮侗语族语言简志》（1984）、马学良主编的《汉藏语概论》（1991［2003］）、孙宏开、胡增益、黄行主编的《中国的语言》（2007）仍然坚持汉藏语系分汉语、藏缅语、侗台语、苗瑶语的基本模式。

三　广泛的语言调查与中国少数民族语言的微谱系树

　　在李方桂、罗常培、傅懋勣等语言学家对中国少数民族语言谱系分类框架的指导下，中国科学院少数民族语言调查工作队集中精力进行语言调查并摸清了中国少数民族的主要语言，进而对语言、方言进行识别与划分，讨论中国少数民族一些语言的系属问题并于20世纪80年代完成和出版了"中国少数民族语言简志丛书" 57 ［60］① 种，但是由于一个民族使用两种或多种语言的现象，一个民族使用两种或多种语言是"语言"还是方言，尚需要进行补充调查和深入的研究。孙宏开先后多次进入横断山区对独龙语及怒族使用的语言进行调查，摸清了独龙语与怒族使用语言之间的关系以及怒族使用的怒语、柔若语、阿侬语的情况。1976 年，欧阳觉亚、孙宏开、张济川、陆绍尊等深入喜马拉雅山南麓进行语言调查，了解到喜马拉雅山南麓中国一侧至少有错那门巴语、仓洛门巴语、博嘎尔珞巴语、格曼僜语、达让僜语、义都珞巴语、苏龙语、崩如语等藏语之外的语言。20 世纪 70 年代末，国家民委提出民族识别的新任务，民族语言研究人员配合这一任务，陆续调查识别了不少新的语言，如孙宏开应四川省民族事务委员会的邀请，参加四川的民族识别工作，在川西民族走廊地区新发现羌语支语言 7 种和白马语；梁敏、张均如在广西、云南中越边境地区调查，新发现仡央语支的语言 5 种；欧阳觉亚、郑贻青在海南岛调查，新发现语言 2 种；照那斯图、赵相如、宋振纯等在新疆、青海调查，新发现了 3 种语言；台湾学者和大陆学者发现高山族至少使用 15 种以上的语言。加上一些原来调查过但没有深入研究而简单归为某种语言的方言，后来也列为新发现的语言，这样，中国少数民族语言的总数已经达到128 种。

　　中国少数民族语言的谱系分类从提出到相对成熟，经历了一个较长的过程。中国科学院少数民族语言普遍调查结束后，一些学者开始研究一些语言的系属问题。在这方面，孙宏开（1962、1982、1988、2001）、刘光坤（1989）、黄布凡（1991）提出在藏缅语族中建立羌语支，并认为羌语、嘉戎语、普米语、尔苏语、纳木义语、史兴语、贵琼语、却域语、扎巴语、尔龚语（道孚语）、拉坞戎语及西夏语等都属羌语支，目前学界已经普遍认同。

---

① 2009 年修订的《中国少数民族语言简志丛书》增加了《布努语简志》《拉珈语简志》《满语简志》。

　　盖兴之（1982）提出把缅语支、彝语支合并为缅彝语支，也叫
"彝缅语支"，他的建议逐渐得到国内外一些学者的认同。土家语、
白语的语支归属一直未达成一致意见，戴庆厦、傅爱兰、刘菊黄
（1994）在系属分类的层次性的基础上，认为藏缅语族可以分为语
族、语群、语支、语组、语言五个层次，把土家语、白语看成是藏
缅语族南部语群中的两个独立语支，称为土家语支、白语支，与缅
彝语支并列。李永燧（1998、1999）认为缅彝语是一个独立的语支，
其内部再分缅语支和彝语支，缅彝语的上位是羌缅语，羌缅语的上
位是藏缅语。傅爱兰（1989）认为怒语可以构成一个独立的语组。
盖兴之、姜竹仪（1990）认为纳西语西部方言归彝语支，东部方言
归羌语支。黄布凡（1997）认为从同源词的比例来看，吕苏语接近
彝语，纳木义语接近纳西语。孙宏开（2001）认为纳西语是介于彝
语支和羌语支之间的联系语言。

　　白语的语支归属，学界一直不断地进行讨论，戴维斯（1906）
认为白语与孟高棉语有关，白保罗（1968）认为早期的白语可能是
一种澳—泰语系的语言，在后来的发展中受到汉语的极大影响，不
过学界普遍不赞同戴维斯、白保罗的观点，大多数认为白语属汉藏
语系藏缅语族彝语支，这方面的研究有李方桂（1937［1973］）、罗
常培（1951）、罗常培和傅懋勣（1954）、赵衍荪（1982）、徐琳和
赵衍荪（1984）、吴安其（2000），他们从语法结构、词汇和语音来
论证白语与彝语支语言的发生学关系；当然也有学者认为白语在藏
缅语中是一个独立的语支，持这方面观点的有周耀文（1978）和戴
庆厦、傅爱兰、刘菊黄（1989）以及杨应新（1997）、何即仁
（1997）等。由于学界的观点不一致，在后来出版的《中国大百科
全书》（1987）的民族卷、语言卷及《汉藏语概论》（1991［2003］）
里都把白语列为语支未定语言。在讨论白语的语支归属中，有一些
学者认为白语是从汉语分化出来的语言，进而认为白语属汉语族，

持这种观点的早期学者为白族学者赵式铭①，20 世纪 50 年代有秦凤翔（1957）、徐承俊（1957），90 年代以后有颜晓云、陆嘉瑞（1997）和郑张尚芳（1999）。郑张尚芳的《白语是汉白语族的一支独立语言》用汉语历史音韵学的方法研究汉语与白语的关系，建立"汉—白语族"，认为白语是汉白语族的一支独立语言；袁明军的《汉白语调查研究》（2006）进一步讨论了白语与汉语的发生学关系，认为从语义系统看，白语与汉语的深层对应多于白语与藏缅语的深层对应，白语的语义系统和汉语的语义系统更加接近，支持白语是汉语族的一个独立语支的观点；汪锋的《汉藏语言比较研究的方法与实践——汉、白、彝语比较研究》（2013）在很大程度上支持白语与汉语的发生学关系。此外，也有一些学者认为白语是"混合语"，民国初年白族学者李澡在《大理县志》卷六"方言"中认为白语是大理周边的民族语言与汉语混合而成的，40 年代初罗常培的《语言学在云南》明确提出白语是夷汉混合语的观点，李绍尼（1992）、陈康（1992）也认为白语是混合语，陈康认为白语不属彝语支，也不是一种汉语方言，而是具有原始彝语底层和汉语成分融合了的一种混合语。对白语的系属问题，杨立权的《白语发生学研究：白语的历史层次分析和异源层次的发生学关系》（2007）从历史层次分析白语"多源一流""异源同质化"的现象，经过层层剥离，证明白语的源流是彝语支。

土家语的语支归属也有不同的看法，王静如（1955）认为土家语属藏缅语族，比较接近彝语，是彝语支内的一个独立语言，《土家语简志》只认为土家语是汉藏语系藏缅语族中一个独立的语言，跟彝语支语言在语音方面有明显的差别，但没有明确土家语的语支归属。《汉藏语概论》（1991［2003］）把土家语列为语支未定语言，后来，戴庆厦、傅爱兰、刘菊黄（1994）和田恒金（2006）把土家语看作独立的语支，称"土家语支"，而何天贞（2003）则认为土

---

① 参见赵式铭《白文考》，《新纂云南通志》卷 68—70，方志出版社 2007 年版。

家语属羌语支，不过，学界多数学者认为土家语属汉藏语系藏缅语族彝语支或缅彝语支。

仡—央语群语言的系属问题，学术界长期以来未达成共识。贺嘉善（1982，1983）认为仡佬语属壮侗语族仡佬语支，梁敏（1990）认为仡佬语、拉基语、普标语、布央语等语言与侗台语族有较多的共同点和部分同源词，但是还没有接近到可以归入侗台语族的程度，应该是与侗台语族平行的、系属上有关的一个语族，可以称之为"仡央语族"，但在《侗台语概论》（1995）则列为侗台语族的一个语支——仡央语支；张济民（1993）认为羿语、仡佬语、木佬语、拉基语、普标语等应是一个独立的语族，即仡佬语族，属汉藏语系；李云兵（2000）认为羿语、仡佬语、木佬语、拉基语、布央语、普标语等是一个独立的语族，称为"仡央语族"，李锦芳（1999、2002）主张将仡央语群列入壮侗语族作为一个独立的语支：仡央语支。

尽管苗瑶语族目前所知只有 9 种语言，其中，畲语的语支归属有不同的观点。产生分歧的原因是提出观点的角度不同，有的学者从语法"同构"原则出发，强调语法的相似性，属类型同构；有的学者从语音对应的角度出发，强调语音对应规律对语言谱系分类的意义，属亲缘演变。陈其光（1984）认为畲语属瑶语支，主要是类型同构，后来又把坝那语（巴那语）、炯奈语、畲语合为"畲语支"（陈其光 2001，2013）；毛宗武、蒙朝吉（1985）和蒙朝吉（1993）从语音演变和语音规律角度出发，认为畲语属苗语支。由于畲语的语支归属存在不同的观点，《中国大百科全书》（1987）以及《汉藏语概论》（1991），暂把畲语列为语支归属未定语言。王辅世、毛宗武（1995）把畲语单独列为畲语支，但并没有进一步论证和说明，明显是为了避免对畲语的语支归属的争论。目前来看，国内外极多数学者认为畲语属苗语支，没有必要列畲语支。

北方少数民族语言的系属问题基本参照兰司铁、鲍培的观点。罗常培、傅懋勣对阿尔泰语系语言的谱系分类与兰司铁基本一致，只是对个别语言如撒拉语的系属做了进一步的论证和补充。朝鲜语的系属问题一直是一个难点，国外学者兰司铁、鲍培认为朝鲜语属阿尔泰语系，韩国学者李基文（1980）指出朝鲜语与阿尔泰语系语言有很多共同特征，认为朝鲜语与阿尔泰语有亲缘关系。李得春（1981）指出满语与朝鲜语有很多共同成分，对其进行研究有利于探讨朝鲜语的系属问题。赵杰的《论韩国语、满语原因和谐律的共性》（1997）以词内、词与词的元音和谐比较为出发点，认为韩国语与满语同源，而《满语词与朝鲜语语系归属》（1999）也认为朝鲜语与满语同源。吾买尔·尼亚孜的《试论朝鲜语同维吾尔语在语音上的亲属印迹》（2005）认为朝鲜语在语音上与维吾尔语具有亲属印迹。黄晓琴的《朝鲜语与维吾尔语元音和谐比较研究》（2000）从元音和谐出发比较朝鲜语、维吾尔语的元音和谐律，认为朝鲜语的元音和谐体系具有阿尔泰语语系语言的特征，一定程度上认为朝鲜语属于阿尔泰语系，另黄晓琴的《浅析朝鲜语数词与阿尔泰语系的关系》（2001）认为朝鲜语的数词与阿尔泰语系的数词有发生学关系。相反，吴安其的《论朝鲜语中的南岛语基本成分》（1994）认为朝鲜语与南岛语有渊源关系，朝鲜语里的阿尔泰语系语言的成分是语言影响导致的。目前来看，朝鲜语的系属问题仍没有得到充分的论证、解释。

根据学界对有关语言的系属的研究，中国少数民族语言的谱系分类已经比较清晰。下面按语族呈现谱系树图。

藏缅语族，已经公布材料的语言有 47 种，其谱系分类如下：

藏缅语族
- 藏语支：藏语、错那门巴语、仓洛门巴语、白马语
- 羌语支：羌语、普米语、嘉戎语、木雅语、尔龚语、拉坞戎语、史兴语、尔苏语、贵琼语、扎巴语、却域语、纳木义语
- 景颇语支：景颇语、独龙语、阿侬语、格曼僜语、达让僜语、义都珞巴语、博嘎尔珞巴语、苏龙语
- 彝语支：彝语、傈僳语、哈尼语、拉祜语、纳西语、基诺语、白语、土家语、柔若语、怒苏语、嘎卓语、毕苏语、桑孔语、末昂语、堂郎语、撒都语、嘎苏语
- 缅语支：载瓦语、阿昌语、仙岛语、勒期语、浪速语、波拉语

侗台语族，已经公布材料的语言有 17 种，其谱系分类如下：

侗台语族
- 台语支：壮语、布依语、傣语、临高语
- 侗水语支：侗语、水语、毛南语、仫佬语、佯僙语、莫语、锦语、拉珈语、标语、茶洞语
- 黎语支：黎语、村语、那斗语

苗瑶语族，已经公布材料的语言有 9 种，其谱系分类如下：

苗瑶语族
- 苗语支：苗语、布努语、巴哼语、唔奈语、优诺语、炯奈语、坝那语、畲语
- 瑶语支：瑶语（勉语）

仡—央语族，已经公布材料的语言有 6 种，其谱系分类如下：

仡—央语族
- 仡—拉语支：仡佬语、羿语、木佬语、拉基语
- 央—标语支：布央语、普标语

中国南亚语系语言分属孟高棉语族、越芒语族，有 12 种语言，其谱系分类如下：

```
                    ┌佤—德昂语支：佤语、德昂语
         ┌孟高棉语族┤克木语支：克木语、克蔑语
中国南亚语系┤        └布朗语支：布朗语、莽语、抗语、布兴语、布芒语
         └越芒语族┬巴琉语支：俫语、布赓语
                 └越芒语支：京语
```

中国南岛语系语言分占语群、排湾语群、泰雅语群、邹语群、巴丹语群及未分类语言，目前有 18 种语言，其谱系分类如下：

```
         ┌占语群：回辉语
         │排湾语群：排湾语（Paiwan）、阿美语（Amis）、布农语（Bunun）、
         │         鲁凯语（Rukai）、卑南语（Puyuma）、邵语（Thao）、
         │         赛夏语（Saisiyat）、巴宰语（Pazih）
中国南岛语系┤泰雅语群：泰雅语（Atayal）、赛德克语（seediq）
         │邹语群：邹语（Tsou）、沙阿鲁阿语（Saaroa）、卡那卡那富语
         │       （Kanakanavu）
         │巴丹语群（Bashiic）：雅美语（Yami）
         └未分类语言：噶玛兰语（Kavalan）、猫雾语（Babuza）、道卡
                    斯语（Taokas）
```

中国阿尔泰语系分突厥语族、蒙古语族和满—通古斯语族。突厥语族有 8 种语言，蒙古语族有 7 种语言，满—通古斯语族有 5 种语言，其谱系分类如下：

```
       ┌       ┌东匈语支：柯尔克孜语、图瓦语、西部裕固语
       │突厥语族┤西匈语支：维吾尔语、哈萨克语、乌孜别克语、撒拉语、
       │       └        塔塔尔语
阿尔泰语系┤蒙古语族：蒙古语、达斡尔语、东乡语、保安语、土族语、
       │         东部裕固语、康家语
       │        ┌满语支：满语、锡伯语、赫哲语
       └满—通古斯语族┤通古斯语支：鄂温克语、鄂伦春语
```

中国印欧语系语言分属斯拉夫语族、伊朗语族，各只有 1 种语言，其谱系分类如下：

$$印欧语系 \begin{cases} 伊朗语族帕米尔语支：塔吉克语 \\ 斯拉夫语族东斯拉夫语支：俄语 \end{cases}$$

在历史比较语言学兴盛时期，施莱歇尔以黑格尔哲学思想和达尔文的生物进化论作为其研究历史语言学的理论基础，提出了自然主义语言观，开创自然主义学派并提出过"语言有机体"理论、语言生命的"两个时期"的假说、语言发展阶段论、语言谱系树理论以及对原始印欧语的构拟与重建的理论与实践。谱系树理论是施莱歇尔运用生物学的分类方法来研究语言的历史亲属关系，他的语言谱系图是历史语言学研究上的重大发展，它是展示一个语系所包括的各种语言的巧妙手段，以使这些语言的演变和历史关系一目了然。因此，施莱歇尔的语言谱系树形图被认为解决了从发生学的角度对语言进行分类的重大难题，是历史语言学研究史上的重要成果。谱系树理论作为一种解释语言关系的方法是有用的，对谱系分类的研究确实起过重要的推动作用。但是，施莱歇尔的谱系树理论只注意语言的有规律的分化，而不管语言之间的横向相互影响，所以，谱系树理论有它的片面性，表现为两个方面：

第一，树形的分叉是直线的，这就存在两个前提：（1）操母语的社团其内部的语言使用是完全一致的；（2）这个母语社团在历史的一瞬间突然分裂成几个子社团，子社团之间完全独立，互不影响。除了偶然发生的大规模移民或外族侵入造成的语言分裂，语言的分化通常不是在某一点上突然发生的，而是一个变异特征渐次扩散的漫长的过程，一个逐步经由次方言到方言直至两种语言的过程；因此，在语言"分叉"前，其内部绝不是静止而统一的，而是存在着各种方言的演化；在语言"分叉"后，亲缘语言之间的相似之处也不完全是母语的"遗传"。

第二，树形模式强调了印欧语发展在时间上同源语言分化形成的语言间的相似性，但是这种强调也掩盖了印欧语发展在空间上由于相邻语言的接触影响所形成的语言间的相似性。地理上相邻的两种民族，必然存在着相互的接触和交往，两种语言就会互相影响，并且在各自区域内传播这种变化。这是语言的社会属性与植物种系的纯自然属性最大的不同。

谱系树理论应用到中国少数民族语言的谱系分类时，要面对的依然是这样的问题，特别是有频繁接触历史与接触区域的语言，其谱系分类更不会是简单的"分叉"，更何况还由于语言的接触和民族融合形成的像朝鲜语和五色话、五屯话、唐汪话、倒话、艾努话、扎话这样难以进行谱系分类的语言，这些由于语言影响和民族融合、语言融合形成的不同民族使用的母语，有些学者认为是混合语，但其语言性质有待更深入、精细的描写研究和历史比较研究。

语言的谱系分类，是建立在语言亲属关系基础上的，在语言亲属关系没有完全确定之前，语言的谱系是一种假设，诸如印欧语系假设、汉藏语系假设、南亚语系假设、南岛语系假设、乌拉尔—阿尔泰语系假设，等等，有了假设，就会有学者尽力去研究和论证。印欧语系假设经过经典历史比较语言学的研究证明是存在的，并因此绘制出印欧语系谱系树图。乌拉尔—阿尔泰语系假设在经历一个时期的研究后，分成"乌拉尔语系"和"阿尔泰语系"，中国境内的"阿尔泰语系"三个语族之间的关系，是类型关系还是亲缘关系，尚需深入研究，但其谱系分类是确定的。而东亚、东南亚范围内的汉藏语系、南亚语系、南岛语系等的假设，长期以来争论热烈，莫衷一是，除了白保罗、马提索夫等学者把侗台语、苗瑶语剔出汉藏语系，归于南岛语系之外，近 30 年来，以法国学者沙加尔（Laurent，Sagart，1990、1993、1994、1995）[1]为代表的学者除认为侗台语、苗瑶语不属汉藏语系而属南岛语系外，还提出汉语与南岛语系有发生学关系的观点。沙加尔的观点再次冲击中国少数民族语言特别是中国南方包括侗台语、苗瑶语、孟高棉语以及台湾南岛语系语言的谱系分类。针对沙加尔的观点，中国学者邢公畹（1991）、郑张尚芳（1995）、潘悟云（1995a、1995b）等及时作出反应，支持并采纳沙加尔的意见，同时，郑张尚芳、潘悟云在坚持侗台和苗瑶语与汉语关系密切的基础上，认为汉藏语、南亚语、南岛语都有共同起源并提出建立包括汉藏语、南岛语、南亚语的超大语系，称作"华澳语系"，并指出既然"华澳语系"包含侗台语、苗瑶语，就没有必要把它们划出汉藏语系，另建澳泰语系。与此相仿，王敬骝（1997、2006）提出华夏语系的假设，认为华夏语系包括汉语孟高棉语、侗台语、藏缅语、苗瑶语，从其所辖范围看，华夏语系比华澳语系小，少了南岛语部分。对沙加尔的观点，国内外有不少学者支持，但也有不少学者反对，游汝杰（1996）认为华澳语系在更大的范围内将各种语言联系在一起，似乎可以调和各家的矛盾，但是当深入到下位分类问题时，矛盾仍然是不可避免的，即仍然要解决各种语言的亲疏关系和低一层次的系属关系问题，例如华澳语系包括汉藏语族、南岛语族和南亚语族，那么人们仍然要问传统的侗台语族和南岛语的系属关系如何？马提索夫、李壬癸、布鲁斯特（Blust Robert）、斯坦罗斯汀等学者都对沙加尔的分类提出了批评。[2]

---

① 参见 Sagart，Laurent. 1990. Chinese and Ausrtonesian are genetically related，Paper of 23rd ICSTLL. 1993. Chinese and Austronesian：evidence for a genetic relationship，JCL，21.1：62. 1994. Old Chinese and Proto-Austronesian. Oceanic Linguisitics 33.2：271 – 308. 1995. Some remarks on the ancestry of Chinese. In William S-Y Wang ed. The Ancestry of the Chinese Language，Journal of Chinese Linguistics。

② 参见 William S-Y Wang ed. 1995. The Ancestry of the Chinese Language，Journal of Chinese Linguistics，Monograph Series，Number 8。

中国少数民族语言的谱系分类经过国内外学者长期的探索、研究和假设，其分类虽然有相对清晰的轮廓，但是除了汉语、藏缅语、侗台语、苗瑶语、孟高棉语、越芒语、突厥语、蒙古语、满—通古斯语的微谱系树基本可以确定外，因历史比较研究方法的角度不同、研究成果的观点差异较大，所以，在语系层面的谱系分类仍需做大量的比较研究工作，无论是汉藏语系、阿尔泰语系，还是华澳语系或华夏语系，目前仍然属假设或假说。当然汉藏语系仅包括汉语和藏缅语的认识，似乎不存在争论。

第三节　中国少数民族语言的历史比较研究

历史比较语言学是在印欧语系语言充分比较并获取严整语音对应规律的基础上形成的语言学分支学科，它强调基于历史文献词汇、形态的语音比较和严整的语音对应规律。世界上的语言复杂多样，而且极大多数语言既无语言的书写符号系统，更无历史文献，中国的极大多数少数民族语言就是这样的境地。世界语言的书写符号系统，即文字，具有多源性，有的文字很古老，有的文字历史不长，同时，文字的性质有的是表音的，有的是表意的，久远之后或一旦语言死亡，表音文字只知其音不知其意，表意文字只知其意不知其音，这时历史比较语言学的研究就困难重重，这也是中国少数民族语言历史比较研究必须直视的问题。

一　新中国成立初期的历史比较研究

新中国成立以后，首先开展了全国范围的民族语言文字大调查，这次大调查成果丰硕，最直接的成果是调查了大量的语言和方言材料，从而为历史比较研究提供了丰富的语言材料。在此基础上，形成了一批具有重要影响力的历史比较研究成果，这些成果，一方面有助于各民族语言的系属分类，进而为国家的民族识别工作提供了语言学的支持；另一方面在一些重大理论问题上进行了集中讨论，取得了突破性的进展。主要表现在以下一些方面：

关于声调问题。从目前来看，苗瑶语声调与汉语声调的发展演变一致，都是四声八类。张琨的《苗瑶语声调问题》是苗瑶语声调发展演变研究的奠基之作，但是囿于当时的材料，无法推知苗瑶语的四声。在20世纪50年代的苗语普遍调查后，发现了现代苗瑶语仍保留着四声的格局，同时，还发现苗瑶语不仅是四声八类，而且声母的全清、次清也影响声调的分化。李永燧、陈克炯、陈其光的《苗语声母和声调中的几个问题》（1959）是对张琨论文的补充和完善，进一步夯实了苗瑶语声调发展演变的理论。声调是汉藏语系语言的重要特征，但是，藏缅语的声调与汉语、侗台语、苗瑶语声调的发展演变不在同一个层次上，程默的《载瓦语的声调》（1956）和王尧的《藏语的声调》（1956）主要从共时层面对载瓦语和藏语的声调及声调变异进行了研究，为进一步探讨藏缅语声调的起源、发展、演变进行了铺垫。

中国少数民族语言无论东西南北都有长短元音的分布而且具有区分词汇意义或语法意义的功能，只是有的语言的长短元音配列整齐，有的语言则分布在少数的元音里头。马学良、罗季光的《我国汉藏语系元音的长短》（1962）通过比较，系统分析了汉藏语系长短元音的问题及其可能的发展演变趋势，为中国少数民族语言长短元音的深入研究奠定了基础。

早在20世纪40年代，马学良就发现彝语的元音有松紧对立并对紧元音的发生态和语音特征进行了描写[①]，但由于时代背景，未对彝语松紧元音的可能来源进行比较研究。胡坦、戴庆厦的《哈尼语元音的松紧》（1964）在对哈尼语的松紧元音进行描写之后，将哈尼

---

① 马学良：《倮文〈作祭献药供牲经〉译注》，《中央研究院历史语言研究所集刊》第20本，1948年。

语的松紧元音与藏缅语进行比较，认为哈尼语的紧元音可能来自塞音韵尾的脱落。

中国南方少数民族语言有复辅音声母，但复辅音声母的发展演变，不同的语言有不同的演变方式和演变趋势。瞿霭堂的《藏语的复辅音》（1965）通过方言土语的比较研究，认为藏语复辅音的演变总趋势是由繁到简，符合人类语言语音演变的基本特性。

语言内部的比较是划分方言土语的主要方法，通过方言或地方话的共时比较可以明确语言内部的共性与差异。马学良、邰昌厚的《贵州省东南部苗语语音的初步比较》（1956）对黔东南苗语的声、韵、调进行了共时比较，找出了语音的对应规律，为黔东苗语语方言土语的划分奠定了基础；而金鹏的《藏语拉萨日喀则昌都话的比较研究》（1958）则是对藏语的拉萨话、日喀则话、昌都话进行语音、词汇、语法的比较，除了探讨卫藏、后藏藏语的共性与差异外，还对藏语方言土语的划分起到了积极的推动作用。

在中国少数民族语言历史比较的初创时期，除了李方桂对侗台语台语支的先喉塞音系统进行构拟外，其他学者的研究主要是共时层面的比较研究，但为进一步的历史比较研究仍奠定了一定的基础。

二　改革开放以来的历史比较研究

（一）无文字文献中国少数民族语言的共时比较研究

除蒙古、藏、维吾尔、哈萨克、朝鲜、彝、傣等语言有广泛使用的传统文字外，中国其他少数民族语言都没有其书写符号系统。没有文字的语言要进行历史比较研究，只能从现存的语言或方言的共时比较开始。对中国无文字文献少数民族语言的共时比较研究，无论是方言还是语言的比较，有两个基本的目的，一个是通过比较寻求语言或方言之间的亲属关系，为确定方言归属或探索语言归属以及方言划分和语言识别服务；另一个是通过比较建立语言的微观历史，为进一步的历史比较研究和原始语重建服务。

20 世纪 50 年代后期以及"中国少数民族语言简志丛书""中国

少数民族语言方言研究丛书""中国少数民族语言新发现语言研究丛书"中的比较研究都属于共时比较研究,其目的是通过比较寻求语言或方言之间的亲属关系以确定语言的地位。而王辅世的《苗语古音构拟》(1994)、陈康的《彝语方言研究》(2010)中的比较研究,其目的是通过比较建立语言的微观历史和原始语重建,为进一步的历史比较研究和原始语重建服务。

语言的历史比较研究以重建原始语为基本目标,但必须依赖于语言发展演变的基本规律,包括语音发展演变和语法发展演变的基本规律,这就要求对语音、语法发展演变基本规律进行探索和研究,在探索和研究中,专题性的研究显得尤为重要,只有在专题性研究的基础上才能扩大历史比较研究的范围,欧洲的历史比较语言学就是从专题研究开始并兴盛的。20世纪50年代普遍调查后,为中国少数民族语言的历史比较研究奠定了扎实的语料基础,尽管由于特殊原因的影响,中国少数民族语言文字的研究工作被迫停滞,但不少学者仍默默耕耘,到70年代末中国少数民族语言文字的研究工作恢复后,一批基于共时比较研究的成果如雨后春笋喷薄而出。

藏缅语历史比较研究的专题涉及语音、语法两个方面。语音方面的研究诸如戴庆厦的《我国藏缅语族松紧元音来源初探》(1979)、《藏缅语族某些语言弱化音节探源》(1984)、《藏缅语的声调》(1994),孙宏开的《藏缅语若干音变探源》(1983)、《藏缅语复辅音的结构特点及其演变方式》(1985),黄布凡的《藏缅语声母对韵母演变的影响》(1991),谢志礼、苏连科的《藏缅语清化鼻音、边音的来源》(1990),等等。语法方面的研究以孙宏开的探讨最为突出,诸如孙宏开的《羌语(藏缅语)动词的趋向范畴》(1981)、《我国藏缅语动词的人称范畴》(1983)、《我国部分藏缅语中名词的人称领属范畴》(1984)、《藏缅语动词的互动范畴》(1984)、《藏缅语语法研究中的一些问题》(1988)、《藏缅语量词用法比较——兼论量词发展的阶段层次》(1989)、《论藏缅语语法结构类型的历史演变》(1992)、《试论藏缅语中的反身代词》(1993)、《再论藏缅语中动词的人称范畴》（1994）、《藏缅语中的代词化问题》（1994）、《藏缅语人称代词格范畴研究》（1995）、《藏缅语疑问方式试析——兼论汉语、藏缅语特指问句的构成和来源》（1995）、《论藏缅语的语法形式》（1996）、《论藏缅语中的命令式》（1997）、《论藏缅语中动词的使动范畴》（1998）等。此外，尚有黄布凡的《藏缅语的情态范畴》（1991）、《藏缅语动词的趋向范畴》（1994），戴庆厦的《藏缅语个体量词研究》（1994），李永燧的《汉语藏缅语人称代词探源》（1984）、《藏缅语名词的数量形式》（1988）等。这些专题研究讨论了藏缅语语法中的一些重要特点和各类语法形式之间千丝万缕的历史联系，梳理出其历史演变的脉络，为中国藏缅语语法演变规律的深入研究奠定了理论基础。

侗台语历史比较研究专题也涉及语音、语法的比较，但以语音的比较为主，相关成果如邢公畹的《汉台语舌根音声母字的深层对应例证》（1995），张均如的《原始台语声母类别探索》（1980）、《壮侗语族语音演变的趋向性、阶段性、渐变性》（1986）、《侗台语族轻唇音的产生和发展》（1995），李钊祥的《现代侗台诸语言声调和韵尾的对应规律》（1982），郑贻青的《原始台语声类在靖西壮话里的反映》（1987），倪大白的《侗台语复辅音声母的来源及演变》（1996），梁敏的《壮侗语族诸语言名词性修饰词组的词序》（1985）、《壮侗诸语言表示领属关系的方式及其演变过程》（1989），曹广衢的《壮侗语趋向补语的起源和发展》（1994），薄文泽的《侗台语的判断词和判断式》（1995），等等。

苗瑶语历史比较研究专题主要涉及语音发展演变，其中以陈其光的研究最为突出，如《苗瑶语入声的发展》（1979）、《苗瑶语浊声母的演变》（1985）、《苗瑶语鼻音韵尾的演变》（1988）、《苗瑶语族语言的几种调变》（1989）、《古苗瑶语鼻冠塞音在现代方言中反映形式的类型》（1984）、《苗瑶语前缀》（1993）等。此外，尚有张琨的《古苗瑶语鼻音声母字在现代苗语方言中的演变》（1995）、曹翠云的《汉、苗、瑶语第三人称代词的来源》（1988）、王春德的《古苗语声母*mbr 在黔东方言的演变》(1992)、邓方贵的《现代瑶语浊声母的来源》(1983)、盘承乾的《论苗瑶语辅音韵尾的演变问题》(1983)、李云兵的《苗瑶语声调问题》(2003)，等等。

阿尔泰语系语言历史比较研究的早期成果主要由国外学者完成，形成了一个较高的起点，所以，新中国成立后的很长一段时间内，中国学者不怎么关注阿尔泰语系语言的历史比较研究，直到 20 世纪 80 年代以后才陆续有涉及语音、语法的专题研究成果出现，突厥语族的历史比较研究专题成果，有吴宏伟的《影响突厥语族语言元音和谐的几个因素》(1990)、《突厥语族语言元音和谐的类型》(1991)、《关于突厥语族一些语言部分词首辅音演变的几个问题》(1992)、《突厥语族语言双音节中元音的相互适应和相互排斥》(1993)、《突厥语族语言的词重音问题》(1995)、《论突厥语族语言的长元音》(1996)，魏萃一的《试论我国突厥语的特点》(1983)，邓浩的《论原始突厥语的结构类型》(1988)、《突厥语后置词形成问题质疑》(1993)，王远新的《突厥语族语言的后置词与词类分化》(1987)、《突厥语族语言基数词的历史演变》(1989)，张亮的《中国突厥语名词格的比较》(1991)，赵明鸣的《突厥语族语言与格类型比较研究》(1993)，张定京的《关于突厥语言的辅助名词》(1994)，等等。蒙古语族语言历史比较研究专题的成果，有呼格吉勒图的《蒙古语族语言基本元音的比较》(1982)、包力高的《关于蒙古语族诸语言的长元音和复合元音》(1982)、森格的《蒙古语族语言辅音比较》(1982)、哈斯巴特尔的《关于蒙古语族诸语言格的范畴》(1982)、斌巴的《关于蒙古语族诸语言人称代词的几个问题》、乐·色音额尔敦的《关于蒙古语族诸语言的副动词》(1982)、包·吉仁尼格的《蒙古语族语言动词态诸形态的比较》(1982)、季荣的《关于蒙古语族语言几个后置词起源的探索》(1982)、刘照雄的《浅谈蒙古语族中动词的特点及句法功能》(1982)、陈乃雄的《中国蒙古语族语言的构词附加成分》

（1985）、呼和巴尔的《蒙古语族语言名词的人称领属形式》
（1986）、王鹏林的《蒙古语族"格附加成分"的问题》
（1983），等等。满—通古斯语族历史比较研究相对起步较晚，
成果也不多，所见如李树兰、胡增益的《满—通古斯语言语法范
畴中的确定/非确定意义》（1988），马学良、乌拉熙春的《满语
支语言中的送气清擦音》（1993），乌拉熙春的《满语元音的演
变》（1990）、《满洲语语音研究》（1992），赵杰的《锡伯语满
语语音演变的比较研究》（1988），朝克的《满通古斯诸语的音
变规则》（1996），等等。

南亚语系语言的历史比较研究专题成果不算多，主要有周植志、
颜其香的《从现代佤语的方音对应看古代佤语的辅音系统》（1983）、
《论古代佤语的元音系统》（1985），周植志的《佤语细允话声调起源
初探》（1988）、《佤语语音比较重的几个问题》（1992），陈相木、赵
福和、赵岩社的《佤语巴绕方言与阿佤方言比较研究》（1990），陈
国庆的《柬埔寨语佤语前置音演变初探》（1999）、《孟高棉语复辅音
演变模式》（2014），王连清的《三岛京语和河内京语语音初步比较》
（1984），等等。

中国南岛语系语言除了回辉话外，其他都分布在台湾岛上，所
以对中国南岛语系语言的研究主要由台湾的学者来做，相关语言历
史比较研究专题的成果有李壬癸的《台湾土著语言的词音转换》
（1977）、《泰雅方言的音韵律》（1980）、《布农语方言之比较研究》
（1988），丁邦新的《古卑南语构拟》（1978），何大安、杨秀芳的
《南岛语与台湾南岛语》（2000）。大陆学者对中国南岛语的专题研究
成果有倪大白的《海南岛三亚回族语言的系属》（1988）、《海南岛三
亚回语——语言类型转换的活标本》（1991），陈康的《论台湾南岛
语言的语流音变》（1994）等。

无文字中国少数民族语言的共时比较研究和专题性的比较研究，
涉及原始语重建的都采用内部拟测的方式构拟古音的形式，为进一
步的历史比较研究奠定语音发展趋势和语音规律的基础，能因势利

导为历史比较研究服务。

（二）历史比较法与中国少数民族语言的历史比较研究

新中国成立后，用历史比较法进行中国少数民族语言的历史比较研究始于 20 世纪 70 年代末。根据学科发展建设的需要，中国社会科学院民族研究所"七五"规划重点项目、国家哲学社会科学"七五"规划重点项目暨国家社会科学基金资助项目，1986 年立项。这一项目的主要目的是展开中国南方民族语言语族范围内的历史比较研究，主要包括汉藏语系藏缅语族、侗台语族、苗瑶语族及南亚语系孟高棉语族的历史比较研究。

藏缅语族，由孙宏开负责召集，成员有孙宏开、陈士林、陆绍尊、张济川、姜竹仪、徐悉艰。参加这项工作的人员有木玉璋、刘璐、安世兴、孙宏开、纪嘉发、陈士林、陈康、李永燧、李秀清、陆绍尊、张济川、武自立、欧阳觉亚、姜竹仪、徐琳、徐悉艰、刘光坤、史金波、戴庆厦、王尔松、汪大年、黄振华、常竑恩、盖兴之、张蓉兰、林向荣等参加过语言普遍调查、在不同部门工作的学者，他们分别提供了一种或几种语言的词汇和语音系统材料。

藏缅语族的比较研究准备工作始于 1981 年冬，1983 年冬基本完成，经过修改、补充、审核，最后由孙宏开执笔修改定稿形成《藏缅语族语音和词汇》。这一成果 1991 年由中国社会科学出版社出版。由傅懋勣写序。正文分导论、音系、词汇三部分。导论部分由孙宏开执笔，较详细地论述了藏缅语族同源词的情况和一些主要语音现象的历史演变过程与趋势，对各语言表现在语音上的差异原因作了一定的分析。音系部分简要介绍了 34 种藏缅语族语言的分布、使用情况及其语言的声、韵、调，并举例进行了说明。词汇部分收集了 34 种藏缅语族语言 49 个点的 1004 个常用词。

侗台语族，由梁敏、张均如负责。1986 年立项，1995 年完成修改工作，最终成果是《侗台语族概论》，1996 年由中国社会科学出版社出版。由王均写序。正文分五章。第一章导言，主要阐述"侗台语族"名称的沿革和有关语系的争论，侗台语族语言的分类、地理分布及人口，侗台语族各语支、语言的关系及其发展的基本过程，操侗台语族语言各民族的源流及其分离时的语言特点。第二章侗台语族的一个"新语支"，主要阐述建立仡央语支的原因和理由。第三章侗台两语支语音概述，对侗水语支、台语支的声、韵、调的基本特点进行阐述。第四章原始侗台语音类的构拟，首先阐述构拟的范围、基本观点、做法及所用的语言材料，然后对原始侗台语的声类、韵类进行了构拟，最后阐述了侗台语声调的产生与发展。第五章语法概要，对侗台语族语言的语序、词序、量词的产生与发展以及侗台语族诸语言的一些句式、有关词语的发展进行概括性的描写。书后附有古声、韵母例词索引、23 个代表点的音系和作者简历及其论著目录。

　　苗瑶语族，由王辅世、毛宗武负责。1986 年立项，最终成果是《苗瑶语古音构拟》，1995 年由中国社会科学出版社出版。由王均写序。正文分两部分。苗瑶语族各语言的使用情况和语音特点，首先对苗瑶语族进行谱系分类，画出谱系树图，然后分别介绍不同语言方言土语的划分并阐述各语言的方言、土语的地理分布、使用人口及其语音特点。苗瑶语族各语言的声韵母比较和语音构拟，首先指明用来比较的苗瑶语族各语言的方言、土语的代表点，共有 23 个代表点，涵盖苗语、布努语、巴哼语、炯奈语、畲语、勉语的方言土语，然后说明在比较和构拟中对早期汉语借词、语音对应规律中例外现象的处理办法和现代语言的标写方法并列出 23 个语言点的声调的共时与历时对照，最后对苗瑶语族各语言的声韵母比较和语音构拟，所构拟的声类和韵类都比较庞大，其中的很多类别由于没有材料的支持而阙如。书后附有同源字汉义索引，并以英文对照。

　　孟高棉语族，由颜其香、周植志负责。1986 年立项，最终成果是《中国孟高棉语族语言与南亚语系》，1995 年由中央民族大学出版社出版。由王均写序。正文分两编。第一编南亚语系概述，分四章：第一章南亚语系的地理分布，陈述了越南、老挝、柬埔寨、泰国、缅甸、中国、马来西亚、印度等国家南亚语系语言的地理分布；

第二章南亚语系的研究历史和谱系分类；第三章南亚语系各语族的基本特征，阐述了南亚语系蒙达语族、尼科巴语族、越芒语族、孟高棉语族的一些基本特征；第四章南亚语系的文字文献。第二编中国孟高棉语族语言，分五章：第一章导论，介绍中国境内属南亚语系的语言及其基本特点，把中国境内的南亚语系语言分为越芒语族、孟高棉语族，并给出谱系分类；第二章语音源流，首先对中国孟高棉语族语言的语音进行概述并对其中的一些特殊的语音现象进行全面的研究，然后对中国孟高棉语族语言进行比较研究，构拟出古音类型；第三章词汇研究，讨论中国孟高棉语族语言词汇的历史特点、词汇构成的类别和构词特点；第四章语法剖析，以佤语语法为基础，对中国孟高棉语族语言的语法进行比较，寻求其共性与差异；第五章文字文献。书后附有中国南亚语系 7 种语言 14 个方言点的语音系统，4 种孟高棉语族语言 11 个方言点 786 个词汇，3 种越芒语族语言 883 个词汇。

　　尽管藏缅语的比较研究尚未全面展开古音构拟，也尽管侗台语族语言、苗瑶语族语言、孟高棉语族语言的历史比较研究已经取得成果，虽然在理论和方法上会有这样或那样的问题，但是，《藏缅语族语音和词汇》《侗台语族概论》《苗瑶语古音构拟》《中国孟高棉语族语言与南亚语系》是具有开创性意义的工作，或者可以说在中国民族语言学史上是具有里程碑意义的，它们必将把中国民族语言学研究推上一个更新的台阶。

　　由于国外学者，诸如白保罗、马提索夫、沙加尔等一批学者对"汉藏语系"的看法与中国学者的观点的差别，同时，由于汉语、藏缅语、苗瑶语、侗台语之间的关系不大可能被否定，有一批数量不等以及过去不认为它们有同源关系的同源词被发现，同时还发现了一些其他有力的证据支持它们有同源关系，其中，藏缅语与汉语关系最近，苗瑶语、侗台语与汉语的关系稍远。南岛语与侗台语、汉语都有一批数量不等的关系词，这些词是同源关系还是借贷关系，尚需再作论证。中国的南亚语系一些语言与汉语、藏缅语似乎也可以找到一些关系词，但这些词在南亚语系内部并不一致同源，因此，借贷的可能性比较大，也有待于进一步深入研究。出于这些原因，1999—2003 年，孙宏开主持的国家社会科学基金项目"汉藏语同源词研究"展开对中国南方语言历史比较语言学理论方法进行讨论和汉语、藏缅语、苗瑶语、侗台语之间的关系进行研究。"汉藏语同源词研究"课题经过 5 年左右的研究，初步建成一个开放性的服务于汉藏语系历史比较研究的包括古汉语构拟及汉语方言、侗台语、苗瑶语、藏缅语、南岛语、南亚语等 130 种语言和方言的词汇语音数据库，同时，分四个层面开展研究：第一，梳理自 18 世纪以来，汉藏语系语言研究的主要成就，为展开汉藏语同源词研究铺垫和作理论准备；第二，对汉藏语系语言中存在的主要语言演变规律进行梳理，为确定同源词提供理论依据；第三，探讨适合汉藏语系语言历史比较研究的方法；第四，寻找语系和语族以及语族之间不同层次的同源词。"汉藏语同源词研究"课题研究成果，由丁邦新、孙宏开主编分四卷出版《汉藏语同源词研究·汉藏语研究的历史沿革》（一）（2000）、《汉藏语同源词研究·汉语、苗瑶语同源词研究》（二）（2001）、《汉藏语同源词研究·汉藏语研究方法论的探索》（三）（2002）、《汉藏语同源词研究·上古汉语与侗台语的关系》（四）（2004）。

　　国外学者多数认为侗台语、苗瑶语不属汉藏语系，在不同学术观点的争鸣中，中国的一些学者提出了自己的证据，诸如俞敏的《汉藏同源词谱稿》（1989），邢公畹的《汉藏系语言及其民族史前情况试析》（1984）、《论汉语台语"关系字"的研究》（1989）、《汉台语比较研究中的深层对应》（1993），陈其光、李永燧的《汉语苗瑶语同源词例证》（1981），陈其光的《苗汉同源字谱》（1990）、《汉藏语声调探源》（1994）、《汉语苗瑶语比较研究》（2001），吴安其的《汉藏语同源问题研究》（1996）、《汉藏语同源研究》（2002）、《苗瑶语核心词的词源关系》（2002），陈保亚、何芳的《略说汉藏语系的基本谱系结构》（2004），这一系列论著都坚持认为汉藏语系包括汉语、藏缅语、侗台语、苗瑶语。

在寻找同源词的过程中，有一些同源语素实际上已经渗透到语言的各个层面。一些同源词仍然在词的层面，一些词已经语法化为一个构词语素，有的词已经语法化为一个前缀或后缀。因此出现了甲语言集团的词可能和乙语言集团的构词语素或丙语言集团的前缀同源。江荻的《汉藏语言演化的历史音变模型——历史语言学的理论和方法探索》（2001）从三个层次讨论汉藏语言的演变模型：第一是语言观，认为语言不仅仅"是最重要的交际工具"，而且是人类表达认知世界的方式，包括代际传承和社会文化传播等功能；第二探讨社会系统与语言系统之间必然的客观联系，以及语言结构的不同变化，认为语言演化的动力既来源于自身的符号系统，也来源于发展着的社会；第三通过对汉藏语元音、韵母、辅音、声母、音高、声调的分析，建立起语言与环境、语言结构和元素在不同开放程度的社会状态下的多项相关关系变化原理，构建出一套自足而相对完备的语言系统演化论。

在北方少数民族语言的历史比较研究中，有一些代表性的著作，喻世长的《论蒙古语族的形成和发展》（1983）根据蒙古语族各语言语音、语法和词汇的比较，提出了蒙古语族语言的历史分期为古代、中古、近古和现代四个发展时期，对蒙古语族语言甚至对突厥语族、满—通古斯语族历史分期的研究都有重要的参考价值。此外，还有程适良主编的《突厥比较语言学》（1997）、王远新的《突厥历史语言学研究》（1995）、乌拉熙春的《满洲语语音研究》（1992），等等。

在中国少数民族语言的历史比较研究中，李永燧的《缅彝语音韵学》（2014）、李云兵的《苗瑶语比较研究》（2018）是近5年来的新成果。

（三）语言年代学与中国少数民族语言关系的研究

在结构主义语言学时期，布拉格学派提出"语言联盟"，而在后结构主义语言学时期，美国语言学家斯瓦迪士（M. Swadesh）提出可以通过统计语言基本词汇的替换速率来估算语言所经历的年代和亲属语言的分化年代的"语言年代学"或称"词汇统计学",美国语言学家拉波夫提出"语言变异理论"、华人学者王士元提出"词汇扩散理论"。其中,对中国少数民族语言历史比较研究影响较大的是"语言联盟""语言年代学","语言变异理论""词汇扩散理论"还只有一些零星的专题研究。

中国学者陈保亚首倡系统地用"语言联盟""语言年代学"研究中国少数民族语言,并取得一系列研究成果,诸如《论语言接触与语言联盟》(1996)、《侗台语和南亚语的语源关系——兼说古代越、濮的族源关系》(1997)、《台佤关系词的相对有阶分析》(1997)、《关系词相对有阶分析与汉越语音联盟》(1996)、《汉台关系词双向相对有阶分析》(1998)、《汉台关系词的相对有阶分析》(1997),陈保亚、何芳的《略说汉藏语系的基本谱系结构》(2004),陈保亚、汪锋的《论确定核心语素表的基本原则》(2005)、《汉语—藏缅语同源的两个词汇有阶分布证据》(2014)等,除了用斯瓦迪士100核心词、200核心词进行相关语言关系的年代统计之外,提出了"相对有阶理论"。在"相对有阶理论"的影响下,一些学者也用"相对有阶理论"进行了相关的研究,如孟和达来、黄行的《蒙古语族和突厥语族关系词的词阶分布分析》(1997),汪锋的《从白语的比较研究看历史语言学中的纵横结合》(2006)等。在"语言联盟""语言年代学"的框架下对中国少数民族语言关系的研究是一种新的尝试,因此而提出的"相对有阶理论"对一些语言关系的验证也是行之有效的,但由于"核心词"本身的有限性,也限制了统计分析的扩展,在大数据里是否行之有效,尚需不断验证。

语言年代学的基本方法是统计分析,涉及"量"的问题,由此衍生出语言关系的计量分析。在这方面,黄行可算是首倡者,他用计量分析来研究中国少数民族语言,特别是有亲属关系的少数民族语言之间的关系,其成果为《苗瑶语方言亲疏关系的计量分析》(1999)、《语音对应规律的计量研究方法——苗瑶语方言语音对应规律示例》（1999）、《语素的计量分析与识别方法——以苗语语素分析识别为例》（2000）。此外，邓晓华、王士元也做了一些相关的统计分析，如邓晓华、王士元的《苗瑶语族语言亲缘关系的计量研究——词源统计分析方法》（2003）、《壮侗语族语言的数理分类及其时间深度》（2007）。语言亲缘关系的计量研究是语言年代学研究的扩张，主要基于有亲缘关系的语言，其目的不仅是检验已知分类的正确与否，同样也可用来统计分析可能存在亲缘关系的语言的关系。

（四）词族深层语义对应与中国少数民族语言关系的研究

经典的历史比较语言学是通过比较语言间的基本词汇是否存在系统的语音对应规律，以此确定其有无发生学上的关系，并进一步拟测原始共同语的特征。中国少数民族语言在形态特征和历史文献两个方面并不具有历史比较的优势，所以在确定同源词、建立语音对应规律、构拟原始形式研究时，中国的学者对历史比较语言学的理论方法进行了一定的探索和改造，利用丰富的共时语言材料，在语言、语支、语族、语系等不同层次上考证了语言的同源词、构拟了原始形式，李方桂的《台语比较手册》就是这方面的经典成果。

由于中国少数民族语言在历史上有过广泛而长期的接触，各个时期的借词普遍存在并且有可能存在某种语音上的关系，所以，同源词与借词的有效区分成了确定同源关系的难题，这一问题在"汉藏语系"历史比较研究中尤为突出，是国内外学者共同关注的问题。为此，中国的一些学者试图探索出一些行之有效的研究汉藏语同源关系的理论和方法，特别是在区分语言间"可对比词汇"或"关系词"的性质方面，取得了成效。严学宭（1979a、1979b、1984）等提出了"词族比较法"，这种方法首先确定语言内部的同族词，然后比较不同语言有同族词之间的对应关系，并对侗台语与汉语同源词进行了检验。邢公畹（1989、1993、1999）提出了"深层语义对应"的比较方法，通过关系词的语义对应来确定语音对应，除邢公畹的成果外，用深层语义对应来研究语言之间关系的还有曾晓渝的《汉语水语关系词研究》（1994）、黄勇的《汉语侗语关系词研究》

（2002）、龚群虎的《汉语泰语关系词的历史层次》（2003）、蓝庆元的《壮汉关系词的历史层次》（2005）等。

　　同族词对应和深层对应分别从语义和语音两个角度来求证对应关系，与一般的对应相比能排除偶然对应。一般认为同族词对应和深层对应是中国学者对历史比较语言理论的新探索，补充了历史比较语言学的理论和方法。

　　（五）交叉学科与中国少数民族语言关系的研究

　　历史比较语言学研究中，民族学、人类学、文化学、考古学的成果通常可以用来作为语言学研究的旁证，随着分子人类学的兴起，分子人类学的理论方法也逐渐引入历史比较语言学的研究，特别是人类的 DNA 和迁徙遗迹。在中国的语言研究中，复旦大学的分子学团队首开分子人类学与中国少数民族语言研究相结合之河，虽然取得了一些成果，但还处于发端阶段，除了人类的 DNA 和迁徙遗迹之外，关于中国少数民族语言的谱系分类和历史比较研究方面尚未取得令人信服的成果，但却已经引起了不少的学术争鸣。这是一条新的研究方向，期待有更多的学者参与并盼有更多的成果。

第四节　研究展望

　　历史比较语言学是语言研究的重要领域，传统的历史比较语言学是在印欧语研究背景下产生和成熟起来的，与中国少数民族语言自身的特点和研究的条件有很大的不同，所以，中国的学者在借鉴传统历史比较语言学理论与方法的同时，不断探索能够切合中国语言实际的理论方法。新中国成立以来，学者们经过不懈的努力，对中国少数民族语言的历史比较研究取得了可喜的成就。但是，由于中国少数民族语言多数无文字和文献可考，这方面的研究著作或论文主要依据语言或方言的历史演变不平衡这一客观事实，人们通过比较，从历史残存在各语言或方言的蛛丝马迹中寻找线索，其中有些著作或论文，由于使用的是第二手材料，作者对所用材料的背景并不熟悉，难免有所疏漏。此外，中国少数民族语言的复杂程度是其他语系所无法比拟的，借用传统的方法已经遇到了不少困难，人们正在寻找和探索新的适合于中国历史语言学的研究方法。在这个过程中，碰到困难和问题也是在所难免。但无论如何，不论专题研究也好，全面比较也好，总体水平正在不断提高。

在开展历史语言学研究的过程中，有一些理论和方法问题必须加以研究并取得共识。例如就汉藏语系的历史比较研究来说，如何构拟原始汉藏语？在缺乏亲属语言资料佐证的情况下，原始汉语的构拟是否行得通？所谓远程构拟（从上到下）、基础构拟（从下到上）及专题构拟的理论基础如何？可行性又如何？它们之间的关系如何？如何在构拟原始母语时排除非本质因素？有人把构拟原始母语比作求数学上的"最大公约数"，而不是"最小公倍数"，这种比喻是否恰当？原始汉藏语的语音系统是什么样子？是十分庞杂的声类系统和韵类系统，还是比较简单的系统？声调是汉藏语系的一个特点，但声调是后起的现象，声调产生的机制是什么？为什么汉藏语系一定要产生声调？在研究汉藏语系音系时能否跳出声、韵、调分析的圈子，采用元音、辅音分析法且两者的利弊各如何？

在词汇比较中，如何确定亲属语言的同源词？区分早期借词和同源词的标准是什么？如何看待语言接触，在历史比较研究中能否回避语言接触问题？如何认识不同历史阶段的语言接触对语言演变的影响？现在发现，汉语不同方言中均有少数民族语言的底层，底层理论在历史比较语言学中的地位应如何评估？如何建立词族？如何分析语义网络？在历史比较研究中词族研究的意义和地位如何？如何避免同源词研究中以研究者的想象来任意选取词汇的现象？

在语法比较中，原始汉藏语究竟是什么类型的语言，分析、黏着、还是屈折？如何认识原始汉藏语的语法体系？与汉语有亲缘关系的藏缅语中，一些保留原始面貌较多的语言大多有丰富的黏着形态，这些形态成分是什么时候产生和发展起来的？能否构拟它们的原始形式？它与汉语的关系如何？被西方一些语言学家排除在汉藏语系之外的侗台、苗瑶两个语族的语言在语法类型上何以如此接近汉语？类型语言学与历史语言学在某一方面是否可以找到交汇点？

近年来，在汉藏语或更大范围的研究中，有学者采用遗传学手段配合语言研究来探讨中华民族多元起源问题，如王士元等提取了广东博罗县畲族人的内颊化验样本作 Y 染色体基因分析，以确定畲族人与苗族和瑶族之间的亲缘关系。还有学者对中国各个少数民族活体测量的各项指标进行了类聚分析，从中看到中国人体质特征可分为北部类型、南部类型和藏彝走廊类型三大类。实际上，这三种类型与中国历史上族群的分布是一致的，即中国南方为壮侗、苗瑶先民居住，中国北方为汉民族主体及现代北方民族先民居住，而中国西部一直是藏缅语族先民居住。同时，从古至今的中国语言也基本呈此分布状态。还有一项重要成果来自美国学者卡瓦里－斯佛尔扎（Luca Cavalli-Sforza）的研究。由他领导的研究组调查了世界范围内的 RH 遗传因子与种族之间的关系，证明了人类基因遗传学差异与语言学差异之间存在相关性，并认为藏族种群发生学上与东北亚群体相联系，但语言学上与汉藏语系相联系。而最近中国国家人类基因组的研究也认为基因上藏族和北方群体结合在一起。

总体来看，中国少数民族语言的历史比较语言学研究在理论和方法上不断创新，获得前所未有的进展。我们相信，在新的世纪，历史语言学仍将充满活力，追寻和探索人类自身的语言科学活动会长久地持续下去，而在这面大旗下，语言学、人类学、考古学、生物学、地理学乃至计算机科学都会在同一目标下汇聚到一起，中国少数民族语言的历史比较研究的未来是美好的。

第 四 章

新中国少数民族语言类型学研究

　　自 19 世纪上半叶欧洲浪漫主义代表人物威廉·冯·洪堡特（Wilhelm von Humboldt）提倡非亲属语言的类型比较并开创语言类型学后，德国格林兄弟、施莱格尔、施莱歇尔，美国的博瓦斯、萨丕尔重视活态语言调查研究，并进行非亲属语言比较，语言类型学由此发展起来，学界一般把这个时期的类型学研究称之为古典类型学。当时的类型学是对一种语言整体的类型分类，如分析语、黏着语、融合语，是整体类型学。由于萨丕尔和他的弟子沃尔夫 20 世纪 40 年代相继离世，语言类型学研究被结构主义所取代。美国语言类型学者格林伯格（Greenberg）恢复语言类型学的研究，他的论文《某些主要跟语序有关的语法普遍现象》1963 年开创了从古典语言类型学的整体类型学到当代语言类型学的蕴涵共性（implicational universal）转变。他根据 30 种语言样本提出 45 条蕴涵共性，其中基本语序共性为 1—7 条，句法共性为 8—25 条，形态共性为 26—45 条。由此可见，形态句法类型学是语言类型学研究最重要的内容，也是研究成果最丰硕的领域。在语音类型学与词汇（语义）类型学研究方面也得到了长足发展。

　　语言类型学是在语言类型分类的基础上探索人类语言的共性和类型，洞察语言共性与类型差异的认知和社会文化动因。克罗夫特（Croft，2001）提出当代语言类型学一般有三层意思：（1）类型分类：根据跨语言的结构特征，进行类型归类；（2）类型归纳：研究跨语言里系统出现的模式，并进行概括或者归纳；（3）功能—类型学解释：要对归纳的现象进行解释。类型学代表了一种方法或者一种理论框架，这种方法区别于以往美国的结构主义和生成语法的方法。就此定义而言，类型学就是建构一种语言学理论的方法，更确切地说，类型学是一种与其他语言学理论不同的研究方法。类型学观与功能主义紧密联系在一起，功能主义观认为语言的结构主要通过语言的功能来解释，所以，把在此意义上的类型学称之为功能—类型学方法，这种解释称之为功能—类型学解释。

第一节　20 世纪的语言类型学

国内语言类型学研究从 20 世纪 60 年代以译介为主到 21 世纪基于中国境内语言的类型学研究，可概括为以下两个阶段。

一　译介国外类型学论著

国内语言类型学最初是由翻译国外成果开始的，先后翻译并介绍了雅可布逊的论文《类型学研究及其对历史比较语言学的贡献》（曹今予译，1962），Skalička 的论文《类型学和语言的同一性》（王德春译，1963），Ullmann 的论文《描写语义学和语言类型学》（曾冲明译，1965），苏联学者 В. А. Звегинцев 的论文《语言类型研究的新方向》（曾冲明译，1965），格林伯格的论文《某些主要跟语序有关的语法普遍现象》（陆丙甫、陆致极译，1984），桥本万太郎的专著《语言地理类型学》（余志鸿译，1985），科姆里的论文《对比语言学和语言类型学》（沈家煊译，1988），科姆里的专著《语言的共性与类型》（沈家煊译，1989；沈家煊、罗天华，2010），科姆里的论文《语言类型学》（廖秋忠译，1990），劳里·鲍尔的论文《语言的形态类型和共性》（榕培译，1991）。戴庆厦、汪锋主编的《语言类型学的基本方法与理论框架》（2014）。

二　少数民族语言的类型学研究

改革开放以后，语言类型学研究对象开始转向国内语言和方言，桥本万太郎的论文《现代吴语的类型学》（1979）是最早研究国内方言的类型学论文。少数民族语言的类型学研究主要聚焦在中国少数民族语言的区域类型学研究或者像汉藏、阿尔泰、藏缅、侗台、南亚等系属内部的类型比较研究。①

（一）区域类型学

中国少数民族语言区域类型学研究论文有黄行的《我国少数民族语言的词序类型》（1996）、《论语言结构分布的普遍性和有序性》（1997）和《语言的系统状态和语言类型》（1998）。

（二）亲属语言内部类型研究

少数民族语言的类型学研究主要聚焦在亲属语言的类型比较，主要有汉藏语系、阿尔泰语系、南亚语系类型比较研究。

1. 汉藏语系类型比较

这方面的论著有马学良主编《汉藏语概论》（上、下册，1991）、《汉藏语概论》（第二版，2003），高华年的《汉藏语系语言概要》（1992），刘丹青的《汉藏语系重叠形式的分析模式》（1988），倪大白的《侗台语概论》（1990），孙宏开的《论藏缅语语法结构类型的历史演变》（1992）、《论藏缅语的语法形式》（1998），梁敏、张均如的《侗台语族概论》（1996）。

2. 阿尔泰语系语言类型比较

阿尔泰语系的类型比较有邓浩的《区域语言学和我国的突厥语族语言研究》（1988），李增祥的《突厥语概论》（1992），王远新的《突厥历史语言学研究》（1995），朝克的《满通古斯诸语比较研究》

---

① 因篇幅所限，从类型学视角分析单个语言的某个范畴的论文在此不作介绍，特此致歉。

（1997）。

　　3. 南亚语系类型比较

　　南亚语系类型比较论著较少，只有李道勇的《中国的孟—高棉语族概略》（1984）、《我国南亚语系诸语言特征初探》（1985），颜其香、周植志的《中国孟高棉语族语言与南亚语系》（2012〔1995〕）。

　　（三）语音类型学

　　语音类型学的研究始于 20 世纪 80 年代，包括汉藏语系语音类型比较和阿尔泰语系语音类型比较。

　　1. 汉藏语系语音类型

　　汉藏语系语音类型研究论文有石林、黄勇的《汉藏语系语言鼻音韵尾的发展演变》（1996）、《论汉藏语系语言塞音韵尾的发展演变》（1997），徐世璇的《汉藏语言的语音屈折构词现象》（1996）。

　　藏缅语的语音类型研究，如戴庆厦的《我国藏缅语族松紧元音来源初探》（1979）、《彝语支语言的清浊声母》（1981）、《藏缅语族某些语言弱化音节探源》（1984）、《彝缅语鼻冠声母的来源及发展——兼论彝缅语语音演变的"整化"作用》（1992），戴庆厦、刘菊黄的《藏缅语族某些语言的音节搭配律》（1988），戴庆厦、刘岩的《从藏缅语、孟高棉语看亚洲语言声调的产生和发展》（1997），孙宏开的《藏缅语若干音变探源》（1983）、《藏缅语复辅音的结构特点及其演变方式》（1985）、《藏缅语复辅音研究（英文）》（1986），李永燧的《彝缅语唇舌音声母研究》（1989），徐世璇的《彝缅语几种语言的声调比较》（1989）、《缅彝语几种音类的演变》（1991）、《缅彝语言塞擦音声母初探》（1995），谢志礼、苏连科的《藏缅语清化鼻音、边音的来源》（1990），盖兴之的《藏缅语的松紧元音》（1994），陈康的《彝语支调类诠释》（1991）、《彝缅语塞音韵尾演变轨迹》（1993）、《论彝语支声调系统的发生与裂变》（1997）。

　　侗台、苗瑶语族语言语音类型研究，有梁敏、张均如的《侗台语族送气清塞音声母的产生和发展》（1993），陈其光的《苗瑶语入声的发展》（1979）、《古苗瑶语鼻冠闭塞音声母在现代方言中反映形式的类型》（1984）、《苗瑶语浊声母的演变》（1985）、《苗瑶语鼻音韵尾的演变》（1988）、《苗瑶语族语言的几种调变》（1989）。

2. 阿尔泰语系语音类型研究

阿尔泰语系语音类型研究论文有格拉吉丁·欧斯满、校仲彝的《论突厥语族四种语言的元音》（1985），清格尔泰的《蒙古语族语言中的音势结构》（1989），塔兰特·毛汉的《突厥诸语言的元音和谐》（1990），吴宏伟的《突厥语族语言元音和谐与附加成分元音并存—分立现象的关系》（1989）、《影响突厥语族语言元音和谐的几个因素》（1990）、《突厥语族语言元音和谐的类型》（1991）、《关于突厥语族语言元音和谐性质问题的探讨》（1991）、《突厥语族语言双音节词中元音的相互适应与相互排斥》（1993）、《突厥语族语言的词重音问题》（1995）、《突厥语族语言构词和构形中的元音和谐》（1995）、《论突厥语族语言的长元音》（1996）。

（四）形态类型学

形态类型研究主要集中在重叠、领属、人称范畴、量词、结构助词、后置词等方面，除此之外还有一些其他方面的专题研究。

1. 汉藏语系形态类型研究

汉藏语形态类型研究论文有孙宏开的《藏缅语动词的互动范畴》（1984），李永燧的《藏缅语名词的数量形式》（1988），刘丹青的《汉藏语系重叠形式的分析模式》（1988），黄布凡的《藏缅语的情态范畴》（1991），陈其光的《苗瑶语前缀》（1993），孙宏开的《试论藏缅语中的反身代词》（1993）、《藏缅语人称代词格范畴研究》（1995），傅爱兰的《藏缅语的 a 音节》（1996），徐世璇的《汉藏语言的派生构词方式分析》（1999），李锦芳的《仡央语言的动词虚化》（1999）。除此之外，下列专题讨论较多：

（1）领属范畴：孙宏开的《我国部分藏缅语中名词的人称领属范畴》（1984），梁敏的《壮侗诸语言表示领属关系的方式及其演变过程》（1989），吴宏伟的《突厥语族语言的领属范畴》（1998）。

（2）人称范畴：孙宏开的《我国藏缅语动词的人称范畴》

（1983）、《藏缅语中的代词化问题》（1994）、《再论藏缅语中动词的人称范畴》（1994）。

（3）结构助词：戴庆厦的《缅彝语的结构助词》（1989），张军的《藏缅语表施动和受动的结构助词》（1990）、《藏缅语表限定、工具、处所、从由和比较的结构助词（上）》（1992）、《藏缅语表限定、工具、处所、从由和比较的结构助词（下）》（1993）。

2. 阿尔泰语系形态类型研究

王远新的《试论突厥语族语言连接词的发展》（1986）、《突厥语族语言的后置词与词类分化》（1987），朝克的《论满—通古斯语形容词的级》（1990），赵明鸣的《突厥语族语言与格类型比较研究》（1993），乐·色音额尔敦的《蒙古语族语言中一些副动词附加成分的来源及构成方式》（1995）。

（五）词汇类型学

词汇类型学研究论文较少，主要讨论量词，包括张公瑾的《论汉语及壮侗语族诸语言中的单位词》（1978），梁敏的《壮侗语族量词的产生和发展》（1983），周耀文的《壮语傣语名量词的差别及其缘由》（1984），孙宏开的《藏缅语量词用法比较——兼论量词发展的阶段层次》（1988），戴庆厦的《藏缅语个体量词研究》（1994），徐悉艰的《彝缅语量词的产生和发展》（1994）。除此之外，还有陈乃雄的《蒙古语族语言的感叹词》（1992），戴庆厦、胡素华的《彝语支语言的颜色词》（1993）。

（六）句法类型学

句法类型学主要聚焦在语序（词序）类型上，除此之外，还有一些其他句法结构方面的论文。

1. 语序/词序研究

语序问题一直是语言类型学关注的一个热点话题。少数民族语言语序/词序问题的研究始于 20 世纪 80 年代，如张公瑾的《傣语和汉语的一个语序问题》（1981），李永燧的《试论哈尼语汉语动宾词序的异同》（1984）、《哈尼语和汉语的名词修饰语》（1985），梁敏的

《壮侗语族诸语言名词性修饰词组的词序》（1988），覃晓航的《从汉语量词的发展看壮侗语"数、量、名结构"的词序变化》（1988），赵斌的《中国各民族语言的语序共性分析》（1989），戴庆厦的《藏缅语的"名＋形"（修饰）语序》（1996），黄行的《我国少数民族语言的词序类型》（1996），丁崇明、荣晶的《汉语与南方少数民族语言在语法类型学上的部分共性特征》（1997）等。

2. 句法结构类型

语序以外的句法结构类型研究论文有杜若明的《藏缅语动词使动范畴的历史演变》（1990），孙宏开的《论藏缅语中动词的命令式》（1997）、《藏缅语疑问方式试析——兼论汉语、藏缅语特指问句的构成和来源》（1995）、《论藏缅语动词的使动范畴》（1998），曹广衢的《壮侗语趋向补语的起源和发展》（1994），竟成的《汉语和藏缅语的一种是非问句》（1988），宋金兰的《汉藏语是非问句语法形式的历史演变》（1995）。

第二节　21 世纪以来的语言类型学

21 世纪以来，基于功能—类型学视角的少数民族语言类型学研究成果逐步丰富起来，运用类型学方法讨论较多的专题有区域类型、亲属语言的类型以及一些专题的研究。

一　区域类型学

区域类型研究论文有熊正辉、张振兴、黄行的《中国的语言》（2008），田阡子的博士论文《东亚语言复合元音的类型及渊源》（2009），田阡子、江荻、孙宏开的《东亚语言常见爆发音的类型学特征》（2009），燕海雄、孙宏开、江荻的《中国南方民族语言塞擦音的类型与系属特征》（2010），燕海雄、江荻的《论东亚语言内爆音的地理分布与族群渊源》（2011）、《论鼻音在中国语言中的类型与共性》（2015），郑慧仁的《东北亚语言比较标记的类型学研究》（2012），燕海雄的《论前高圆唇元音在中国语言中的类型与主要来源》（2018），王艳的博士论文《东亚语言结果式的类型学研究》（2017）。

二　亲属语言内部类型研究

（1）汉藏语系：黄行的《我国汉藏民族语言的语法类型》（2007）、《汉藏语系语言区域性特点形成机制初探》（2014），倪大白的《侗台语概论》（2010），孙宏开的《汉藏语系历史类型学研究中的一些问题》（2011），戴庆厦、朱艳华的《20 年来汉藏语系的语言类型学研究》（2011）。

（2）阿尔泰语系：力提甫·托乎提的《阿尔泰语言学导论》（2004），买提热依木·沙依提的《突厥语言学导论》（2004），德力格尔玛、波·索德的《蒙古语族语言概论》（2006），陈宗振的《中国现代突厥语族语言研究概况》（2009），耿世民、魏萃一的《古代突厥语语法》（2010），李增祥的《突厥语言学基础》（2011）。

三　语音类型学

（1）汉藏语系：黄行的《汉藏民族语言声调的分合类型》（2005），田阡子的《复合元音在汉藏语中的语言类型》（2015）、《汉藏语复合元音的类型及渊源》（2016），燕海雄的《论汉藏语言硬腭塞音的来源》（2011）、《论汉藏语言塞音的类型与共性》（2015）、《论汉藏语言小舌塞音的音变共性》（2016）、《论汉藏语言高元音的类型与共性》（2018）。

藏缅语语音类型研究论文有王双成的《安多藏语的舌尖化及其类型学意义》（2010），卢珺、谭晓平的《藏缅语鼻音的类型与共性》（2018）。

侗台语族语音类型研究有金理新的《侗台语的舌尖后音》（2010）、《侗台语的长短元音》（2011），吴雅萍的《仡央语言的小舌音》（2013）。

苗瑶语族语音类型研究论文有李云兵的《论苗瑶语的连读变调》（2015），王艳红的《古苗瑶语～*ts 组音的今读类型及其分布和形成》（2017），谭晓平的《苗瑶语龈腭鼻音的来源》（2014）、《苗瑶语元音系统的类型学考察》（2016）、《苗瑶语鼻音系统的类型学考察》（2018）。

（2）阿尔泰语系：李兵的《阿尔泰语言元音和谐研究》（2013），王国庆的《满通古斯语族诸语言同源词元音的音变律》（2017），郑仲桦的《阿尔泰语小舌音的类型学分析》（2018），崔宝莹的《论满—通古斯语族语言天干词的语音对应现象及其规律》（2018）。

四　形态类型学

（1）汉藏语系：李大勤的《藏缅语人称代词和名词的"数"——藏缅语"数"范畴研究之一》（2001），李永燧的《论藏缅语黏着语素与语言类型学》（2002），丁崇明的《汉语、藏缅语、侗台语、苗瑶语复合式合成词比较》（2002），田静的《藏缅语性别后缀产生的途径和历史层次》（2010）、《藏缅语名词性别意义的表达方式》（2011）、《藏缅语宾语句法标记比较研究》（2012）、《白语性别标记的形式、意义和功能——兼论白语和藏缅语、汉语的关系》（2017），朱艳华的《藏缅语工具格的类型及源流》（2010），闻静的《藏缅语定语助词的演变链》（2011）、《从藏缅语定语助词的演变反观汉语》（2012）、《藏缅语族定中结构的双标记类型及其演变》（2016）、《藏缅语泛义动词、连词做状语标记的类型分析》（2017），蒋颖的《藏缅语、汉语自主范畴语法形式的特征及其演变》（2012），王跟国的《藏缅语处所助词的性质差异》（2012）、《藏缅语受动助词分布的类型特征》（2014），瞿霭堂、劲松的《中国藏缅语言中的代词化语言》（2014），刘沛江的《藏缅语形容词的类型特征》（2017），经典的《藏缅语第三人称代词的"数"》（2018），吴铮的博士论文

《藏缅语否定范畴研究》（2007），李云兵的《苗瑶语的非分析形态及其类型学意义》（2006），熊颖、吴雅清的《汉语、苗瑶语、藏缅语之相互标记对比》（2018）。

戴庆厦的《景颇语重叠式的特点及其成因》（2000），丁崇明的《汉语、藏缅语形容词重叠式的特殊用法》（2001），荣晶的《藏缅语族的四音格形式》（2003），孙艳的《汉藏语四音格词研究》（2005），王芳的《重叠式功能跨语言研究综述》（2012）、《重叠多功能模式的类型学研究》（2012），戴宗杰的《汉藏语动词重叠式的形式—意义匹配格局》（2013）。

（2）阿尔泰语系：阿尔泰语系语言形态类型研究成果有黄行的《鄂温克语形态类型的对比分析》（2001），哈斯巴特尔的《蒙古语族语言领属格和宾格关系及其来源》（2003）、《蒙古语、突厥语和满—通古斯语第一人称代词比较》（2007），孟将的博士论文《中古蒙古语和蒙古语族语言的格形态比较研究》（2012），卡佳的《论满—通古斯语族和蒙古语族语言格词缀 – du/ – dʉ/ – də/ – d 的共性》（2016），朝克的《论满—通古斯语族语言动词态与体形态变化语法现象》（2017），娜佳的《满—通古斯语族语言复数形态变化现象》（2017）。

五　词汇类型学

词汇类型学研究在亲属称谓方面只有薛才德的《藏缅语伯叔舅姑姨称谓研究》（2006），颜色词只有黄行的《颜色词的语言认知研究》（2011）。还有尹蔚彬的《"做"义轻动词的功能和语法化特点——以羌语支语言为例》（2017），邱月的《藏缅语助词"看"的类型学特征》（2017）。以下四个专题讨论较多：

（1）量词：戴庆厦、蒋颖的《萌芽期量词的类型学特征——景颇语量词的个案研究》（2004）、《论藏缅语的反响型名量词》（2005），杨将领的《藏缅语数量短语的演变机制》（2005），李锦芳、胡素华主编《汉藏语系量词研究》（2005），戴宗杰的《藏缅语动量词形成的动因和机制》（2005），蒋颖的《汉藏语名量词起源的类型学分析》（2007）、《汉藏语系名量词研究》（2009），李明、谭志满的《壮侗语类别词再认识》（2006），李云兵的《论苗瑶语名词范畴化手段的类型》（2007），薄文泽的《泰语壮语名量词比较研究》（2012）。

（2）存在动词：张军的《汉藏语系语言判断句研究》（2005），余成林的博士论文《汉藏语系语言存在句研究》（2011）、《藏缅语"有/在"类存在动词研究》（2011）、《藏缅语存在动词的类型及其演变特点》（2018），黄成龙的《藏缅语存在类动词的概念结构》（2013）、《藏语与喜马拉雅语言存在类动词的概念结构》（2014），孙文访的《基于"有、是、在"的语言共性与类型》（2015）、《存在动词的词汇类型学研究》（2015）、《"有（have）"的概念空间及语义图》（2018）。

（3）空间范畴：张燕的《时间隐喻的类型学试析——以汉藏语系语言为例》（2005），王远新的《突厥语族语言方位词的语法化趋势及其语义特点》（2009），徐世璇的《土家语的空间指代系统》（2011）、《土家语空间概念的语法和语义表征》（2013），尹蔚彬的《拉坞戎语的空间范畴》（2014）、《木雅语的空间拓扑关系——以石棉木雅语为例》（2017），曹道巴特尔的《蒙古语空间拓扑关系》（2014），普忠良的《纳苏彝语的空间认知系统》（2014），黄成龙的《羌语的空间范畴》（2015），李云兵的《论苗语空间范畴的认知》（2016），唐巧娟的《黔东苗语空间系统的认知建构》（2017）。

（4）数词：戴庆厦、彭茹的《藏缅语的基数词——兼与汉语比较》（2016），彭茹的《藏缅语"十"以下基数词的类型学特征》（2017）。

六　句法类型学
除了语序是重要的研究对象外，有关句法专题研究越来越多。
（1）语序：戴庆厦、傅爱兰的《藏缅语的形修名语序》

（2002），丁崇明的《汉语、藏缅语、侗台语、苗瑶语复合式合成词比较》（2002），程博的《壮侗语数量名结构语序探析》（2012），黄平的博士论文《汉藏语数量名结构语序研究》（2012），王磊、徐玉英的《类型学视角下的汉语介词语序特征——兼论汉藏语系语序类型》（2014），戴庆厦的《汉藏语并列复合词韵律词序的类型学特征——兼论汉藏语语法类型学研究的一些认识问题》（2015），惠红军的《汉藏语系的数量名结构》（2015），吴秀菊的《苗瑶语表动物性别复合名词的语序类型考察》（2015），潘家荣的《台湾南岛语语序类型特征》（2017），王春玲的《论语言接触对苗瑶语指示词的影响》（2018）。

（2）疑问结构：戴庆厦、傅爱兰的《藏缅语的是非疑问句》（2000），戴庆厦的《景颇语的疑问句》（2001），孙宏开的《汉藏语系里的一个疑问语素》（2004），戴庆厦、朱艳华的《藏缅语、汉语选择疑问句比较研究》（2010）、《藏缅语选择疑问范畴句法结构的演变链》（2010），谭晓平的《苗瑶语正反问句的来源》（2014）。

（3）领属结构：闻静的《汉藏语系"的"字结构研究》（2007）、《壮侗语族"的"字结构的类型学特征》（2013），戴庆厦、闻静的《汉藏语的"的"字结构》（2011），江荻的《藏东南藏缅语的领属结构》（2014）。

（4）话题结构：余成林的《藏缅语的话题标记——兼与汉语比较》（2011），张军的《藏缅语话题结构的特征与类型》（2012）。

（5）比较结构：斯钦朝克图的《阿尔泰语形容词的最高级》（2007）、《阿尔泰语形容词比较级的一种形式》（2010），邓凤民的博士论文《汉藏语系语言差比句研究》（2010），杨艳、江荻的《彝语支语言差比句的比较标记》（2016）。

（6）述补结构：戴庆厦、黎意的《藏缅语的述补结构——兼反观汉语的述补结构》（2004），黎意的博士论文《汉藏语述补结构研究》（2004）、《壮侗语与汉语述补结构的对比分析及其类型学特征》（2009）。

（7）连动结构：戴庆厦、邱月的《OV 型藏缅语连动结构的类型学特征》（2008）、《藏缅语与汉语连动结构的比较研究》（2008），谭晓平的《苗瑶语的动结式》（2011）。

（8）被动结构：黄行、唐黎明的《被动句的跨语言类型对比》（2004），戴庆厦、李洁的《藏缅语的强调式施动句——兼与汉语被动句对比》（2005）、《从藏缅语族语言反观汉语的被动句》（2006）、《汉藏语被动句的类型学分析》（2007）、《汉藏语系语言被动句研究》（2008），储泽祥、王艳的《汉藏语 OV 语序表被动的情况考察》（2016）。

（9）并列结构：李占炳、金立鑫的《并列标志的类型学考察》（2012），李占炳的《谓词性并列短语否定表达的模式选择》（2013）、《类型学视角下伴随标志与并列标志研究》（2013）、《并列结构的类型学研究》（2014），戴庆厦的《汉藏语并列复合词韵律词序的类型学特征——兼论汉藏语语法类型学研究的一些认识问题》（2014）。

（10）致使结构：戴庆厦的《藏缅语族语言使动范畴的历史演变》（2001），杨将领的《藏缅语使动范畴的分析形式》（2003），黄布凡的《原始藏缅语动词使动前缀 *s - 的遗迹》（2004），冯英、曾晓渝的《汉语藏缅语"致使"义表达方式的历史层次及类型学意义》（2005），彭国珍的《景颇语致使结构的类型学考察》（2013），黄成龙的《类型学视野中的致使结构》，杨将领的博士论文《藏缅语族语言使动范畴研究》（2017）。

（11）复句：戴庆厦、范丽君的《藏缅语因果复句关联标记研究——兼与汉语比较》（2010），余成林的《藏缅语的假设关联标记》（2013），范丽君的《汉藏语条件复句关联标记的共时特征分析》（2014）、《联系项居中原则在藏缅语假设复句中的分布》（2015）、《汉藏语因果类复句研究》（2016）、《从藏缅语因果复句的特点反观汉语》（2017）、《藏缅语目的复句特征分析——兼与汉语比较》（2017）。

七　语言接触类型

语言接触类型研究论文较少，有黄行的《语言接触与语言区域性特征》（2005），李云兵的《论语言接触对苗瑶语语序类型的影响》（2005），张建军的《甘南藏语和周边汉语方言的接触类型》（2009）、《藏语和河州汉语方言的接触史及接触类型》（2009），曾晓渝的《汉语侗台语接触类型及其变异机制》（2013）。

第三节　研究经验及展望

国内语言类型学的研究从 20 世纪五六十年代翻译、介绍、评介国外语言类型学的最新研究成果和动态，再到近 30 年来我国本土语言（汉语方言和少数民族语言）基础上的语音类型学、形态句法类型学专题研究，取得了较丰硕的研究成果，积累了比较丰厚的研究基础和宝贵的实践经验，为进一步深入研究我国少数民族语言的共性、区域性和差异性奠定了较坚实的基础。

20 世纪 80 年代起，基于汉语、少数民族语言基础上的语言类型学研究已逐步开展起来，总结和归纳了我国少数民族语言系属内部的共性和类型差异，积累了一定的类型学研究经验，为进一步揭示我国少数民族语言共性和类型提供了最宝贵的资料。

随着语言研究的不断深入、研究视野的不断扩展，语言类型学将继续成为国内语言学的热点和重点研究领域之一。但需要引入一些新的研究方法，如方言地理学、计量类型学等，形态类型学应拓展到南方分析性语言研究中，系统研究中国民族语言类型学特征，深入梳理、归纳和总结中国民族语言类型学特点，为语言类型学和语言共性研究提供重要的类型学参项和理论支持。

第 五 章

新中国少数民族语言的
计算语言学研究

自 20 世纪 80 年代开始，我国开展了民族语言计算语言学研究，经历了民族语言"字"处理研究阶段、"词"处理研究阶段，产生了大批研究成果。当前民族语言计算语言学处于"句法、语义和篇章"研究阶段。在探讨民族语言计算语言学理论方法的同时，也开展了面向民族语言应用和语言服务产品的研究。

第一节　民族语言计算语言学研究

一　民族语言字处理研究

我国有 20 多种民族文字，大体上可以分成两种类型，一类是以拉丁字母为基础的拼音文字，另一类为非拉丁字母的文字。非拉丁字母文字又可以分成两类，一是如维吾尔文以阿拉伯字母为基础的文字系统；一是如汉字一样的表意文字系统。民族语言字处理研究主要关注非拉丁字母文字系文字。

（一）民族文字代码转换阶段

没有计算机字符编码之前，非拉丁字母民族文字通过制定对应的拉丁字母，利用代码转换方式，借助计算机工具开展语言文字研究。由于不同民族语言文字研究的深度和广度存在差别，文字代码转换研究方式从 20 世纪 80 年代到现在一直存在。但随着各民族语言文字的国际、国家编码字符集的完成和颁布，代码转换方式也完成了其历史任务。

于道泉首先设计了一套数码，以数码代替藏文，张连生（1983）改进了数码代字设计，开展藏文计算机排序以及代码与藏文之间的互转研究。

确精扎布（2012）等把蒙古文转写成拉丁字母，以拉丁字母形式建设蒙古文文献数据库，开展蒙古语言文字研究。

其他民族文字包括锡伯文、维吾尔文等都采用过拉丁转写形式。

（二）民族文字字符计算机编码

计算机和手机等电子设备并不能直接处理文字图像，需要将每个图像转化为代码（编码）。当显示字符的图像时，通过代码（编码）在字库中查找该字符的点阵图，实现文字屏幕显示①。同时还需要解决字符输入、输出问题。与之相关的研究主要集中在字符集编码、输入法、文字字库三个方面。

在藏文字符编码初期阶段，各研究单位、出版机构开发藏文处理软件，编制不同的藏文字符编码集。1997 年形成 ISO/IEC10646《通用多八位编码字符集》藏文编码字符国际标准字符集方案。1998 年 1 月正式发布了藏文小字符集国家标准（GB 16959—1997《信息技术信息交换用藏文编码字符集基本集》），完成了藏文编码字符集国际、国家标准。

20 世纪 80 年代中期，国内外已经有十多种蒙古文编码方案，如蒙科立编码、方正 9. X 系列、方正 6. X 系列、傲游塔、华光、明安图、赛音等。1987 年，国家技术监督局发布了蒙古文字符编码国家标准（GB 8045—1987《信息处理交换用蒙古文

---

① 文心：《字符背后的秘密——文字编码》，《电脑爱好者》2005 年第 4 期。

七位和八位编码图形字符集》），这是我国第一个民族文字国家标准字符集。但蒙古文编码国际标准到 2000 年才获得 ISO/IEC JTC 1/SC2 的批准。

沙马拉毅等 1985 年研制了彝文的激光照排技术，是我国首个少数民族文字编辑排版系统。1992 年《信息交换用彝文编码字符集》由国家标准出版社出版、国家技术监督局颁布实施。2000 年彝文及其部首编码被批准成为国际标准。

蒙古文、托忒蒙古文、锡伯文、满文、藏文、维吾尔文、哈萨克文、柯尔克孜文、朝鲜文、彝文和德宏傣文编码字符集被收入在 ISO/IEC 10646 区；西双版纳新傣文编码字符集被收入在 ISO/IEC 10646：2003/Amendment 2：2006 区；其他一些文字也开始研究并逐步形成了编码字符集国际标准草案，如老傈僳文、滇东北简体苗文、西夏文和古突厥文。纳西东巴文和古彝文的编码字符集国际标准也在紧锣密鼓的研制之中。完成未编码的民族语言文字的编码体系，使之早日进入国际编码体系，以满足我国民族语言文字信息技术和产业快速发展的需要，这是当前和今后民族语言文字编码研究的重要任务。

（三）民族语言文字计算机输入

1. 键盘输入

键盘输入法是文字进入计算机的主要手段之一。我国民族文字字符编码、键盘键位编排和输入法研究同步进行。

藏文键盘输入法先后出现有同元输入法、班智达输入法、央金藏文输入法和喜马拉雅输入法等。目前也开发了基于网络的在线输入法、基于手机系统的输入法、基于词或短语的联想输入法，等等。

其他民族文字输入法研究包括水书文字输入法、彝文输入法、西夏文四角号码输入法、满文输入法、纳西东巴文字输入法、苗文输入法、古壮字的输入法、蒙古文编码及输入法，等等。

键盘布局国家标准。键盘是计算机输入的主要方式之一，键盘硬件编排全球通用，但键位与不同文字字符的对应不同。如果键盘布局没有统一标准，不同设计和开发者都可以采用自己的键位对应规则。

藏文键盘布局国家标准在 1998 年发布，即 GB/T 17543—1998《信息技术藏文编码字符集（基本集）键盘字母数字区的布局》，遵照小字符集标准。2008 年更新了藏文键盘布局国家标准，即 GB/T 22034—2008《信息技术藏文编码字符集键盘字母数字区的布局》等键盘布局标准。

蒙古文键盘布局标准于 1987 年颁布，即 GB/T 8046—1987《信息处理交换用蒙古文字符集键盘的字母区布局》，2011 年修订后的国家标准颁布，即 GB/T 28038—2011《信息技术通用多八位编码字符集蒙古文通用键盘字母数字区布局》。

其他具有键盘布局国家标准的民族文字有德宏傣文，即 GB/T 28175—2011《信息技术通用多八位编码字符集德宏傣文通用键盘字母数字区布局》，西双版纳新傣文，即 GB/T 28176—2011《信息技术通用多八位编码字符集西双版纳新傣文通用键盘字母数字区布局》，西双版纳老傣文，即 GB/T 32637—2016《信息技术通用多八位编码字符集西双版纳老傣文通用键盘字母数字区布局》，维吾尔文，即 GB/T 12510—2015《信息技术维吾尔文通用键盘字母数字区布局》，哈萨克文，即 GB/T 31918—2015《信息技术哈萨克文通用键盘字母数字区布局》，柯尔克孜文，即 GB/T 31917—2015《信息技术柯尔克孜文通用键盘字母数字区布局》和 GB/T 31921—2015《信息技术基于数字键盘的柯尔克孜文字母布局》。

输入法主要有基于字符的输入和基于词、短语和句的输入法。目前民族语文字的输入法以基于字符的输入为主，急需要开发词、短语等输入法。

2. 光电扫描识别

字符识别主要通过光电扫描，把存在计算机内的民族文字图片转换成可以编辑的文本。我国民族文字文献非常多，要把它们变成可以编辑、检索的文本型文档，单独依靠手工录入方式，要耗费大量人力和财力，通过光电扫描技术可以加快民族文字文献的信息化。

文字识别可以分成印刷、雕刻版等材料的文字识别、手写体联机和脱机文字识别。藏文字符识别研究成果丰富，手写体识别研究也不断深入。蒙古文字符识别达到实用水平。维吾尔文识别研究成果相对较多，维吾尔文手写体识别成为研究热点。朝鲜文、东巴象形文字符识别处于起步阶段。满文字符识别取得了一定的成效。湘西方块苗文和苗文手写体识别逐步开展。

3. 语音输入

语音识别是让机器把人类的语音信号转变为相应的文本或命令。民族语言语音输入研究处于起步阶段，还没有太多的实用产品，制约语音输入的主要因素是基础研究薄弱，可供语音输入使用的资源有限。尤其是口语语音数据库、自然场景对话语音数据库等基础资源。

蒙、藏、维语音输入法研究深入开展。朝鲜语语音输入处于初步探索阶段。讯飞科技有限公司和中国民族语文翻译局开发的软件初步实现了蒙、藏、维语语音输入。

二　民族语言词处理

（一）分词及词缀切分研究

"字"处理是语言信息处理的前提，"词"处理是语言信息处理的基础。根据我国民族语言的语言类型不同，词法分析的方法也不同；大体上可以分成两类：一是词形变化不丰富的孤立型民族语言，如藏语、彝语等，则需要进行词的边界识别和词性标注。二是具有丰富词形变化的黏着型民族语言，如蒙古语、维吾尔语等，则需要进行词干、词缀切分和提取，然后进行词性标注。

1. 孤立型民族语言分词

孤立型民族语言分词研究类似中文分词研究，就是寻找词的边界。孤立型民族语言分词研究大体经历两个阶段：基于词表匹配的规则分词和基于数据训练的统计分词。统计分词根据所采用方法的不同又可以分成基于序列标注的统计分词和基于神经网络深度学习的统计分词。

基于规则的分词原则研究。陈玉忠（2003）、江荻（2003）主要利用词典匹配，包括最大匹配法、逆向最大匹配法、双向扫描匹配法、高频优先切分法和最佳匹配法等研究藏语分词。

基于规则分词的词表研究。高定国（2009）总结了藏文词表开发研制的基本情况。

基于规则的分词技术研究。陈玉忠（2003）阐释了利用字切分特征、字性库先"认字"，再用标点符号、关联词"断句"，用格助词"分块"，再用词典"认词"。

基于统计的藏语分词研究。藏语统计分词经历了隐马尔科夫模型到条件随机场再到神经网络技术的研究历程。

彝文分词研究。王成平（2012）提出基于词表的彝文自动分词算法。陈顺强（2012）讨论彝文分词规范原则和分词技术，实现了基于隐马尔科夫模型的彝文分词系统。孙善通（2016）讨论彝文网络分词。

傣文分词研究。高廷丽（2013）提出了基于音节序列标注方法开发了傣文分词系统。李慧（2016）采用了统计和规则相结合的方法研究傣文分词。

2. 黏着型民族语言词干、词缀切分

基于规则的词干、词缀切分。基于规则方法主要是通过构造词干和词尾的规则表。词根词典里存放功能词和非功能的词根[1]。例如维吾尔语非功能词中词尾非常丰富，词形变化较多，但有规律可循，词干和词尾、词尾与词尾之间的组合有规则，因此构造一个词干与词尾、词尾与词尾之间的变化规则，完成词法分析。但是黏着型语言存在语音和谐问题，词干后接词尾时，有些元音、辅音会出现弱化或者丢失、增加等情况，为了得到正确的词干与词尾，还需对发

---

① 玉素甫·艾白都拉等：《维语词法分析器研究成功》，《中文信息》1997 年第 4 期。

生变化的字母进行还原①。规则也可能出现遗漏、冲突、歧义等情况。对于发生复杂音变现象的词（特别是动词的形态）利用规则也难以恢复原始形式。

基于统计的词干、词缀切分。主要思路是采用人工加工好的语料通过计算机训练切分模型，自动切分词干词缀。

（二）词性标注研究

词性标注是指为给定句子中的每个词确定一个合适的词性的过程。词性标注研究是自然语言处理基础研究内容之一。词性标注研究包括两个方面：一是制定词性标注规范和标注集，二是词性标注技术研究。

词性标注规范如何制定，标注集如何确定，要根据不同民族语言的特点制定不同的标注规范和标注集。

藏文词类分类原则和标注规范研究。藏文词类分类有多套标准。

蒙古文词类分类原则和标注规范研究。通拉嘎（2014）从语料库标注的角度探讨了现代蒙古文标注规范问题。

周潭等（2019）探讨了方块苗文词性标注集的设计问题。

目前，藏文词类分类规范颁布了国家标准。

藏语词性标注研究。词性标注研究主要以统计方法为主，有隐马尔科夫模型标注方法、融合语言特征的最大熵词性标注方法、感知机训练模型的判别式标注方法、最大熵和条件随机场相结合的标注方法、未登录词的词性预测模型、词向量词性标注模型。

蒙古语词性标注研究。胡冠龙等（2007）在蒙古文拉丁化的基础上，讨论了词性标注研究。艳红等（2010）采用隐马尔科夫模型。赵建东（2013）讨论了蒙古语词性标注的历史模型。张贯虹等（2011）采用最大熵模型。那日松（2016）利用条件随机场模型开展蒙古文词性标注。刘婉婉等（2018）利用神经网络模型研究蒙古

---

① 麦热哈巴·艾力：《基于实例的维汉机器翻译若干关键问题研究》，新疆大学博士学位论文，2014 年。

文词性标注。

维吾尔语词性标注，也主要分为三大类，早期主要是采用规则的方法，后来统计方法居上，当前的趋势是统计与规则结合。规则方法主要依靠基于词典的匹配，一词多性问题比较难解决。在统计方法中，有隐马尔科夫模型、N 元模型、最大熵模型和条件随机场模型；统计和规则相结合方法也可以分为两种，一是规则和统计的结合；二是统计模型的套叠使用。

王海波（2013）、帕提古力·依马木（2014）等讨论了维吾尔语的标注问题。维吾尔语词性标注的准确率为 95% 左右，基本达到了工程应用目标。

朝鲜语词性标注。金国哲（2018）等开展了朝鲜语的词性标注研究。

（三）词向量研究

词向量是自然语言处理研究领域备受关注的热点。单从"词向量"这个术语字面上分析，就可以看出它是语言学和数学结合的产物。词是语言学中最基本的概念之一，是"最小的能够独立运用的语言单位"。向量则是数学中的基本概念之一（起源于物理学），是"具有大小和方向的量"。词和向量结合形成的"词向量"在一定程度上能够表达一个特定的"词"在大小（文本域）和方向（上下文）上的向量总和，其中最典型的是词的部分分布信息和语义信息可以通过特定的计算获得。

大部分民族语言难以获得训练词向量的大规模材料。当前只有在蒙、藏、维三种语言中有一定的研究进展，主要是一些硕士论文，利用训练好的词向量来解决自然语言处理研究中的应用工具问题和构建特定领域知识库。

三　句法语义研究

我国民族语言句法、语义研究成果相对较少，面向自然语言处理的形式化句法、语义研究成果更少。从事自然语言处理的研究者正努力探索民族语言的句法、语义描述方式和表示体系。

句法分析需要有一套合理的语法体系和简洁的推导规则，以便自动推导出句子的语法结构和语法关系，最终将一个句子转化为一棵结构化的语法树。当前，最受计算语言学欢迎的是短语结构文法和依存文法。

江荻（2006）提出了藏语动词语义分类原则，研究了述说动词的小句标记，为自动句法分析提供语言学知识。在自动句法分析方面，华却才让等人（2013）采用了判别式的依存句法分析；龙从军等（2019）开展了短语结构句法树库建设。

德·萨日娜（2006）构建了句子边界切分知识库。高莲花（2007）在生成句法框架内讨论蒙古语动词及其句法结构。张建梅（2010）探讨了蒙古语简单陈述句的句型。斯·劳格劳（2011）开展了依存句法的自动分析研究。苏向东等（2014）基于最大生成树模型进行了蒙古文依存句法分析。

玉素甫·艾白都拉（1996）开展了维吾尔语句法描述和分析方法研究。力提甫·托乎提（2005）在生成语法框架内进行句法分析。阿布都克力木·阿不力孜（2010）开展维吾尔语的自动句法分析。陈雪等人（2018）在研究哈萨克语句法时，采用计算机提取句子中每个单词之间组成结构的信息，以预测每个单词在句法树中的句法组成部分。

完全句法分析困难较大，如果能够采用部分句法分析方法化整体为部分，更适合现阶段句法分析的技术特点，局部句法分析主要是组块分析。

组块研究理论在藏语研究中运用优势明显，江荻（2003）划分了藏语组块类型，并讨论了每一类组块可能的边界标记。龙从军（2004）提出不同颗粒度的两种组块划分体系，并对非谓动词组块和带助动词的动词组块的边界标记识别。

达胡白乙拉（2005）基于组块研究的理论，探讨了蒙古语基本动词短语的自动识别。乌兰等（2014）采用短语结构语法的理论，构建了蒙古语短语结构树。

语义角色标注对计算机理解语言具有重要意义。民族语言的语义角色标注研究也出现了一批成果。

龙从军（2014）制定了藏语语义角色标注体系，并采用规则和统计融合的策略进行自动语义角色标注研究。祁坤钰（2014）采取了基于依存关系的藏语语义角色标注方法。

包晓荣等（2013）研究制定了蒙古语语义角色分类系统及其标记集。阿里甫·库尔班（2013）研制了维吾尔语的框架语义角色标注规范集。

第二节　民族语言电子词典及语料库建设

一　民族语言电子词典建设

电子词典可以分成机用型、传统型、学习型和研究型①。机用型电子词典是语言信息处理的基础资源之一，在基于规则的分词、词性标注、语义理解、机器翻译等研究领域发挥着重要作用。在一些特定专题研究，如基于关键词的查询、检索、网络垃圾信息过滤、情感分析等领域，电子词典也发挥着重要作用。传统型词典主要是传统纸质词典的电子化，以计算机或者移动终端设备为载体，便于用户携带、查询和检索。研究型可以分为面向语言本体研究和面向语言信息处理的研究型词典。后者是主要根据语言信息处理的需要而编撰的带有丰富语法、语义信息的电子词典。民族语言电子词典的研究成果主要集中在机用型和传统型。

机用型电子词典在传统型电子词典的基础上，根据特定需要增、删、改形成的机用型电子词典。

---

① 王东海等：《电子词典编撰中的语义网与义链研究》，《长江学术》2007 年第 4 期。

扎西次仁（1999）提出了如何实现藏文自动排序的设想，江荻（2001）提出藏文计算机排序的技术流程。西藏大学和青海师范大学的研究团队都撰写了多篇有关藏文排序的文章。

传统型词典的电子化研究快速进展。各种藏语电子词典出现，包括藏汉英三语电子词典；多媒体在线藏汉电子词典；藏汉双语电子词典。有道公司和民族出版社达成合作，正式上线藏汉互译功能的词典，提供藏语和汉语之间的实时互译。

维吾尔语电子词典包括维汉—汉维双向翻译电子词典、维汉双语电子词典。

蒙古语电子词典有英蒙汉电子词典。

其他民族语电子词典有汉英泰互译有声电子词典；傣泐文—汉文互译有声电子词典；壮文电子词典及辅助翻译软件；多功能汉彝电子词典；朝汉—汉朝电子词典。汉—哈萨克双语电子词典等。

中国民族语文翻译局充分发挥自身优势，整合翻译资源，先后完成了蒙古文、藏文、维吾尔文、哈萨克文、朝鲜文、彝文、壮文7种民族文电子词典及辅助翻译软件，2012年，"彝文、壮文电子词典及辅助翻译软件"荣获该年度钱伟长中文信息处理科学技术二等奖。

面向特定领域的民族语电子词典研究成果不断涌现，诸如蒙藏维分词词典、词性标注词典、维吾尔人名解义词典、蒙古语语法信息词典、蒙古语语义词典，等等。

二　民族语言语料库建设

我国少数民族语言资源十分丰富。从语言本体研究来看，构建民族语单语或多语语料库将对民族语言发展史研究、语言描写研究和方言比较研究都具有重要的意义。在信息化时代，以数据为驱动的自然语言处理研究更离不开大规模的语料库。加强民族语言语料库建设是一项重要的基础研究工作。语料库研究的内容涉及语料的选取、收集、加工和分析，其中语料库加工包括语料库的分词、词缀词干切分、词性标注等词法层面的加工；也包括句法分析、语义标注等句法层面的加工；同时还涉及篇章标注和篇章分析等内容。

民族语言语料库建设研究起步于 20 世纪 90 年代。西藏大学完成了"大型藏文基础语料库建设"，高定国等（2013）探讨了语料样本类别号的研究以及数据分析。龙从军（2014）等构建了藏语分词和标注语料库、短语结构句法树库。卢亚军等（2006）建立了"大型藏文语料库"，并进行了藏文词汇频度和通用度统计。

藏文互联网语料相对比较丰富，为了满足自然语言处理的需要，网络语料的采集得到了关注，才智杰（2017）讨论了藏语语料网页数据的采集方法；为了满足机器翻译、语音识别等研究需要，基于句子对齐的双语语料库也有一定规模的积累，在全国机器翻译评测中，共使用了大约 13 万句汉藏对齐双语语料。梁金宝（2013）统计研究了藏语历史文献词汇情况，通过选取典型的藏文历史文献，构建了历史文献语料库。

维吾尔语在语料库建设方面已做了大量的工作；吐尔根等（2011）开展维哈柯文语料库建设工作；2015 年全国机器翻译评测会议上，评测主办方提供了大约 14 万句对的维汉双语语料。古丽拉·阿东别克等（2009）构建了现代哈萨克语词级标注语料库。

华沙宝等人（2003）建立了第一个蒙古文电子文本语料库《元朝秘史》，后来增加了《黄金史》《回鹘蒙古文文献集》等历史文献，建立了 100 万词级和 500 万词级的现代蒙古语语料库；赵斯琴等（2003）构建了教材语料库。包敏娜等（2016）探讨了影视剧蒙古语语料库的标记问题，研究了蒙古语传媒语言文本语料库的构建。韩海霞（2012）讨论了蒙古语口语语料库的构建及语音标注问题。

刘连芳（2018）全面总结了朝鲜语语料库的基本情况，包括 1.2 亿字的原始文本语料库、词性标注语料库、2000 万字的朝（韩）汉对译语料库、820 万字的朝鲜语（韩国语）病句语料库、100 小时的标准口语音频数据和 100 小时的标准语双频数据和 140 万字正字法转写库、140 万字语言转写语料库、90 万语节的实际发音训练语料库。

王成平（2012）探讨了彝、汉、英三语平行语料库建设和对齐问题。

张羽（2016）讨论了壮、汉、英三语平行语料库构建及其应用；沈向荣（2007）讨论了壮语方言词在线语料库的设计。

第三节 民族语言计算语言学
应用服务研究

一 民族语言计算语言学为民族语言机器翻译服务

机器翻译是指利用计算机将一种自然语言转换成另一种自然语言的过程。机器翻译研究开始于 20 世纪 30 年代，从发展历程来看，经历了基于规则的、基于统计的和基于神经网络的翻译方法三个阶段。

在藏汉机器翻译研究中，基于统计翻译的方法应用最广。董晓芳等（2012）提出了基于短语模型的藏汉机器翻译方法；华却才让（2014）提出了基于树到串的藏语机器翻译方法；位素东（2015）提出了基于短语的藏汉机器翻译方法。

神经网络机器翻译是最近几年比较流行的机器翻译方法，在大多数语言翻译上逐渐超过了基于短语的机器翻译方法，成为当前机器翻译研究的热点。李亚超等（2017）提出在藏汉双语句对上进行基于注意力的神经网络机器翻译的实验。

维吾尔语在机器翻译方面的研究起步于 20 世纪 50 年代，新疆大学着手研究"民汉语机器翻译系统基础研究"。2009 年新疆大学与新疆信息产业有限公司合作开展了"汉—维、柯辅助翻译软件"的研发；2010 年中科院计算所与新疆大学合作研制了基于统计的维汉机器翻译系统；2011 年中科院新疆理化所开发了汉维—维汉统计机器翻译原型系统。

在 2011 年的全国机器翻译评测中新增了五种民族语言，维吾尔语是其中之一，新疆大学、中科院新疆理化所、中科院合肥物质科学研究院智能机械研究所、中科院计算所等 6 家单位参加了维汉新闻领域机器翻译。在 2013 年的评测中，新疆师范大学也参加了维汉机器翻译评测。在 2015 年的评测中，中科院合肥物质科学研究院智能机械研究所、新疆大学和中科院新疆理化所参加了维汉机器翻译评测。在新闻语料翻译领域，维汉机器翻译结果的 BLEU 值较高，译文的质量比较好。

在 20 世纪 80 年代末期，敖其尔（1988）开始了英文到蒙文机器翻译的相关研究。王斯日古楞（2007）报道了内蒙古大学等开展了"面向政府文献的汉语蒙语机器辅助翻译系统"和"汉蒙机器翻译系统"等课题。娜步青（2006）谈到蒙古语言机器翻译研究经过了不同翻译方法的探索过程，即基于规则、统计以及规则和统计相结合的研究阶段。蒙古语言机器翻译，目前以蒙古语为目标语言的机器翻译研究相对多些，而以蒙古语言为源语言的研究很少。

当前有多个在线民汉机器翻译系统，分别是中国民族语文翻译局（中心）的智能翻译（多语）；西藏大学的阳光藏汉双向机器翻译系统（汉藏语）；中国科学院软件研究所和中国社会科学院民族学与人类学研究所的藏汉机器翻译系统（汉藏语），沈阳雅译网络技术有限公司的小牛翻译系统（多语），厦门大学云译藏汉翻译系统（多语）。

二　民族语言计算语言学为民族语言语音识别与合成服务

民族语言的语音识别研究是把民族语的语音转换成对应的民族文字或者国际音标。语音识别的结果能为民族语言文本信息处理提供资源，为语言调查者语音转写提供帮助，为语言资源保护提供技术手段。

民族语言语音识别的研究成果主要集中在蒙、藏、维三种语言。内蒙古大学飞龙研制了国内首款蒙古语语音识别和语音合成系统，实现了蒙古语大词汇量连续语音识别功能，识别正确率达到90%以上。

2010年，讯飞科技有限公司正式启动藏语语音处理系统的研发，成立了西藏大学—讯飞语音及语言联合实验室，该联合实验室推出三位一体藏语输入法、汉藏互译通、PC端藏语合成系统等多项科研产品。东嘎藏文语音输入法，卫藏方言识别率高达98.7%，平均每分钟180字。中国民族语文翻译中心（局）开发了藏语语音转写通、藏语智能语音输入法等一系列软件，极大地推动了藏文信息处理的进展。

捷通华声与清华大学、新疆大学、中国民族语文翻译中心（局）合作，打造维吾尔语语音交互服务平台——灵云平台，该平台的维吾尔语语音识别和合成调用次数超过上亿次，为汉族与维吾尔民众之间的语言交流做出了重要贡献。

三　民族语言计算语言学为语言本体研究服务

借用计算（或称计量）语言学的方法来研究语言，主要是采用计算的方法来研究语言，研究真实语言交际活动中呈现的各种语言现象、语言结构、结构属性以及它们之间的相互关系，通过概率、数学的定量方法对语言进行精确测量、观察、模拟、建模和解释，寻找语言现象背后的数理规律，揭示各种语言现象形成的内在原因，探索语言系统的自适应机制和语言演化的动因。其研究思路包括对某种语言学现象提出假设，采用大规模语言样本并转化为统计问题，然后通过一系列计算和检验得出结论并对结论进行解读。我国民族语言研究较早采用了计算方法来研究语言问题。

夏孟（1996）报道了民族研究所完成的苗瑶语言计算语言学研究项目"苗瑶语言的计量研究"，该项目运用计算机数据库和分析程序对14种有代表性的苗瑶语方言的词汇语音项做了定性和定量的描写、比较研究。曹雨生（1988）利用计量的方法探讨民族语言使用情况并对其分析。卢亚军等（2003）在大型藏文语料库的基础上，开展藏文字符、部件、音节、词汇频度与通用度统计研究。韩瑛等（2010）统计分析了小学藏语文课本词汇；曹晖等（2012）统计分析中学藏语文教材词汇；梁金宝（2013）则构建了藏语历史文献数据库，并统计分析了历史文献中词汇的基本面貌；杨建萍等（2015）统计分析了维吾尔文初中生物教材中的生物类词汇。

语言亲疏关系的计算研究。金理新（2001）利用斯瓦迪士的100核心词表分析藏语、缅语以及汉语彼此之间的同源关系，认为汉语和藏语的关系比较亲近，而缅语和藏语的关系比较疏远。邓晓华等（2003）采用计量方法研究苗瑶语族语言的亲缘关系，运用词源统计分析法对苗瑶语族语言作数理分类，认为斯瓦迪士的100词可以用作苗瑶语分类的标准，并描述出苗瑶语族语言之间亲缘距离的程度。张梦翰等（2019）通过对109种汉藏语系语言的近千个词汇词根—语义组合进行谱系建模分析，重构了汉藏语系诸语言间的亲缘关系，通过语言学和遗传学等多学科交叉的分析方法，揭示出汉藏语系在新石器时代晚期起源于中国北方。

第四节　研究成就、经验及展望

一　民族语言计算语言学研究成就

民族语言计算语言学研究经过几十年的发展，取得了大量的研究成果，积累了丰富的研究经验。基本完成计算机字符编码，实现了现行文字和古文字计算机输入、输出、显示、打印，基于统一编码的民族文字的网络传输得以实现。为民族文字的文本信息化、基于民族文字的文化保护和传承、资源库建设奠定了基础。

民族语言"字"处理研究取得了大批科研成果。蒙、藏、维、朝、哈、柯、彝等民族语言在分词、词干词缀切分、词性标注等基础研究领域成果丰富，构建了大批数据资源，开发了语言研究和分析工具，基本满足了民族语言自然语言处理的需要。

民族语言句法、语义和篇章研究粗具规模。基于句子级、篇章级的资源库不断积累，推动民族语言本体和应用研究深入开展。

基于民族语言的应用产品不断涌现。一部分跨国、跨境语言的民族语言文字应用产品的开发和使用，对维护国家边疆稳定、地区和平发挥着重要作用。"一带一路"沿线多语机器翻译、语音识别产品对跨国、跨地区经济、文化交流提供服务。蒙、藏、维语音识别和机器翻译系统基本达到实用水平，推动了各民族之间的文化交流。

民族语言文字的搜索引擎、信息过滤等软件工具对净化网络环境发挥着重要作用。

二　民族语言计算语言学研究经验及展望

（一）基础资源建设是民族语言计算语言学研究的前提

计算语言学研究需要大量的数据，也只有数据量大了，计算的结果才更能反映语言的真实情况。停留在少量数据上的研究，不能发挥计算机强大的运算功能，难以采用语言模型自动处理和获取语言材料中人工不能捕获的信息。民族语言资源难以满足大数据、神经网络技术对资源的需求。在未来的民族语言计算语言学研究中，急需加大力度积累数据资源。文本材料和语音材料收集、整理都需要加强，从文本信息处理的角度看，丰富的资源能为提高民族文字的信息化、智能化水平奠定基础。从语言资源保护的角度看，大规模口语材料的收集和整理是民族语言及方言土语保护的有效措施，也是基于语料库的民族语言基础理论研究的前提。

（二）培养交叉学科人才是民族语言计算语言学研究的保障

民族语言计算语言学研究领域相对狭小，市场应用价值小，难以吸引高端人才加入研究队伍。民族语言计算语言学研究经历了字处理阶段、词处理阶段，虽然也培养了大批不同层次的学生队伍和研究人员队伍，但与汉、英语研究相比，研究团队小，技术相对落后。当前和今后一段时期，民族语言计算语言学研究领域转向句法、语义、篇章，一部分非母语研究者由于不精通民族语言，难以继续深入研究。培养多语人才和跨学科知识的后备人才是民族语言计算语言学研究面临的紧迫问题。

（三）加强民族语言本体研究与计算语言学研究的结合

民族语言本体研究成果主要集中在语音、词汇方面，句法、语义、篇章研究不足。其主要原因除了对研究者语言水平要求较高之外，本体研究者很少使用计算语言学研究手段和方法以及研究成果。在收集、整理和分析民族语言材料时，很少使用语言自动处理技术，导致工作进度慢，加工规范性差；反过来这些材料也难以用于语言计算研究。本体研究和计算研究有机结合、相互促进是今后民族语言研究关注的重点。

第 六 章

新中国少数民族语言的
实验语音学研究

第一节 实验语音学学科沿革

实验语音学是传统语音学的一个分支，它是为探求语音的本质而发展起来的。早期并无所谓实验语音学，只是由于语言研究的需要，产生了语音实验的一些手段。为了揭示人类语音的真相，而采用了别的学科中的一些方法和器械，主要是利用医学上的器械做些分析，来补充听觉的不足。直到 20 世纪中期，随着电子设备、声学仪器、电子计算等的发展，再加上从语音实验中发现了若干对语音现象的新认识，大大补充、刷新了传统语音学的内容；又因为语音的研究不仅限于语言学，凡与人类说话有关的许多学科，都直接或间接地需要一定的语音知识，于是相互渗透，使语音实验的范围越来越扩大，内容越来越丰富，就逐渐形成了一门综合学科①。这是关于实验语音学学科形成与发展的比较经典的阐述。实验语音学的主要基础分支学科有：（1）"发音语音学"或"生理语音学"，主要研

---

① 吴宗济、林茂灿主编：《实验语音学概要》，高等教育出版社 1989 年版，第 1 页。

究人的发音机制，包括指挥语言的神经系统、肌肉活动、声带和声腔的发音动作等。（2）"声学语音学"，主要研究语音发出后在空气中传播的物理特性，包括语音的四要素，即音色、音高、音强、音长等。（3）"心理语音学"或"感知语音学"，主要研究语音传入听话人的听觉器官，造成听觉，又通过神经系统来理解等过程。这是学界公认的普遍观点。

如果从 1925 年刘复主持建立"语音乐律实验室"（北京大学中国语言文学系语言学实验室前身）算起，我国实验语音学研究走过了近 100 年的历程。虽然 20 世纪 50 年代末，有些民族语言学家利用浪纹计（Kymograph）等研究过民族语言的语音问题（清格尔泰、确精扎布，1959），但因"文化大革命"而被迫停止。直到 1985 年中国社会科学院民族所（现中国社会科学院民族学与人类学研究所）建立语音实验室为止，我国民族语言实验语音学研究几乎处于停顿状态。近年来，我国实验语音学学科有了长足的发展，除北京、天津和上海等一线城市外，地方院校和科研单位也纷纷建立语音实验室，有效开展少数民族语言语音实验研究，取得了一些成绩。特别是随着言语工程研究的升温，实验语音学学科与工程技术之间的关系更加紧密了。

1985 年中国社会科学院民族所建立的语音实验室是我国民族语言实验语音学学科成立的标志，实验室的语音学研究人员也是我国最早开展少数民族语言语音实验研究的团队。我国民族语言实验研究工作基本上是在该团队的指导和帮助下逐渐起步和发展起来的，如内蒙古大学语音实验室、中央民族大学语音实验室、新疆大学语音实验室和西北民族大学语音实验室等。近几年，这些大学虽然开展了一些民族语言实验研究工作，培养了一定数量的硕士和博士，但与汉语语音实验研究相比缺乏延续性和前瞻性，发展速度相对缓慢。下面以中国社会科学院民族学与人类学研究所实验语音学团队所开展的工作为主线，分三个阶段简述我国民族语言实验语音学学科的发展历程。

一　语音声学参数资源库建设及其声学生理研究探索阶段

1986—1999 年，我国民族语言实验语音学学界主要开展了民族语言语音声学和生理实验基础研究工作，主持完成了多项国家自然科学基金和国家社会科学基金项目。该阶段研制了我国民族语言第一个语音声学参数库"藏语拉萨话语音声学参数数据库"①（1990 年完成）。与该参数库同时启动和完成的还有"蒙古语语音声学参数数据库"②（1992 年完成）和"哈萨克语语音声学参数库"③（1993 年完成）。

该阶段代表性成果有《实验语音学概要》（吴宗济、林茂灿主编，鲍怀翘撰写第三、第五章，即语音产生的生理基础和元音部分，1989）和《蒙古语语音声学分析》④。除此之外，在国内外学术刊物上发表了数十篇学术论文。如维吾尔语元音声学初步分析⑤，哈萨克语元音声学分析及元音和谐理论⑥，蒙古语察哈尔土语元音的实验语音学研究、有关察哈尔土语复合元音的几个问题——用实验语音学方法研究的阶段性成果，关于蒙古语重音——语音实

①　鲍怀翘、徐昂、陈嘉猷：《藏语拉萨话语音声学参数数据库》，《民族语文》1992 年第 5 期。

②　呼和、鲍怀翘、陈嘉猷：《关于"蒙古语语音声学参数数据库"》，Journal of The Altaic Society of Korea（《韩国阿尔泰学会学报》），No. 12，1998，ISSN 1226 – 6582。

③　鲍怀翘、陈嘉猷、徐昂：《哈萨克语语音声学参数数据库》，《第三届全国语音学研讨会论文集》，北京，1996 年 8 月。

④　呼和、确精扎布：《蒙古语语音声学分析》（蒙古文版），内蒙古大学出版社 1999 年版。

⑤　鲍怀翘、阿西木：《维吾尔语元音声学初步分析》，《民族语文》1988 年第 5 期。

⑥　鲍怀翘、陈嘉猷、米尔卡玛力、娜孜古丽：《哈萨克语元音声学分析及元音和谐理论》，《第三届全国语音学研讨会论文集》，北京，1996 年 8 月。

验中间报告①，蒙古语察哈尔话元音松紧的声学分析②，蒙古语察哈尔土语双音节词第二音节短元音的声学分析、蒙古语/r/辅音的声学分析、蒙古语元音声学分析③，关于巴林、察哈尔、科尔沁土语依附元音及其央化问题、关于巴林、察哈尔、科尔沁土语前化元音实验语音学比较④等。这些成果在国内外语音学界产生了一定的影响，为我国少数民族语言实验语音学学科的发展奠定了基础。

二　语音嗓音发生类型和动态腭位语音调音研究阶段

2000—2005 年，使用当时国际最先进的设备，如"声门高速摄影"和"电子动态腭位仪"开展了汉语普通话和少数民族语言发声类型和调音的生理声学研究，主持完成了多项国家自然科学基金、国家社会科学基金项目、中国社会科学院和教育部相关项目。这一阶段除撰写出版《论语言发声》⑤ 和 A Basic Study of Mongolian Prosody⑥ 两部专著外，还发表了 50 余篇有影响的学术论文。如基于 EPG

①　确精扎布：《蒙古语察哈尔土语元音的实验语音学研究》，《民族语文》1989年第 4 期；《有关察哈尔土语复合元音的几个问题——用实验语音学方法研究的阶段性成果》，《内蒙古大学学报》（蒙文版）1989 年第 4 期；《关于蒙古语重音——语音实验中间报告》，《内蒙古大学学报》（蒙文版）1993 年第 1 期。

②　鲍怀翘、吕士楠：《蒙古语察哈尔话元音松紧的声学分析》，《民族语文》1992年第 1 期。

③　呼和：《蒙古语察哈尔土语双音节词第二音节短元音的声学分析》，《内蒙古大学学报》（蒙文版）1996 年第 1 期；《蒙古语/r/辅音的声学分析》，《内蒙古大学学报》（哲学社会科学版）1996 年第 6 期；《蒙古语元音声学分析》，《民族语文》1999 年第 4 期。

④　白音门德：《关于巴林、察哈尔、科尔沁土语依附元音及其央化问题》，《内蒙古大学学报》（蒙文版）1997 年第 3 期；《关于巴林、察哈尔、科尔沁土语前化元音实验语音学比较》，《内蒙古大学学报》（蒙文版）1998 年第 4 期。

⑤　孔江平：《论语言发声》，中央民族大学出版社 2001 年版。

⑥　Huhe Harnud, A Basic Study of Mongolian Prosody. Publications of the Department of Phonetics, University of Helsinki, Series A, 45. ISBN 952 – 10 – 1347 – 8, ISSN 0357 – 5217, Hakapaino Oy, 2003, Helsinki, FINLAND.

的蒙古语塞音、塞擦音研究、蒙古语辅音腭化问题研究①等。这些成
果在国内外实验语音学和言语工程学界以及嗓音病理学界产生较大
反响，提高了学科的知名度，提升了民族实验语音学学科在国内外
学术界中的地位。

三　语音声学研究走向规范化、标准化和自动化阶段

自 2006 年至今是民族语言声学语音学研究走向规范化、标准化
和自动化的阶段。2014 年 2 月中国社会科学院民族学与人类学研究
所实验语音学团队以国家社会科学基金重大招标项目"中国少数民
族语言语音声学参数统一平台建设研究"（12 & ZD225）为依托，
基于多年积累的语音声学参数库研制经验，研发并投入使用"语音
声学参数自动标注/提取系统"（3.3 版本）和诸多数据处理小工具，
使该项工作逐渐走上自动化，提高工作效率和准确率，避免采集者
的主观因素，确保了数据的客观性和准确性②。该阶段出版了《蒙古
语语音实验研究》③《中国少数民族特殊语音研究》④ 和《基于动态
腭位图谱的蒙古语辅音研究》⑤ 三部专著，发表了数十篇有关民族语
言实验研究的学术论文。

2017 年中国社会科学院民族学与人类学研究所实验语音学研究
团队搭建了"中国少数民族语言语音声学参数统一平台"（简称
"语音声学参数统一平台"）框架。该平台为利用国际通用的语音声

---

①　呼和：《基于 EPG 的蒙古语塞音、塞擦音研究》，《内蒙古大学学报》（哲学社
会科学版）2005 年第 4 期；《蒙古语辅音腭化问题研究》，《民族语文》2005 年第 2 期。

②　周学文、呼和：《语音声学参数自动标注/提取系统简介》，《中文信息学报》
2014 年第 3 期。

③　呼和：《蒙古语语音实验研究》（中国蒙古学文库丛书），辽宁民族出版社 2009
年版。

④　周学文：《中国少数民族特殊语音研究》，知识产权出版社 2011 年版。

⑤　哈斯其木格：《基于动态腭位图谱的蒙古语辅音研究》，中国社会科学出版社
2013 年版。

学分析软件，提取有效表征语言语音系统的各种声学特征参数，并把它们集合成一个完整的语音声学参数数据库，用数据库管理软件进行统一管理的平台。"语音声学参数统一平台"将我国传统的优势学科同新的前沿领域相结合，无论从现代社会语言资料和文化遗产流失的严峻现实，还是从科学技术和语言研究相结合的发展方向来看，都有着广阔的发展空间和应用前景。该平台将为我国同类语言数据库、档案库提供范例，为语言本体描写研究、比较研究和语音类型学研究提供真实、客观的数据资源，将会有力推动我国民族语言实验语音学学科走向规范化、标准化和自动化进程，促进我们民族语言学学科的发展。

第二节　民族语言音段研究

一　元音研究

总览三十几年民族语言语音实验研究文献，元音研究的文献相对多，辅音研究文献相对少，主要集中在声学研究上，很少涉及生理研究和感知研究。无论从研究队伍还是研究成果看，北方民族语言（阿尔泰语系语言）都远超南方民族语言（汉藏语系语言）。声学研究总体研究思路和方法为对目标语言方言土语的个别元音或元音系统进行统计分析，统计参数（项）包括音长、音强、目标位置共振峰频率（F1—F3）及其前后过渡段频率；统计方法有平均值、标准差和变异系数、采用 SPSS 中的相关分析和 T 值检验等；通过分析参数平均值及其音质定位、目标位置共振峰频率及其前、后过渡段共振峰频率之间的关系、音节数量与声学参数之间的关系、音节类型与声学参数之间的关系、辅音音质与元音声学参数之间的关系等问题，确定每一个元音的实际音值及其在声学空间中的分布格局和分布特点以及在语流中的存在模式和音系特点，并探讨其过去、现在和未来变化方式和方向①。

二　辅音研究

近几年，随着各种相关技术的发展，语音学研究正在向借助高端设备进行研究的方向发展。譬如在语音生理研究方面，语音发声研究已采用气流气压计、肌电技术、超声波成像技术和高速数字成像技术；发音研究已采用鼻流计、电子动态腭位仪、电磁发音仪、唇位图像处理、核磁共振成像、螺旋 CT 三维成像、高速核磁共振声道成像技术等。在语音信号分析方面，已完全采用数字信号处理技术，而且语音信号也不再局限于声学信号，而是扩展到各种生理信号和有关大脑活动的电信号；在语音心理认知研究方面，功能性核磁共振已用于语音认知的脑电波的研究。其中，最简便的方法属声学分析。一般的声学研究思路和方法为对民族语言方言土语个别辅音或辅音系统进行系统的统计分析，统计参数（项）包括音长、音强、目标位置共振峰（CF1—CF3；VF1—VF3）等；统计方法有平均值、标准差和变异系数、采用 SPSS 中的相关分析和 T 值检验等；通过分析和观察辅音三维语图特点、共振峰分布模式、词中分布特

① 　鲍怀翘：《藏语元音声学分析》，《中国语言学报》1996 年第 7 期；陈小莹、艾金勇：《藏语拉萨话元音共振峰声学分析》，《西藏民族大学学报》（哲学社会科学版）2016 年第 3 期；呼和：《蒙古语语音声学研究》（"中国少数民族语言方言实验研究丛书"），社会科学文献出版社 2018 年版；德格吉呼、巴图格日勒、格根塔娜、胡司乐土、敖青泉：《保安语、土族语短元音声学对比分析》，《西北民族大学学报》（自然科学版）2015 年第 2 期；黄彩玉、郭碧莹：《满语元音 ū 实验语音学考察》，《满语研究》2018 年第 1 期；方香玉、尹铁超：《朝鲜语单元音 o 偏移现象研究》，《理论观察》2017 年第 1 期；《朝鲜语元音 i，a，u 的实验语音学分析》，《齐齐哈尔大学学报》（哲学社会科学版）2017 年第 2 期刊；其布尔哈斯、呼和：《达斡尔语词首音节短元音声学分析》，《韩国阿尔泰学报》，21：133—143，The Altaic Society of Korea，2011.6；杨柳新、于洪志：《藏语拉萨话主要元音的声学分析》，《西北民大学报》（自然科学版）2015 年第 2 期；杨晓霞、高天俊：《从发声态看白语的紧音》，《民族语文》2016 年第 6 期；多结仁欠：《藏语元音声学实验分析》，《西藏大学学报》（自然科学版）2016 年第 1 期；《现代藏语元音特征研究》，《西藏大学学报》（社会科学版）2015 年第 2 期。

征、词中位置与声学参数之间的关系、后置元音音质与辅音声学参数之间的关系等问题，探讨辅音在词中的出现频率特点和语流中的存在模式和音系特点；另外，基于 VOT-GAP 二维坐标和 COG（辅音谱重心）、STD（相对于谱重心的谱偏移量）和 SKEW（偏离度，低于谱重心的谱与高于谱重心的谱之比）等参数，分析确定辅音声学特点（声学表现）、声学空间中的分布格局、塞音塞擦音的 GAP 与其发音部位之间以及 COG、STD 和 SKEW 值与清辅音发音部位之间的相关性和语言学意义等①。

第三节　民族语言超音段研究

　　韵律结构（狭义）主要指话语节奏的层级组织及其客观标志，包括韵律词的构成以及各级韵律成分边界的界定等，通常叫做韵律切分。它涉及说话时的组词断句模式，实质上是指语言信息时域分布的格局。从 20 世纪 90 年代初开始，随着言语声学工程技术的发展，汉语自然语言韵律特征的研究成为我国语言学界和言语工程界共同讨论和研究的焦点。在语句重音的研究、韵律层级单元（韵律词、韵律词组、韵律短语和语调短语）及其边界划分（韵律词边界、韵律词组边界、韵律短语边界和语调短语边界）、韵律层级标注方法、韵律层级边界处声学特征、韵律结构与句法结构的关系、基于语法信息的韵律结构预测方法等方面都取得了前所未有的成绩，特

---

　　① 　鲍怀翘、周植志：《佤语浊送气声学特征分析》，《民族语文》1990 年第 2 期；陈小莹、艾金勇：《藏语拉萨话塞音、塞擦音 VOT 研究分析》，《电脑与信息技术》2015 年第 6 期；《藏语拉萨话辅音声学格局分析》，《科技视界》2015 年第 31 期；崔婷、于辉：《朝鲜语塞擦音的语音实验分析》，《延边大学学报》（社会科学版）2008 年第 2 期；索南楞智：《对藏语辅音的对立发音方法的声学分析》，《甘肃高等师范专科学校学报》2015 年第 3 期；王双成、陈忠敏：《安多藏语送气擦音的实验研究》，《民族语文》2010 年第 2 期。

别是焦点的韵律编码方式研究初见成效。与汉语自然语言韵律特征研究的发展速度和水平相比，民族语言韵律特征研究仍处于起步和探索阶段①。

第四节　民族语言实验研究热点

基于语音声学参数库的语言本体描写研究和比较研究得到了学者们的关注。其中，语音演变声学线索和"语音声学模型"相似度为语言亲属关系判定提供科学依据，将会成为历史比较语音学的新的增长点。对语言语句焦点的韵律编码方式进行多层面、多维度深入研究，如何通过计算机自动准确提取韵律结构成为新的关注点。有关言语工程方面另有章节阐述，这里不赘述。

一　语句或篇章语音声学生理模式研究

要研究语音，先要了解语音的存在形式。众所周知，我们所发的某一个或多个单音（单发语音模式）不是语音在自然语言

---

① 陈小莹：《藏语拉萨话双音节词重音的实验研究》，《西藏民族学院学报》（哲学社会科学版）2014 年第 2 期；江海燕、刘岩、卢莉：《维吾尔语词重音实验研究》，《民族语文》2010 年第 3 期；杨锋：《标准壮语单音节声调的声学统计分析》，《黑龙江科技信息》2012 年第 7 期；《武鸣壮语声调声学空间分布的统计分析》，《河池学院学报》2007 年第 3 期；魏炜、沙宁·伊不拉音：《现代哈萨克语命令语气单句语调对比实验研究》，《语言与翻译》2015 年第 1 期；乌吉斯古冷、呼和：《蒙古语陈述句和疑问句语调比较研究》，《中央民族大学学报》（哲学社会科学版）2011 年第 2 期；魏炜：《现代哈萨克语命令语气的句调实验研究》，《双语教育研究》2014 年第 2 期；李兵、汪朋、贺俊杰：《锡伯语双音节词重音实验语音学研究》，《民族语文》2012 年第 2 期；李兵、李文欣：《鄂伦春语双音节词重音实验语音学报告》，《民族语文》2011 年第 3 期；呼和：《蒙古语和维吾尔语双音节词韵律模式比较》，《满语研究》2017 年第 1 期；《蒙古语韵律层级单元探讨》，《西北民族大学学报》（哲学社会科学版）2017 年第 4 期；《蒙古语词重音及其分类问题》，《满语研究》2018 年第 1 期；韦名应：《毛南语 b、d 声母与声调》，《民族语文》2015 年第 6 期。

中的存在形式，单词语音模式只是一种接近自然的理想化模式，并非语音在实际语流中的存在形式。"语句语音模式"或"篇章语音模式"才是真正的"语流语音模式"（与此对应的语音发音声学空间也是如此）。这是语言实验研究的前沿动态和重要理论问题。[①] 例如：

> 语音存在形式：单发语音模式→单词或词组语音模式→语句语音模式→篇章语音模式
>
> 语音发音空间：单发语音声学空间模式→单词或词组语音声学空间模式→语句语音声学空间模式→篇章语音声学空间模式

二 "语音声学空间分布模式"研究

这里所说的"语音声学空间分布模式"指不同语境中每一个音段在声学空间中的存在形式，也可以叫做"声学空间动态分布图"（自然分布图，动态）。从这类图中可以寻找和归纳每一个音段的演变轨迹，即演变规则、演变方向、演变原因以及音段原始模式和目标模式（预测）。也可以利用"语音声学空间分布模式"相似度（基于图形识别理论和方法），探讨语言之间亲属关系亲近度和类型问题。[②] 我们相信这项研究将成为语言类型学研究，特别是语音类型学研究的新方向和增长点。"语音声学空间分布模式"（语音声学模式）研究能够把原来依靠"口耳之学"而看不到研究对象的无形或不可见的研究转换成依靠现代科技的看得到的有形的或可视的研究。

---

① 哈斯其木格、呼和：《民族语言实验语音学学科综述》，《中国民族研究年鉴》(2013—2014 年)，中国社会科学出版社 2018 年版。本章的有些部分参考了该年鉴。

② 呼和：《蒙古语元音演变的声学语音学线索》，《中央民族大学学报》（哲学社会科学版）2015 年第 4 期；《基于语音声学模型的阿尔泰语系语言亲属关系初探》，《民族语文》2013 年第 3 期；《语言亲属关系声学语音学线索》，《实验语言学》2015 年第 4 卷第 4 号；《语音声学空间分布类型初探》，《民族语文》2019 年第 4 期。

三　语音发声态研究

发声态指的是说话时声门（主要是声带）活动的各种状态[①]。近年来，发声态研究在民族语言语音学学界逐渐升温。学者们依靠声学实验辨认出六类十二种语言学语音学发声态，并详细讨论了它们的语音性质。

四　民族语言韵律特征研究

随着深度机器学习方法和大数据计算能力等方面技术的突破，语音技术成为国内外科学界和产业界的关注焦点，并在世界范围内取得了关键技术突破。经过数十年的努力，汉语普通话语音合成和语音识别研究已有了长足的发展，文语转换系统、语音转写系统、翻译系统、多媒体教学软件、听写器和语音翻译系统等各种应用成果大量地推向市场，在导航系统、呼叫应答、信息查询、新闻播报等社会生活领域得到了广泛应用，并且基本满足了人们的日常应用需求。与此相比，民族语言言语声学工程进程相对缓慢、滞后。瓶颈在于民族语言语音、语言资源建设贫瘠、更新缓慢。搭建"民族语言人工智能资源库平台"迫在眉睫。民族语言语句焦点的韵律编码方式研究取得积极进展，成为民族语言韵律实验研究新的增长点[②]。

---

① 朱晓农：《语音学》，商务印书馆 2013 年版，第 66 页。

② 王蓓、吐尔逊·卡得、许毅：《维吾尔语陈述句中焦点的韵律实现及感知》，《声学学报》2013 年第 1 期；王玲、王蓓、尹巧云、刘岩：《德昂语布雷方言焦点编码方式》，《中央民族大学学报》（哲学社会科学版）2011 年第 2 期；魏炜、沙宁·伊不拉音：《现代哈萨克语命令语气单句语调对比实验研究》，《语言与翻译》2015 年第 1 期；吐尔逊·卡得、王蓓：《维吾尔语中疑问和焦点对语调的共同调节作用》，《计算机应用》2013 年第 3 期；尹巧云、王玲、王蓓、刘岩：《德昂语中焦点和疑问语气在语调上的共同编码》，第九届中国语音学学术会议，天津，2010 年；达哇彭措、桑塔：《藏语声调产生的原因探析——以安多天祝话单音节和双音节音调实验为个案》，《西藏大学学报》（社会科学版）2015 年第 1 期；吐尔逊·卡得、吾守尔·斯拉木：《维吾尔语话题的韵律表现》，《新疆大学学报》（哲学、人文社会科学版）2015 年第 5 期。

五 实验语音学应用研究新拓展

随着人工智能研究的不断深入，民族语言语音识别研究开始引进深度神经网络技术。神经网络可以指向两种，一个是生物神经网络，一个是人工神经网络。生物神经网络一般指生物的大脑神经元、细胞、触点等组成的网络，用于产生生物的意识，帮助生物进行思考和行动。人工神经网络（Artificial Neural Networks，ANNs）也简称为神经网络（NNs）或称作连接模型（Connection Model），它是一种模仿动物神经网络行为特征，进行分布式并行信息处理的算法数学模型。这种网络依靠系统的复杂程度，通过调整内部大量节点之间相互连接的关系，从而达到处理信息的目的①。

六 语音与韵律实验研究的标准化、规范化和自动化问题

语音科学要从"经验科学"转变为"实验科学"（精密科学），必须遵循"实验科学"的方法论，制定一系列的实验方法、实验步骤和实验规则，使实验研究具备"可重复性"和"可验证性"，即在实验材料、实验条件和实验方法相同的情况下，所得到的结果和结论拥有高度的一致性。只有确定统一的实验方法和标准，语音实验研究才能长足发展，逐渐变成真正的"实验科学"。语音学学科亟待解决语音声学、生理特征参数集及其采集方法的标准化、规范化和自动化问题。目前，初步解决了语音与韵律特征声学参数的采集方法的标准化、规范化和自动

---

① 其米克·巴特西、黄浩、王羡慧：《基于深度神经网络的维吾尔语语音识别》，《计算机工程与设计》2015 年第 8 期；袁胜龙、郭武、戴礼荣：《基于深层神经网络的藏语识别》，《模式识别与人工智能》2015 年第 3 期；哈斯其木格、呼和：《民族语言实验语音学学科综述》，《中国民族研究年鉴》（2015—2016 年），中国社会科学出版社 2018 年版。本章的有些部分参考了该年鉴。

化问题①。

七　中国少数民族语音与韵律资源库建设

随着语音研究的深入，如何在单一系统中融合多语言和方言语音的声学特征参数问题是近几年语音研究的重要问题之一。搭建"语音声学参数统一平台"是我国民族语言语音研究急需开展的重要的基础研究工作之一，也是民族语言实验语音学学科建设的基石。因为：

（1）"语音声学参数统一平台"能够确保数据资源的共享性和科学研究的延续性，与同行共享数据资源，提高数据库、语料库、信息和技术平台的使用价值。如，以往的语音实验研究多以研究某种语言语音现象为目标，选取少量的语料，以提取相关语音参数为目的，很少以研究特定语言的语音系统为出发点。因而，对语音声学和生理特征的选择和把握缺乏全面性和系统性，所采集的语音声学和生理参数数据仅满足于写出论著，不注重数据的积累和整合，缺乏共享性和延续性。"统一平台"将摒弃这种传统小作坊式的方法，运用声学语音学的理论和方法，用统一框架、统一标准和统一方法，系统全面地分析和采集数据并介入统一平台。这一研究成果具有很高的参考价值，并提供后续研究的可能，统一平台对全面分析掌握某种语言音系系统具有现实意义。

（2）语音特征是个性和共性的统一体，不但同一个语系或语族语言的音位系统之间存在共性，而且不同语系或语族语言之间也存在一定的共性。利用"语音声学参数统一平台"，不仅可以对单语种的语音特征参数进行全面、系统的统计分析，探讨并总结出其语音

---

① 呼和：《蒙古语语音声学研究》（"中国少数民族语言方言实验研究丛书"），社会科学文献出版社 2018 年版；乌日格喜乐图、呼和：《鄂温克语语音声学研究》（中国少数民族语言方言实验研究丛书），社会科学文献出版社 2018 年版，请见上述著作的绪论部分。

特征和变化规律，而且还可以对跨语系、跨语族语言的语音特征进行比较研究。还可以用"语音声学空间分布类型"相似度探讨语言之间的亲属关系亲近度和类型问题，为语言亲属关系的断定提供科学依据，推进语言学重大基础理论研究，促进历史比较语言学的发展。

（3）"语音声学参数统一平台"不仅是语音本体基础研究领域的基石，而且将会成为国家信息资源的重要组成部分，弥补国家少数民族语言语音信息资源的空白。①

八　"中国少数民族语言方言语音实验研究丛书"

中国社会科学院民族学与人类学研究所实验语音学研究团队在国家社科基金重大招标项目"中国少数民族语言语音声学参数统一平台建设研究"（编号：12 & ZD225）和中国社会科学院创新工程项目"中国少数民族语言语音资源库建设与应用"（项目编号：2019MZSCX006）等的资助下，正在修改和完善蒙古、达斡尔、土族、东部裕固、东乡、维吾尔、哈萨克、鄂温克、鄂伦春等语言的语音声学参数数据库，在搭建"中国少数民族语言语音声学参数统一平台"的同时，组织撰写出版基于"语音声学参数统一平台"的"中国少数民族语言方言实验研究丛书"（呼和主编）。到目前为止，已出版《蒙古语语音声学研究》（呼和，社会科学文献出版社 2018 年版）、《鄂温克语语音声学研究》（乌日格喜乐图、呼和，社会科学文献出版社 2018 年版）和《维吾尔语语音声学研究》（艾则孜、呼和，社会科学文献出版社 2019 年版）。

该丛书将在以往研究的基础上，针对民族语言语音研究的历史

---

① 呼和：《蒙古语语音声学研究》（"中国少数民族语言方言实验研究丛书"），社会科学文献出版社 2018 年版；乌日格喜乐图、呼和：《鄂温克语语音声学研究》（"中国少数民族语言方言实验研究丛书"），社会科学文献出版社 2018 年版，请见上述书的绪论部分。

和现状，从解决所面临的实际问题出发，采用声学语言学的理论和方法，对我国民族语言方言土语的元音、辅音等音段特征和词重音等超音段特征进行较全面、系统的定量和定性分析。这是一项庞大的工程，需要民族语言实验研究学界的共同努力才能完成。该丛书的出版能够打造具有中国特色和普遍意义的民族语言实验语音学学科体系、学术体系和话语体系，完善学科建设机制，实现学科发展的历史性跨越。

第五节　研究成就、经验与展望

一　推动民族语言人工智能研究

通过 30 多年的发展，民族语言实验语音学基础研究有了雏形。近几年，随着民族语言人工智能研究的发展，人们的关注点逐渐转向了实验语音学应用研究。随着讯飞等大型语音产品研发公司的参与，在不久的将来，蒙、藏、维、朝、哈等人口较多、有传统文字的民族语言语音应用产品会真正走上产品化的道路，充实人们的日常生活，推动民族语言信息化进程，为民族地区经济、社会和政治的稳定与发展做出应有的贡献。

二　向借助更高端实验设备进行研究的方向发展

随着现代科学技术的快速发展，民族语言实验语音学学科将会向借助高端设备进行研究的方向发展。譬如在语音生理研究方面，声带发声研究已采用气流气压计、肌电技术、超声波成像技术和高速数字成像技术；发音研究已采用鼻流计、电子动态腭位仪、电磁发音仪、唇位图像处理、核磁共振成像、螺旋 CT 三维成像、高速核磁共振声道成像技术等。在语音信号分析方面，已完全采用数字信号处理技术，而且语音信号也不再局限于声学信号，而是扩展到各种生理信号和有关大脑活动的电信号；在语音心理认知研究方面，功能性核磁共振已用于语音认知的脑电波的研究。①

三　加强民族语言实验语音学与实验音系学的有机结合

　　实验语音学和实验音系学是相辅相成的两种学科。实验语音学研究为实验音系学研究提供实证，实验音系学为实验语音学研究提供理论依据。实验音系学是在实验语音学基础上发展起来的综合学科。随着民族语言实验语音学的发展，尤其是随着音段声学和生理特征描写研究的不断深入，实验音系学的地位和作用会逐渐凸显，将成为民族语言实验研究的重要研究内容。

---

　　①　哈斯其木格、呼和：《民族语言实验语音学学科综述》，《中国民族研究年鉴》（2015—2016 年），中国社会科学出版社 2018 年版。本章的有些部分参考了该年鉴。

第 七 章

新中国少数民族语言的文化
语言学研究

文化语言学是一门综合性的交叉学科。关于文化语言学内涵和外延的界定，学术界意见还不完全一致。总的来看，文化语言学是把语言和文化的互动关系作为研究对象的语言学分支学科，或是基于特定民族文化背景对语言进行研究、阐释语言文化内涵和文化价值的语言学分支学科，学界也有观点称之为"人类语言学"。文化语言学是新中国成立以后才逐步发展起来的，其产生、发展和繁荣具有鲜明的中国特色，也是中国语言学对于世界语言和文化发展的重要贡献。

第一节　文化语言学在中国的发展

文化语言学在新中国的发展，大致经历了滥觞、发展与繁荣、理论与方法探索三个阶段。

一　1949—1978 年：文化语言学的滥觞
（一）文化语言学的概念

"文化语言学"和"人类语言学"，二者在概念的内涵、外延和方法论体系方面存在细微差别。首先，两个概念基于不同的文化背景，文化语言学是基于中国语言文化背景，由本土学者倡导提出，而人类语言学发端于西方，主要是基于人类学家对美洲印第安人语言与文化的研究；其次，文化语言学是从文化角度研究语言的文化属性和文化价值，人类语言学是把语言看作人类的一种行为，从人类行为视角研究语言，认为语言是文化和社会的产物。因此，从构建中国气派、中国特色的学术话语体系出发，我们认为应该采用"文化语言学"概念。

　　文化语言学在中国研究起步虽然较早，但学科概念及理论到 20世纪 80 年代才基本形成。作为一门综合性交叉学科，文化语言学的研究涉及理论语言学、认知语言学、应用语言学、心理语言学以及语言哲学和语言思想史研究等诸多领域；此外，语用学、话语分析、跨文化交际理论、翻译理论以及（第二）语言习得理论等也都与文化语言学关系密切。文化语言学的发展，是人们对语言认识深化的体现，并将语言、思维和文化等诸多研究领域关联起来，因此说，文化语言学是一门具有重要地位和鲜明特色的语言学分支学科。

　　（二）研究实践

　　早在新中国成立之前，我国学者就注意到语言与文化之间的密切关系，比如林耀华的《分析言语意义对于文化研究的贡献》①、罗常培的《从语言上论云南民族的分类》② 等。

　　新中国成立后，越来越多的学者加入到语言与文化研究的队伍中来。代表性成果当属罗常培的《语言与文化》③ 一书，该书是我国文化语言学的"开山之作"。全书共八章，涉及语言与文化的各个

---

　　① 林耀华：《分析言语意义对于文化研究的贡献》，《民族学研究集刊》1944 年第 4 期。

　　② 罗常培（罗莘田）：《从语言上论云南民族的分类》，《边政公论》1942 年第1 卷。

　　③ 罗常培：《语言与文化》，北京大学出版社 1950 年版。

方面，如从借字看文化的接触，从亲属称谓看婚姻制度，从地名看民族迁徙等。此书虽然篇幅较短，但其对文化语言学学科发展的影响是十分深远的。该书的特点在于从词语语义角度出发来论证语言和文化的关系，书中使用的很多语言材料都基于少数民族语言，同时还包括中国境外民族的语言和文献材料。在当时，作者就认定语言与文化研究在中国是一条创新之路，并且期望该研究"可以给语言学和人类学的研究搭起一个桥梁来"。新中国成立70年来文化语言学的发展，证明这一期待已经得到初步实现。

二　1978—2000 年：文化语言学的发展与繁荣

1978 年改革开放后，学术界百花齐放、百家争鸣。文化语言学概念的提出就建立在中国特定学术背景即汉语语文学和方言学研究基础之上，在此之前，学界并无"文化语言学"这个名称。

20 世纪 80 年代末至 90 年代，中国语言学界掀起了文化语言学研究的热潮。文化语言学得到了学界的普遍关注，对于文化语言学学科性质的讨论和相关研究领域及具体问题的研究，都取得了很大进展。

"文化语言学"这一概念由游汝杰、周振鹤于 1985 年在《方言与中国文化》[①]一文中正式提出，研究主旨是"在泛文化背景中研究语言的演变。"该主张一经提出，便引起了学界的强烈反响。申小龙发表了《历史性的反拨：中国文化语言学》（1987）一文[②]，号召大力开展文化语言学研究。吕叔湘在《南北朝人名与佛教》（1988）[③]一文中正式肯定了这一门学科。根据研究语言与文化关系的不同侧重，学界一般将这一发展阶段的文化语言学研究分为三个主要流派，即文化参照派（以游汝杰和周振鹤为代表）、文化认同派（以申小龙

---

① 游汝杰、周振鹤：《方言与中国文化》，《复旦学报》1985 年第 3 期。
② 申小龙：《历史性的反拨：中国文化语言学》，《学习与探索》1987 年第 3 期。
③ 吕叔湘：《南北朝人名与佛教》，《中国语文》1988 年第 1 期。

为代表）、社会学派（以陈建民为代表）。

（一） 文化参照派

语言是文化的载体，也是文化的产物。透过语言现象来分析和研究文化上的很多现象，文化史上的很多争议或困惑都会迎刃而解。

基于以上认识形成的文化参照派，也有学者称之为"双向交叉文化语言学"[1]，主张研究语言与文化相互渗透及影响的关系，认为文化语言学是语言学和文化学的交叉学科。

文化参照派着重探讨语言与文化的内在关联，将语言与文化联系起来研究，以从事汉语方言研究的游汝杰、周振鹤等为代表，他们在 1984—1986 年间联名发表了多篇论文和一部专著《方言与中国文化》[2]，将语言研究与其他方法结合起来，对文化语言学的创立和后来形成的研究热潮起到了加速推动作用。《方言与中国文化》一书认为，我国人文地理的一个显著特点是 2000 多年来系统的地方行政制度和行政区划，使州府成为所属各县政治、经济、文化、交通的中心，也使所属各县的方言向州府的方言靠拢。行政区划格局给后来的方言分区留下了明显的印迹。

周振鹤的《从北到南与自东徂西——中国文化地域差异的考察》[3]《中国历代移民大势及其对汉语方言地理的影响》[4] 以及周振鹤、游汝杰的《人口变迁和语言演化的关系》[5] 等文，认为文化的地域差异与语言有着明显的对应关系，移民对汉语方言的形成有着

---

① 邵敬敏：《说中国文化语言学的三大流派》，《汉语学习》1991 年第 2 期。

② 周振鹤、游汝杰：《方言与中国文化》，上海人民出版社 1986 年版。

③ 周振鹤：《从北到南与自东徂西——中国文化地域差异的考察》，《复旦学报》（社会科学版） 1988 年第 6 期。

④ 周振鹤：《中国历代移民大势及其对汉语方言地理的影响》，《国外人文地理》1988 年第 1 期。

⑤ 周振鹤、游汝杰：《人口变迁和语言演化的关系》，《上海社会科学院学术季刊》1986 年第 4 期。

重要影响，人口的变迁是语言演化的重要原因。

游汝杰在《中国文化语言学引论》[①] 一书中，明确提出社会语言学与文化语言学有三大明显差异。例如，社会语言学的研究重点是语言使用规则，文化语言学的重点则是从文化背景出发，解释某一语言或方言的自身特点及使用特点，并试图与其他人文学科结合起来等。

（二）文化认同派

20 世纪 80 年代中期，在学术界"文化热"潮流的推动下，一大批中青年学者开始了对《马氏文通》以来中国现代语言学传统的深刻反思，探索语言学研究发展的新道路。申小龙《中国语言学的宏富之路——评"文化语言学"》[②] 从哲学和文化的视点出发，指出中国文化语言学的研究应以语言的文化功能为对象，呼吁汉语研究回归汉语本体，建立起真正符合汉语特性的语言学。申小龙在《历史的反拨：中国文化语言学》[③] 一文中认为："文化语言学的方法，首先是一种文化认同的方法，它较适用于与民族思维、民族心理相联系的语言学科。这些学科的研究对象由于是共同的民族思维方式、文化心理的历史积淀，因而不仅相互之间具有文化通约性，而且与民族哲学、艺术等文化现象之间也有深刻的通约性。""文化语言学的方法，又是一种文化参照的方法。它比较适用于与文化变迁、文化交融等社会历史现象有联系的语言学科。"这时他提出的其他方法还有"文化镜象法""文化底层法""文化耗散法"等。张汝伦、申小龙（1988）《论文化语言学》[④] 一文强调一元认同和多元比较，一元认同就是指文化认同，因此，申小龙等一批持相同学术主张的研

---

① 游汝杰：《中国文化语言学引论》，高等教育出版社 1993 年版。

② 申小龙：《中国语言学的宏富之路——评"文化语言学"》，《复旦学报》（社会科学版）1987 年第 2 期。

③ 申小龙：《历史的反拨：中国文化语言学》，《学习与探索》1987 年第 3 期。

④ 申小龙：《论文化语言学》，《复旦学报》（社会科学版）1988 年第 2 期。

究者，也被称为"文化认同派"。申小龙（1989）在《当代语言科学方法论的人文主义选择》①一文中指出，中国文化语言学的人文主义方法论是一个开放的体系，其活力在于它不排斥其他研究范式。

申小龙在《汉语人文精神论》一文中认为，"因为语言形式同思维形式紧密联系，直接体现了一个民族的思维习惯，各民族都有它特有的思维反映现实要素的顺序，语言作为这种顺序的表现也就具有民族性和不可渗透性。因此，我们既可以从汉语语法的特点看汉族人思维形式的特点，也可以从探讨汉族人思维特点入手认识汉语语法的特征。这就是文化认同的方法"②。文化认同法也就基本定性为寻找语言与民族文化，特别是民族思维、心理特征相贯通的研究，从事这一研究的逐渐被称为文化认同派，申小龙成为文化认同派代表人物。

此外，申小龙还出版了《文化语言学论纲》《文化语言学》和《中国文化语言学》等著作，宣传他的文化语言学主张。③

（三）社会学派

20 世纪 80 年代，语言学界有一批学者主张把语言放在一定的文化背景和社会背景之下进行考察和研究。陈建民在《文化语言学》④一文中初步提出了他对文化语言学的构想，强调语言的共时变异及交际价值研究。而其 1989 年出版的《语言文化社会新探》⑤提出把语言放在一定的文化背景与社会背景下进行考察，从而突出了语言的文化属性和社会属性。在研究方法论方面，他也提出了对比法、投影法、文化结构分析法和文化心理分析法等，上述著述集中反映

---

① 申小龙：《当代语言科学方法论的人文主义选择》，《未来与发展》1989 年第 6 期。

② 申小龙：《汉语人文精神论》，辽宁教育出版社 1990 年版，第 385 页。

③ 申小龙：《文化语言学论纲》，广西教育出版社 1996 年版；《文化语言学》，江西教育出版社 1993 年版；《中国文化语言学》，吉林教育出版社 1990 年版。

④ 陈建民：《文化语言学》，《语文导报》1987 年第 6 期。

⑤ 陈建民：《语言文化社会新探》，上海教育出版社 1989 年版。

了他的文化语言学观，表现出中国文化语言学研究注重语言的交际价值和变异形式。作者认为从结构语言学到文化语言学的诞生，标志着从语言结构系统的研究到语言应用的研究，从单一学科到综合学科的发展，从小语言学到大语言学的过渡。陈建民及持相同观点的学者，被学界称为"社会学派"。

陈建民在《关于语言与文化研究的思考》等文章中，进一步对我国文化语言学理论建设进行梳理，指出语言是一个与社会和文化密切相关的系统，语言的研究是不应该离开社会和文化的。[①]

除上述三个代表流派之外，学界还有不少学者也从事相关研究，比如邓晓华（1993）《人类文化语言学》[②] 一书，主要从原始文化与语言起源、文字起源的人类学观察、原始语言与原始文化社会重建、语言变异与文化走向等方面讨论语言与文化的关系。该书综合运用语言学和文化人类学的理论和方法研究语言结构和社会文化结构之间的关系，力图在语言结构和社会文化结构之间建立对应关系。

关于文化语言学教材及通论性质的研究还有：邢福义主编的《文化语言学》[③]、戴昭铭的《文化语言学导论》[④]、朱文俊的《人类语言学论题研究》[⑤] 和高一虹的《语言文化差异的认识和超越》[⑥] 等。

三　2000 年至今，文化语言学的新探索：浑沌学与语言文化研究

前述的文化语言学研究，无论是文化参照派、文化认同派还是

[①]　陈建民：《关于语言与文化研究的思考》，《汉语学习》1992 年第 4 期；《文化语言学的理论建设》，《语文建设》1999 年第 2 期。

[②]　邓晓华：《人类文化语言学》，厦门大学出版社 1993 年版。

[③]　邢福义主编：《文化语言学》，湖北教育出版社 1990 年版。

[④]　戴昭铭：《文化语言学导论》，语文出版社 1996 年版。

[⑤]　朱文俊：《人类语言学论题研究》，北京语言文化大学出版社 2000 年版。

[⑥]　高一虹：《语言文化差异的认识和超越》，外语教育出版社 2000 年版。

社会学派，都是以汉语及汉文文献为主要研究对象。而多语种、多文种、民族文化极具多样性的中国，则为文化语言学的进一步发展提供了极其广阔的空间。进入 21 世纪的文化语言学，就是在中国各民族语言文字的土壤上取得了重要的进展，充分展现了中国语言文化多样性发展的巨大成就。

（一）文化语言学理论探索

基于少数民族语言的文化语言学研究，在 20 世纪 80 年代以来进入理论建设和方法论探索阶段。张公瑾基于多年来对语言和文化的深刻洞察，提出兼具丰富内涵和高度概括力的"文化"新定义："文化是各民族对特定环境的适应能力及其适应成果的总和。"① 以新的文化理念为基础，他先后发表了《语言的文化价值》《文字的文化属性》《文化环境与民族语文建设》《走向 21 世纪的语言科学》② 等一系列重要论文以及《文化语言学发凡》《文化语言学教程》等著作、教材，明确提出文化语言学是一门新兴的具有中国特色的语言学分支学科，其任务是研究语言的文化性质和文化价值，阐明了文化语言学的学科发展道路，构建了学科理论框架。

张公瑾（1993）认为，文化语言学是研究语言的文化性质和文化价值的一个综合性的语言学科。文化性质指语言本身就是文化，文化价值指语言包含着丰富的文化内容，是体现文化和认识文化的一个信息系统。文化语言学的对象也不是语言和文化两者，而是作为文化符码的语言本身，文化语言学是语言学科，文化语言学不应割裂语言和文化的关系。③

张公瑾《文化语言学发凡》一书，主要阐述文化语言学学科的

---

① 张公瑾：《文化语言学发凡》，云南大学出版社 1998 年版，第 23 页。

② 张公瑾：《语言的文化价值》，《民族语文》1985 年第 5 期；《文字的文化属性》，《民族语文》1991 年第 1 期；《文化环境与民族语文建设》，《民族语文》1991 年第 6 期；《走向 21 世纪的语言科学》，《民族语文》1997 年第 2 期。

③ 张公瑾：《文化语言学的性质和任务》，《语言与文化多学科研究》，北京语言学院出版社 1993 年版。

要旨和若干关键性问题。该书以专题研究的方式解决文化语言学面临的个案问题，书中提出了一些新观点、新问题和解决问题的新方法。①《文化语言学教程》是一部关于少数民族语言与文化研究的教科书。该书是北京市教委 2001 年立项的高等院校精品教材建设系列项目之一，全书分上、下两编，上编是理论与方法，下编是研究与应用。上编对语言与文化的几个根本问题进行了理论探讨，下编则对语言与文化等具体问题作了阐述，包括语言结构和文化结构、语言与物质制度精神文化史、语言与文化交流、方言与亚文化、双语与多元文化等。② 张公瑾就曾明确提出："文化语言学首先是语言学，所以我们的研究对象也首先是语言。"他曾提出八个研究平面，即语音、词汇、语法、语言系属、语言类型、语言的地理分布、文字和语言整体性研究③。文化语言学的研究对象是语言的文化性质和文化价值。这里的语言，不仅仅是它的结构体，而且是黏着文化因素的各种构件（词、语音、语法）上带有的文化意义。

丁石庆、孟德腾著《少数民族语言与文化研究 60 年：回顾·反思·展望》（2009）一文，该文对新中国成立 60 年来，少数民族语言与文化研究的发展历程进行了梳理，认为新中国成立以来少数民族语言与文化研究大致经历了拓荒期、沉寂期、发展期三个主要阶段；研究内容主要包括语言与物质文化、语言与非物质文化、语言与文化史、语言与文化相结合的方法论；并对研究特点进行了评价，认为以往的成果实证性研究较多，材料可靠性强；个别语族或语种已有部分解释性或综合性研究成果；个别领域研究思路超前，勇于借鉴创新。存在的主要问题是材料多而理论概括少、研究视角狭窄、不平衡现象严重。作者认为文化语言学研究的发展应处理好继承和

---

① 张公瑾：《文化语言学发凡》，云南大学出版社 1998 年版。

② 张公瑾、丁石庆等主编：《文化语言学教程》，高等教育出版社 2004 年版。

③ 张公瑾：《〈浑沌学与语言文化研究新探索〉序》，张公瑾、丁石庆主编《浑沌学与语言文化研究新探索》，中央民族大学出版社 2011 年版。

创新之间的关系，充分吸收中外语言与文化研究的学术传统和滋养，加强理论意识，注重提升论著的学术水平和价值。

（二）浑沌学理论与语言文化相结合

语言是一个复杂的符号系统，不仅其内部结构具有高度的复杂性，它还与社会、文化系统有着密切的互动关系。因此，语言是一个复杂的开放性系统。对于这个复杂性系统的研究，需要引入新的复杂性理论，才能对其进行更加全面、系统、深入的研究。以张公瑾为代表的一批民族语言学家，在深入学习复杂性系统理论的基础上，引入浑沌学理论和相关的概念体系和方法，对于丰富和发展中国文化语言学研究进行了极其可贵的学术探索。

浑沌学理论（chaos theory，又称"混沌学理论"）是 20 世纪 70 年代研究非线性复杂系统而发展起来的一种理论；浑沌论是一门以整体论观点研究浑沌状态的复杂规则性的学问，其核心是确定性动力学系统中出现的一种随机运动，其本质是系统长期行为对初始条件的敏感依赖，即"蝴蝶效应"。浑沌学理论与相对论、量子力学一起被视为 20 世纪科学史的三大革命。"浑沌学理论独特的概念体系和方法论框架正好适用于语言和文化相互作用的非线性分析。"[①] 把浑沌学理论引入到语言研究中来，是时代思潮和交叉学科研究的体现，是文化语言学发展的内在驱动力，浑沌学让研究者在一个崭新的范式中观察语言和文化，革新了对语言和文化的再认识。

浑沌的本质是非线性系统的复杂运动形态。语言是一个复杂的非线性、多维开放系统，是简单性与复杂性、确定性与随机性、有序与无序的统一，其演化进程中受到系统内外诸多因素的干扰和影响；因此，将语言研究与浑沌学研究相结合，是浑沌学发展和语言与文化研究发展过程的偶然，也是必然。运用浑沌学理论和方法研究语言与文化，必然会对各民族语言的整体阐释、推动中国文化语言学的发展起到积极的促进作用。

---

① 张公瑾：《文化语言学发凡》，云南大学出版社 1998 年版，第 89 页。

第二节　民族语言的文化语言学研究

我国是统一的多民族国家，有着丰富的少数民族语言文化资源。基于少数民族语言研究的文化语言学在新中国成立以来呈现蓬勃发展的态势，取得了丰硕的成果。下文从研究实践与理论探索两方面进行梳理归纳。

一　基于少数民族语言的文化语言学研究实践

（一）改革开放之前的少数民族语言与文化研究（1949—1978）

新中国成立后，基于少数民族语言的文化语言学研究方兴未艾，1950 年，罗常培《语言与文化》一书的出版引起了巨大反响。其后，陆续有很多学者加入到少数民族语言与文化研究的队伍中来。丁山 1951 年发表了《姓与氏》一文，这是新中国成立以来较早的一篇涉及少数民族人名姓氏的文章。[1] 我国台湾学者杨希枚《连名与姓氏制度的研究》（1957）一文就曾指出：藏缅语族、阿尔泰语系诸族、台湾高山族、欧洲、近东和非洲的大多数民族以及巴布亚人的人名是"父子连名制"。[2]

（二）改革开放以来的文化语言学研究（1978 年至今）

改革开放以来，少数民族语言与文化研究进入快速发展阶段。下文按照研究对象及领域，探讨语言与文化之间的关系。

1. 专题研究

（1）语言与物质文化史研究

语言是文化多棱镜，可以透过语言各要素层面观察语言与物质

---

① 丁山：《姓与氏》，《新建设》1951 年第 3 卷第 6 期。

② 杨希枚：《连名与姓氏制度的研究》，"中研院"历史语言研究所集刊第 28 本，台北，1957 年。

文化的关系。张公瑾主编的《语言与民族物质文化史》① 一书，以专题形式汇集了包括南方民族农作物、饮食、建筑、纺织、铸造、地名等物质文化的起源和传播的语言学考证以及从语言资料出发对北方民族物质文化的考察和阐述，是语言与文化研究的典范之作。张公瑾在该书首篇《物质文化史在语言中的积淀》一文中指出："语言材料对研究物质文化史的帮助，主要体现在三个方面：第一是某种物质文化的起源；第二是某种物质文化的传播过程；第三是某种物质文化本身的演变或演进的情况。其实，物质文化史就是由这三个方面构成的，而这三个方面都能通过语言进行考察和探讨。"② 该书所收论文正是这一学术理念的体现，即从语言学的角度利用语言材料进行民族物质文化史的研究。

相关研究还有游汝杰的《从语言地理学和历史语言学试论亚洲栽培稻的起源和传布》（1980）和李锦芳的《中国稻作起源问题的语言学新证》（1999）等文，运用语言学资料，从不同角度推断亚洲水稻栽培的发源地及传播情况。吴东海的《傣族的水文化》（2005）利用丰富的傣语材料，论证和展现了傣族水文的丰富内涵和独特魅力等。

（2）语言与史前文化研究

基于少数民族语言探究语言与民族史关系的代表性成果如张公瑾《社会语言学与中国民族史研究》和《民族语言与民族文化》两文，前文从语言角度研究民族文化的历史，探讨古老的宇宙观念、考证民族的起源、证明重大历史事件和民族间的交流等；后文指出我国各民族在解放前存在着社会形态和文化环境的差异，透过语言视角看到它们在共时平面上的多样性以及历时层面的连续性和差异性。③ 邢

---

① 张公瑾主编：《语言与民族物质文化史》，民族出版社 2002 年版。

② 同上书，第 2 页。

③ 张公瑾：《社会语言学与中国民族史研究》，《中央民族学院学报》1982 年第 4 期；《民族语言与民族文化》，《汉字文化》1991 年第 4 期。

公皖的《汉藏系语言及其民族史前情况探析》一文，综合运用历史学、考古学、体质人类学和语言学的材料，论证了汉语、侗台语、苗瑶语和藏缅语的发生学关系。①

　　邓晓华的《从语言推论壮侗语族与南岛语系的史前文化》一文试图用语言材料来解决文化史上的重要问题，反过来，又用考古学文化来证实用语言材料拟测原南岛语文化内容，认为现存台湾南岛语是大陆原南岛语的继续，操原南岛语的是古越人，原南岛语的老家是古百越文化区。②

　　曹翠云的《从苗语看苗族历史和起源的痕迹》结合苗语中的清化音、复辅音和亲属称谓等现象和词语的造词心理以及各种实物名称等来说明苗族悠久的历史和苗族的起源，明确提出语言是探索过去没有文字的民族历史的一个重要途径，语言可以为民族史包括民族发展历程、迁徙轨迹等诸多方面提供证据。③ 罗美珍的《从语言上看傣、泰、壮的族源和迁徙问题》和《从语言角度看傣、泰民族的发展脉络及其文化上的源关系》两文，前文从语音、语法、词汇三方面分析傣、泰、壮的起源问题；后文通过词汇比较，认为傣、泰、布依、黎四族共有过原始村庄的稻作文化，而傣、泰族之间，在他们迁徙至云南以后进一步共有过封建领主制文化和小乘佛教的文化。④

　　（3）语言与亲属称谓研究

　　亲属称谓词汇蕴含了有关特定族群的社会结构、婚姻制度、风俗习惯等方面的丰富文化信息。傅懋勣的《永宁纳西族的母系家庭

---

　　① 邢公皖：《汉藏系语言及其民族史前情况探析》，《语言研究》1984年第2期。

　　② 邓晓华：《从语言推论壮侗语族与南岛语系的史前文化》，《语言研究》1992年第1期。

　　③ 曹翠云：《从苗语看苗族历史和起源的痕迹》，《贵州民族研究》1983年第3期。

　　④ 罗美珍：《从语言上看傣、泰、壮的族源和迁徙问题》，《民族研究》1981年第4期；《从语言角度看傣、泰民族的发展脉络及其文化上的源关系》，《民族语文》1992年第6期。

和亲属称谓》一文，从永宁纳西族的母系家庭和永宁纳西语亲属称谓两方面介绍了母系家庭和亲属称谓，并探讨了母系家庭以及社会发展对亲属称谓变化的影响。[①] 戴庆厦的《景颇语亲属称谓的语义分析》（1991）、萧家成《景颇族各支系亲属称谓比较研究》（1988）、郑贻青《黎族的亲属称谓和人名》（1980）、周庆生的《西双版纳傣语亲属称谓语义成分分析》（1990）、丁石庆的《达斡尔族亲属称谓的文化透视》（1998）、邹中正的《汉族和藏族亲属称谓的比较研究》（2001）、崔军民的《藏语亲属称谓系统及其文化内涵初探》（2006）等，通过描写语言中的亲属称谓词的语义特征，分析亲属称谓折射出的文化意义。

此外，萧家成《血缘婚新证——从亲属称谓看血缘婚》一文比较分析景颇、纳西族等多个民族语言中的系列亲属称谓，得出新论点：男呼"姐妹"与通呼"妻子"在景颇语的亲属称谓中具有明显的同源性；"兄弟姐妹"称谓分为两组，是血缘婚曾经存在后又被禁止的历史在语言中的沉淀。[②] 周庆生《傣语亲属称谓变体》一文从语用功能角度，分析西双版纳傣语称谓变体。[③] 相关的研究还有：刘龙初的《论永宁纳西族"俄"等级的来源及其阶级属性》（1981）、廉光虎的《十五世纪以朝鲜语敬语表现形式的考察》（1998）、巴且日火的《凉山彝族非血缘称谓试析》（2000）等。

（4）颜色词研究

颜色词分类及寓意，不同民族语言文化含义不一定相同。代表性研究有：姜宝有的《朝鲜语颜色词的基本范畴及其构成》一文以伯林和凯（Berlin and Kay）的理论为参照，认为朝鲜语的颜色词有"白、黑、红、青、黄"五个主要范畴以及"灰、褐、紫、蓝"四

---

① 傅懋勣：《永宁纳西族的母系家庭和亲属称谓》，《民族研究》1980 年第 3 期。

② 萧家成：《血缘婚新证——从亲属称谓看血缘婚》，《民族研究》1983 年第 5 期。

③ 周庆生：《傣语亲属称谓变体》，《民族语文》1994 年第 4 期。

个派生范畴，说明朝鲜语颜色词所表现出来的民族特性。① 胡书津、罗布江村的《藏语白色颜色词的文化内涵》一文认为，藏民族在审美心理中把"白色"视为洁净、诚挚、正直、高尚、忠诚、磊落品德的象征，体现了藏民族独特的思维方式和文化模式。② 类似的研究还有：张玉萍《维吾尔颜色词语及其文化透视》（2000）、蔡崇尧《数字在维吾尔语中的文化内涵和修辞色彩》（2000）、李炳泽《苗语色彩词及其搭配》（1994）、肖可《颜色词"白色"的民族文化内涵义》（1995）等。

关于色彩研究的专著有：朱净宇、李家泉《从图腾符号到社会符号：少数民族色彩语言揭秘》一书，收集了中国30多个少数民族语言的色彩词，运用语言学、符号学和文化人类学的方法，分析色彩词汇的文化内涵。③ 白庚胜《色彩与纳西族民俗》一书，采用田野调查、文献考辨、综合分析、比较研究等多种方法，描述了纳西族的色彩符号语言及其象征意义，构建了纳西族的色彩文化体系。④

（5）人名、族名研究

人名和族名蕴含着丰富的文化信息。范玉梅《我国少数民族的人名》一文讨论了我国少数民族人名的意义、少数民族的姓与名、连名制、命名的范围、人名中的风俗禁忌以及少数民族人名的主要特点等。⑤ 周庆生的《傣族人名的等级结构与社会功能》分析了15世纪至20世纪中叶西双版纳傣族不同社会等级使用的较为典型的人名系统，分别对乳名、从佛名、还俗名和官名的等级结构形式、文化内涵和社会功能作了透视，揭示出傣族社会等级制度对人名的制

① 姜宝有：《朝鲜语颜色词的基本范畴及其构成》，《延边大学朝鲜学国际学术讨论会论文集》，延边大学出版社1989年版。
② 胡书津、罗布江村：《藏语白色颜色词的文化内涵》，《西南民族学院学报》（哲学社会科学版）1997年第2期。
③ 朱净宇、李家泉：《从图腾符号到社会符号：少数民族色彩语言揭秘》，云南人民出版社1993年版。
④ 白庚胜：《色彩与纳西族民俗》，中国社会科学出版社2001年版。
⑤ 范玉梅：《我国少数民族的人名》，《民族研究》1981年第5期。

约作用。① 周国炎的《"越、濮、僚、夷、仲"与现代布依族族称关系试析》一文通过布依语及其同语族语言的比较，并参考汉语历史文献记载、民间传说等资料，对"越、濮、僚、夷、仲"等民族称谓与现代布依族本族语自称 pu₄jal₄ 之间的关系进行了分析和论证。② 相关的研究还有：东主才让《藏族古代部族与藏族姓名浅谈》（1997）、刘文性《对维吾尔族人名的文化透视》（1990）、范玉梅《裕固人的姓名》（1985）、刘庆华《满族姓氏述略》（1983）等。

此外，关于"连名制"的研究有：黄勇《我国少数民族人名"父子连名"制的语言文化分析》（1995）、毛佑全的《哈尼族父子连名制新探》（1987）等。

关于人名和姓名研究的著作有：纳日碧力戈《姓名论》一书，从文化人类学、语言学、符号学和心理学的视角，论证了人名与文化的关系。该书对姓氏本义、连名制、排名制、讳名制、生辰名等进行了详尽介绍，从姓名与历史、姓名与心理、姓名与信仰及多名制等方面分别对命名文化进行了探讨。③ 王贵的《藏族人名研究》一书收集了多达 500 余个藏族人名，分析了藏族人名的意义类别及结构，包括相当于"姓"的部分和名字的部分以及夹在姓名中的其他各种称呼，对于其他民族人名的研究具有参考价值。④

（6）地名研究

地名研究是文化语言学研究中的热点。代表性的研究有：韦达《壮语地名的文化色彩》（2001）一文主要描写了壮语地名的他名特征，论证了壮语地名所反映的壮族先民早期分布的地域和社会生活的特点。钟进文《简述裕固族族称和突厥语地名的关系》（1992）一文，提出裕固族族称和突厥语地名有某种关系的观点。相关研究还

---

① 周庆生：《傣族人名的等级结构与社会功能》，《民族语文》1988 年第 2 期。

② 周国炎：《"越、濮、僚、夷、仲"与现代布依族族称关系试析》，《贵州民族研究》1998 年第 1 期。

③ 纳日碧力戈：《姓名论》，社会科学文献出版社 1997 年版。

④ 王贵：《藏族人名研究》，民族出版社 1991 年版。

有：贾晞儒《试论青海民族语地名之研究》（1996）、李锦芳《论百越地名及其文化蕴意》（1995）、巴莫阿依《凉山彝语地名初探》（1987）、牛汝极《新疆地名中的文化透视》（1989）、朱琚元《彝族支地名与中国民族地名学》① 等文章分别考察了各民族地区的地名，分析其中蕴藏的历史文化。这些文章的共性是既有翔实的史料作有力支撑，又不乏对民族语言与文化研究的独特思考。

（7）语言与文化结构特征研究

语言与文化、思维和认知等关系密切，相关的研究成果也比较多。例如：斯钦朝克图《生殖器名称与原始宗教图腾崇拜》（1999）、《蒙古语五种牲畜名称语义分析》（1994）等，在描写和分析蒙古语事物语义名称的同时，分析语言与文化上的特点。丁石庆《达斡尔族早期社会制度的语言透视》《达斡尔语渔业词汇与渔业文化历史变迁》等多篇文章从语言角度透视文化现象。② 胡书津《藏语敬词》《藏文数字藻饰词及其文化内涵》《藏语 dgu "九"及其文化内涵》等，从文化、思维和认知角度讨论藏语词义与文化之间的关系，③ 等等。

2. 语言与文化综合研究

这一时期，对语言和文化之间关系进行综合研究的有：张公瑾的《中国文化的共同渊源及其多民族特点》一文，分析了我国各民族文化的渊源和各自特点，指出中华民族的文化是由各民族文化的共同性及其多样性组合而成的一个统一体。④ 该文后来用 6 种文字发

---

① 朱琚元：《彝族支地名与中国民族地名学》，《彝族文化研究文集》，云南人民出版社 1985 年版。

② 丁石庆：《达斡尔族早期社会制度的语言透视》，《黑龙江民族论丛》1996 年第 1 期；《达斡尔语渔业词汇与渔业文化历史变迁》，《满语研究》2002 年第 2 期。

③ 胡书津：《藏语敬词》，《西南民族学院学报》1985 年第 2 期；《藏文数字藻饰词及其文化内涵》，《民族语文》1995 年第 2 期；《藏语 dgu "九"及其文化内涵》，《藏学研究论丛》第 4 期，西藏人民出版社 1992 年版。

④ 张公瑾：《中国文化的共同渊源及其多民族特点》，《广西民族研究》1986 年第 4 期。

表于联合国教科文组织《文化》杂志上，对我国多民族语言与文化研究产生了深远影响。丁石庆所著《达斡尔语言与社会文化》是一部少数民旅语言与文化个案研究的力作。该书以中国人口较少的达斡尔族为研究对象，运用文化语言学的相关理论和方法，全面深入地探讨了达斡尔语所反映的达斡尔族文化的基本特征，包括婚姻家庭、宗教信仰人名、地名和文化交往等，[①] 是少数民族语言与文化研究领域中一部精细翔实、独具特色的新著，显示出作者对达斡尔语言与文化的深层次思考以及扎实的理论功底。丁石庆著《双语族群语言文化的调适与重构——达斡尔族个案研究》（2006）一书，运用历史文献资料和田野调查法，充分借鉴描写语言学、对比语言学等学科领域的理论方法，首次将双语族群的语言文化系统划分为单语文化、双语文化和方言文化三个子系统，并将其发展演变历程视为族群语言文化的调适与重构过程，并对演变过程中体现出来的浑沌特征进行了诠释。

胡书津、王诗文著《藏语文化语言学发凡》[②] 是我国首部集中论述藏语言与藏文化之间关系的著作。杨占武著《回族语言文化》一书按照重点介绍回族伊斯兰教特点的汉语词汇、谚语与文化习俗、回族经堂语等，对回族语言文化作了细致全面的挖掘。[③] 王渝光、单春樱、崔梅等合著的《汉傣语言文化论》则重点介绍了汉傣语言与制度文化、观念文化以及交际文化和旅游文化的关系。[④]

二　基于少数民族语言的文化语言学理论和方法思考

一个学科的创立、发展和逐步成熟必定伴随着对其学科定位及理论和研究方法的讨论。丁石庆《民族语言的文化学研究方法试探》

---

① 丁石庆：《达斡尔语言与社会文化》，中央民族大学出版社 1998 年版。

② 胡书津、王诗文：《藏语文化语言学发凡》，四川民族出版社 2008 年版。

③ 杨占武：《回族语言文化》，宁夏人民出版社 1996 年版。

④ 王渝光、单春樱、崔梅等：《汉傣语言文化论》，云南教育出版社 1996 年版。

一文讨论了如何正确运用文化学方法包括实地调查法、系统归类法、单元透视法、多向比较法、溯源考证法等进行民族语言的文化研究。① 屈承熹《怎样为"中国文化语言学"定位》一文认为词汇与文化之间的关系已确定无疑，语法研究的文化语言学方法目前仍处于主观思考阶段，尚未进入科学论证阶段，至于语法与文化之间的关系则尚待商榷。②

三　浑沌学与少数民族语言文化研究

浑沌学是非线性和复杂性理论的代表性理论。自然科学中的很多学科比如气象学、天体物理、动力学等都已广泛运用浑沌学的理论和方法进行相关研究；中国社会科学界，尤其是以张公瑾为代表的民族语言学界吸收浑沌学理论和方法，将语言研究与浑沌学结合起来，陆续出版了"浑沌学与语言文化研究"系列论著，在学界已经形成了一定影响，代表了文化语言学在新时期的新探索。

（一）浑沌学理论的进一步阐释

王锋在其多篇关于浑沌学与语言研究的论文中，对浑沌学与语言文化研究的理论做了进一步阐释，并结合自己的研究进行了深入探索。主要特点是结合具体语言研究事例，深度阐释语言作为复杂动态系统的特性以及语言演变的内在确定性和随机性的统一。③

---

① 丁石庆：《民族语言的文化学研究方法试探》，《西南民族学院学报》（哲学社会科学版）1997 年第 4 期。

② 屈承熹：《怎样为"中国文化语言学"定位》，《语言文字应用》1994 年第 1 期。

③ 王锋：《初值与沿流：语言演变的浑沌性质》，张公瑾、丁石庆主编《浑沌学与语言文化研究新进展》，中央民族大学出版社 2009 年版；《从浑沌理论看语言的接触和影响》，张公瑾、丁石庆主编《浑沌学与语言文化研究新探索》，中央民族大学出版社 2011 年版；《对语言作为非线性复杂系统的再认识》，张公瑾、丁石庆等主编《浑沌学与语言文化研究新思维》，中央民族大学出版社 2014 年版；《从非线性科学视野看语言演变》，《中国社会科学报》2016 年 3 月 29 日；《全球化、信息化、城镇化条件下的语言发展和演变——以浑沌学为视角》，《从有序到浑沌——庆贺张公瑾教授八十华诞文集》，中央民族大学出版社 2015 年版，第 257—271 页。

丁石庆《新世纪（2000—2013）的浑沌学与语言文化研究：检视与展望——庆贺恩师张公瑾先生 80 华诞》一文，从课程建设、教材编写、举办研讨会议及出版会议论文集等多方面介绍了浑沌学与语言文化研究的发展历程，并总结了文化语言学学科建设的经验得失。①

（二）浑沌学与少数民族语言研究

21 世纪以来，张公瑾致力于语言与文化研究的探索。在 2003 年 12 月召开的"语言文化研究理论与方法专题研讨会"会上，张公瑾作了《文化语言学的时代课题和浑沌学在语言学中的运用》的主旨报告，后参会论文结集出版《浑沌学与语言文化研究》②。该书共收参会论文 30 篇，内容涉及浑沌学对语言研究的启发、浑沌学在西方语言学中的应用、浑沌学和文化语言学、方法论的思考等以及建立浑沌语言学的思考；应用研究案例涉及双语教学、二语习得、汉语方言文化、网络语言、当代语言生活热点等，语种涉及汉语、英语、蒙古语、京语、达斡尔语、傣语等。

2006 年 12 月，第一届"浑沌学与语言文化专题研讨会"在中央民族大学召开，此后每年召开一届会议，截至目前，共召开 11 届"浑沌学与语言文化专题研讨会"，共出版会议论文集 7 部，译文集 1 部，在文化语言学界产生了一定影响。可以说，由张公瑾、丁石庆主编，中央民族大学出版社出版的"浑沌学与语言文化研究"系列论文集，是运用浑沌学理论研究少数民族语言与文化的代表作。张公瑾为论文集所作序言：《文化语言学的时代课题和浑沌学在语言学中的运用》《浑沌学与语言文化研究新视野》《语言学思维框架的

---

① 丁石庆：《新世纪（2000—2013）的浑沌学与语言文化研究：检视与展望——庆贺恩师张公瑾先生 80 华诞》，《从有序到浑沌——庆贺张公瑾教授八十华诞文集》，中央民族大学出版社 2015 年版，第 242—255 页。

② 张公瑾、丁石庆主编：《浑沌学与语言文化研究》，中央民族大学出版社 2005 年版。

转换》《〈浑沌学与语言文化研究新探索〉序》《继承与创新》《语言与思维的同一性原则》等，是对文化语言学理论的进一步思考，也是今后文化语言学应该坚持和努力的方向。

《浑沌学与语言文化研究新视野》（中央民族大学出版社 2008 年版）一书，系"第一届浑沌学与语言文化专题研讨会"论文集，共收论文 29 篇，内容涉及浑沌学概念属性、平衡破缺与语言系统的发展等理论探索；实际应用研究包括母语保持、语音变异、语块组合探讨、加拿大因纽特人的语言保护等；语种涉及汉语、英语、蒙古语、达斡尔语、傣语、藏语、越南语、朝鲜语、布依语、彝语等。

《浑沌学与语言文化研究新进展》（中央民族大学出版社 2009 年版）一书，系"第二届浑沌学与语言文化专题研讨会"论文集，共收论文 32 篇，内容涉及语言变化的浑沌学诠释、语言演变的浑沌性质、文化语言学理论构建的思考、西方浑沌学与语言文化研究等；应用研究包括语音交替规律讨论、语义分类研究、词汇范畴化、动词使动研究、语言接触研究、二语习得等；研究的语种涉及汉语、蒙古语、越南语、傣语、拉坞戎语、满语、撒拉语、藏语、壮语、日语、英语、俄语等。

《浑沌学与语言文化研究新收获》（中央民族大学出版社 2010 年版）一书，系"第三届浑沌学与语言文化专题研讨会"论文集，共收论文 30 篇，内容涉及蝴蝶效应、自相似性、非线性系统特征、平衡破缺等理论问题讨论；实际应用研究包含母语危机讨论、语言保护思考、性别词研究、外语习得、方言詈语、词类兼用、语块组词特点、亲属称谓词等；语种涉及汉语、藏语、韩语、达斡尔语、英语、蒙古语、布依语等。

《浑沌学与语言文化研究新探索》（中央民族大学出版社 2011 年版）一书，系"第四届浑沌学与语言文化专题研讨会"论文集共收论文 25 篇，内容涉及浑沌学理论述评、建立浑沌语言学的思考、语言接触和影响的浑沌学解释、语言保护的整体性、复杂性和非线性特征等；语种涉及汉语、英语、蒙古语、傣语、鄂伦春语、撒拉语、达斡尔语、回鹘语等。

《浑沌学与语言文化研究新起点》（中央民族大学出版社 2013 年版）一书，系"第五届浑沌学与语言文化专题研讨会"论文集，共收论文 22 篇，内容涉及语言的自相似性、语言的复杂性与确定性的统一、语言非线性思考、语言保持等理论问题研究及包括蒙古语、达斡尔语、锡伯语、满语、布依语、撒拉语、瑶语、木雅语、白语等少数民族语言和汉语等十余种具体语言的应用研究个案。

《浑沌学与语言文化研究新思维》（中央民族大学出版社 2014 年版）一书，系"第六届浑沌学与语言文化专题研讨会"论文集，共收论文 26 篇，内容涉及语言与思维关系、语言的非线性复杂系统、语言模糊性、语言保持等理论问题研究及包括蒙古语、达斡尔语、鄂伦春语、维吾尔语、藏语等少数民族语言和汉语等十余种具体语言的应用研究个案。

上述论文集中，运用浑沌学理论与少数民族语言相结合来研究民族文化的成果比较多，代表性的有：王锋《从浑沌理论看语言的接触和影响》一文，从浑沌系统特性、语言接触与超浑沌系统、讨论白语和汉语的接触和影响，以及语言接触对白语语音格局的影响。① 丁石庆《初始与分叉：达斡尔族姓氏的历史演化》对达斡尔族姓氏历史演变的浑沌学中的分叉现象进行了论述。文章将达斡尔族世居地的山川河流名称视为达斡尔族姓氏的初始态，是达斡尔族姓氏的主要根源，而满洲化、汉化、借汉姓和无姓氏四种形态则是达斡尔族姓氏的演化态，是达斡尔族姓氏系统在其历史发展过程中出现的四个分叉。② 周国炎《侗台语共时语音系统中无序现象的浑沌

---

① 张公瑾、丁石庆主编：《浑沌学与语言文化研究新探索》，中央民族大学出版社 2011 年版。

② 张公瑾、丁石庆主编：《浑沌学与语言文化研究新进展》，中央民族大学出版社 2009 年版。

学解释》运用浑沌学理论，分析布依语语音系统的浑沌学特性，布依语塞音和塞擦音在大部分地区没有送气和不送气的区别，个别地区送气音音位经研究是后起的现象，由于汉语词汇的借入，增加了一套送气音，从而改变了布依语辅音发展演变的轨迹。外来语辅音音位的借入对于布依语来说是一种叠加运动。① 尹蔚彬《业隆话研究的浑沌学拾零》在研究语言与文化的关系时，指出语言与文化是同构的，该文用业隆话中时空范畴的二分性来解释业隆话与业隆话使用群体对自然认知和思维习惯的自相似性。在业隆话中，时间范畴在动词词根上有过去时和非过去时之分，空间范畴中，尽管参照系不同，但依然是二分的。② 戴红亮《傣语双声型摹状词元音交替规律探索》一文，分析了西双版纳傣语双声型摹状词的元音交替规律，这种元音交替规律通过类推方式也扩散到了部分前一音节有意义的傣语四音格形式中。这一规律的揭示不仅有助于认识傣语四音格的类型，解决部分四音格和来源不清的问题，而且有助于深入了解傣语摹状词演变规律。③ 从傣语摹状词的分析中可以看到表面的强制性是由平衡破缺引起的，线性现象和非线性现象彼此交互，互为因果。曹道巴特尔的《蒙古语二元对立文化语义语音选择》认为语义与精神文化同样体现人的思维能力，语言气质与人的心理取向同样体现人的性格和情感特征，它们各部分之间具有某种自相似性，也就是不同层次之间存在的自相似性。④

　　2014 年"中国民族语言、古籍、文化语言学研讨会——祝贺张公瑾教授 80 华诞"会议在北京召开，会议共收参会论文 50 多篇，出版了《从有序到浑沌——庆祝张公瑾教授八十华诞文集》。该文集

---

　　①　张公瑾、丁石庆主编：《浑沌学与语言文化研究新视野》，中央民族大学出版社 2008 年版。

　　②　同上。

　　③　张公瑾、丁石庆主编：《浑沌学与语言文化研究新进展》，中央民族大学出版社 2009 年版。

　　④　同上。

"浑沌学与语言文化研究"专题部分共收 12 篇论文，分别回顾了浑沌学与语言文化研究的发展历程，对浑沌学方法论做了进一步探讨。①

限于篇幅，其他研究恕不在此一一说明。

（三）国外相关研究成果译介

学术研究要有国际视野，张公瑾教授团队积极开展国际浑沌学理论的翻译和介绍工作。《浑沌学与语言文化研究新动态》一书，集中翻译和介绍了国外 14 篇国际学界关于浑沌学研究的论文，内容涉及浑沌学理论在二语习得、语言文化研究等以及其他研究领域的应用极具参考价值。②

第三节　研究成就、经验及展望

新中国成立以来，我国的各项文化事业积极发展，基于少数民族语言的文化语言学伴随着中华民族伟大复兴的进程，取得了可喜成就。

一　文化语言学成就

70 年来，基于民族语言研究的文化语言学在以下方面取得重大成就。

（一）文化语言学基本确立了理论体系及学科属性定位

自 20 世纪 50 年代以来，中国学界就一直开展对文化语言学的研究，尝试对文化语言学理论和方法的探讨，到 80 年代，文化语言学成为学术界的热点，在学界的深入讨论和持续探索之中，文化语

---

① 丁石庆、张铁山、周国炎编：《从有序到浑沌——庆贺张公瑾教授八十华诞文集》，中央民族大学出版社 2015 年版。

② 张公瑾、丁石庆主编：《浑沌学与语言文化研究新动态》，中央民族大学出版社 2011 年版。

言学的学科属性及学科地位逐步得到认可。进入 21 世纪以来，浑沌学理论应用于语言与文化研究，标志着文化语言学进入崭新的阶段，体现了文化语言学在理论和方法论方面的新探索。

（二）文化语言学研究初具规模

基于少数民族语言的文化语言学研究队伍不断壮大，研究成果涉及中国境内汉藏语系、阿尔泰语系、南亚语系、印欧语系、南岛语系的几十种民族语言，研究的语种和文种数量在逐年增加，就目前掌握的数据看，涉及藏语、羌语、木雅语、拉坞戎语、彝语、纳西语、景颇语、白语、傣语、苗语、壮语、布依语、黎语、蒙古语、朝鲜语、满语、达斡尔语、鄂伦春语、维吾尔语、撒拉语等。研究的对象及总的成果数量近年来逐年递增。

二　展望

进入新时代，文化语言学的发展迎来了更加广阔的发展空间。一方面得益于中国语言文化多样性的资源属性，另一方面也得益于党和政府、社会各界的语言观不断深化，此外，各民族语言文化建设的现实也需要文化语言学的学术支撑。新时期的文化语言学研究，应在以下几个方面继续深化和拓展。

（一）进一步提升对语言文化发展重要性的认识，凝聚发展动力

语言作为重要文化资源的属性已经得到公认。语言作为文化载体和凝聚体，其文化价值受到越来越多的关注。在当前语言文化多样性已经深入人心、语言文化建设受到社会普遍关注的新形势下，文化语言学需要提升理论和研究水平，为党和国家以及各民族地区的语言文化建设提供学术支持，为"科学保护各民族语言文字"提供理论和方法指导。

（二）进一步完善理论体系

文化语言学因起步较晚，理论建设基础薄弱，基于民族语言研

究的文化语言学理论建构先天不足，发展过程中缺乏强有力的理论支撑和团队建设，加之文化语言学研究在当代尚未占据文化学和语言学研究的潮流，难以形成规模效应。

（三）对语言及语言内部要素各个层面的研究不均衡

1. 基于民族语言研究的文化语言学更多的成果是语言使用人数较多的民族语，比如涉及藏族语言文化和蒙古族语言文化研究的成果比较多；使用人口少、分布地域小的民族语言的文化研究语言成果较少等。

2. 就目前掌握的数据看，基于民族语言的文化语言学研究成果，更多的是基于词汇和语音角度，涉及语法系统的研究比较少。

3. 历史文献与现实语言生活并重。根据目前统计的研究成果看，基于文献研究的民族语言文化成果较多，基于现实口语和当代语言生活研究的成果较少。

（四）技术手段需要进一步更新

中国的少数民族语言资源丰富，与丰富的语言资源形成对比的是民族语言文化研究成果还不太多，基于现代多语种和多文种资源库的文化语言学研究还未起步。今后的研究中，应大力建设基于民族语言的资源库，这样，民族文化语言学才能达到"为有源头活水来"的境界。

新中国成立以来，在老一辈语言学工作者的带领下，民族语言文化研究取得了巨大进步，比如，基于民族语言研究的文化语言学已初具规模，已经出版了一系列论文集，我们期待以民族语言研究为背景的文化语言学在未来的研究中取得更大成绩。

第 八 章

新中国少数民族语言的社会
语言学研究[*]

　　社会语言学（sociolinguistics）是 20 世纪中期兴起的一门交叉学科，它在中国的出现更为晚近。不过，中国向来有联系社会研究语言的传统。特别是新中国成立后，语言研究与语文工作实际密切联系，在国家建设和社会革新中发挥了重要作用，社会语言研究得到快速发展。中国社会语言学的产生，既是对国外学科理论的引进与消化，更是本土实践经验的探索与总结。中国少数民族语言的社会语言学研究（以下简称"民族社会语言学"，ethnosociolinguistics①）是中国社会语言的一条重要脉络。70 年来民族社会语言

---

　　* 本节内容写作时综合参考了以下几种论著：黄行《少数民族语言研究的现状与发展》（许嘉璐、王福祥、刘润清主编《中国语言学现状与展望》，外语教学与研究出版社 1996 年版），戴庆厦主编《二十世纪中国少数民族语言研究》（书海出版社 1998 年版），孙宏开《二十世纪的中国少数民族语言文字研究》（刘坚主编《二十世纪的中国语言学》，北京大学出版社 1998 年版），戴庆厦主编《中国少数民族语言研究 60 年》（中央民族大学出版社 2009 年版），黄成龙《少数民族语言研究》（李宇明主编《当代中国语言学研究》，中国社会科学出版社 2016 年版）。为了行文简便，所引材料和观点不再一一随文标注。
　　① 周庆生（Zhou Qingsheng，1992）最早提出"民族社会语言学"（ethnosociolinguistics）这个概念。

学自身在实践探索中不断发展，还有力地推动了中国社会语言学的学科建设。

第一节　民族社会语言学的发展历程

中华人民共和国成立之前，中国少数民族语言研究总体上比较薄弱，但李方桂、罗常培、马学良、傅懋勣、邢公畹等学者已开风气之先，他们对少数民族语言的调查研究为后来的学科发展打下了良好基础，其中包括一些关于社会语言使用情况的研究。比如，罗常培先生抗战时期在昆明西南联合大学任教之时，就对云南纳西族、白族、傈僳族、独龙族等多个少数民族语言进行调查，发表了一些研究成果；之后经过多年的积累和研究，于 1950 年出版了一部综合性研究专著《语言与文化》。该书主要使用中国少数民族语言材料，"从语词的涵义来论证语言和文化的关系，……给语言学和人类学的研究搭起一个桥梁"（《引言》）。这一著作"开拓了我国语言研究的新领域，标志着我国社会语言学进入了预备、草创阶段，其意义是很大的"（陈章太，1998），甚至被认为"是一本中国社会语言学的奠基之作"（郭熙，1999）、"广义的中国社会语言学的开山名著"（游汝杰、邹嘉彦，2004）。与中国社会语言学的总体发展进程一致，民族社会语言学起初还只是语言学者因应国家和社会需要而开展的语言规划探索和语文工作实践；直到 20 世纪 80 年代前后，国外社会语言学理论传入中国，民族社会语言学才开始自觉地进行学科理论和研究方法的建设；进入新世纪后，民族社会语言学更加重视本土化的发展创新，形成了自己的一些鲜明风格和特点。

一　民族社会语言学的早期研究（1949—1978）

新中国成立之后，语言学者积极响应国家号召、投身于语文建设事业，开展全国性语言普查（包括汉语方言和少数民族语言）和语言识别、文字改革（包括少数民族文字"创、改、选"）等语言规划工作。这些调查研究具有突出的政策性和实践性，属于宏观社会语言学的研究范围，是中国社会语言学的自发性探索阶段。这一时期的民族社会语言学研究主要是围绕少数民族语言大调查和少数民族文字创制改革等展开的。

在党的民族政策和《共同纲领》指导下，新中国的少数民族语文事业迅速发展起来。为了完成民族语文工作任务，国家指导和支持民族语文研究机构和人才培养体系建设，这也为民族社会语言学的发展创造了有利条件。1951 年中央人民政府决定"在政务院文化教育委员会内设民族语言文字研究指导委员会，指导和组织关于少数民族语言文字的研究工作，帮助尚无文字的民族创立文字，帮助文字不完备的民族逐渐充实其文字"①。少数民族文字创制和改革工作提上日程，成为新中国语言规划的重要组成部分。为此建立了一些专门从事少数民族语言教学和研究的机构。1950 年中国科学院语言研究所成立，其任务之一是"研究国内少数民族语言，帮助没有文字的民族制订拼音文字方案"，罗常培先生任所长；1952 年该所下设少数民族语言研究组，成为最早的少数民族语言研究机构。1950 年 11 月政务院批准了《培养少数民族干部试行方案》，规定"中央民族学院及其分院应设立关于少数民族问题的研究室，中央民族学院并应负责研究少数民族语言文字"。1952 年中央民族学院设立少数民族语文系，一些地方民族院校也相继成立了民族语文系。民族社会语言学正是依托这些阵地快速发展起来的。1956 年，在中国科学院语言研究所少数民族语文研究组和中央民族学院语文系的基础上，建立了中国科学院少数民族语言研究所，其主要任务是在1956—1957 年两年内普遍调查少数民族语言，帮助那些需要创立和

---

① 1951 年 2 月 5 日《中央人民政府关于民族事务的几项规定》第五条，见孙宏开《中国创制和改革少数民族文字工作》，马丽雅等编《中国民族语文政策与法律述评》，民族出版社 2007 年版，第 1—30 页。

改革文字的民族进行文字方案的设计工作。为了帮助少数民族创制或改革文字，国家于 1956—1958 年组织了由 700 多人参加的少数民族语言大调查（详细情况参看本书相关章节）。到 1958 年为壮、布依、苗、彝、侗、哈尼、傈僳、佤、黎和纳西 10 个民族创制了 14 种拉丁字母文字方案，帮助傣、景颇、拉祜 3 个少数民族改进了 4 种文字方案。少数民族语言大调查和少数民族文字"创、改、选"是党中央、国务院为了提高少数民族文化教育水平、发展少数民族语文事业做出的一个重要决策，是贯彻党的民族政策和民族语文政策的一个重要组成部分，是民族语文工作的一个重要举措，它在少数民族语言研究史上是一个重大创举。

1958 年 3 月在北京召开全国第二次民族语文科学讨论会后，民族语文工作出现了脱离实际的急躁风气和"左"的思想。民族语文工作任务转移到扫除文盲与知识分子的思想改造方面。不过，民族语言文字学科还是提出了三项具体任务：第一，总结大调查的基本经验，分为民族文字的"创、改、选"总结、新词术语总结等；第二，完成各少数民族语言概况、语言简志和方言调查报告的编写；第三，研究汉语在少数民族语言丰富发展中的作用。"文化大革命"期间，民族语文工作受到严重干扰，处于停滞状态。

总之，新中国成立后的前 30 年，中国少数民族社会语言学研究基本上是围绕民族语文工作特别是少数民族文字的创制改进进行的，虽然此时尚未明确提出社会语言学这个学科概念，但卓有成效的民族语文规划实践为后来的学科发展积累了经验、奠定了基础、形成了特色。

二　民族社会语言学的自觉建设（1979—1999）

1978 年 12 月召开的中国共产党第十一届三中全会，开启了中国社会主义现代化建设的新时期，中国少数民族语言学与其他学科一样，得到了全面快速发展。在国外社会语言学理论的影响下，中国社会语言学有了明确的学科定位和理论自觉，民族社会语言学研究进入了自觉建设阶段。70 年代末社会语言学被介绍到中国，1980 年陈原《语言与社会生活——社会语言学札记》（三联书店）的出版，标志着中国社会语言学的形成（郭熙，2002）。少数民族语言社会语言学研究同样受到重视。1979 年中国民族语言学会的成立和《民族语文》杂志的创刊，是少数民族语言学科发展的重要里程碑。1980 年 1 月国家民委和中国社会科学院联合召开第三次全国民族语文科学讨论会，傅懋勣和王均在开幕式上的联合发言中，倡导、阐述了社会语言学研究对于少数民族语言研究和语文工作的重要意义。之后多位学者对少数民族语言社会语言学研究的具体方面进行了进一步探索阐释。在研究实践方面，这个时期的社会语言学研究主要是围绕少数民族语言使用情况、语言文字规范化标准化信息化和双语教育教学等领域展开的。

改革开放以后，国内少数民族语文使用情况取得了新进展、出现了新特点，同时也对社会语言学的研究提出了新要求。这一阶段开展的少数民族语言调查研究主要是针对少数民族语言使用情况展开的。比如，1983—1985 年中国社会科学院民族研究所在广西、贵州、云南、海南等地开展南方少数民族语言文字现状调查；1985—1988 年中国社会科学院民族研究所与国家民委共同组织了国家社科基金"七五"规划重点项目"中国少数民族语言使用情况和文字问题调查研究"；1992 年中国社会科学院民族研究所开展了国家"八五"重点研究课题"我国新创与改进少数民族文字试验推行工作经验总结与理论研究"；1996 年中央民族大学戴庆厦主持国家社科基金项目"新时期民族语文使用的变化及其对策"研究，等等。

学校教育教学是少数民族语言文字使用的重要领域。新中国成立之后，随着民族教育事业的发展，少数民族语言文字特别是具有通用民族文字的民族语言，在民族学校的教学活动中发挥了重要作用。自 20 世纪 80 年代开始，云南、甘肃、延边、内蒙古等民族地区先后开展了大规模的双语教学实验。民族语文工作者和教育工作者对双语教育的诸多方面，如性质、任务、规律、原则等进行了深入的研究。双语教育研究首先是从民族学校的汉语教学研究开始的。1979 年 5 月中央民族学院联合国内各民族院校，成立全国民族院校汉语教学研究会。1983 年 11 月，更名为中国少数民族汉语教学研究会，之后又于 1985 年 11 月更名为中国少数民族双语教学研究会。研究会是国家民族事务委员会主管的、专事少数民族双语教育"理论研究、学术交流、国际合作、专业培训、咨询服务"的国家级社团组织。双语研究在深度和广度上都有了较大的发展，出现了一批较有影响的论文和著作，为建构我国双语教育研究的理论体系奠定了基础（详见本书相关章节）。

　　语言规范化关系到少数民族语言的使用和发展。早期的关注重点是新词术语规范化。傅懋勣、王均等先生对此问题给予长期关注。如傅懋勣、王均（1980）认为少数民族语言文字需要通过语言本体的语音规范、书写规范、词汇规范和语法规范来适应现代化社会的交际需求。20 世纪 90 年代后，规范化、标准化、信息化成为少数民族语言特别是有通用文字语言的主要建设内容。

三　民族社会语言学的发展创新（2000—　　）

　　进入 21 世纪前后，中国的民族语言使用和发展有了新特点。2000 年国家实施西部大开发战略，极大地推动了民族地区经济社会的发展。市场化、城镇化、信息化对少数民族语言文化的影响深刻而广泛。在这种背景下，民族社会语言学研究开始关注社会语言生活状况，调查研究少数民族语言生活，探索具有本土化特色的创新研究路径。中国学者在 20 世纪 90 年代就提出了研究国内"语言生活（语文生活）"的想法。最近 20 年来，语言生活研究在中国逐渐发展成一种研究社会语言的方法和流派。所谓语言生活，早期也被称为"语言状况"（language situation）或"社会语言状况"（socio-linguistic situation），通俗地讲就是语言使用情况，后来又被称为"语言生活状况"，"主要指某一社区各种语言的功能分布、功能分类和使用模式，也可以包括人们对各种语言或语言变体的态度"（周庆生，2000）。最近，有学者从更宽泛的角度，认为"语言生活是运用、学习和研究语言文字、语言知识、语言技术的各种活动"（李宇明，2016）。这种研究方法的关键点就是将语言使用状况作为社会生活的一部分来进行调查和研究。民族社会语言学研究是中国社会语言学的本土学派——语言生活派的重要支撑。周庆生等学者在这方面起到引领助推作用。2000年周庆生出版《语言与人类：中华民族社会语言透视》一书，在运用大量田野调查资料和国内外文献资料的基础上，采用社会统计、结构功能分析以及跨文化比较等方法，分析了中华民族特别是中国少数民族的语言与社会、政治、民族、文化、教育、心理、交际、传播等方面的互动关系。国家语委从"十五"规划开始在历次五年科研规划中都设置了"中国语言生活状况年度报告"研究项目，从2006年开始教育部、国家语委以"中国语言生活绿皮书"的形式发布年度《中国语言生活状况报告》，少数民族语言生活研究在其中占有重要位置，先后登载了多篇有关少数民族语言（方言）状况、民族语言教育、民族文字和民族语文信息化等的专题报告。据统计，到2015年《中国语言生活状况报告》发布10周年，这方面的专门报告有：少数民族语言文字标准化信息化状况（2005）、跨省区少数民族语言文字工作协作状况（2005）、少数民族双语教育状况（2005）、濒危语言保护问题（2005）、基诺族语言近况（2006）、藏语文信息化及软件使用情况调查（2006）、新疆阿勒泰地区双语教学与社会和谐（2008）、民族地区法庭审判中少数民族语言使用问题（2009）、内蒙古额尔古纳市俄罗斯族语言使用调查（2011）、北方较小民族母语衰变与语言保护（2013）、傈僳族新老文字使用问题（2013）、跨境少数民族语言状况（2013）、满语文的抢救、传承与应用（2014）、少数民族语文网站现状（2014）、少数民族手语研究和使用状况调查（2015）等。周庆生2015年出版的《语言生活与语言政策：中国少数民族研究》内容涵盖了少数民族社会语言生活的方方面面，涉及语言国情、语言生活、语言变异、语言保护、语言政策与规划、语言教育与习得等研究领域，是中国社会语言学"语言生活派"的一部代表性著作。

这一时期的社会语言学研究的重点课题是语言资源保护。随着经济的发展、文化的交融、教育的普及、新媒体的兴起，少数民族语言生活发生了显著变化，双语人、多语人更为普遍，语言兼用、语言转用更加频繁，有些少数民族语言活力下降甚至走向濒危。进入 21 世纪后，国内濒危语言研究掀起高潮，取得了较为丰富的成果。近期以来，语言资源保护受到国家的高度重视。中国共产党十七届六中全会提出"科学保护各民族语言文字"的重大决策。《国家中长期语言文字事业改革和发展规划纲要（2012—2020 年）》将科学保护各民族语言文字列为重要任务。2015 年教育部、国家语委启动中国语言资源保护工程，计划用 5 年时间，对包括 400 个少数民族语言点进行田野调查，为部分濒危少数民族语言撰写濒危语言志。2019 年中国语言资源保护工程一期项目即将完成。"语保"工程是由国家财政支持，教育部、国家语委领导实施，按照"国家统一规划、地方和专家共同实施、鼓励社会积极参与"的方式进行的一项大型语言文化类国家工程。项目的实施，已经在国内外引起了广泛的社会反响。

第二节　民族社会语言学研究成就

社会语言学以语言的社会使用问题为研究对象，是一门兼具理论性和应用性的学科。社会语言学研究的意义和价值体现在学科学术层面和社会现实层面。中国少数民族语言的社会语言学研究既是中国民族语言学和中国社会语言学的组成部分，也是民族语文事业和民族工作的重要内容。70 年来，民族社会语言学在以下几个方面取得了显著的成就。

一　开展语言国情调查和民族语文工作，为制定落实民族语言政策提供科学支持

中国少数民族语言社会语言学研究的一个显著特点就是密切联系民族工作的实际，为制定落实国家的民族政策、为推动少数民族的发展进步而服务。这一研究首先体现在语言国情调查上。"语言国情调查"是指对一个国家的语言使用情况和使用特点进行科学的、全面的、深入的调查，并得出规律性的认识。语言国情调查涉及的内容主要有：语言使用情况，语言功能定位，制约语言功能的条件，语言本体特点，不同语言的语言关系，语言功能的演变趋势等（戴庆厦，2015）。开展语言国情调查，为全面了解中国少数民族语言状况、科学制定民族语文政策、有效实施语言规划提供了基础和依据。

新中国成立之初，为了做好民族工作，国家向民族地区派遣了多个中央访问团和民族调查队，其中就有不少民族语言研究的专家学者。1950 年中国科学院语言研究所成立后，先后派遣陈士林、喻世长、王均、王辅世等参加中央访问团西南、西北、中南各分团，调查了解各地民族语言情况，形成了《参加中央西北访问团调查新疆兄弟民族语言的工作报告》《参加中央西南访问团调查贵州兄弟民族语言的工作报告》《西康彝族语文工作报告》等多份关于民族语文的专题工作报告。这些调查初步了解了少数民族语言文字的情况，为国家部署下一步语文工作和语言规划提供了参考。

1954 年 5 月 20 日中央人民政府政务院通过了《中央人民政府政务院文化教育委员会民族语言文字研究指导委员会关于帮助尚无文字的民族创立文字问题的报告》，提出"对于有自己的语言而没有文字或没有通用文字的民族，根据他们的自愿选择，应在经过一定时期的调查研究之后，帮助他们逐步制订一种拼音文字，或帮助他们选择一种现有的适用文字"，并由中国科学院语言研究所和中央民族事务委员会具体负责此项工作。罗常培先生随即代表中国科学院语言研究所对这一工作进行了规划和部署（罗常培，1954）。1955 年12 月，中国科学院和国家民族事务委员会在北京联合召开首次全国

少数民族语文科学讨论会。会议提出了对全国少数民族语言的普遍
调查和为少数民族创制、改革和改进文字的任务。傅懋勣先生在会
上作了《帮助少数民族创立、改进和改革文字工作的情况和问题》
的报告,汇报了三年来少数民族创立、改进和改革文字工作的情况,
解答了开展语言调查和拟订文字方案的一些问题(傅懋勣,1956)。
随后他又在《人民日报》(1955 年 12 月 19 日)上发表《努力帮助
少数民族创立文字》的文章,介绍了文字创制过程的主要步骤。
1956 年,我国制订了发展少数民族语言研究的 12 年远景规划和 5 年
计划,确立了帮助少数民族创制和改进文字的具体工作任务和进程。
1957 年傅懋勣代表中国科学院少数民族语言研究所起草了《关于少
数民族文字方案中设计字母的几项原则》,经中国文字改革委员会讨
论后上报国务院批准,文件中提出的"以拉丁字母为基础"等"五
项原则",成为少数民族创造和改革文字时设计字母的基本准则。

为了帮助少数民族创制或改革文字,国家指示中国科学院和中
央民族学院联合筹备成立少数民族语言研究所,具体负责少数民族
语言大调查的组织领导工作。中央民族学院于 1956 年 2 月举办了
400 多人参加的语言调查训练班。嗣后组织了 700 多人参加的民族语
言调查队伍,分为 7 个工作队奔赴各少数民族地区开展全面语言调
查。大调查起始于 1956 年,基本结束于 1958 年,部分工作队直到
1960 年才全部撤回北京。这次调查基本上摸清了少数民族语言的分
布情况、使用状况、结构特点、内部差异、语言关系等,为少数民
族识别工作提供了重要参考依据,为少数民族文字创制、改革和选
择提出了建议和方案。到 1958 年为壮、布依、苗、彝、侗、哈尼、
傈僳、佤、黎和纳西 10 个民族创制了 14 种拉丁字母形式的文字方
案(其中苗族和哈尼族因为方言差别大而分别设计了 4 种和 2 种文
字方案),帮助傣、景颇、拉祜 3 个少数民族改进了 4 种文字方案
(傣族包括西双版纳傣文和德宏傣文)。这次语言国情大调查的成果
还包括后来出版的介绍 59 种语言的"中国少数民族语言简志丛书"。
少数民族语言大调查对于全面认识中国语言状况、科学制定民族语

言政策、切实做好民族语文工作，产生了重大推动作用。

改革开放以后，随着经济社会的快速发展，少数民族语言文字使用情况发生了新变化，为了及时了解少数民族语言文字在学习和使用中出现的问题，为制定新时期民族语文政策法规和工作规划，对少数民族语言文字的社会语言学调查被提上日程。1980 年 1 月 2—12 日，在北京召开了由党中央、国务院批准，国家民委和中国社会科学院联合主办的第三次全国民族语文科学讨论会，总结了新中国成立以来特别是 1958 年第二次全国民族语文科学讨论会以来民族语文工作的经验教训，研究民族语文工作中的重要理论问题和实际问题，修订、落实民族语文重点研究规划。傅懋勣、王均做了《重视少数民族语言文字的使用和发展，使语文工作更好地为四个现代化服务》的大会报告（黄行，2007）。为了适应社会发展和形势变化的需要，经中共中央、国务院批准，国家教育委员会和国家语言文字工作委员会于 1986 年 1 月 6—13 日在北京联合召开了全国语言文字工作会议。会议总结了新中国成立以来的语言文字工作经验，学习讨论了新时期语言文字工作的方针任务，并规定了新时期语言文字工作的方针和当前的主要任务。这次会议标志着中国的语文建设工作在新的历史时期迈进了新的阶段。1991 年 6 月国务院批转了国家民委《关于进一步做好少数民族语言文字工作的报告》。这份文件总结了四十多年来中国民族语文工作的主要成绩和现存问题，规定了新时期民族语文工作的方针和任务，提出了今后民族语文工作的措施，为民族语文工作指明了方向。1991 年 12 月 3—7 日，全国少数民族语言文字工作会议在北京举行。会议提出了中国民族语文"实事求是、分类指导"的工作思路：对有传统文字并且在全民族地区通用的蒙、藏、维、哈、朝等民族语言侧重新词术语的标准化和规范化、民族语言文字的信息处理等语文现代化工作；对新创或改进文字的壮语、苗语等，以及虽然有传统文字但是不能在本民族地区通用的彝语、傣语等民族语言，侧重母语教学和在非官方的民间活动中的使用；对没有文字、在正式场合基本不使用的大量趋于濒危的民族语言侧重作为无形文化遗产加以抢救与保护（周庆生，2007）。

民族语言政策是我国民族政策的重要组成部分，也是中国语言政策的具体内容。学者们从不同角度对中国民族语言政策进行阐发。傅懋勣先生在美国《人类语言学》杂志上发表的《中国对少数民族的语言政策》一文阐述了中国的少数民族语言政策，认为"根据少数民族的自愿自择，分别采用创制，改革和选择文字的办法，是解决少数民族文字问题的基本政策"。王均（1983）分析了我国的民族语言政策，指出"各民族都有使用和发展自己的语言文字的自由"是新中国成立以来一贯的民族语言政策，体现了"各民族一律平等"的精神。道布的《中国的语言政策和语言规划》（1998）对我国的民族语言政策和语言规划作了全面阐述，论述了自新中国成立以来我国在语言政策和语言规划方面体现出的民族语文政策观，介绍了关于汉语的政策和关于少数民族语言的政策。周庆生（2000、2013）试图从主体性和多样性的视角，描述近半个多世纪以来中国语言政策的发展脉络。他认为，所谓主体性政策，是指《中华人民共和国宪法》（以下简称《宪法》）规定的"国家推广全国通用的普通话"；所谓多样性政策，是指《宪法》中规定的"各民族都有使用和发展自己的语言文字的自由"。这两条规定是中国语言政策的总原则。黄行（2014）认为，随着经济全球化发展及我国市场经济体制的转轨，少数民族语言文字使用发展状况及民族语言政策已经发生了明显的变化。当前民族语言政策规划的内容可以概括为：民族地区国家通用语言文字的推广和普及，科学保护各民族语言文字，少数民族语言文字的规范化、标准化和信息处理，开展语言国情调查。戴庆厦（2015）指出，中国民族语文政策的基本点是坚持民族平等、语言平等，切实保护少数民族语言；构建语言和谐是处理中国语言关系的首要任务，两全其美是解决中国少数民族双语问题的最佳模式。

二　调查研究民族语言状况，促进民族语言使用发展和语言文化多样性保护

我国的民族社会语言学一贯重视对少数民族语言使用情况的调查。20 世纪 50 年代的民族语言大调查，已经涉及各少数民族的语言分布、方言分化及使用人口等信息。新时期以来，民族语言使用情况的调查研究成为民族社会语言学的主要内容。进入 21 世纪，语言生活状况研究成为民族社会语言学的重点，其总的特点是更注重针对具体语言（或方言）、特定语言使用领域的社会语言调查和微观研究。这些调查研究反映了少数民族语言使用发展情况，对保持民族语言活力和保护语言文化多样性发挥了一定作用。

为了配合国家民族语文工作的需要，落实 1980 年召开的第三次全国民族语文科学讨论会的精神和部署，了解中国民族语文使用和发展状况，中国社会科学院民族研究所等机构开展了多个社会语言学调查研究项目。

1983—1985 年，中国社会科学院民族研究所在广西、贵州、云南、海南等地开展南方少数民族语言文字现状调查，主要调查少数民族语言和文字的使用情况，了解它在少数民族文化教育发展中取得的成绩、主要经验和存在问题。此次调查共完成了 7 份报告和 1 份总报告。

1985—1988 年，中国社会科学院民族研究所与国家民委共同组织了国家社科基金"七五"规划重点项目"中国少数民族语言使用情况和文字问题调查研究"，对全国 5 个自治区、30 个自治州（盟）、113 个自治县（旗）使用的 66 种语言和 30 种文字进行了深入的实地调查。这次调查的目的是为国家了解掌握新时期民族语文使用状况、制定民族语文政策服务，调查内容包括民族语言使用的范围和程度、第二语言或其他语言使用情况、双语或多语的教育状况、本民族语言与周围语言之间的关系和变化趋势、该语言（包括书面语）在各个领域的使用情况、书面语与口语差异的程度、语文教学的情况、文化水平和学校教育的情况，等等。调查的成果由中

国藏学出版社出版了三部著作，即《中国少数民族文字》（1992）、《中国少数民族语言文字使用和发展问题》（1993）和《中国少数民族语言使用情况》（1994）。这次调查对认识新时期少数民族语文使用问题、确定新时期民族语文工作的思路提供了重要依据。

1992 年，中国社会科学院民族研究所开展了国家"八五"重点研究课题"我国新创与改进少数民族文字试验推行工作经验总结与理论研究"。1993—1995 年，中国社会科学院民族研究所与国家民委及地方民族语文机构合作，对 20 世纪 50 年代创制和改进的德宏傣文、景颇文、载瓦文、拉祜文、佤文、哈尼文、川黔滇苗文（云南、贵州部分）、黔东苗文、西双版纳傣文、布依文、侗文、湘西苗文 12 种民族文字的试验推行情况进行了社会调查。调查的内容包括这些文字在学校教育、社会扫盲、出版发行、广播影视、行政司法、宗教活动和日常生活等领域的使用，以及文字的跨境使用、新老文字的关系等问题。每个文种都根据调查结果撰写出调查总结报告（川黔滇苗文云南和贵州各自为 1 个报告），并形成了一份综合研究报告，对新创和改进文字的试验推行作了理论概括。这次调查总结了少数民族新创（改进）文字试行工作取得的成就和存在的问题，并对我国少数民族文字创制、改革和推行的社会实践进行理论总结和研究，同时为有关方面关于当时民族语文工作的决策部署提供了科学依据。

1997 年 1 月经国务院批准，由教育部、国家语委牵头组织，国家民委等 9 个部委共同实施"中国语言文字使用情况调查"。这项调查在全国范围内（未包括香港、澳门、台湾）采取严格随机抽样的方法，调查国家通用语言文字、少数民族语言文字、汉语方言、繁体汉字、简化汉字和汉语拼音等的使用情况，历时 6 年才告完成。调查获取的资料以《中国语言文字使用情况调查资料》刊布（语文出版社 2006 年版），其中包括少数民族的语言使用情况，对准确把握新时期中国语言使用状况有重要参考价值。

中央民族大学戴庆厦教授 1996 年主持国家社科基金项目"新时

期民族语文使用的变化及其对策"研究，项目最终成果为《中国少数民族语言文字应用研究》（云南民族出版社1999年版），该书不仅介绍了少数民族语言文字概况、民族语文工作情况及双语教育问题，在此基础上还深入调查和分析了制约民族语言文字使用和发展的因素，并对新时期民族语言文字使用特点的变化提出建议，是一部有关民族语言文字情况的国情研究报告。

2005年中央民族大学承担了教育部专项课题"新时期中国少数民族语言使用情况调查研究"项目。项目成果"新时期中国少数民族语言使用情况研究丛书"，由戴庆厦教授担任总主编，商务印书馆从2007年开始出版。① 这套丛书主要描述当前各少数民族语言的使用现状及其演变，特别是社会上所关注的热点问题。诸如：在现代化进程中使用人口少的语言在强势语言的交融中能否稳定使用和发展？是否会出现语言衰退和语言濒危？怎样看待青少年中出现的母语能力下降的现象？对新时期少数民族的语言生活应如何作出科学的估量？此外，还根据不同民族、不同地区的情况，论述了构建不同民族语言和谐的问题，并对新时期民族语言的使用趋势做出科学的预测和对策。对新时期制定民族语文政策、科学地开展民族语文

---

① 这套丛书已出版20种，具体为：《基诺族语言使用情况现状及其演变》（2007）、《阿昌族语言使用现状及其演变》（2008）、《云南蒙古族喀卓人语言使用现状及其演变》（2008）、《莫旗达斡尔族语言使用现状与发展趋势》（2009）、《云南里山乡彝族语言使用现状及其演变》（2009）、《西摩洛语语言使用现状及其演变》（2009）、《元江县羊街乡语言使用现状及其演变》（2009）、《布依族语言使用现状及其演变》（2009）、《片马茶山人及其语言》（2010）、《景洪市嘎洒镇傣族语言文字使用现状及其演变》（2010）、《元江县因远镇语言使用现状及其演变》（2010）、《耿马县景颇族语言使用现状及其演变》（2010）、《澜沧拉祜族语言使用现状及其演变》（2011）、《四川盐源县各民族的语言和谐》（2011）、《云南德宏州景颇族语言使用现状及其演变》（2011）、《云南绿春县哈尼族语言使用现状及其演变》（2012）、《科尔沁左翼中旗蒙古族语言使用现状及其演变》（2012）、《勐腊县克木语及其使用现状》（2012）、《云南玉龙县九河白族乡少数民族的语言生活》（2014）、《甘洛民族语言使用现状及其演变》（2015）。

工作提供了咨询和参考。

这方面的研究还包括有关领域/地域的语言生活调查,丁石庆(2007、2012)主编的"社区语言与家庭语言"系列成果,对北京地区满、回、蒙古、藏、维吾尔、哈萨克、朝鲜等少数民族的社区与家庭语言文字使用情况、语言态度、族群认同等进行深入调查研究。周炜的《中国少数民族语言生活研究:以西藏自治区为例》(2013)集中调查研究了西藏语言政策、西藏双语现象和双语教育、西藏语言生活和语言管理、大中小学藏语文教育情况、西藏城乡居民语言使用情况等问题。

三 积累社会语言研究经验,推动中国社会语言学的创立和发展

对少数民族语言的社会语言学研究以少数民族语言的社会使用情况为研究对象,以语言调查、语言规划、语言生活等为主要内容,70 年来积累了一定的社会语言研究经验,为社会语言学在中国的创立和发展起到了推动作用。20 世纪 50 年代的民族语言大调查和民族文字"创、改、选",是少数民族语言规划的重大实践,为中国社会语言学的产生奠定了一定的基础。大调查除了取得的丰富的语言材料,还积累了社会语言调查的经验,锻炼培养了人才队伍,形成了民族语言规划的一些具体工作原则和方法。比如,在少数民族文字创制、改革、选择方面,形成了一般的工作程序。1957 年傅懋勣先生代表少数民族语言研究所起草了《关于少数民族文字方案中设计字母的几项原则》,经中国文字改革委员会讨论后上报国务院批准,提出的"以拉丁字母为基础"等"五项原则",成为少数民族创造和改革文字时设计字母的基本准则。它是在实践经验的基础上根据我国各民族语言发展方向和要求制定的,既反映了从语言实际出发、求同存异的总原则精神,又有较强的政策性和灵活性。

20 世纪 80 年代社会语言学作为一门新兴学科传入我国,傅懋勣、王均等率先提出在少数民族语言研究和工作中开展社会语言学

研究。王均在《民族语文研究工作中的几个迫切问题》(1979) 中指出，近一二十年来语言学中兴起了一门新学科——社会语言学，主要是着眼于语言的社会本质，把研究的注意力放在社会因素对语言结构和功能的影响上，着重研究社会发展在语言中的反映形式，重视语言变迁和语言的一致性与分歧性对社会环境的依赖性，以及如何将这方面的研究成果用来解决一些实际语言问题。实际上，新中国成立以来的大量民族语文研究工作，例如语言规范的研究，包括标准语的研究，民族共同语的形成和发展，语言政策，新词术语的研究，多种语言并用现象，非本族语的教学，语言发展的趋向和邻近语言的相互影响，以及语言风格，等等，都属社会语言学的研究范围。对于外国通行的理论和方法，应该有所借鉴，取长补短，以利于发展我国的社会语言学。1980 年 1 月傅懋勣和王均在第三次全国民族语文科学讨论会上指出："我们应该运用社会语言学的方法，认真地观察和分析研究，写出这方面的理论著述。……我们应该在马克思主义语言学的指引下，结合民族学、社会学、历史学、教育学、心理学等学科，开展社会语言学的研究，建立我们自己的社会语言学。我们现在所从事的民族语文工作及有关问题的研究，实际上许多是属于社会语言学或应用语言学的范围，但是应该把它上升到理论的高度，才能对实际工作更好地起到指导的作用。"（傅懋勣、王均，1980）这一论述不仅明确要求在少数民族语言研究和语文工作中开展社会语言学研究，还指明了它的研究内容、学科意义等。在这一倡导下，学者们结合中国的民族语文实际，积极探索民族社会语言学发展。马学良和戴庆厦（1981）提出建立"语言民族学"，认为民族学和语言学结合形成两个综合性边缘学科：通过民族来研究语言的特征和过程的（即以研究语言为目的的），可称为"民族语言学"；通过语言来研究民族特征和过程的（即以研究民族为目的的），可称为"语言民族学"。这实际上与国外"社会语言学"与"语言社会学"的提法类似。周庆生（Zhou Qingsheng，1992）又进一步提出建立以中国少数民族语言为主要研究对象的"民族社会语言学",并勾画出该学科的研究框架。

学者们在各自的研究实践中对民族社会语言学进行了深入探索。周耀文（1985）论述了语言文字与民族的关系、民族文字的统一性与区域性、少数民族双语教学等几个社会语言学研究课题。戴庆厦（1987）结合我国民族语文工作中经常遇到的诸如民族心理与语言识别等问题，论述加强社会语言学研究的重要性，并提出了我国民族语文工作中的社会语言学研究课题。王远新（1987）则从语文政策、双语教学、语言影响、混合语等几个方面，介绍了我国少数民族语言学界社会语言学研究的进展。戴庆厦编著的《社会语言学教程》（1993）是这一阶段中国社会语言学学科建设的一个重要成果。该书除了介绍社会语言学的一般情况和发展历程外，主要包括：语言和民族；语言和文化；语言关系和民族关系；语言和语言观念；语言和性别、年龄、阶级、行业；语言和国界——跨境语言变异；文字和社会七章内容，许多章节是特别联系中国少数民族语言的实际情况展开的。正如作者在后记中所言：该书"着力于联系我国少数民族语言文字实际，力图用我国少数民族语言文字材料来解释理论、归纳理论，不回避而且重视少数民族语文工作中所提出的问题"，所以具有鲜明的"民族"特色。戴庆厦主编的另一部教材《社会语言学概论》（2004），较为全面、系统地阐述了社会语言学的基础理论和研究方法，并且以大量的国内语言尤其是少数民族语言材料，揭示了语言与社会的种种关联和变异特点，具有鲜明的中国风格和民族特色。该书可以看作中国社会语言学自觉进行学科理论探索的集成之作。语言规划和语言政策是社会语言学研究的重要领域。这一时期对国外语言政策与语言规划的介绍比较详细。周庆生主编的《国外语言政策与语言规划进程》（2001）是目前世界上规模最大、时间跨度最长、所收文献最全的一部有关国际语言政策和语言规划研究的资料集。他主编的《国家、民族和语言：语言政策国别研究》（2003），则是一部囊括了世界五大洲二十几个国家的语言政策的国别报告集，重点研究了国家利益与国语及官方语言问题、国家主体民族语言的规划与传播、国家双语政策、国家多语政策和国家"统一多样"语言政策等，为我国语言政策在新形势下的发展和完善提供了参考和借鉴。

第三节　民族社会语言学研究内容

中国少数民族语言资源丰富、语言生态多样、使用情况复杂，与此相关的社会语言学研究范围广、成果多，既有宏观层面的带有全局性的语言国情调查、语文规划、语言政策，也有中观层面关于特定民族语言的语言关系、语言影响、语言教育（特别是双语教育）等，还包括微观层面的针对具体语言对象（变体）的语言变异、语言态度、语言活力等研究。这其中的一些内容在本书其他章节都有专门介绍，这里仅就部分内容进行梳理。

一　语言变异与变体研究

社会语言学着重研究语言与社会的共变关系，语言变异是社会语言学的基础理论，那些因社会因素（如性别、年龄、阶层、行业、民族、文化等）的不同而发生变异的语言项目，就是社会语言学的对象——语言变体。社会语言学在中国还是一门新兴交叉学科，学理基础较为薄弱，关于语言变异和变体的研究还不够深入，民族社会语言学尤其如此。黄行（1990）的研究是这方面的一个突出成果。他对广西龙胜瑶族使用的勉语进行语言变异调查，得出几个结论：龙胜勉语音系的共时变化非常普遍，不仅每个词在变，而且每个人都在变；龙胜勉语的音变机制符合拉波夫的音变理论，即青少年是龙胜语音变异最明显的语言亚群体；影响龙胜勉语语音变异的主要社会变项是年龄和居住地区。少数民族语言在使用上的代际变化，往往是语言影响引起的，这方面的研究大多与语言兼用、语言转用有关。

　　藏语中的敬语是与社会阶级（阶层）有关的语言变体。罗润仓（1979）研究认为，敬语与宗教、官场和生活交往上的特殊需要有关，是阶级影响语言的结果，但敬语并不是"阶级语言"，不是只有统治阶级或只对统治阶级使用敬语，农奴和奴隶内部彼此都可以使用敬语。曹晓燕（1994）也认为，在早期藏语文献中，敬语只与普通形式相对应外，它本身并无级别的变化。随着敬语使用对象和范围的扩大，尤其是在后期西藏封建农奴制度下，严酷的阶级对立、森严的等级观念给敬语的使用和发展带来了深刻的影响，敬语也因此而出现了一般级和最高级之分。对不同地位、身份的人要选择不同级别的敬语形式。白玛措和汪青（1991）通过对藏语方言中敬语的对比分析认为，早在藏族社会的王臣时期和政教合一时期，由于等级界限分明，对不同等级的人在交际时必须选择不同的词语，一些敬语形式一直沿用流传至今。

　　亲属称谓是与婚姻家庭制度密切相关的一种独特的语言变异现象，少数民族语言中的亲属称谓各有特色，成为社会语言学研究的一个重点内容。罗常培（1951）比较了昆明郊区和凉山地区彝族的亲属称谓异同，认为亲属称谓可作为研究少数民族婚姻制度和家庭制度的佐证。傅懋勣（1980）对永宁纳西族亲属称谓的研究是这方面的典范之作。他首先从语词上分析了永宁纳西族的母系家庭的特征和亲属制度，进而对永宁纳西语的亲属称谓进行细致分析比较，认为"研究一种语言的亲属称谓，只分析具体的称谓是不够的，还必须研究称谓和称谓的相互关系。其中最重要的是互称关系"。他还通过亲属称谓的变化分析了永宁纳西族家庭因素变化和婚姻制度变革的方向和规律。戴庆厦《景颇语亲属称谓的语义分析》（1991）运用语义层次分析法，从义素成分、义位网络、语义组合、语义场四个方面对景颇语的亲属称谓进行分析。周庆生继承罗常培、傅懋勣等前辈学者研究少数民族亲属称谓文化的学术传统，运用社会语言学的方法，对傣族的亲属称谓现象进行长期的深入研究。他在《西双版纳傣语亲属称谓语义成分分析》（1990）一文中运用义素分析法，精细描述了傣族亲属称谓的语义成分和民俗分类。《傣语亲属称谓变体》（1994）综合运用文化人类学、描写语言学、社交语用学和社会语言学的研究方法，系统描述了傣族亲属称谓中的从佛称、还俗称、等级称、从孩称、父母称、亲称以及泛称等 13 种称呼方式。《语言交际变体模式——以傣语亲属称谓为例》（1996）从社会语言学的视角对西双版纳傣语亲属称谓 13 种语用变体进行分析，提出了一个"语言交际变体模式"以说明语言交际过程。《傣族人名的等级结构与社会功能》（1998）从"结构—功能"的视角，分析了公元 15 世纪至 20 世纪中叶，西双版纳傣族不同社会等级使用的较为典型的人名系统，着重分析了该系统的乳名、从佛名、还俗名和官名的形式、文化内涵和社会功能，揭示出傣族社会等级制度对人名的制约作用。作者论证了傣族官名在贵族与平民百姓之间存在的差异，提出傣族不同社会等级和不同僧阶的还俗名使用期限的异同。这些都是社会语言学对微观领域的语言变异现象进行细致入微研究的案例。

二　语言影响与语言关系

语言接触是认识和研究中国少数民族语言关系的一个重要视角。所谓语言关系（language relationship），是指不同语言之间在语言结构特点和语言使用功能上的相互影响和相互制约的关系，通常包括语言影响、语言兼用、语言转用等。我国各民族的语言关系多样而复杂，是社会语言学研究的重要内容（戴庆厦，1990）。孙竹（1993）对语言关系的认识比较广泛，认为语言关系是指不同语言之间的接触、影响、渗透、制约而形成的错综复杂的关系，不仅包括类型关系、亲属关系，还有更为重要的是语言的兼用以及混合语形成和转用等，如五屯话、唐汪话、艾努话等几种混合语。

周耀文（1989）从我国民族地区的社会实际和语言状况，就我国现阶段如何处理民族语文与汉语文的使用、发展关系，进行了探讨。戴庆厦主编的《汉语与少数民族语言关系概论》（1992）重点介绍了汉语对少数民族语言的影响、少数民族转用汉语、少数民族语言对汉语的影响等问题。徐思益等（1997）着重调查研究新疆双语环境下汉语对少数民族语言在使用特点上的影响。黄行（1997）从民族语文工作出发，认为影响当前民族语文使用发展的一些重大问题，很大程度上都和语言关系状态有关，主要是没有理顺少数民族语文和汉语文的关系，存在诸多语言关系状态失序的问题。他还认为实事求是和分类指导的原则应是指导我们调整当前民族语言关系状态的基本原则。袁焱（2001）以阿昌语为对象，系统地分析了语言接触导致的由表层到深层的影响与演变，认为语言接触可能引发语言影响、语言兼用及语言转用三种结果，形成语言变化链上的三种连续的结果。作者还着重考察了梁阿昌地区语言转用的成因及其规律，并指出由于学校教育和媒体的介入，语言转用不再是一个缓慢的过程。

　　语言兼用是民族地区重要的语言关系形态，是双语现象形成的基础。这方面的具体个案研究较多。白碧波和许鲜明（2006）以云南省元江县因远镇的白族和哈尼族为研究对象，分析该地白族与哈尼族之间的语言接触和语言影响，展示白族与周边哈尼族之间在社会交往中形成的语言兼用现象。丁石庆（2008）考察了内蒙古呼伦贝尔市莫力达瓦达斡尔族自治旗的达汉双语现象，认为该地区达斡尔族的语言兼用现象是历史形成的，清末以来达斡尔族接受汉语教育以及对汉语汉文化的高度认同，是双语现象的形成和发展的重要推动作用。李亚竹和郭建新（2015）从语言兼用特点、语言兼用的功能、语言兼用的成因等方面分析了海南三亚市郎典村黎语与汉语的语言兼用情况。谭群瑛（2015）从语言接触视角介绍了中越边境的崇左市多民族语言的多语言兼用现象，并论述了语言的兼用对本地区的主要交际语言——壮语的语言功能的影响。

　　语言和谐是 21 世纪以来社会语言学研究的一个重要话题。语言和谐是语言关系的一种理想状态，也是社会和谐的组成部分，是指不同的语言在一个社会里能够和谐共处，互补互利，在和谐中各尽其责，在和谐中良性发展。周庆生（2005）提出了语言和谐思想，认为多语言多方言是国家宝贵的社会经济文化资源，语言和谐追求的是多语言多方言的共存和共荣，中国实行的"统一多样"的语言发展战略也可以称作"语言和谐"发展战略。中国语言和谐发展主要涉及四大关系：语言和谐与语言发展；民族语言与汉语的和谐；普通话与方言的和谐；官方语言与民间语言的和谐。戴庆厦对语言和谐研究的理论方法和实践个案有多方面成果。他从中国语言关系的客观事实出发论述了语言竞争与语言和谐的关系，认为语言竞争是语言关系的产物，可以通过国家的语言政策、语言规划来协调，形成不同的语言"各尽所能，各守其位"的语言和谐状态（戴庆厦，2006）。他认为构建语言和谐是解决我国语言关系的最佳途径，必须继续坚持宪法所规定的"各民族都有使用和发展自己的语言文字的自由"，必须重视新时期民族语言问题的理论研究，必须抓好语言国情调查（戴庆厦，2008）。他还对开展我国语言和谐研究的重要性、语言和谐的类型、语言和谐研究的理论和方法等问题展开论述（戴庆厦，2013）。戴庆厦等学者对一些少数民族地方或村寨的双语（多语）和谐的语言生活进行了实地调查研究，分析了各地的语言和谐特点及成因。[1]

---

[1]　戴庆厦、余金枝、余成林、林新宇、范丽君：《片马茶山人和谐的多语生活——语言和谐调查研究的理论方法个案剖析》，《云南师范大学学报》（哲学社会科学版）2009 年第 6 期；戴庆厦、和智利、李旭芳：《丽江市古城区七河镇共和村的语言和谐》，《青海民族研究》2014 年第 3 期；戴庆厦、李春风：《语言和谐与边疆稳定——云南省文山州都龙镇各民族语言关系的理论分析》，《中南民族大学学报》（人文社会科学版）2017 年第 4 期；蒋颖、朱艳华：《耿马县景颇族和谐的多语生活——语言和谐调查研究理论方法的个案剖析》，《暨南学报》（哲学社会科学版）2010 年第 4 期；乔翔、余金枝：《论四川省盐源县各民族的语言和谐》，《中央民族大学学报》（哲学社会科学版）2010 年第 6 期；黄平、李春风：《论景颇族和谐语言生活的特点和成因》，《民族翻译》2012 年第 1 期；张鑫：《论绿春哈尼族和谐双语生活的特点及成因》，《民族翻译》2013 年第 4 期；龚露、余金枝：《弄京村布努人的多语和谐》，《黔南民族师范学院学报》2017 年第 2 期。

三　语言观念和语言认同

语言观念也就是语言态度，是指人们对语言的使用价值的看法，其中包括对语言的地位、功能以及发展前途等的看法。新时期以来，少数民族语言观念的研究得到重视，特别是与语言观念相联系的语言认同成为一个研究热点。贾晞儒（1997）对青海海西蒙古族的语言使用情况及其特点进行了调查分析，认为改革开放促进了他们语言观念的变化、推动了双语的发展。王远新对少数民族语言观念、态度、认同等有多方面的思考和调查。王远新（1999）讨论了我国少数民族语言态度的共性特点和不同民族语言态度开放程度的差别，以及同一民族不同人群语言态度的差异。他对多地少数民族的语言态度进行了个案调查。青海裕固族的语言态度，一方面对本族语和母语有着浓厚的感情，另一方面对学习兼用汉语文、藏语文持肯定的态度，这种开放型语言态度是历史形成的、稳定的，同时随着社会的发展、语言环境和语言功能的变化而产生相应的变化（王远新，1999）。青海同德县藏族和汉族公务员大多为藏汉双语人，在公务活动和族际交往中主要使用当地汉语，不同民族对普通话的认同度、心理预期最高，实际行为最积极；对藏语文和英语的社会地位、实用功能评价及心理预期、实际行为各有侧重（王远新，2011）。新疆喀什古城高台社区的维吾尔族居民最先习得且均熟练掌握维吾尔语，维吾尔单语人占 66.7%，维汉双语人占 33.3%。他们对普通话社会地位评价最高，其次是维吾尔语，对当地汉语方言评价不高。多数人认为维吾尔语对自己较重要，普通话对后代较重要，并希望后代接受维汉双语教育（王远新，2013）。内蒙古二连浩特市生态移民社区星光小区是典型的城市"牧民社区"，社区内的蒙古族均掌握蒙古语，早期接受过蒙古语或蒙汉双语教育。他们对普通话和汉文的社会评价最高，其次是蒙古语文、英语文，对其他少数民族语文和汉语方言的社会地位评价不高。绝大多数蒙古族认为，蒙古语和普通话对自己比较重要，且希望后代接受蒙古语或蒙汉双语教育（王远新，2013）。云南瑞丽的边境村落云井村的语言生活复杂多样，傣语是村内主要交际语，绝大多数村民为傣汉双语人。村民对普通话和汉文社会地位评价高于傣语文，但多数人希望小学加授傣语文课，更好地发展少数民族语文媒体（王远新，2017）。新疆乌鲁木齐市阿克苏乡的哈萨克族牧民安居点鹰舞庄园居民语言使用比过去复杂，且出现代际差异。他们都掌握并使用哈萨克语，75.0%的被试掌握或基本掌握普通话。被试对普通话和汉文社会地位、实用功能评价及发展前景的期望值最高，其次是哈萨克语文；希望后代掌握哈汉双语，政府在不同学段实施哈汉双语教学，进一步发展少数民族语文媒体（王远新，2017）。青海同仁土族在家庭和族内交际使用的吾屯话和保安语仍有活力，但相互认同度不高，当地土族认同藏语和藏文化的倾向有强化的趋势（王远新，2017）。

　　语言观念和态度作为一种复杂的社会心理，深刻影响着一个民族的语言认同乃至民族认同。黄行（2016）认为语言认同是族群认同的重要属性，鉴于国家语言和民族语言认同角色定位的不同，用市场化政策提升国家语言工具认同和用非市场化优惠政策保障民族语言的区域自治权利、非遗文化的载体权利，是实现民族语言—国家语言认同和谐的策略。周庆生（2016）以中文文献为主，综述国内及海外华人的语言认同研究进展和动向、主要成果和领域、主要方法及贡献，包括社会语言、教育语言、农民工语言、少数民族语言、海外华人语言的认同。各级各类学生群体的语言认同态度成为研究的热点。尹小荣等（2015、2017）对新疆察布查尔锡伯族青少年的语言群体认同进行调查发现，语言群体认同存在语言认同和文字认同的区分，文字认同是影响语言认同的中介力量，对青少年的语言生活产生积极影响。民族认同、审美意识和社交网络是维持语言群体认同的重要力量，充分利用资源提升语言认知能力和审美意识，并通过家庭传承深化民族语言自觉，是提高锡伯族青少年的语言认同现实途径。

四　语言活力和濒危语言

随着经济全球化的加速，语言活力衰退乃至消失已经成为世界范围的普遍现象。20 世纪八九十年代以来，语言活力和濒危语言成为一个热门研究话题。黄行（1999）通过大量数据资料，运用定性和定量结合的分析方法，全面系统地描述我国少数民族语言在各种社会领域使用活力的状况和程度，分析少数民族语言活力的发展潜力及对少数民族语言活力发展趋势进行宏观预测。徐世璇、廖乔婧（2003）从语言濒危现象调查和前景预测、语言濒危的类型和层级、语言衰亡原因等方面，对国外相关的研究进行综述，反映了濒危语言研究的新动态。2000 年 10 月，中国民族语言学会联合《民族语文》杂志社在京召开"我国濒危语言问题研讨会"，此后国内濒危语言研究取得了较大发展。

徐世璇是国内较早关注研究濒危语言的学者。她的《濒危语言研究》（2001）是国内该领域的第一部专著，对语言消亡的历史、现状及过程进行描述，分析了导致语言濒危的各种原因，对海内外关于语言濒危保护的行动进行了综合报道，认为本族语保存有利于保护文化多样性、有利于实现可持续发展战略。徐世璇（2002）结合大量的濒危语言例证，认为主动的语言转用造成本族语消失是产生当代语言濒危现象的主要原因，人口比例、文化基础、经济优势等多种基本社会因素交织在一起，对语言的使用发生综合的影响，最终由取得优势的因素决定语言的发展趋势。她对濒危语言记录保护的具体方法有专门研究，认为记录濒危语言资料的目的是全面展示一种语言的真实面貌，长久地保存自然的原始语料，为后代留存一份文化遗产的活化石。世界各地语言学家在濒危语言记录方面的实践经验以及在此基础上形成的理论原则和方法论，形成了语言学的一个新领域——语言文献记录。她从调查记录的目的、对象、内容、要求和方法等方面系统论述了濒危语言文献记录的特点及其现实意义和学术价值（徐世璇，2006、2007），徐世璇（2015）回顾了我国濒危语言研究的历程，并根据我国语言和方言众多、语言生态发生重大变化的国情特点，认为濒危语言的研究和语言典藏实践将成为长期的热点，具有广阔的发展空间。当前应在建立规范标准、进行整体规划、注重资料的管理和保存、加强理论的实践几个方面给予及时关注和特别重视。

戴庆厦对濒危语言给予持续关注，在个案调查和理论思考两方面都有深入研究。戴庆厦和田静（2002、2003、2004）认为濒危语言研究应从社会历史条件和语言本体状态两方面进行。他们对仙仁土家语的调查发现：土家语的语言活力处于逐渐衰退、濒临消亡阶段；仙仁乡保留了土家语衰退不同阶段的立体层次，从平面上反映了土家语走向濒危的历史轨迹；其濒危的状态及演变趋势能从共时呈现出的差异得到证明。戴庆厦和张景霓（2006）通过对毛南语的语言活力分析，认为濒危语言研究应区分"濒危语言"和"衰变语言"两种不同情况，这一区分对于探索濒危语言的规律、制定濒危语言对策都有价值。戴庆厦主编的《中国濒危语言个案研究》（2004）汇集了土家语、仙岛语、仡佬语、赫哲语、满语五种濒危语言的个案调查材料，对其濒危现象、濒危趋势及造成语言濒危的各种因素进行了分析。他还专章阐述了濒危语言的概念、成因、结构特点以及对其研究的意义等理论问题。戴庆厦长期以来对濒危语言研究保持着学术和社会的理性思考。他曾对濒危语言研究中的定性与定位问题进行思考，认为界定濒危语言的指标体系有主有次，提出了衡量濒危语言的核心指标和参考指标，目前濒危语言研究的主要任务是要解决定性定位和个案调查，提倡进行个案调查、理论研究，思考对策和措施（戴庆厦、邓佑玲，2001）。戴庆厦（2012）回顾了20年来的濒危语言热，认为抢救濒危语言是必要的，也是适时的，其理念是主张语言多样性、提倡保护语言生态。我国的濒危语言研究必须从实际出发，不能完全照搬国外的做法。中国语言的濒危没有像国外所说的那么严重，小语种并不是想象的那么脆弱。他认为必须加强濒危语言理论研究，建立适合中国国情的濒危语言理论、方法。他强调要科学理智地深入开展濒危语言保护的研究，要正确估量中国濒危语言的国情，制定符合中国国情的确定濒危语言的标准，加强濒危语言结构特点的研究，将衰变语言保护的研究提上日程，防止"濒危语言扩大化"。中国应根据国情来界定中国濒危语言的标准，制定具体研究方法，建立有中国特色的濒危语言研究理论方法体系（戴庆厦，2012、2015）。

孙宏开一直将语言活力研究与濒危语言保护结合起来。他认为濒危语言是全球性问题，对文化多样性是一个严重挑战。中国少数民族语言使用的活力情况有所不同，部分弱势语言已经处在濒危状态，有的语言正在消亡或已经消亡。弱势语言的陆续消失是时代的总趋势，在现阶段应重视濒危语言的调查研究、抓紧濒危语言资料的抢救和保存，并采取有效措施延缓弱势语言向濒危状态的转化（孙宏开，2001、2006）。他根据中国少数民族语言的实际情况，提出语言活力研究测试的综合指标，并对中国一百多种少数民族语言进行活力排序，形成濒危语言保护的轻重缓急序列。他认为语言活力降低是语言走向濒危的主要特征，对濒危语言可采取抢救性保存和积极保护措施。孙宏开（2015）对怒族使用的几种语言的活力情况进行考察，发现它们基本上都处于濒危或即将消亡的状态，其中怒苏语、柔若语和阿怒语为濒危语言，阿侬语为极度濒危语言。他还特别根据自己的调查研究经历，追踪分析了阿侬语近 20 年来从濒危走向严重濒危的衰变过程，警示如果没有有效的语言保护措施，不久的将来阿侬语有可能完全失去交际功能而彻底消亡（孙宏开，2017）。

濒危语言保护是一项实践性、技术性很强的社会工作。学者们对其实现途径、工作规范、技术标准等有专门研究。李锦芳（2005）认为中国濒危语言保护策略有：立法保护，纳入政府和学术部门的工作范畴，政府拨款立项，对不同层级的濒危语言采取不同的应对策略，建立中国濒危语言网站、定期召开学术会议，建立濒危语言保护示范村社，等等。范俊军（2010、2011、2015、2016）主张通过对少数民族濒危语言进行有声资源数字代立档保护，并对这一工作的理论规范、时间规程，基本原则、技术规则等进行了一系列研究讨论。

第四节　研究经验及展望

一　民族社会语言学研究的经验

70 年来民族社会语言学研究取得了丰硕成果，形成了自己的鲜明特色，推动了中国社会语言学学科建设，促进了中国少数民族语文事业发展，也积累了一些研究经验。

（一）国家与民族的情怀

中国民族社会语言学是在国家的关怀和组织下成长起来的，体现了党和国家对于少数民族发展进步的支持和帮助。20 世纪五六十年代实施的规模浩大的民族语言大调查和民族文字"创、改、选"，对于民族身份识别、民族政策落实以及少数民族文化教育发展都具有极为重要的意义。后来的民族社会语言学一直保持了这一学术特色，许多研究都与国家的民族工作和语文工作紧密联系。中国社会语言学的辉煌成就，与国家的规划领导、少数民族干部群众的支持帮助以及学者们艰苦卓绝的努力分不开，也饱含着民族语言研究者强烈的家国情怀和对少数民族的真挚情感，是国家立场和民族情怀的统一。

（二）调查与实践的品格

社会语言学是语言学与社会学交叉而成的综合性学科，对社会语言使用状况的实证性调查研究是其根本要义。中国民族社会语言学的实践性品格更为突出，它以解决少数民族语言使用和发展的现实问题为研究导向，以社会语言调查特别是集体性的团队调查为实施途径，形成了许多现实性、应用性、针对性突出的研究成果。可以说，实践性是中国民族社会语言学乃至中国社会语言学的一个鲜明的学科特色。

（三）借鉴与创新的统一

中国民族社会语言学的建立与对国外的社会语言学学科的引进和借鉴密不可分，但它又具有自己的原创性基础和创新性发展。首先，在学科建立之前，少数民族语言规划研究已经有了相当的进展、取得了丰硕成果。20 世纪 50 年代的少数民族语言调查、少数民族文字创制虽然得到部分苏联语言学家的帮助，但整体上是中国语言学家在国家统筹规划下自己独立完成的。民族社会语言学在对国外学科理论的借鉴中发展成熟，并在少数民族语言使用状况研究中保持了解决实际问题的自主创造性。比如，语言生活研究就是中国社会语言学界研究解决本土语言问题的一个实践，具有明显的探索性和创新性，民族社会语言学在其中发挥了重要作用。

二   中国少数民族语言社会语言学研究展望

经过 70 年的发展，中国民族社会语言学已臻于成熟。在新的历史时期，面对少数民族语言文字发展的新形势新情况，民族社会语言学展现了广阔的发展前景。就其自身的学科发展和学术研究来讲，有两方面研究需要继续深入推进。

（一）深化学科理论建设

不可否认，中国社会语言学包括民族社会语言学在学科体系、学术体系、话语体系建设方面还显不足，对于国外社会语言学理论的引进多停留在著述译介上，真正的消化吸收、为我所用的成果转化还不够多。比如，语言变异研究是社会语言学的核心内容，是社会语言学有别于其他语言学分支学科的一个区别性方法，但国内对此问题的个案研究和理论总结成果较少。中国少数民族语言生活和语言规划包蕴着许多有价值的研究课题，比如语言社区、语言关系、双语教育等，都需要学界给予深入的、与时俱进的理论思考与阐释。对语言生活研究的理论和方法同样需要进一步丰富发展。

（二）强化重点领域研究

当前，中国语言生活中的一些重点领域，多与少数民族语言密切相关，需要加强这些方面的研究。比如，在"一带一路"建设中，中国与周边国家的互联互通日益频繁，跨境语言的作用愈加重要，这方面的研究不仅有益于中国与"一带一路"沿线国家的深度合作，对跨境民族语言本身也是一个重要的发展机遇。再比如，国家实施的精准扶贫战略规划覆盖了许多少数民族地区，对于语言与贫困的关系、如何有效推进语言扶贫、如何在提升国家通用语言使用水平同时保护发展少数民族语言等等问题的研究，应该成为不断深入探究的课题。当前国家实施乡村振兴战略，未来将对民族语言的使用和发展产生深刻影响，民族社会语言学需要对这些重要的时代变革中的语言问题予以关注研究。

第 九 章

新中国少数民族语言文字应用研究

　　民族语言文字应用研究内涵丰富，外延宽泛。涉及民族语言使用和发展的各研究领域，都可以纳入民族语言文字应用研究的范畴。新中国成立70年来，民族语言的使用和发展取得了历史性成就，这些成就或者基于民族语言应用研究的发展，或者本身就是民族语言文字应用研究发展的体现。鉴于研究领域较多，本书主要选取民族语言政策与语言规划，语言国情调查，语言文字规范化、标准化、信息化，双语教育，民族语言文字翻译、语言文字保护六个方面的研究来阐述。

第一节　民族语言政策与语言规划研究①

　　20世纪上半叶，伴随现代国家的成立和现代教育的普及，"语

---

① 本节撰写主要参考以下文献：王利宾、傅懋勣：《我国少数民族语言研究工作的重要成就》，《中国语文》1959年第10期；傅懋勣：《建国三十五年来民族语言科研工作的发展》，《民族语文》1984年第5期；戴庆厦：《我国民族语文工作与社会语言学》，《民族语文》1987年第5期；道布：《中国的语言政策和语言规划》，《民族研究》1998年第11期；周庆生：《中国"主体多样"语言政策的发展》，《新疆师范大学学报》（哲学社会科学版）2013年第3期；李宇明：《和谐语言生活，减缓语言冲突》，《语言文字应用》2013年第2期；孙宏开：《中国少数民族语言规划百年议》《青海民族研究》2015年第4期；黄行：《跨学科视域下的语言研究及其方法》，《中国社会科学》2017年第2期。

言政策" 与 "语言规划" 概念在西方学术界开始浮出水面，并作为一个新兴的研究领域日渐受到政府和学界的关注。20 世纪中期，新中国成立伊始，在民族区域自治制度、文字改革运动等的指导和影响下，开展了大规模的少数民族语言调查和文字创制改进工作。20 世纪后期，中国进入改革开放新时期，在市场经济的社会转型以及标准化、规范化和信息化的技术革命中，少数民族语言文字在日益拓展其使用领域的同时逐步成立术语规范和数字化系统。进入 21 世纪，伴随《国家通用语言文字法》的颁布和 "语言生活、语言能力" 研究范式的提出，语言和谐、语言保护和推进双语教学成为少数民族语言政策和语言规划的重点。

一　新中国成立初期的少数民族语言政策和语言规划

20 世纪五六十年代是新中国语言政策和语言规划的发轫时期，亦是现代中国语言政策和语言规划承上启下的关键时期。新中国成立前夕，中国人民政治协商会议通过的《共同纲领》第 53 条规定："各少数民族均有发展其语言文字，保持或改革其风俗习惯及宗教信仰的自由。"

新中国成立初期，国体初定，百业待兴，少数民族语言问题自是其中之一。伴随在宪法和民族区域自治实施纲要的制定，新中国明确规定各民族使用和发展自身语言文字的自由以及各民族自治区自治机关采用当地民族语言文字的权利。1952 年《中华人民共和国民族区域自治实施纲要》第 15 条规定："各民族自治区自治机关得采用一种在其自治区内通用的民族文字，为行使职权的主要工具，对不通用此种文字的民族行使职权时，应同时采用该民族的文字。" 1952 年《中央人民政府政务院关于地方民族民主联合政府实施办法的决定》，其中关于人民代表会议的第 4 条、关于人民政府的第 4 条分别规定："各民族代表在人民代表会议的协商委员会或常务委员会上，有使用本民族语言、文字的权利。会议中的重要报告、文件和发言，应尽可能译成参加会议的各民族的文字，或配备译员作口头翻译"，"人民政府行使职权时，应尽可能地使用当地各民族的文字"。1954 年《中华人民共和国宪法》第 3 条规定："各民族都有使用和发展自己的语言文字的自由"，第 71 条规定："自治区、自治州、自治县的自治机关在执行职务的时候，使用当地民族通用的一种或者几种语言文字"，第 77 条规定："各民族公民都有用本民族语言文字进行诉讼的权利。人民法院对于不通晓当地通用的语言文字的当事人，应当为他们翻译。"

新中国成立初期，文字改革成为国家语言政策和语言规划的核心内容之一，中央政府组织了大规模的少数民族语言调查，并在此基础上进行了一系列的少数民族语言文字创制、改革和改进工作。1951 年《政务院关于民族事务的几项决定》第 5 项规定："在政务院文化教育委员会内设民族语言文字研究指导委员会，指导和组织关于少数民族语言文字的研究工作，帮助尚无文字的民族创立文字，帮助文字不完备的民族逐渐充实其文字。"

1954 年，中央人民政府政务院文教委员会、民族语言文字研究指导委员会及中央人民政府民族事务委员会《关于帮助尚无文字的民族创立文字问题》的报告指出："对于没有文字或没有通用文字的民族，根据他们的自愿自择，应在经过一定时期的调查研究之后，帮助他们逐步制定一种拼音文字，或帮助他们选择一种现有的适用的文字。"（国家民委文化宣传司，2006）1950—1955 年、1956—1959 年两次组织调查组，中央政府组织相关部门先后调查了 43 个民族的语言。在语言调查的基础上，成立民族语文工作和研究机构，根据自愿自择的原则，政府帮助南方的壮、布依、彝、苗、哈尼、傈僳、纳西、侗、佤和黎共计 10 个民族，创制了 14 种拉丁字母形式的文字，其中苗文 4 种，哈尼文 2 种。帮助云南省的傣族、拉祜族和景颇族设计了文字改进方案，帮助新疆的维吾尔族和哈萨克族设计了文字改革方案。

无论是政策实施还是理论研究，新中国成立初期的少数民族语言政策和语言规划研究均呈破旧立新、成果倍出的新局面。少数民族语言调查基础上的少数民族语言文字创制、改革和改进工作，是新中国成立初期少数民族语文工作的重要内容，为此以中国社会科学院语言研究为主导的学术界和政府机关进行了大量的语言调查和系统的讨论研究。王均的《参加中央西北访问团调查新疆兄弟民族语言的工作报告》（1951）、陈士林的《西康彝语文工作报告》（1951）和喻世长的《参加中央西南访问团调查贵州兄弟民族语言的工作报告》（1951）体现了 50 年代初期的少数民族语言调查的成果，罗常培的《国内少数民族语言系属和文字情况》（1951）则为这一时期语言调查的理论总结。《中国语文》自 1952 年创刊即成为五六十年代少数民族语文工作总结和少数民族语言政策研究的重要阵地，至 50 年代末不间断地刊登了数十篇中国少数民族语言政策和语言规划研究重要成果的论文（虽然多数文章没有"语言政策和语言规划"的明确提法），大致可以分为总述中国少数民族语言概况①、分述各少数民族语言情况和语文改革方案②和介绍苏联民族语言改革经验③三个方面。50 年代初期的研究认

---

① 该类论文主要有：罗常培、傅懋勣：《国内少数民族语言文字的概况》，《中国语文》1954 年第 3 期；［苏］A. C. 契科巴瓦著，俞敏译：《民族语言、文学语言跟地域方言》，《中国语文》1954 年第 6 期；［苏］格·谢尔久琴柯：《关于中国民族和语言的分类问题》，《中国语文》1958 年第 3 期；徐荣强：《民族与民族语的关系问题》，《中国语文》1958 年第 11 期；王利宾、傅懋勣：《我国少数民族语言研究工作的重要成就》，《中国语文》1959 年第 10 期；喻世长：《有关民族语言方言划分的几点意见》，《中国语文》1960 年第 2 期。

② 该类论文主要有：袁家骅：《广西壮语方言分布概况和创制文字的途径》，傅懋勣：《云南省少数民族语文的基本情况和我们的任务》，罗季光：《关于帮助少数民族创制文字的一些问题》，蔡美彪、刘璐：《东北各少数民族的语言与文字》，王辅世：《苗族文字改革问题》，《中国语文》1952 年第 6 期；李森：《维吾尔文字的改革问题》，《中国语文》1953 年第 2 期；袁家骅：《壮语语文问题》，《中国语文》1954 年第 5 期；李启烈：《朝鲜语文改革的历史（拼音文字和汉字的比较）》，《中国语文》1954 年第 6 期；李启烈：《谈朝鲜文字改革问题（拼音文字和汉字的比较）》，《中国语文》1954 年第 7 期；王辅世：《台湾高山族语言概况》，《中国语文》1954 年第 9 期；［苏］格·谢尔久琴柯，刘涌泉口译、施政记录：《壮族文字同壮族的基础方言和标准音问题》，《中国语文》1955 年第 7 期；郑之东：《朝鲜的文字改革》，《中国语文》1956 年第 7 期；喻世长：《布依文为什么和壮文"联盟"》，《中国语文》1958 年第 3 期。

③ 该类论文主要有：王均：《吸取苏联先进经验研究少数民族语文》，《中国语文》1952 年第 6 期；［苏］B. A. 阿夫洛林著，王辅世、刘涌泉节译：《苏联北方各部族的标准语与方言》，《中国语文》1954 年第 4 期。

为中国的语言"除了几种系属尚未确定的语言以外，可把现有的民族语言分为四个语系，九个语族，十九个语支"（罗常培、傅懋勣，1954），50 年代后期的研究则将新中国成立初期中国少数民族语言调查及语言划分分析和总结为少数民族语言的调查、语言和方言的识别、方言的划分、音位系统和语法构造的研究、新词术语、语言的相互影响和民族标准语的规范七个方面（王利宾、傅懋勣，1959）。

尽管此后的"左倾"思潮和"文化大革命"对少数民族语言政策和语言规划产生很大的影响，少数民族语文工作遭到严重破坏，但是在某些领域、某些地区还是有所发展：领袖著作的少数民族语言文字出版工作相对繁荣，八省区蒙古语文工作协作小组、三省朝鲜语文工作协作小组、中央马列著作毛泽东著作民族语文翻译局等民族语文工作机构成立，民族自治区、自治州在传统民族文字的学习使用方面也取得了一些成绩。

二　改革开放新时期的少数民族语言政策和语言规划

20 世纪后期，中国进入改革开放的新时期，伴随市场经济的发展和信息时代的到来，中国乃至世界的语言状况和语言问题发生剧烈变化，中国语言政策和语言规划随之进入新的历史时期。1986 年和 1997 年两次全国语言文字工作会议将中国的语言政策和语言规划的重心由文字改革转移至推广普通话和文字规范化、标准化，再转移至语言文字法规建设和文字信息处理。经历了 80 年代各项民族政策的恢复发展，面对国家语言政策和语言规划的重心调整，1991 年《关于进一步做好少数民族语言文字工作的报告》（国发 32 号文件）提出了新时期少数民族语言政策和语言规划的新内容：加强民族语文法制建设；搞好民族语文的规范化、标准化和信息处理；促进民族语文的翻译、出版、教育、新闻、广播、影视、古籍整理事业的发展；推进民族语文的学术研究、协作交流和人才培养；鼓励各民族互相学习语言文字。

伴随市场经济的逐步深入和社会领域的多元化，少数民族语言文字使用在政治、教育和文化等领域日益拓展，包括：国家重大会议和重大活动的民族文件译本、同声翻译的使用以及诉讼翻译、双语公文的出现；比较完整的以本民族语文为主、汉语文为辅的保持型双语教育体制的成立；中央和自治地方民族语文翻译机构的成立和广播电台、电视频道的开办。信息时代的到来给中国和世界的语言使用带来巨大的冲击，为中国语言政策和语言规划提供了新的机遇和挑战，民族语文的规范化、标准化和信息化成为新时期少数民族语言政策和语言规划的重点之一。1995年，全国术语标准化技术委员会少数民族语特别分委会在京成立，随后成立蒙古语、藏语、朝鲜语和新疆少数民族语四个术语工作委员会，分别制定相关语种的基础性术语标准。在已有蒙古文、藏文、彝文、维吾尔文、哈萨克文、柯尔克孜文等文种国家标准的基础上，90年代初陆续推出了蒙古文、藏文、维吾尔文、哈萨克文、朝鲜文、彝文、壮文、柯尔克孜文和锡伯文等文字处理系统，开发了相应的操作应用系统、排版系统和办公自动化系统以及部分文种的自动识别、机器辅助翻译系统以及网站网页，成立了一批民族语文的数据库，其中藏文、蒙古文的字符集标准已成为国际标准。

经历了"左倾"思潮和"文化大革命"，不仅少数民族语文工作亟待调整建设，少数民族语言政策和语言规划研究同样面临理论导向、价值判断的重新建构。1980年，国家民委与中国社会科学院在北京召开的第三次全国民族语文科学讨论会，分别讨论了（1）社会主义时期民族语文的发展规律，（2）民族语文政策，（3）民族语文工作同四个现代化的关系，（4）民族文字的使用、发展、推行和规范，（5）各民族互相学习语文以及（6）民族语文中新词术语及其拼写法等方面的问题。傅懋勣、王均发表联合报告《重视少数民族语言文字的使用和发展使民族语文工作更好地为四个现代化服务》（1980），分析了民族语文的使用发展和四个现代化的关系以及民族语言规范问题并对民族语文研究工作的几点意见，马学良、戴庆厦的《社会主义时期是民族语文繁荣发展的历史时期》（1980）则分析了社会主义时期是民族语文繁荣发展历史时期的语言背景和社会动因，并建议有关部门注意做好几个工作。第三次语文科学讨论会之后，少数民族语文工作的理论方向和核心问题成为学界讨论的焦点，这一时期的研究提出了新时期民族语文工作的理论基础，强调尊重语言实情、语言平等和提高少数民族地区的文化水平进行现代化建设（王均，1981），并从法理角度提出民族语言政策是我国民族政策的重要组成部分（王均，1983），同时强调加强对语言与社会相互关系的研究（戴庆厦，1987）。

经历了五六十年代的少数民族语文调查和文字创制、六七十年代"文化大革命"创伤以及八十年代的拨乱反正，进入 80 年代后期，少数民族语言政策和语言规划历时研究进入了新的阶段，逐渐使用自国际学术界引入的"语言政策和语言规划"概念讨论和分析中国的少数民族语文工作。虽然其中一些研究仍以"民族语言科研工作"为题，但是从少数民族语言普查和补查、创制文字工作、语言结构描写专著和词典、多种研究论文和有关古文字（古文献）论著等方面系统梳理少数民族语言文字工作历史，并对此后工作提出展望和预测，已经初步具备了少数民族语言政策和语言规划历时研究的基本框架（傅懋勣，1984），其他一些研究或从国家整体语言规划工作的角度讨论中国少数民族语言规划的基本情况（孙宏开，1989），或在具体分析民族和语言的关系、双语人和文字情况以及符合中国国情语言观的基础上明确提出中国的语言政策和语言规划概念，并将这一概念置于国家法律层面进行讨论并与汉语语言政策和语言规划进行比较分析（道布，1998）。

伴随市场经济的逐步深入和社会领域的多元化，社会主义法治建设是 20 世纪 90 年代中国社会发展的时代要求。少数民族语言文字使用在政治、教育和文化等领域日益拓展成为少数民族语言文字法制定的社会语言背景，少数民族语言政策和语言规划研究的一个重要内容是民族语文法制建设的讨论和研究。该类研究涉及少数民族语言文字立法的必要性、民族语言文字立法的法律依据和可行性分析、少数民族语言文字立法的任务和作用、少数民族语言文字立法的指导思想和少数民族语言文字立法的原则等方面①。与此同时，80 年代后期"中国少数民族语言使用情况和文字问题调查研究"课题作为全国哲学社会科学"七五"规划的国家重点科研项目，先后调查了 5 个自治区、30 个自治州、113 个自治县（旗）和 15 个有少数民族居住的省，并提交了最终研究成果（中国社会科学院民族所、国家民委文化宣传司，1992、1993、1994）。改革开放中后期，伴随信息技术的日渐深入以及国家语言政策的规范化导向，少数民族语言信息化研究在学界开始引起越来越多的关注。该类研究在民族语文特点的基础上讨论少数民族文字信息处理设计原则，提出了少数民族文字字符集编码结构设计和划分小字符集、中字符集及大字符集的依据（赵珀璋，1987），同时分析了在 GB/T 1.6（术语标准编写规定）的修订过程中，全国术语标准化技术委员会及其少数民族语特别分委员会研究和商讨少数民族语言标准制定中的问题（金万平，1997）。

三　进入新世纪的少数民族语言政策和语言规划

进入 21 世纪，伴随《国家通用语言文字法》的颁布和"语言能力、语言生活"等研究范式的提出，中国的语言政策和语言规划研究进入了社会关注和学科构建双重提升的新阶段。近 20 年间，在政府机构和专家学者的共同倡导下，语言政策和语言规划研究领域逐步拓展，研究内容日益深入，涵盖语言生活、语言生态、语言能力、

---

①　该类论文主要有：廖青：《关于我国少数民族语言文字法的立法研究》，《青海民族研究》（社会科学版）1992 年第 7 期；托和提：《关于制定我国民族语言文字法的法律依据》，《学术论坛》1992 年第 1 期；齐木德·宝音胡日雅克琪、刘景欣：《论民族语言权》，《中外法学》1995 年第 3 期等。

语言经济、语言权利和语言保护等一系列重要问题。面对语言文字
法规体系的成立和语言政策、规划研究范式的转变，少数民族语言
政策和语言规划在 21 世纪初期机遇与挑战并存：在《国家通用语言
文字法》实施的同时如何进一步加强双语教育，在构建和谐语言生
活、保护濒危语言的同时如何利用数字技术、互联网等技术进一步
融入国内国际社会，成为中国少数民族语言政策与语言规划亟须解
决的时代命题。《国家中长期教育改革和发展规划纲要（2012—2020
年)》《国家中长期语言文字事业改革和发展规划纲要（2012—2020
年)》提出了"科学保护各民族语言文字""大力推进双语教学"等
一系列涉及语言关系的工作任务。国家民族事务委员会 2010 年发布
了《国家民委关于做好少数民族语言文字管理工作的意见》，特别强
调"依法保障少数民族语言文字在相关领域的应用"（第 9 条)，
"加强少数民族濒危语言的抢救、保护工作"（第 15 条)，参与做好
双语教学工作（第 10 条)。2017 年，国家民委印发《"十三五"少
数民族语言文字工作规划》，该《规划》贯彻落实习近平总书记关
于促进各民族语言相通、加强干部群众双语学习重要指示精神，阐
述了开展民族语文工作的基本原则和发展目标，对于保障各民族使
用和发展自己的语言文字的自由、促进各民族语言相通心灵相通、
巩固和发展平等团结互助和谐的社会主义民族关系、促进少数民族
和民族地区加快发展、确保 2020 年少数民族和民族地区与全国同步
实现全面建成小康社会具有重要意义。

《国家通用语言文字法》的施行、纪念《国家通用语言文字法》
颁布 10 周年座谈会的召开、党的十七届六中全会"大力推广和规范
使用国家通用语言文字，科学保护各民族语言文字"和党的十八大
报告"推广和规范使用国家通用语言文字，繁荣发展少数民族文化
事业"等要求的提出，在进一步明确了坚持国家通用语言文字的主
导地位和使用原则的基础上，明确指出要妥善处理方言、少数民族
语言文字以及外国语言文字等的学习使用。内蒙古、新疆和西藏三
个民族自治区，制定（修订）和实施了使用和发展本民族语言文字

的有关规定和实施细则。民族自治州地方颁布的当地语言文字工作条例，自治州一级的有 13 个，自治县一级的有 9 个。教育是立国之本，双语教育是中国少数民族自治地方重要的社会制度和教育模式，截至 2007 年，全国共有 1 万多所学校使用 21 个民族的 29 种文字开展 "双语" 教学，在校学生达 600 多万人。21 世纪初，中国乃至世界的教育环境飞速发展，教育资源日益融合，中国的双语教学在信息化、全球化思潮中必然要发生改变。2010 年中共中央、国务院印发了《国家中长期教育改革和发展规划纲要（2010—2020 年）》，规定："大力推进双语教学。全面开设汉语文课程，全面推广国家通用语言文字。尊重和保障少数民族使用本民族语言文字接受教育的权利。全面加强学前双语教育。国家对双语教学的师资培养培训、教学研究、教材开发和出版给予支持。"

濒危语言作为逐渐消亡的人类文明记录，近年来日益受到国际国内社会的关注。中国的一些少数民族语言，如畲语、仡佬语、赫哲语、鄂伦春语、鄂温克语、裕固语、塔塔尔语、土家语、满语等，正处于濒危状态，21 世纪中国少数民族语言政策与语言规划的重点之一即为积极抢救保护濒危语言，具体措施包括：（1）相关专家调查、记录、整理一批濒危少数民族语言，出版了相关论著；（2）将以濒危语言为载体的文学艺术形式列入国家或地方各级《非物质文化遗产保护名录》，进行抢救、整理和保护；（3）国家民族事务委员会少数民族语文工作室分别在新疆维吾尔自治区察布查尔锡伯自治县和贵州省松桃苗族自治县，联合当地政府，共同成立了少数民族双语环境建设示范区；（4）启动少数民族语言有声数据库建设项目，旨在采集整理保存中国各少数民族语言有声资料，以便将来深入研究开发和利用。与此同时，国家在制定蒙古文、藏文、维吾尔文（哈萨克文、柯尔克孜文）、朝鲜文、彝文和傣文等文字编码字符集、键盘、字模国家标准的基础上，提交蒙古文、藏文、维吾尔文（哈萨克文、柯尔克孜文）、朝鲜文、彝文和傣文等文字编码字符集的国际标准，多个少数民族文种电子出版系统、办公自动化系统和网站网页均在逐步成立运行中。2015 年，教育部、国家语委启动中国语言资源保护工程，这是继 1956 年开展全国汉语方言和少数民族语言普查以来，我国语言文字领域又一个由政府组织实施的大型语言文化类工程，也是目前世界上最大规模的语言资源保护项目。2018 年，中国政府会同联合国教科文组织举办首届世界语言资源保护大会，会议以"语言多样性对于构建人类命运共同体的作用"为主题，通过了重要成果性文件保护和促进世界语言多样性《岳麓宣言（草案）》，标志着世界语言资源保护大会最终形成了具有里程碑意义的重要成果，这是中国语言资源保护工程产生广泛国际影响的体现。

伴随《国家通用语言文字法》的颁布和实施以及市场经济在少数民族地区的发展和成熟，21 世纪初期中国少数民族语言政策和语言规划出现了许多新情况和新问题。少数民族语言政策和语言规划研究作为与社会发展、国家政策联系紧密的应用性学科，在其方法论层面出现了跨学科和强调社会因素的新倾向，结合其他学科的研究方法和分析社会因素的影响成为这一时期少数民族语言政策和语言规划研究的新思路。其中，具有跨学科倾向的研究从国家民族政策与语言政策的关系以及人类学等其他学科的研究方法等角度，探讨 21 世纪少数民族语言政策研究的思路和方法，如黄行的《当前我国少数民族语言政策解读》（2014）、《国家民族政策与民族语言政策》（2015）、《跨学科视域下的语言研究及其方法》（2017）；而强调社会因素倾向的研究则从中国少数民族语言生活状况、全球化进程、社会转型以及与汉语关系的角度，分析 21 世纪少数民族语言政策和语言规划研究的动因和走向，如周庆生的《中国"主体多样"语言政策的发展》（2013）、《少数民族语言在社会转型中的挑战与机遇》（2013）、《语言生活与语言政策：中国少数民族研究》（2015）。经历了新中国半个世纪的历史发展和改革开放，21 世纪初，"他山之石"和"历史反思"成为中国语言政策和语言规划研究界两种颇受关注的研究方法，少数民族语言政策和语言规划在更加开放的国际视野和更加深远的历史回顾中有不俗的发展。中国社会科学院民族研究所"少数民族语言政策比较研究"课题组、国家语言文字工作委员会政策法规室编的《国外语言政策与语言规划进程》(2001)、《国家、民族与语言——语言政策国别研究》(2003)为21世纪初的中国语言政策和语言规划国别研究的开山之作，开少数民族语言政策和语言规划乃至汉语语言政策和语言规划共时比较研究风气之先，汇集了涉及欧、美、亚、拉美、非几大洲一些主要国家语言政策和语言规划的论文和文献，从国家和民族的视角研究国际社会的语言政策。孙宏开的《少数民族语言规划的新情况和新问题》(2005) 和《中国少数民族语言规划百年议》(2015) 为这一时期语言政策和语言规划历时历史研究的重要文献，前者分析了近10年来少数民族语言文字规划出现的新情况和民族语文工作出现的新问题，并提出解决语言权利、双语教育、濒危语言、少数民族文字作用争议、少数民族语言信息化处理平台建设以及三结合工作方法等问题的思路；后者则以少数民族语言规划的基本内容为基础，从正反两方面将中国百年少数民族语言规划分为拓荒阶段 (20世纪30年代至50年代)、黄金阶段 (50年代)、受干扰阶段 (50年代末到70年代) 和全面发展阶段 (20世纪80年代至今) 四个历史阶段，并提出10条经验和教训。

　　21世纪初期，在政府机构和专家学者的共同倡导下，语言政策和语言规划研究领域逐步拓展，语言和谐成为少数民族语言政策和语言规划的热点问题。语言和谐认为"多语言多方言是国家宝贵的社会经济文化资源，而不是国家统一和社会经济发展道路上的障碍。因此，语言和谐追求的是多语言多方言的共存和共荣。各种语言或方言不论大小，都能拥有各自的生存发展空间，各就各位，各司其职，共同演奏中华语言使用的交响曲"(周庆生，2005)，而当前语言规划应当以时以势逐渐调适：国家通用语言文字的工作重心应由"大力推广"向"规范使用"转变；语言规划在继续关注语言工具职能的同时，要更多关注语言的文化职能 (李宇明，2013)。语言保护作为国家语言战略和国际社会关注的语言问题，在当前少数民族语言政策和语言规划研究界获得极高关注。该类研究从濒危语言、语言生活观、语言资源和语言生态以及语言权利的相互关系、语言使用者和政府以及专家学者的协同合作等角度出发，构建"科学保护语言文字"概念体系和理论框架，如李锦芳《中国濒危语言研究及保护策略》（2005）、李宇明《科学保护各民族语言文字》（2012）、方小兵《语言保护的三大着眼点：资源、生态与权利》（2013）、戴红亮《走整体把握和协同合作的民族语言保护之路》（2014）等。其中，戴庆厦的《"科学保护各民族语言文字"研究的理论方法思考》（2014）根据我国的语言实际和国家的语文方针政策，认为"科学保护各民族语言文字"是我国新时期的语言国策，提出在处理好各种语言关系的基础上构建"科学保护"的理论框架和方法体系。黄行的《科学保护语言与国际化标准》（2014）则认为需要在参考濒危语言认定的国际标准的前提下，根据中国的国情，开展濒危语言标准的调研、论证及制订工作。周庆生的《语言保护论纲》（2016）则提出语言保护指的是政府、社会群体和专家对不同语言状况或环境，采取的不同保护措施，以应对语言生态受到的破坏。范俊军的《中国的濒危语言保存和保护》（2018）则梳理了中国的濒危语言保存和保护经历的渐进过程，并提出后语保时代应转向保存和保护的实践。

第二节　中国少数民族语言国情调查研究①

　　我国有汉藏、阿尔泰、南岛、南亚和印欧五大语系的语言，是世界上语言资源最为丰富的国家之一。随着现代化和城镇化的持续推进，我国民族语言和汉语方言正以前所未有的速度发生着变化，许多语言或方言趋于濒危或面临消亡。语言作为文化中最为重要的

---

　　① 本节由中国人民大学文学院燕海雄副教授撰写。

资源，其濒危现状也就是文化濒危的表征。这种表征日趋严重，引起了社会各界的广泛关注。党的十九大标志着我国语言文字事业进入了新时代。新时代赋予了语言文字事业新的发展内涵。

中国传统语言文字研究有着悠久的历史、丰厚的成果和深远的影响，但从现代语言学的角度看，中国民族语言文字研究的现代化是新中国成立以后的事情。王均在总结这一历史阶段的情况时认为："在旧社会，少数民族语言文字总的来说是受歧视的，除少数几种外，一般被禁止使用。民族语言文字研究方面，一是对于少数民族语言有研究的专家少；二是大多数民族语言从来没有人研究过；三是大多数民族从来没有文字，少数有文字的民族，尽管文献资料有多有少，但从文献的时代来看，连续的、特别是早期的、能用作语言历史研究的资料，是不够多的，而且也很少有人进行研究。这就是解放前我国少数民族语言研究的情况。"① 从 20 世纪 20 年代末开始，尤其是抗日战争爆发以后地区高校迁往西部，老一辈的民族语言学家深入民族地区，用现代语言学的理论和方法对多种少数民族语言进行实地调查研究，例如赵元任调查了广西壮语，李方桂调查了贵州布依族语言以及广西壮语，罗常培调查了云南独龙语、傣语、怒语、白语，袁家骅、马学良、高华年等调查了云南彝语，傅懋勣调查了云南纳西语，邢公畹调查了云南傣语，闻宥、傅懋勣、张琨等调查了四川羌语，金鹏调查了四川藏语、嘉戎语等。这些研究开启了中国民族语文研究的现代化进程。

一 新中国成立与少数民族语言文字大调查

中国民族语文研究的现代化进程真正是从新中国成立以后开始的。针对中国民族语文的使用现状，党和政府制订了一系列方针政策，保障少数民族语言文字使用和发展少数民族文化教育的权利，

---

① 王均：《中国少数民族语言研究情况》，《民族语言文字研究文集》，青海民族出版社 1982 年版。

保障少数民族的平等权利。1950 年，中国科学院成立语言研究所，先后派遣工作人员参加中央访问团（包括西南、西北、中南等各分团）调查研究各该地语言。1951 年，中央人民政府政务院决定在政务院文化教育委员会内设民族语言文字指导委员会，指导和组织关于少数民族语言文字的研究工作，帮助尚无文字的民族创立文字，帮助文字不完备的民族逐渐充实其文字。1954 年，中央人民政府政务院文化教育委员会民族语言文字研究指导委员会及中央人民政府民族事务委员会做出了"关于帮助尚无文字的民族创立文字问题的报告"。1955 年 12 月 6—15 日，首届民族语言文字科学讨论会在北京举办，各地民族语言文字工作者和专家学者近一百人出席了此次会议。会议学习并讨论中央关于少数民族语言文字工作的指示，交流民族语言文字工作的情况和经验，交换如何帮助少数民族创立、改进和改革文字的意见，初步制定了少数民族语言文字工作的十二年远景规划和第一个五年计划。从此，中国民族语言文字工作进入了语言普查、标准音点确认以及创制（或改进）文字方案阶段。

　　1956 年，在中国科学院语言研究所少数民族语言文字研究组和中央民族学院语文系的基础上筹备成立中国科学院少数民族语言研究所，具体负责语言大调查的组织领导工作。这次大调查前后有 700 余人次参与，根据专业方向，组成了 7 个调查队（见表 9—1）。

表 9—1　　　　　　　　　语言大调查分工及其调查的语言

调查队	调查语言
第一队	包括壮语、布依语、侬语、沙语（侬语、沙语后来合并于壮语）、侗语、水家语（现称水语）、黎语及其他亲属关系相近的语言
第二队	包括苗语、瑶语及其他亲属关系相近的语言

续表

调查队	调查语言
第三队	傣语、傈僳语、景颇语、拉祜语、哈尼语、卡佤语（现称佤语）、民家语（现称白语）、纳西语、独龙语、阿昌语、布朗语、绷龙语（现称德昂语）等语言
第四队	彝语（及其方言）以及土家语等
第五队	蒙古语、达斡尔语、东乡语、土族语、保安语等
第六队	维吾尔语、哈萨克语、柯尔克孜语、乌孜别克语、塔塔尔语、塔吉克语等
第七队	藏语、羌语、嘉戎语、西番语（现定为普米语）等

　　截至 1959 年，各分队先后调查了 42 个民族使用的 50 多种语言，摸清了我国民族语言的分布、使用人口、民族关系、使用现状（尤其是一个民族使用多种语言的情况）；整理了 1500 多个调查点的材料，包括每个调查点的音位系统、常用词表、语法例句以及丰富的长篇语料，全面掌握了我国各民族使用文字的情况，包括这个语言是否原有文字，语言和文字的关系，文字与口语是否脱节；对无文字的民族，了解本民族对文字问题的意见，一些需要创制文字的民族，在对方言土语进行初步比较的基础上，提出划分方言土语的初步意见，对基础方言和标准音进行了初步论证。然后再深入调查研究基础方言和标准音点。各调查队在前期调查研究的基础上，先后为壮、布依、黎、侗、苗、佤、哈尼、傈僳、纳西、彝 10 个民族设计了 14 种拉丁字母形式的拼音文字方案，并在不同民族地区召开了民族语言文字科学讨论会，征求社会各界的意见：

　　（1）1956 年 10 月 31 日—11 月 7 日，在贵阳召开的苗族和布依族语言文字科学讨论会上，提出苗族文字方案（草案）和布依族文字方案（草案）征求意见稿。

　　（2）1956 年 12 月 18—24 日，在成都召开的彝族语言文字科学讨论会上，提出凉山彝族拼音文字方案（草案）征求意见稿。

（3）1957 年 2 月 11—17 日，在海南通什召开的黎族语言文字科学讨论会上，提出黎文方案（草案）征求意见稿。

（4）1957 年 3 月 16—27 日，在昆明召开的云南少数民族语言文字科学讨论会上，提出哈尼族拼音文字方案（草案）、傈僳族拼音文字方案（草案）、景颇族拼音文字方案（草案）、纳西族拼音文字方案（草案）、拉祜族拼音文字方案（草案）以及佤族拼音文字方案（草案）等征求意见稿。

（5）1958 年 8 月 18—23 日，在贵阳召开的侗族语言文字科学讨论会上，提出侗族文字方案（草案）征求意见稿。

截至 1958 年年底，共有 14 种新创文字方案获得通过。考虑到方言差距较大，通行较难，个别语言设计了多种文字方案，例如苗语有 4 种方案，哈尼语有 2 种方案。根据国务院关于创立和改革少数民族文字的批准程序和试验推行的相关规定，上述方案逐层上报并得到国家相关机构审批，其中壮文于 1957 年 12 月 10 日经国务院批准为正式文字推行，其余 13 种文字均经国家民委批准试行。

二　改革开放与少数民族语言文字国情调查

20 世纪 50 年代的民族语言大调查是我国民族语言文字现代化的第一次浪潮，积累了丰富的语料，取得了很大的成绩，但是调查成果没能及时整理和系统发布，创制（或改进）的文字方案没有正式推行。改革开放以后，中国民族语文迎来了第二次现代化的浪潮。

"中国少数民族语言简志丛书"列为国家民委"民族问题五种丛书"之一，陆续由民族出版社出版。截至 1987 年，共出版了 57 本。回族、满族和俄罗斯族 3 个民族未写语言简志，裕固族出版了两本语言简志（东部裕固语和西部裕固语），门巴族、景颇族也各出版了两本，高山族出版了 3 本（分别是布嫩语、阿眉斯语和排湾语），《瑶族语言简志》实际上包括瑶族使用的勉、布努、拉珈 3 种语言，其他基本每个语言一本简志。因此这套丛书总共刊布了 59 种少数民族语言。此外，《民族语文》创刊并开辟了"中国少数民族语言概况"专栏、中国新发现语言的调查和陆续出版①、中国少数民族语言方言的调查与陆续出版②、"中国少数民族语言系列词典丛书"的陆续出版③以及《中国语言地图集》的绘制④等，中国少数民族语言文字的国情轮廓日渐清晰。2005 年，作为国家民委"民族问题五种丛书"之一，"中国少数民族语言简志丛书"曾为新中国成立 10 周年献礼，国家民委决定对"民族问题五种丛书"进行修订再版。修订后的简志包括 60 种少数民族语言，约 1000 万字，由民族出版社于 2009 年分 6 卷合订出版。2005 年，中央民族大学在教育部的支持下专门设立了"新时期中国少数民族语言使用情况系列研究""985"工程项目，经过十多年的努力，先后有 300 余人在全国少数民族地区进行了 20 多个语言使用个案调查，成果包括由商务印书馆出版的"新时期中国少数民族语言使用情况系列研究丛书"，截至目前共出版了 23 部。⑤ 2007 年，在前期各项研究成果的基础上，中国社会科学院民族学与人类学研究所孙宏开、胡增益以及黄行主编的

---

① "中国新发现语言研究丛书"是国家社会科学基金和中国社会科学院重大项目的研究成果，内容比语言简志深入一些，篇幅也比语言简志大一些，每种一般都在 25 万字以上，有的已经超过 40 万字。从 1997 年开始，截至目前已经出版了 48 种。

② "中国少数民族语言方言研究丛书"是国家社会科学基金项目的研究成果。从新中国成立以来，国家和政府组织了大批人力、物力和财力，调查研究各少数民族语言的内部差异，每个语言都收集了不同数量调查点的方言资料。这套丛书的出版进一步促进了少数民族语言研究的深入发展。截至目前已经出版了 18 种。

③ "中国少数民族语言系列词典丛书"先后得到中国社会科学院科研局和世界少数民族语文研究院东亚部的资助和支持。一般来说，调查一种语言的词汇时，尤其是濒危语言，收集 3000—4000 个常用词比较容易，但是收集到 4000 条以上就比较困难，收集到 6000 条以上就非常困难了。截至目前已经出版了 22 种。

④ 《中国语言地图集》为中澳合作项目，英、汉两种文字，于 1991 年由香港朗文出版社出版。地图集包括综合图、地区图、语族图和部分语言图（包括方言），大体描述了近 80 种少数民族语言。在文字说明中，给出了各地区、语族或语言的分布、使用人口、语言关系等信息。

⑤ 戴庆厦：《语言国情调查的几个问题》，《中国民族语言学报》第 2 辑，商务印书馆 2019 年版。

《中国的语言》由商务印书馆出版。该项成果是整合国内 90 多名作者之成就，历时 50 余年的实地调查，历经几代语言学家的努力完成的一本 360 余万字的集大成的语言国情报告，反映了中国少数民族语言文字国情的基本概貌。该项成果识别的中国少数民族语言共有 128 种。[①] 2009 年，戴庆厦发表了《跨境语言研究的理论与方法》，在理论和方法层面对跨境语言研究的内涵进行了阐释，具有重要的指导意义，开辟了民族语文调查的新领域。[②]

到了 80 年代，50 年代创制和改进的文字均处在试行阶段，使用范围和实际效果均受到限制，为此专门组织"我国新创和改进的少数民族文字试验推行工作经验总结和理论研究"课题组，对新创和改进文字逐个进行调查研究。通过访问座谈、文献收集、实地调查、现场测试、社会问卷等综合方法，调查了解各文种实际的试行效果和本民族群众对文字的评价。调查的内容包括这些文字在学校教育、社会扫盲、行政司法、广播影视、图书报刊的出版发行、宗教活动和日常生活的使用以及文字的跨境使用、新老文字的关系等问题。每个文种都根据调查结果写出总结报告。[③] 除了新创文字的现代化外，我国还有一些民族使用传统的文字，有着较早的历史和较为规范的用法（例如藏文、维吾尔文、哈萨克文、朝鲜文、蒙古文、傣文、彝文等），同样面临着现代化的需求。从整体上看，这些文字的使用范围较窄，掌握的人较少。为了进一步扩大这些文字的使用范围，近几十年来，党和政府先后在学校教育层面和社会教育层面进行文字扫盲，扫盲对象包括不同年龄层次，同时在不同语言生活领域（例如新

---

① 孙宏开教授于 2017 年出版了英文著作《中国 140 种语言百科全书》（*An Encyclopedia of the 140 Languages of China：Speakers，Dialects，Linguistics Elements，Script，and Distribution*）。该书最新报道中国有 140 余种语言。

② 戴庆厦：《跨境语言研究》，中央民族学院出版社 1993 年版；《跨境语言研究的理论与方法》，《云南师范大学学报》2009 年第 3 期。

③ 黄行：《我国新创与改进少数民族文字试验推行工作的成就与经验》，《民族语文》1996 年第 4 期。

闻、出版、影视、广播等）逐步扩大各民族语言文字的学习和使用。在民族语文编译方面，也做了大量的工作，例如各种科目、各个年级、各种类型的规范教材和规范词典等。据统计，从新中国成立以来，各级出版部门先后出版了400多种词典，还出版了大规模的文学作品，有的是译自国内外的名著，有的是整理本民族传统优秀的文学遗产，例如诗歌、小说、民间故事、唱词等。

三　新时代与少数民族语言文字国情调查

进入21世纪以后，我国的民族语文使用状况发生了明显的变化，除了应该对已经出现濒危趋向的少数民族语言进行科学的抢救保护外，语言活力保持较好的一些较大语种需要进一步做好语言文字规范化、标准化和信息化工作，以适应在现代化社会民族语言使用发展的需要。2011年10月，中共十七届六中全会审议通过了《中共中央关于深化文化体制改革推动社会主义文化大发展大繁荣若干重大问题的决定》，提出"大力推广和规范使用国家通用语言文字，科学保护各民族语言文字"，这是党中央对我国语言关系的科学总结，也是对我国语言文字事业提出的明确要求。

党的十八大以来，以习近平同志为核心的党中央高度重视中华优秀传统文化的传承发展，并于2017年1月由中共中央办公厅、国务院办公厅印发了《关于实施中华优秀传统文化传承发展工程的意见》。

倡导"大力推广和规范使用国家通用语言文字，保护传承方言文化。开展少数民族特色文化保护工作，加强少数民族语言文字和经典文献的保护和传播，做好少数民族经典文献和汉族经典文献互译出版工作"。这是我们党在新时代对待我国语言文字的指导思想和科学决策，是继《宪法》第四条规定的"各民族都有使用和发展自己的语言文字的自由"的新发展，符合我国民族语文使用的实际国情。

为了深入贯彻党的十八大和十七届六中全会关于"大力推广和

规范使用国家通用语言文字，科学保护各民族语言文字"的精神，进一步落实《国家中长期语言文字事业改革和发展规划纲要（2012—2020 年）》的任务要求，教育部、国家语委自 2015 年起启动中国语言资源保护工程，在全国范围开展以语言资源调查、保存、展示和开发利用等为核心的各项工作。①"语保"工程的实施，能够更好地调查语言国情，为科学制定我国的语言规划和语言政策提供基础；能够科学有效保护语言文化资源，进一步传承和弘扬中华优秀传统文化，贯彻十九大精神；能够维护国家安全、社会稳定和民族团结，进一步实施国家周边战略和"一带一路"倡议；能够推进语言文字信息化建设，提升国家信息化水平；能够促进语言文化产业发展，进一步增强语言和社会语言服务能力。2016 年 5 月，教育部与国家民委办公厅共同发布了《关于推进中国语言资源保护工程少数民族语言调查的通知》，并颁布了 2015—2019 年在全国少数民族中展开 310 个一般语言点、110 个濒危语言点的总体规划表。截至 2017 年年底，2015 年已经完成了 81 个语言点的验收结项工作，2016 年组织并主持了 88 个语言点，2017 年完成了 81 个语言点的立项、培训、中检、验收及结项工作。②

中国民族语文的现代化是新中国成立 70 年以来的事情。没有新中国就没有民族语文大调查，没有改革开放就没有民族语文的国情

---

① 中国语言资源保护工程的主要任务包括三个部分，即中国语言资源调查、中国语言资源平台建设以及中国语言资源保护研究。就中国语言资源调查来看，初步计划调查 300 个少数民族语言调查点、900 个汉语方言调查点、100 个濒危少数民族语言方言调查点、100 个汉语濒危方言调查点、20 个少数民族语言方言文化调查点以及 100 个汉语方言文化调查点等。就中国语言资源平台建设来看，计划建成中国语言资源库建设、中国语言资源管理系统建设以及中国语言资源采录展示系统建设等。就中国语言资源保护研究来看，计划出版《中国濒危语言志》《中国濒危方言志》《中国语言方言文化典藏》《少数民族语言地图集》《汉语方言地图集》《中国语言文化遗产名录》等。中国语言资源保护工程的实施对于保护中华优秀传统文化具有重大而深远的意义。

② 丁石庆：《中国少数民族语言资源保护：进程、问题与相关策略》，《中国民族语言学报》第 2 辑，商务印书馆 2019 年版。

调查。中国共产党第十九次全国代表大会的胜利召开标志着我国民族语文的现代化已经进入了新时代。

第三节　中国少数民族语言文字规范化、标准化和信息化研究

中国少数民族语言文字规范化、标准化是指为了提高中国少数民族人民的文化水平，适应文化信息传播的需要，国家研究、制定并颁布的各项关于中国少数民族语言文字的使用规则和使用标准。信息化则是在语言文字领域充分应用现代信息技术，创建各类少数民族语言文字信息系统和资源库，并以此推动各项规范、标准、法律的升级完善。中国少数民族语言文字规范化、标准化和信息化是国家民族语言文字工作的重要组成部分。

一　新中国成立初期的少数民族语言文字规范化、标准化

在新中国成立初期，民族语言文字研究学者进行实地调查研究，他们深入民族地区，搜集研究各民族语言文字。从 1956 年开始，中国科学院少数民族语言研究所共组织了 700 余人的大规模民族语言调查研究。在搜集大量一手资料的基础上，经整理研究，为一些民族语言确立了标准音，为一些民族文字设定正字法，初步拟订《关于少数民族文字方案中设计字母的几项原则》，并提交中国文字改革委员会讨论后上报国务院审批。在周总理主持的一次国务院全体会议上审议修改通过。1957 年 12 月发布的《关于少数民族文字方案中设计字母的几项原则》是我国第一个有关少数民族语言文字的规范标准。在该原则的指导下，为 10 个民族设计了 14 种拉丁字母形式的文字方案，为文字不完善的 5 个民族改进了 8 种文字方案。确定标准音点、设计或改进文字方案，为我国少数民族语言文字规范化、标准化的工作奠定了坚实的基础。为了在地图测绘工作中能够

准确记录少数民族地区的地名，1965 年 3 月，国家测绘局和中国文字改革委员会发布了《少数民族地名汉语拼音字母音译转写法（草案)》。该草案规定，有拉丁字母的少数民族文字，转写时以其文字为依据；不是拉丁字母式的少数民族文字，根据字母和读音配备相应的拉丁字母；没有文字的少数民族，根据通用语音标记。草案还详细列举了维吾尔语、蒙古语、藏语三种少数民族的字母音译转写法。《少数民族地名汉语拼音字母音译转写法（草案)》是少数民族语言地名标准化工作的重要成果，避免了一名多译，有效地提高了记音的准确性和译名的统一性。"文化大革命"期间，少数民族语言文字研究工作被迫中断。

　　总的来说，这一时期开展少数民族语言文字规范化标准化工作的目的是为了普及教育，提高少数民族群众的知识水平，适应社会文化发展。从工作的成效来看，在一定程度上促进了少数民族地区社会经济的发展与繁荣，增强了民族凝聚力，继承和弘扬了优秀民族传统文化，培养了一批较高素质人才，为下一阶段的社会发展提供了必要的人力储备。

二　改革开放后的少数民族语言文字规范化、标准化和信息化

　　1978 年后，我国少数民族语言文字工作逐渐得到恢复。1980—1986 年，民族出版社陆续出版了"中国少数民族语言简志丛书"共计 57 册单行本。"简志丛书"从语音、词汇、语法、方言和文字方面规范描写了 59 种少数民族语言。随着改革开放的逐步深入，我国在社会发展、经济水平、科学技术等方面进入快速发展期，少数民族语言文字规范化、标准化的重要性和紧迫性凸显。自 1991 年起，国家民委、教育部语信司组织启动了多项少数民族语言文字规范标准和信息化方面的研究工作，取得了一系列成果。2007 年《中国的语言》出版，该项研究确定了 128 种中国少数民族语言的标准音点、方言划分。2011 年，"中华字库"工程启动，在各种实际文本原形图像的基础上，确定规范形体，建立汉字及少数民族文字的编码和

主要字体字库。

　　总的来说，新时期中国少数民族语言文字规范化标准化工作的目的除了新中国成立初期的特定目的以外，还增加了一个新的目的，那就是为了适应现代科技带来的高效的信息传播方式。现在，计算机作为一种日常工具融入各民族人民群众工作生活的方方面面，图书出版、医疗卫生、金融服务、交通运输等行业基本实现电子化办公，不再依靠过去的手写，而是先输入计算机再打印或通过网络上传，极大地改变了全社会的工作生活方式，少数民族地区也不例外。这对少数民族语言文字的规范标准建设提出了更高的要求。在这种形势下，应该意识到，少数民族语言文字的三化工作是有关少数民族地区社会经济持续、稳定、协调发展的一项长期艰巨的大事。

　　下面从已发布标准、信息系统、网站建设三个方面，简要介绍中国少数民族语言文字规范化、标准化和信息化的状况。

　　（一）中国少数民族语言文字已发布标准

　　通过在 Unicode 官网、国家标准全文公开系统和全国标准信息公共服务平台中查询，经整理建库得知，截至 2019 年 5 月，已有 14 种少数民族文种的字符编码进入国际标准编码体系。已发布 89 项涉及少数民族语言文字的国家标准，其中已废止 5 项，现行 84 项。已发布 30 项涉及少数民族语言文字的地方标准。已发布 10 项涉及少数民族语言文字的行业标准。

　　1. 藏语言文字

　　中国少数民族语言文字标准文件数量最多的是藏语言文字，已发布标准文件共有 28 项，其中，国家标准 25 项（已废止 1 项），行业标准 3 项。国家标准文件中涉及语言文字编码的有 3 项，涉及语言文字字型的有 13 项，涉及信息技术处理的有 9 项（已废止 1 项）。行业标准中涉及语文译写、转写的有 3 项。

　　2. 维吾尔族语言文字

　　维吾尔语文已发布标准文件共有 27 项，其中，国家标准 17 项

（已废止 1 项），地方标准 10 项。国家标准文件中涉及语言文字编码的有 4 项，涉及语言文字字型的有 8 项（已废止 1 项），涉及信息技术处理的有 5 项。地方标准中涉及译写、转写的有 2 项，涉及语言文字编码的有 1 项，涉及语言文字字体类型的有 1 项，涉及信息技术处理的有 6 项。

3. 蒙古族语言文字

蒙古语文已发布标准文件共有 26 项，其中，国家标准 21 项（已废止 3 项），地方标准 4 项，行业标准 1 项。国家标准文件中涉及名词术语的有 1 项，涉及语言文字编码的有 6 项，涉及文字字型的有 9 项（已废止 3 项），涉及信息技术处理的有 5 项。地方标准中涉及名词术语领域的有 3 项，涉及辞书编纂的有 1 项。行业标准中涉及译写、转写的有 1 项。

4. 哈萨克族语言文字

哈萨克语文已发布标准文件共有 23 项。其中，国家标准 14 项，地方标准 8 项，行业标准 1 项。国家标准中涉及语言文字编码的有 3 项，涉及语言文字字型的有 7 项，涉及信息技术处理的有 4 项。地方标准中涉及语言文字编码的有 1 项，涉及语言文字字体类型的有 1 项，涉及信息技术处理的有 6 项。行业标准中涉及译写、转写的有 1 项。

5. 柯尔克孜族语言文字

柯尔克孜语文已发布标准文件共有 23 项。其中，国家标准 14 项，地方标准 8 项，行业标准 1 项。国家标准中涉及语言文字编码的有 3 项，涉及语言文字字型的有 7 项，涉及信息技术处理的有 4 项。地方标准中涉及语言文字编码的有 1 项，涉及语言文字字体类型的有 1 项，涉及信息技术处理的有 6 项。行业标准中涉及译写、转写的有 1 项。

6. 满族语言文字

满语文已发布标准文件共有 9 项，全部是国家标准，涉及的全是语言文字字型。

7. 傣族语言文字

傣语文已发布标准文件共有 7 项，其中，国家标准 5 项，行业标准 2 项。国家标准中涉及语言文字字型的有 2 项，涉及信息技术处理的有 3 项。行业标准中涉及译写、转写的有 2 项。

8. 锡伯族语言文字

锡伯语文已发布标准文件共有 7 项，全部是国家标准，涉及的全是语言文字字型。

9. 彝族语言文字

彝语文已发布标准文件共有 4 项，其中，国家标准 3 项，行业标准 1 项。国家标准中涉及语言文字编码的有 1 项，涉及语言文字字型的有 2 项。行业标准中涉及译写、转写的有 1 项。

10. 黎族语言文字

黎语文已发布标准文件只有 1 项，是行业标准，涉及的是译写、转写的规则标准。

（二）中国少数民族语言文字信息系统

自 20 世纪 80 年代起，中国少数民族语言文字信息系统的研发开始起步，至今已建立了多个少数民族语言文字的信息系统。如"蒙古文信息处理系统""基于 LINUX 的跨平台藏文信息处理系统""藏文识别实验系统""中国多民族文字电子公文系统""蒙、藏、维、哈、朝、满、汉文操作系统""YWDS 彝文系统""古壮文计算机处理系统""西双版纳新老傣文计算机组版系统""纳西象形文字信息处理平台"等。虽然已建立多个文种的信息系统，但缺乏统一的操作系统，操作系统是各种信息系统的基础操作平台，开发符合国际化/本地化标准的支持中国少数民族语言文字的通用系统平台已经迫在眉睫。

（三）中国少数民族语言文字网站建设

中国各种少数民族语言文字相关标准的陆续建立发布，计算机技术的不断创新，很快应用到少数民族语言文字中。2000 年 1 月，同元藏文网站开通，这是中国第一个少数民族语言网站。此后，蒙古文、维吾尔文、哈萨克文、朝鲜文、彝文都开发出自己的网站。目前，少数民族语言文字网站数量上多达 200 多家，涵盖了政务网、新闻网、社会网。

第四节　中国少数民族双语教育研究①

中国是一个多民族多语言的国家，56 个民族使用着 129 种语言；各民族在长期的交往交流交融的过程中，形成了大杂居小聚居的分布局面。这种分布格局很自然地带来了语言上的相互学习以及语言兼用乃至语言转用等现象。在多民族混杂居住的地区，双语在家庭、村寨、社区中是各民族语言生活中的自然现象。随着民族教育事业的发展，双语也进入学校和课堂，成为提升少数民族文化教育水平、促进民族地区发展进步的有效手段。新中国成立后，特别是改革开放以来，我国双语教育的理论研究也取得了积极的成就。双语教育或双语教学理论来自于各民族地区的教学实践，同时又指导着双语教育实践的发展。理论和实践的紧密结合，逐步构建起具有中国特色的双语教育体系。

新中国的少数民族双语教育研究可以分为改革开放之前（1949—1978）和改革开放之后两个大的发展阶段。改革开放以来的 40 年，又可以分为发展期（1978—2000）和提升期（21 世纪以来）两个发展阶段。核心的发展脉络就是双语教育的理念变迁，以及双语教育中如何更好地认识和处理汉语以及国家通用语言文字与少数民族语言文字的关系问题。

---

① 本节内容综合参考了以下几种论著：孙宏开：《民族语言文字研究 30 年》（揣振宇主编《中国民族学 30 年：1978—2008》，中国社会科学出版社 2008 年版），孙宏开、胡增益、黄行主编《中国的语言》（商务印书馆 2007 年版），欧阳觉亚、孙宏开、黄行主编《中国少数民族语言文字大辞典》（中国社会科学出版社 2017 年版），戴庆厦主编《中国少数民族语言研究 60 年》（中央民族大学出版社 2009 年版），李宇明主编《当代中国语言学研究》（中国社会科学出版社 2016 年版）。为行文简便，所引材料和观点不再一一随文标注。

一　改革开放之前的双语教育研究

在长期的阶级社会中，基于阶级压迫和民族压迫的旧中国历代政权对各少数民族语言文字采取漠视和排斥态度，因此也不可能由政府来推行双语教育。尽管民间的双语教育实践一直在进行，但现代意义上的少数民族双语教学直到新中国成立才得以实现。

新中国成立初期，党和国家坚持马克思主义民族观和语言观，坚持民族平等、语言平等原则，保障各民族使用和发展本民族语言文字的权利。1952 年我国第一部《宪法》明确规定了少数民族有使用本民族语言受教育的权利，从政策和法律层面明确了少数民族语文和汉语文之间的关系，民族语言文字受到高度重视，为少数民族双语教育提供了政策和法律保证。50 年代开展的民族语言文字大调查以及为没有传统文字或传统文字不完善的少数民族创制或改进文字的重要工作，为少数民族双语教育的开展创造了条件。

新中国成立初期的双语教育及其研究，最大的特点在于一批新创和改进文字的试验和推行，以及各民族地区扫盲的工作实践。尽管这一阶段的双语教育工作大都属于社会教育层面，尚未全面进入学校教育体系，但由于当时各级党委、政府高度重视民族语言文字工作，因此双语教育工作不仅范围广，社会、文化方面的影响也非常大，不仅编写了各种用于双语教育的扫盲教材、科普读物等，还培养了一批双语教育工作骨干。对于有传统民族文字且通行面较广的民族，这一时期的工作是编写民族语文的各科教材，在各级各类学校建立以教授民族语文为主、用民族语文授课的教学体系。

另一方面，通过 50 年代的民族语言文字大调查，发现民族地区除了少数的知识阶层之外，绝大多数的少数民族群众都不懂汉语。因此，在各民族地区，都相继开展了汉语学习的研究，即基于指导和帮助少数民族群众学习汉语普通话的目的，形成了一批系统的研究成果。这些成果，本身也是双语教育的一部分。其中很多成果是在比较普通话和少数民族语言的语音、词汇和语法特点、异同的基础上形成的，是基于语言学习的双语语言教学研究。

作为双语教育的初创阶段，上述研究紧密结合民族语文工作实际，为后来的双语教育研究提供了可贵的材料和经验。但是，这一时期的研究尚未明确地对少数民族双语教育进行体系化的归纳、总结和提炼。

1958 年以后，特别是"文化大革命"期间，受"左"的思想影响，片面强调"民族融合"，否认少数民族特殊性，在民族语文与汉语文关系上宣传"民族文字无用论"，认为民族语文的发展可以"突变"到使用汉语文。语言文字工作的重心转变为直接学习汉语普通话，不再考虑少数民族语言的情况，双语教育也转变成为单纯的汉语普通话学习。少数民族语言文字工作受到严重干扰和破坏，双语教学在这一时期被迫中断，相关研究基本呈空白状态。

二　1978—2000 年的双语教育研究

改革开放以后，民族语言文字工作再次受到重视，双语教育重新提上日程，各种双语教学实验在民族地区相继开展，学界积极探索基于多民族、多语言文字国情的双语教学模式，为双语教育发展提供学术支撑。同时，20 世纪 60 年代在国外兴起的双语教学研究理论也传入我国，与我国的双语教学实践相结合，具有中国特色的双语教育研究开始蓬勃发展。

1979 年 5 月，"全国民族院校汉语教学研究会"成立（1985 年更名为"中国少数民族双语教学研究会"），相关研究首先澄清了 1958 年以来对民族语文和汉语文之间关系的错误认识，重新强调了新时期"大力发展民族语文事业"的基本立场。[①] 与此同时，"以民族语文为主，兼学汉语文，逐步达到民汉兼通"的双语教育理念也首次提出，这既是对以往民族地区语言文字工作实践的总结，又为此后的双语教

---

① 马学良、戴庆厦：《社会主义是民族语文繁荣发展的历史时期》，《中央民族学院学报》1980 年第 2 期。

育提供了学术指导。1990 年,《民族教育研究》创刊,首期开辟了"双语教育"栏目,少数民族的双语教育也从早期教学实践的总结转向双语教学理论和应用的系统研究,学科理论建设不断丰富和发展。

（一）关于双语教育与双语教学内涵和理念的研究

双语教育和双语教学是 20 世纪 80 年代以来双语学界经常使用的术语,但长期以来二者没有严格区分,经常混用。但经过语言学界、教育界对两个概念的探讨和研究,现在一般认为这是两个既有联系,又有区别的概念。

关于双语教育,20 世纪 90 年代初,孙若穷等认为,我国的双语教育是指对少数民族学生进行汉语、少数民族语双语文教育。学习第二语言一般有两种目的,一是学习第二语言本身,如学习外国语言;二是通过掌握第二语言来学习其他课程。我国的少数民族双语教育目的主要指后者,或者说,这两种目的是我国双语教育的两大步骤。① 周庆生认为双语教育是"指多民族国家或地区实行的少数民族语言和主体民族语言这两种语言的教育"②。盖兴之等认为:"我国的双语教育是指我国有自己民族语言文字的少数民族学生,在基础教育或义务教育阶段中享有本民族语文和汉语文两种语言文字的教育权利,因此在学校中并列实行本族语文和汉语文教学的教育体制。"③ 总的来说,学界普遍认同双语教育是一种教育体制,是民族教育体系中基于双语教学手段得以实施的教育体系。

关于双语教学,学界的认识不完全一致。有的学者认为双语教学是一种教育形式,如周庆生在《中国双语教育类型》一文中认为"'双语教学'是指少数民族语文和主体民族语文相结合的语文教学形式"④。有的学者认为是教学方法问题,因为少数民族群众和学生

---

① 孙若穷、滕星主编:《中国少数民族教育概论》,劳动出版社 1990 年版。
② 周庆生:《中国双语教育类型》,《民族语文》1991 年第 3 期。
③ 盖兴之:《双语教育原理》,云南教育出版社 2002 年版。
④ 周庆生:《中国双语教育类型》,《民族语文》1991 年第 3 期。

不懂汉语，在教学过程中教师使用当地少数民族的语言或文字对汉语文进行翻译讲解，使他们真正理解教学内容，尽快学会汉语文。①还有的认为双语教学既是教学方法，又是教学体制。总体上，越来越多的学者认为应区分"双语教育"和"双语教学"，认为双语教学是一种基于双语的教学方法和教学形式，而双语教育是指内涵和外延更为宽泛的基于双语教学的教育体制。

（二）关于双语教育类型和模式的研究

双语教育类型和模式，涉及双语教育的核心要素，也就是双语教育的目标和方式问题。这一方面的研究成果极其丰富。

1. 双语教育的类型

国外学界对双语教育有费什曼（Fishman）、爱德华兹（Edwards）等人的"过渡性双语教育"和"保留性双语教育"，贝克（Baker）的"零式双语教育"（"Null" forms of bilingual education）、"弱式双语教育"（"Weak" forms of bilingual education）和"强式双语教育"（"Strong" forms of bilingual education）等分类。

20 世纪 80 年代开始，国内学界对双语教育的类型问题集中进行讨论。基于地理分布和办学形式、教学语言的使用情况、双语教学计划、语言文字社会功能的实际情况、有无民族文字、授课用语、双语教育类型与双语教学模式适应教育层次等不同的视角，有不同的分类。

20 世纪 80 年代，严学宭先生从地域和功能上将中国的民族双语教育分为六类，即延边式、内蒙古式、西藏式、新疆式、西南式和扫盲式，② 这种外延式的归类并不严格，前四类差别不是很大，一般都有从幼儿园、小学、中学到大学比较完备的民族语言教学体系（当然各自完善程度有别），西南式又比较笼统。周庆生依据双语教

---

① 戴庆厦等：《汉语与少数民族语文关系研究》，《中央民族学院学报》增刊，1990 年。

② 严学宭：《中国对比语言学浅说》，华中工学院出版社 1985 年版。

学计划的附加功能，将中国民族地区的双语教学分为保存型、过渡型和权宜型三种类型，后来又修正为传统型、现代型（包括现代 I 型和现代 II 型）。① 戴庆厦、董艳概括各民族地区建立起的不同形式双语教育类型有：（1）一贯制双语类型：从小学、中学教育活动的传播媒介以使用本民族文字为主过渡到大专院校某些学科以汉语文为主，或民族语文和汉语文双语并行；（2）小学双语型：从小学低年级教育活动媒介以民族语文为主过渡到高年级以汉语文为主；（3）辅助双语型：从小学低年级以母语辅助教学过渡到高年级完全以汉语为主。② 这些分类方法基本上是基于各民族地区双语教育实践的概括，是具有中国特色的双语教育类型分类。

2. 双语教育模式

所谓双语教学模式，是指实施双语教学的结构形式，其基本要素有四个：一是教学语言的选择；二是引入第二语言教育的时机；三是两种语言过渡衔接的形式和方法；四是对两种语言文字教学最终要达到的目标要求。③ 由于各地民族语言和国家通用语言文字的使用情况存在差异，学校在组织实施双语教学的方法和手段上也不尽相同。但概括起来，我国双语教育主要采用三种教学模式：

模式一是以少数民族语言为主，各学科用民族语授课，汉语作为一门课程开设，简称"民加汉"模式。这种模式一般用于少数民族比较聚集、民族语言使用充分的地区，如内蒙古牧区、新疆南疆地区、青海西藏的藏族集中地区。但由于缺乏汉语使用环境，这种模式下汉语学习的效果往往不理想。

模式二是以汉语为主，各学科用汉语授课，少数民族语言作为一门课程开设，简称"汉加民"模式。这一模式通常用于多民族混居区域或汉语水平比较好的地区，该模式面临的挑战是如何更有效

---

① 周庆生：《中国双语教育类型》，《民族语文》1991 年第 3 期。

② 戴庆厦：《中国少数民族双语教育概论》，辽宁民族出版社 1997 年版。

③ 冯惠昌：《关于双语教学研究的思考》，《内蒙古大学学报》1997 年第 2 期。

地发展和保护民族语言。

模式三是部分课程用少数民族语言开设，部分课程用汉语开设，另外单独开设汉语文和民族语文课程，简称"民汉并行"模式。这是各民族地区最近一个时期以来大力推进的模式，一般是数学、科学、物理、化学、生物以及英语等用汉语授课，其他课程用本民族语言授课，同时还开设有民族语文和汉语文课程。

此外还有用民族语辅助教学的模式，对于那些有民族语言但没有相应文字的民族，全部课程使用汉语来开设，民族语是课堂教学的辅助语言，如基诺、布朗、撒拉、鄂温克等民族。

对于我国的双语教育类型及模式，学界进行了长时期的深入研究，取得了丰硕成果。总的认识是，双语教育的类型和模式选择，必须要基于中国的语言国情和双语教育实践。中国的少数民族双语教育要达到"民汉兼通""两全其美"的目的，即在"大力推广国家通用语言文字"的同时，科学保护各民族语言，尊重和保障少数民族使用本民族语言文字接受教育的权利，构建功能互补、双语（多语）和谐的语言生活，简单套用国外的双语教育分类和模式不完全符合中国实际。中国双语教育并不是要用一种语言取代另一种语言，国外双语教育的所谓"过渡型""保持型""隔离型""分离型"等，与我国的双语教育在发展目标、实施路径方面都有本质的区别。

（三）关于双语教育的实践研究

这一时期，关于双语教育的研究，既有宏观的理论探讨，也有微观的教学应用研究，体现了理论和实践的高度结合以及研究的深化，具有积极的实践价值。

1. 基于中国实践特色的双语教学方法研究

我国语言国情复杂，少数民族语言特点各异，各民族地区的社会、经济和文化传统也不一样。双语教育不能脱离具体的语言国情和各民族的文化传统，否则就不能取得好的教学效果。改革开放以来的 30 年间，各民族地区在双语教学实践中创造性地探索并实践了一些适合我国各民族地区语言国情的双语教学法，为我国少数民族的双语教育事业增添了光彩。戴庆厦等的《中国少数民族双语教育概论》一书对此做了系统介绍。主要有：（1）白族"仿板式"教学法；（2）傈僳族"倒述四段式"教学法；（3）朝鲜族"五课型"教学法；（4）傣族"合分合"教学法；（5）湘西苗族小学"双语双文、四步转换"苗汉双语教学实验；（6）白族小学"先白后汉，白汉并重，以白带汉，白汉俱通"双语教学实验；（7）广西壮族小学"以壮为主，壮汉结合，以壮促汉，壮汉兼通"双语教学实验等。①这些教学方法，经过实践总结，证明是符合各民族地区的语言和文化发展实际的，因此都取得了积极的推行效果，极具示范意义。

2. 基于第二语言习得和语言学前沿理论的双语教育（教学）研究

20世纪80年代以来，第二语言习得理论和西方语言学一些前沿理论对我国少数民族双语教育产生了重要影响。特别是各少数民族在学习汉语特别是国家通用语言文字的过程中，第二语言习得理论与中国双语教学实践的结合，极大地深化和推进了双语教育的研究。

（1）对比分析理论的应用研究。对比分析的语言学基础是结构主义语言学，它的心理学基础是行为主义心理学和迁移理论。对比分析用于少数民族第二语言教学，可以发现语言学习过程中的难点和教学应该注意的重点，也可反过来促进对目的语的研究。

张静的《维吾尔母语对汉语学习的负迁移作用》（1992）一文认为维吾尔语与汉语分属阿尔泰语系和汉藏语系，语言类型差异大，维吾尔族语学生在学习汉语时，其母语的负迁移作用的干扰在语音、词汇、语法诸方面都有所反映。如语音方面，"维吾尔语与汉语（普通话）语音体系差别很大，许多音近似而不相等，汉语语音系统中没有维吾尔语清浊辅音的对立，维吾尔族学员便常把汉语送气或不送气清声母发成浊音声母"。

―――――――――

① 戴庆厦：《中国少数民族双语教育概论》，辽宁民族出版社1997年版。

（2）偏误分析理论的应用研究

自偏误分析理论传入我国，被广泛地应用于第二语言教学实践和研究中。偏误分析是对学习者在第二语言习得过程中所产生的偏误进行系统的分析，研究其来源，揭示学习者的中介语体系，从而了解第二语言习得的过程与规律。相关的研究成果极其丰富，广泛涉及语法、语音、词汇等方面，包括语篇。如卢治平借助中介语理论对少数民族学生学习汉语的语法偏误进行了分析，认为学生作业的语法偏误来自于语际负迁移、语内负迁移和教学诱发偏误三类。如语际负迁移，"维吾尔语中直陈判断系动词一般都省略，名词直接作谓语表示判断。学生以维吾尔语形式直接译成汉语，造成判断谓语'是'的遗漏"[1]。

3. 语用学理论的应用研究

语用学研究特定情景中的特定话语，特别是研究在不同的语言交际环境中如何理解和运用语言。它是语言研究的一个新领域。班振林的《浅谈语用学理论在汉语教学中的运用》一文在语用学理论指导下，提出语言教学应"变为老师参加学生的交际活动，也就是说不再以教师为主，而是以学生为主。教师应为学生提供手段，起组织者和鼓动者的作用"。同时还要创造情景，积极运用视听设备进行教学。[2]

4. 其他影响双语教育的因素研究

双语教育是一个系统工程，受到各种条件的制约。不同的条件和环境，也决定着教学方法的差异。对双语教育造成直接制约的因素主要有师资、教材和文化因素等。

双语教育教材的研究。双语教育的初期阶段，一般的做法就是

---

① 卢治平：《中介语理论与民族学生学习汉语语法偏误分析初探》，《语言与翻译》1995 年第 2 期。

② 班振林：《浅谈语用学理论在汉语教学中的运用》，《语言与翻译》1999 年第 1 期。

直接翻译汉语教材，作为民族地区的少数民族语言教材。这种做法一直持续到20世纪90年代。双语教材编写和出版工作的滞后，是双语教育事业的一个薄弱环节。随着对双语教育认识的深化，学界和教育界越来越意识到直接翻译汉语文教材只是权宜之计，双语教材民族化的重要性引起了普遍的关注。学界普遍认为，适应本民族语言和文化特点的教材，是双语教育健康可持续发展的重要条件。但在双语教材民族化的过程中，要坚持弘扬各民族共同团结奋斗，各民族共同繁荣发展主旋律。

双语教育的师资问题。双语教育的发展依赖于双语教师队伍。由于我国各民族地区在语言文化传统上的差异性，以及自治地方对民族语言文字工作的保障力度并不一致，因此双语人才的培养问题差别较大。大多数民族地区特别是南方民族地区普遍缺乏师资。对于师资和双语人才的培养，学界一直在进行调研并提出相应的对策建议。

关于影响双语教育的文化因素研究。文化因素直接影响到双语教育的效果。双语教学中怎样运用和导入文化因素一直是学界关注的课题。如郑捷、邓浩认为在汉语教学中，需要注意讲授汉民族的"习俗文化"、文化心理、思维方式、历史文化、汉字文化等方面的汉文化知识。[①] 成燕燕的《对哈萨克族学生汉语教学中的文化导入》一文认为导入文化时，想要达到语言学习和文化认同的一致性，还必须遵循层次性的原则，还要有针对性和选择性。[②] 朱迎华《谈预科汉语教学中的汉文化因素》认为文化素质和语音、语法、词汇一样，是语言内部的一个独立的知识系统，它影响着语言的存在，制约着语言的运用。在汉语教学过程中，应有针对性地进行教学。[③]

---

① 郑捷、邓浩：《汉文化与汉语教学》，《语言与翻译》1989年第2期。

② 成燕燕：《对哈萨克族学生汉语教学中的文化导入》，《第二语言（汉语）教学论集》（第一集），民族出版社1996年版。

③ 朱迎华：《谈预科汉语教学中的汉文化因素》，《喀什师范学院学报》1997年第1期。

三　21 世纪以来的双语教育研究

进入 21 世纪，双语和谐成为双语教育研究的主旋律。党的十七届六中全会提出"大力推广和规范使用国家通用语言文字，科学保护各民族语言文字"方针，对双语教育研究提出了新要求。基于新疆双语教育的研究成为热点。总的来看，21 世纪以来双语教育研究成果比较丰厚，研究领域和研究方法呈现多元化发展趋势。

进入新世纪以来的双语教育研究，主要有以下几个发展特色。

（一）在"民汉兼通"基础上，凸显国家通用语言文字教学

边疆民族地区的国家通用语言文字水平十分薄弱。新中国成立初期，我国边疆少数民族群众绝大多数人口都是文盲，懂得汉语文的人寥寥无几。在新中国双语教育的发展过程中，各民族地区不断强化"民汉兼通"的教学目标，加大了汉语文特别是国家通用语言文字学习、推广的力度。但由于基础薄弱，据 2004 年国家批准发布的《中国语言文字使用情况调查》显示，全国能用普通话进行交际的人口比例只有 53.06%，少数民族地区的比例就更加低下，一般估计，少数民族地区的比例要比平均水平低 20% 左右。

新中国成立以来，我国广大民族地区大力实施民族语和汉语相结合的双语教育体制，以"民汉兼通"为基本目标，是提高国民整体素质和国家通用语言文字能力的主要途径。改革开放以来特别是进入 21 世纪以来，"民汉兼通"目标中进一步凸显了国家通用语言文字的学习和推广。2015 年国务院发布的《关于加快发展民族教育的决定》提出"科学稳妥推行双语教育"的方针，"确保少数民族学生基本掌握和使用国家通用语言文字"，进一步明确了双语教育的工作重点。

（二）更加强调双语教育的语言文化多样性发展目标

语言是文化发展的载体，同时也是文化的凝聚体，是一个知识体

系。当前，语言文字作为最重要的文化资源、信息资源的理念日益深入人心。习近平总书记强调，中华文化是各民族文化的集大成。这个论断包含两个层面的内涵：一是我国各民族的文化都是中华文化的当然组成；二是中华文化是各民族文化集合而成的统一体。因此，双语教育不是单纯的语言学习，而是语言、文化的综合学习，培养"双语双文化人"是双语教育的根本目标。这一方面涌现了大量的研究成果，其中不少是基于文化多元主义理念，倡导从保护语言文化多样性角度开展双语教育，避免双语教育的语言化和单语化。文化因素是语言中不可缺少的一部分，"应作为语言系统内部与语音、词汇、语法、汉字等分支系统具有同等地位的又一分支的知识系统而存在"①。因此，语言的文化因素教学是语言教学的重要组成部分。

（三）基于多样性理论和方法的专题性研究更加丰富和深化

进入 21 世纪以来，我国民族地区社会经济快速发展，双语教育在内容、形式和目标上都呈现出很多新特点，这一方面的研究也成为学术热点。总的研究特点是尝试从不同的理论视角进行探讨，并都具有较强的现实针对性。

1. 基于新理念的双语教育宏观研究

在原有的基础上研究深度和广度均有拓展，并重点集中于双语教育的目标和发展战略方面。双语教育深层次的教学目标如多元文化的认同、培养双语双文化人、文化理解等日益受到关注。如白英、滕星认为，双语教育是少数民族年轻一代更好地融入现代化进程、传承民族文化、提升国家软实力和保护人类文化多样性的必由之路。需要制定科学的双语教育发展规划纲要、改善双语学习的语言环境、完善师资培训和教材编写工作、调整现有的评价体系、出台相应的鼓励性政策等措施来保障双语教育的持续性推进，最终形成多元文

① 刘珣：《对外汉语教育学引论》，北京语言大学出版社 2007 年版。

化整合的国民教育。① 苏德、刘玉杰从人类学视角出发，指出双语教育具有培育人类共同文化、尊重人类差异、传承与保护各民族优秀文化的价值意义。当前双语教育在问题归因、目标选择以及政策执行等方面都存在不同程度的偏差，需培育科学双语教育观，加强"语言平等"和"语言资源"意识。②

2. 双语教育的实施路径和方法研究

关于双语教育的政策、教学模式、教材、师资以及其他社会文化条件的研究，数量众多。关于特定民族和地区的研究观点各异，但总的认识是必须实事求是，在国家总体教育方针指导下，遵循双语教育规律、因族施策、因地施策，扎实稳妥推进，不能机械、脱离实际地搞双语教育大跃进。教学模式研究，在引进国外理论基础上，依据实际情况进行设计，适应性和针对性更为突出。双语教学目标、少数民族教师和学生在多种场合下的语言使用、语言态度等因素也被纳入教学模式的框架之中。信息化对双语教育发展的作用也引起广泛的关注，网络教育以资源利用最大化、学习方式灵活、教学形式个性化，以及高效率、低费用的特点，为提高双语教育成效提供了良好的平台。利用现代教育技术的优势促进双语教育发展必须注重双语教育网络资源的建设，加大双语教育信息化理论体系的构建。③

3. 双语教育比较研究成为亮点

随着研究视野的开阔，一些研究者通过对国外双语教育模式的研究，旨在为国内双语教育提供新的理念和实践参照，具有理论和现实针对性，因此，相关研究和探索对于我国民族语言教育有积极意义。相关研究涵盖了世界各国和主要地区，特别是推行语言和文

① 白英、滕星：《民族文化传承与双语教育发展》，《思想战线》2015 年第 2 期。

② 苏德、刘玉杰：《人类学视域下民族地区双语教育问题研究》，《中央民族大学学报》（哲学社会科学版）2017 年第 3 期。

③ 耿才华、拉格：《现代教育技术背景下少数民族双语教育发展的思考》，《民族教育研究》2017 年第 4 期。

化多元主义的加拿大等国成为关注热点。例如，郭辉基于教育生态学视角，通过分析比较中国、加拿大双语教育政策的特征，以及影响中国、加拿大双语教育政策的生态因子，认为中国和加拿大的双语教育政策均是对其所处生态环境适应的结果。①

（四）新疆双语教育研究成果丰硕

自 2004 年新疆维吾尔自治区加快推进双语教育工作以来，取得的成绩有目共睹，但快速推进带来的严峻问题也不容小视。由于新疆民族众多，发展差异大，各地区民族分布、语言情况、民族文化特点复杂，加上民族教育基础薄弱，导致新疆双语教育在取得巨大成绩的同时，也存在较多的问题和困难。因此，自 2004 年以来，新疆双语教育成为我国民族教育的热点，相关的研究成果也十分丰硕。在学界的积极推动下，新疆双语教育也进入了一个调整和提高质量的新阶段。

（五）"一带一路"与双语教育

在"一带一路"倡议大背景下，语言作为"人心相通、文化相通"重要载体的功能日益凸显。基于这一目标来考察，我国的双语教育事业还有很多不足和极大的提升空间。近几年来，这方面的研究成果不断增加。如谷亚华等认为，在"一带一路"背景下，大力发展云南跨境民族双语教育，有利于抢救和保护跨境民族古籍文献及濒危语言、增强境内跨境民族的民族自信心和文化自觉性，增进其国家认同，维护跨境民族文化安全及边疆稳定。为此，国家要保护跨境民族的语言文字，大力培养跨境民族双语双文化人才；鼓励创造更多以民族语言为载体的文化产品；创设跨境民族双语社区环境，繁荣和发展跨境民族语言文化，并提出了"一带一路"背景下云南跨境少数民族双语教育对策。②

---

① 郭辉：《基于教育生态学视阈的中加双语教育政策比较研究》，《民族教育研究》2017 年第 2 期。

② 谷亚华、吴霓、古文凤：《论"一带一路"背景下云南跨境民族文化安全与双语教育》，《民族教育研究》2017 年第 5 期。

2015 年 8 月 18 日，第六次全国民族教育工作会议在京召开，会议进一步确认双语教育是我国民族教育的重要组成部分和一大特色。国务院《关于加快发展民族教育的决定》对今后一个时期我国民族教育发展提出了新要求，强调："科学稳妥推行双语教育。依据法律，遵循规律，结合实际，坚定不移推行国家通用语言文字教育，确保少数民族学生基本掌握和使用国家通用语言文字，少数民族高校毕业生能够熟练掌握和使用国家通用语言文字。尊重和保障少数民族使用本民族语言文字接受教育的权利，不断提高少数民族语言文字教学水平。"这一要求，指出了双语教育实践及理论研究的发展方向。

四　新中国少数民族双语教育研究的成就、不足和展望

（一）成就

新中国成立以来，特别是改革开放和西部大开发战略实施以来，双语教育在我国这样一个统一多民族国家的语言生活中，地位更加重要，作用更加凸显，民族语言学界也将双语教育作为重要的研究领域，从理论和方法方面进行了广泛而深入的研究，成就显著。主要表现在：

（1）双语教育研究和实践紧密结合，对实践工作产生了积极的学术支撑作用。新中国的双语教育研究来自于实践，这是 70 年来的一个重要学术传统。即便是改革开放以后，国外的理论不断引入，但中国民族语言学界没有简单地套用国外理论，还是基于实事求是的原则，坚持调查研究，把先进理论和中国民族地区的实际相结合。进入 21 世纪以来，双语教育研究以问题为导向，不断发现问题，总结经验，促进了中国双语教育的健康发展。

（2）出版和发表了一大批具有较高学术价值的著作和论文，构建了具有中国特色的双语教育研究体系。中国少数民族语言众多，情况复杂，丰富的双语教育实践为科学研究提供了广阔的研究空间。改革开放以来，民族语言学界从不同角度开展了双语教育的理论和

方法研究，产出了一大批具有较高学术价值的研究成果。据不完全统计，70 年来，涉及双语教育研究的专著、文集已出版近百种，讨论双语教育的论文数千篇，重要的如戴庆厦主编的《语言关系与语言工作》（天津古籍出版社 1990 年版），中国少数民族双语教学研究会编《双语教学研究专集》（《民族教育》，1989）、《中国少数民族双语研究论集》（民族出版社 1990 年版），余惠邦主编《双语研究》（四川大学出版社 1995 年版），云南少数民族双语教学研究课题组编《云南少数民族双语教学研究》（云南民族出版社 1995 年版），盖兴之、宋金兰的《双语教学的理论与实践》（云南大学出版社 2000 年版）。王远新主编的庆祝中国少数民族双语教学研究会成立 20 周年暨第八届学术研讨会论文集《双语教学与研究（第二辑）》（中央民族大学出版社 2002 年版）共收入学术论文和研究报告 27 篇，内容涉及双语教学、双语理论、双语关系、双语态度及第二语言教学和对外汉语教学等多方面。

（3）构建了双语教育的学术发展平台。

1979 年 5 月，"全国民族院校汉语教学研究会"成立（1985 年更名为"中国少数民族双语教学研究会"），并连续举办 24 次学术研讨会。1999 年 8 月，首届国际双语学研讨会召开，并成立国际双语学会，并连续召开 13 届国际双语学研讨会。

1990 年，《民族教育研究》创刊，首期开辟了"双语教育"栏目，成为双语教育研究的主要学术平台。2014 年，《双语教育研究》创刊（原名《新疆双语教育研究》，内刊，创办于 1999 年），成为双语教育研究成果的集中发布平台。

（二）研究不足

我国双语教育、双语教学研究的不足之处是研究成果数量较多，但高水平成果相对较少。主要问题有：

第一，经验总结成果较多，理论思考薄弱。根据刘伟等（2012）对《民族教育研究》1990—2009 年刊发成果的调查，以经验总结为题的研究成果占到了 52.82%。① 其中很多成果都倾向于罗列双语教学实践中存在的普遍问题，未进行系统的理论思考，停留于知其然但不知其所以然的研究状态。双语教学研究需要在掌握基础语言学理论的基础上，基于民族语言政策，结合特定民族地区的语言生活实际和社会、文化环境，进行教学类型、模式、教学法、规律的系统研究。但类似的成果较为缺乏。

第二，研究缺乏必要的方法论基础。方法论基础包括调查和研究两个内容。很多研究的双语教育调查，缺乏科学性和系统性，对研究对象不科学区分甚至没有区分，数据来源不太可靠；研究中对于数据的分析处理，简单化和随意性特征明显，对影响研究结论的诸多变量不加以控制，调查的数据和研究的结论都无法令人信服，也就不能给双语教育的实践提供科学的学术依据。

（三）双语教育研究展望

（1）树立科学的语言观，更加全面深入地认识双语教育的属性和目标。

基于马克思主义语言观，以"科学保护各民族语言文字"为指导，全面树立新时期语言资源观，以语言文化多样性保护为基本原则，正确处理国家通用语言文字和少数民族语言文字之间的关系，构建功能互补、双语和谐的语言生活。这是双语教育研究理论的出发点。

（2）在语言强国的发展进程中，进一步发挥双语教育的重要作用。

新时期，党和国家高度重视语言文字工作，《国家语言文字事业发展"十三五"规划》提出建设"语言强国"的战略目标。双语教育研究需要提升站位，从语言强国建设的高度，深入研究新时期双语教育的新特点、新任务和新使命，服务于党和国家以及民族地区

---

① 刘伟、李森、郑红苹：《近二十年我国少数民族双语教育研究状况分析——以〈民族教育研究〉（1990—2009 年）为例》，《民族教育研究》2012 年第 1 期。

的语言文化事业。

（3）拓展多学科的研究视角，提升双语教育研究质量。

少数民族双语教育研究必然涉及语言学和教育学，除此之外，语言学习是一种经济和文化投资，需要语言经济学的研究视角；语言学习也伴随着认知心理和文化体验，需要心理语言学和文化认同的研究视角；少数民族双语教育不是单纯的教育问题，而是一个复杂的政策和社会问题，需要社会学的研究视角。总之，双语教育作为一项重要的社会文化工程，对双语教育的研究需要多学科的融合才能促进学科理论发展。同时，科学、规范地使用多种研究方法，遵循其理论前提、明确其优缺点，并促成多种研究方法之间的融合。①

第五节　中国民族语言文字翻译研究②

民族的交往伴随着语言文字的交流，语言文字的翻译是语言交流和民族交往的必要手段。但在旧中国，少数民族语言文字没有地位，少数民族群众的语言生活被长期漠视。明清两代曾经设有"四夷馆"（清代更名为"四译馆"）和"会同馆"，负责编纂汉语和各少数民族语言的对音文献"华夷译语"，但其目的主要是服务于封建王朝的政治统治。直到新中国成立以后，在马克思主义民族观、语言观的指导下，党和国家坚持语言平等，大力保障各民族语言文字的使用和发展，民族语文翻译工作才真正成为造福于各民族人民群众的民族事业。

一　改革开放以前的民族语文翻译工作

新中国成立以后，党和国家高度重视民族语文翻译工作，将民

---

① 李宇明主编：《当代中国语言学研究》，中国社会科学出版社 2016 年版，第 390 页。

② 本节由中国民族语文翻译局（中心）李旭练副局长、中国民族语文翻译局（中心）李玲副编审、中国人民大学文学院燕海雄副教授联合撰写。

族语文翻译列为民族工作的主要内容。从中央到地方设立了各级各类民族语文翻译工作机构，翻译出版了大量党政文献、马列经典著作以及各类民族语文图书、广播影视作品，培养了大批民族语文翻译人才，民族语文翻译、出版、新闻、教育等各方面都得到前所未有的发展。其中最有代表性的工作是中央民族语文翻译局的成立和发展。

1955 年 9 月 24 日，中华人民共和国民族事务委员会起草了《建立民族语文翻译机构的初步方案》，建议成立"中华人民共和国民族事务委员会翻译局"，12 月，周恩来总理批准了这一请示。

1956 年 11 月，中华人民共和国民族事务委员会翻译局顺利完成机构筹建工作。主要任务是担负党的全国代表大会、全国人民代表大会、中国人民政治协商会议和其他全国性重要会议的翻译任务以及中央各部门的必要的少数民族语文翻译任务；翻译和少数民族工作有关的政策法令；同时翻译经典著作和其他政治书籍。

1957 年 7 月，民族事务委员会翻译局与民族出版社按文种合署办公。1958 年 1 月，根据中央关于紧缩机构、精简编制的精神，民族事务委员会翻译局与民族出版社正式合并。

1974 年 2 月，周恩来总理亲自提议在中央设立民族语文翻译机构。12 月，筹建中的"马克思恩格斯列宁斯大林著作、毛主席著作民族语文翻译局"更名为"民族语文翻译出版局"；1978 年 10 月，更名为"中央马列著作毛泽东著作民族语文翻译局"，简称"中央民族语文翻译局"。1978 年 11 月 9 日，中央民族语文翻译局正式完成机构筹建，设蒙古、藏、维吾尔、哈萨克、朝鲜 5 个民族语文翻译室。

自新中国成立到改革开放前，虽然由于"左"的干扰和"文化大革命"的破坏，民族语文翻译工作受到冲击，但中央民族语文翻译机构的成立及其卓有成效的工作，仍然开创了新中国民族语文翻译工作的新局面，为改革开放以后的大发展奠定了基础。

二　改革开放以来的民族语文翻译工作及研究

改革开放以来，党和国家各项事业蓬勃发展，民族语文翻译事业也进入了一个崭新的时期，取得了巨大成就。主要表现在：

（一）民族语文翻译机构和平台不断发展壮大

1981 年 11 月 28 日和 30 日，全国政协五届四次会议和五届全国人大四次会议相继在北京召开，中央民族语文翻译局组建的全国"两会"秘书处民族语文翻译组首次独立承担了大会蒙古、藏、维吾尔、哈萨克、朝鲜 5 种民族语文的文件翻译及同声传译工作。

1984 年 8 月，中央民族语文翻译局彝文翻译室恢复成立。1985 年 6 月，壮文翻译室正式成立。1987 年起，彝、壮文室同其他 5 个文室共同承担起历届历次全国党代会、人代会、政协会议等党和国家重大会议的民族语文翻译工作以及其他重要翻译任务。

1989 年 11 月，中央马列著作毛泽东著作民族语文翻译局更名为"中央民族语文翻译中心"，1991 年 9 月，更名为"中国民族语文翻译中心"；2003 年，中编办批复同意中国民族语文翻译中心在承担全国党代会、人代会、政协会议翻译工作时使用"中国民族语文翻译局"印章，这一规定沿用至今。

目前，中国民族语文翻译局设有蒙古语文室、藏语文室、维吾尔语文室、哈萨克语文室、朝鲜语文室、彝语文室、壮语文室，以及研究室、信息处等 16 个部门；拥有一支包括 60 余名高级翻译专业技术职务专家在内的实力雄厚的国家级翻译队伍。其主要职责是：承担党和国家重要文件文献、法律法规和重大会议的民族语文翻译和同声传译工作，为党和国家及社会组织提供民族语文翻译服务；开展民族语文基础理论、翻译理论和有关特殊问题的研究，提出有关意见建议；开展民族语文新词术语规范化、标准化研究，提出民族语文新词术语标准建议；开展民族语文信息化研究，参与或承办民族语文信息化相关工作；联系民族语文翻译工作机构和民族语文翻译专家，承担民族语文翻译有关业务交流合作和业务培训工作；

承办国家民委交办的其他事项。

改革开放以来，从中央到有关省区、州盟、县旗都设立了各级民族语文翻译工作机构，翻译出版了大量党政文献、马列经典著作以及各类民族语文图书、影视作品，培养了大批民族语文翻译人才，翻译、出版、新闻、教育等各方面都得到前所未有的发展。①

除了专门的民族语文翻译机构以外，还有很多机构组织都涉及民族语文翻译。改革开放以后，涉及民族语文工作的出版社、期刊杂志、科研机构、高等院校以及各种行政管理机构等相继成立或重新发挥作用。民族类出版社在北京、云南、四川、甘肃等地先后成立，民族类期刊杂志《求是》《民族团结》《民族画报》《民族研究》《民族语文》以及各种民族文字的报纸刊物在北京和各地先后出版发行，民族语言类的广播和电视节目先后在中央和民族地区的广播电视台先后设立，民族类电影制片厂或译制片厂在新疆、内蒙古等民族地区先后建立，中国社会科学院以及各地方（新疆、内蒙古、西藏、宁夏等地）社会科学院先后成立了民族、语言或文学研究所，北京和各地方先后设立了民族类高等院校少数民族语言文学专业。在国家民委和新疆、内蒙古、广西等地实行民族区域自治的地区以及其他一些少数民族聚居区也成立了各级民族语言文字工作（或指导）委员会或民族语文司（或处）等机构，这些机构都在一定程度上促进了民族语文翻译工作的进一步发展。

为了更加有效地开展民族语文的规范化、标准化和信息化工作，经国务院即国家民委等主管部门批准，先后成立了四个跨省区的全国性的民族语文协作领导机构，比如蒙古语文工作协作领导小组、藏语文协作领导小组、朝鲜语协作领导小组、彝语协作领导小组以

---

① 兰智奇：《以人民为中心　以语言聚人心　推动新时代民族语文翻译事业科学发展》，《民族翻译》2017 年第 4 期。

及新疆维吾尔自治区民族语言名词术语规范审定委员会等。①

（二）民族语文翻译工作成就斐然

改革开放以来，中国民族语文翻译局承担着党和国家重要文件文献、法律法规和重大会议的民族语文翻译工作，完成了历届全国党代会、人代会、政协会议的民族语文翻译和同声传译工作，用蒙古、藏、维吾尔、朝鲜、彝、壮7种少数民族语言文字翻译马克思主义经典著作、党和国家重要文件文献、法律法规、社会科学文献、词典书刊等累计近5亿字，为在少数民族和民族地区传播马克思列宁主义、毛泽东思想、邓小平理论、"三个代表"重要思想和科学发展观，为宣传党和国家的路线、方针、政策做出了重要贡献。其中，翻译局主持翻译的《习近平谈治国理政》第一卷、第二卷蒙古、藏、维吾尔、哈萨克、朝鲜5种少数民族文字版，得到社会各界高度评价，认为这部著作的翻译"代表了民族语文翻译的最高水平""是少数民族语言翻译出版新的里程碑"。

内蒙古、吉林、广西、四川、贵州、云南、西藏、甘肃、青海、新疆等省区都设有民族语文翻译机构，负责本辖区的民族语文翻译工作。如西藏自治区各地市县都建立了民族语文翻译工作部门。1985年西藏自治区编译局成立，1988年西藏自治区藏语文工作指导委员会成立。全区现有翻译工作人员近1000人，年翻译量达5000多万字。目前，西藏自治区各级党政机关的主要文件都要以藏汉两种文字对照的形式印发。自治区教材编译中心已编译完成了从小学到高中共16门学科的181种课本、122种教学参考书和16种教学大纲以及55种小学生爱国主义教育图书的翻译出版任务；自治区科技厅和科协先后完成了108种藏文科普图书的编译出版和发行工作；自治区各级人民法院和检察院对藏文的人民来信、申诉、控告、检举等与汉文同等对待受理，答复均使用藏汉两种文字，有关业务的

---

① 塔伊尔江：《试论我国少数民族语言文字和党的民族语文政策》，《语言研究》1998年第3期

专用司法文书均译成藏文，并以两种文字印制；自治区高级人民法院编译出版了藏文版《法律常用知识问答》《国家赔偿法问答》《刑法分则规定的罪名与罪行对照》等法律读本；自治区检察院组织专人编译出版了《法律法规汉藏对照词典》；自治区司法厅和普法办编译出版了藏文版《常用法律读本》；《水浒》《西游记》《红楼梦》《一千零一夜》等中外名著等都翻译成藏文出版发行。

20 世纪 80 年代以来，四川省凉山彝族自治州语言文字工作委员会用彝汉文对照的形式先后编译出版了 5 种科普丛书，分别是《农业生产通俗读物》《农村实用生产技术培训教材》《凉山畜牧科普丛书》《凉山农业科普丛书》《凉山林果业科普丛书》等，出版发行1000 多万字，有力地促进了少数民族群众农牧业生产的发展。近年来，四川省还完成了全省藏族、彝族古籍目录，搜集、整理、翻译、出版了《德格印经院藏传木刻版画集》《中国彝族谱牒选编·四川卷》《羌族释比经典》等一大批重要的民族古籍。

目前，内蒙古自治区获得蒙古语文翻译专业技术职称的在职人员有 2000 多人，大部分在从事党政机关和事业单位的专兼职蒙古语文的翻译工作。为传达好、执行好党和国家的方针政策，内蒙古自治区认真执行公文蒙汉两种文字并用并行政策，全区蒙古文文件发行率平均达 90%。其中，按照职责任务分工，自治区党委政府汉译蒙公文发行率达 95%，盟市委政府发行率达 90%，旗县区委政府发行率达 85%。

青海省在出版发行《青海省人民政府公报》（汉文版）的同时，出版发行了《青海省人民政府公报》（藏文版）、《青海省人民政府公报》（蒙古文版），向本省 6 个民族自治州的州、县、乡（镇）、街道办事处的党政机关、藏族乡的 312 所中小学、1159 个农村村委会、牧区村委会赠阅，224 所藏传佛教寺院（只送设有寺院管理委员会的寺院）。免费赠送范围实现在藏区、蒙古族地区全覆盖。同时，少数民族文字公报的内容及时刊登在青海省人民政府网藏文网页和海西蒙古族藏族自治州政府网站蒙古文网页上。为基层干部群众及时了解政府的政策创造了条件，为群众到政府机关办事开辟了便利的信息服务窗口。

云南作为我国的民族语言文字大省，全省有 14 个民族的 18 个文种开展民族语文翻译工作，责任重大，任务繁重。从事民族语文编译工作的人员有 2500 人。云南民族出版社和德宏民族出版社共出版以少数民族文字为主的各类图书 8000 余种，重点是党和国家重要文件和法律法规的翻译出版。全省有 12 个民族的 19 种民族文字报纸出版发行，45 个广播电台（站）用 10 个民族的 15 种语言广播，9 个电视台（站）用傣语、景颇语、载瓦语、哈尼语等 5 个民族 6 个语种制作、播放民族语电视节目。有电影译制机构 9 个，有 16 个民族 18 种语言的电影译制片 350 部，其中故事片 310 部、科教片 30 部、纪录片 10 部，有少数民族语电影放映单位 250 个。1997 年以来，先后翻译、审定了彝文、傣文等 14 个民族 18 个文种的教材（包括学前、小学 1—6 年级、教辅、乡土教材）共 396 本 396000 册。

可以说，民族语文翻译工作已涉及民族地区的政治、经济、科技、教育、文化、卫生、司法等各个领域，越来越发挥着不可替代的重要作用。

（三）民族语文翻译理论研究蓬勃发展

民族语文翻译理论研究是民族翻译工作的基础性建设工程。民族语文翻译工作者在做好翻译工作的同时，狠抓科研工作，学术水平不断提升，取得了很多理论成果，为翻译工作提供了理论支撑。

首先，成立了中国译协民族语文翻译委员会，组织召开了 18 次全国性民族语文翻译学术研讨会。1985 年，首都民族语文翻译界的 23 位各族专家、学者举行联席会议，共同商讨成立中国译协民族语文翻译委员会的有关事宜。1985 年 6 月民族语文翻译委员会正式成立。自成立以来，中国译协民族语文翻译委员会先后与新疆、内蒙古、吉林、四川、广西、云南、青海、甘肃、西藏、黑龙江等省、自治区（州）民族译协共同举办了 18 次全国民族语文翻译学术研讨会，研讨会收到的学术论文，内容涉及各个学科、各个领域的民族语文翻译工作。通过学术研讨会的开展，加强了全国民族语文翻译工作者之间的联系和团结，交流了翻译工作经验和体会，提高了翻译理论的研究水平，为规范、统一新词术语，提高译文质量起到很好的推动作用，进一步促进了我国民族语文翻译事业的全面发展。

其次，创办了民族语文翻译学术刊物《民族翻译》。《民族翻译》的前身是《民族译坛》，创办于 1985 年 8 月。该刊是全国民族语文翻译界唯一一份国家级学术性期刊。经过二十多年的发展，到 2007 年年底共编辑出版 67 期，发表各类学术文章近千篇。2008 年 8 月，《民族译坛》更名为《民族翻译》并公开出版发行。《民族翻译》是国家级民族语文翻译学术刊物，以开展民族语文翻译理论研究、交流翻译经验、提高翻译质量、促进民族语文翻译事业发展为办刊宗旨，刊载内容以民族语文、民族语文翻译和翻译理论研究方面文章为主，同时登载国内外其他有关翻译和语言文字方面的学术文章，主要栏目有：译论研究、译技纵横、译史研究、古籍与翻译、少数民族典籍外译、跨境语言、语言研究、书籍评介、译人译事等。《民族翻译》立足学术前沿，坚持问题导向，通过开设特色栏目和组织前沿问题的专题研究，为我国开展民族语文翻译理论与实践研究、为翻译界了解和总结中国本土翻译理论提供了重要学术平台。

民族语文翻译的理论研究是一项十分重要的工作，特别是文字历史比较悠久的语种，在翻译实践中积累了丰富的经验，并把这些经验上升到理论，发表了数量相当可观的著作和论文。据不完全统计，目前已经出版翻译问题的研究专著 10 多种，每年有近百篇文章发表。例如民语翻译理论方面的有周季文的《藏汉翻译中的管界问题》（1986.3）、刘克璋的《翻译的基本准则》（1993.3）、色·贺其业勒图的《蒙古语翻译的由来和发展》（1983.2）、李绍年的《翻译中词语处理的原则》（1986.2）、和即仁的《漫谈翻译》（1987.2）以及熊泰河的《翻译标准信、达、雅新思考》（1994.3）等都有探讨。① 民语翻译方法方面的有李绍年《关于翻译方法》（1987.2）、李炬《浅议翻译技巧》（1994.4）、李英勋《行政公文中汉译维中的定语翻译方法》（1994.3）、贺文宣《藏文赞颂词汉译技巧管窥》（1991.2）、吴可勤《从中外名著的维译本中看汉语形象语言的翻译方法问题》（1993.3）等。② 更多的研究成果主要集中在具体语言的翻译方面，例如周季文、傅同和著《藏汉互译教程》（1999）、史铸美《谈谈汉、哈语翻译中的词语处理问题》（1979.1）、杨才铭《汉蒙翻译中的动词时、态、体的对应规律》（1981.1）、王春德《苗族人名的翻译》（1979.3），普日科《试论汉译藏基本科技术语中存在的问题》（1993.1）、李军《兼语句汉维翻译浅谈》　（1993.4）、和建国《纳西族文化汉译问题浅谈》（1991.2）、太平武《论汉译朝中的增减译法》（1993.2）以及张余蓉《谈汉彝姓氏翻译书写形式的规范》（1992.3）等。③ 民族语文翻

---

① 参见：周季文：《藏汉翻译中的管界问题》，《民族语文》1986 年第 3 期；刘克璋：《翻译的基本准则》，《语言与翻译》1993 年第 3 期；色·贺其业勒图：《蒙古语翻译的由来和发展》，《蒙古语文》1983 年第 2 期；李绍年：《翻译中词语处理的原则》，《语言与翻译》1986 年第 2 期；和即仁：《漫谈翻译》，《贵州民族研究》1987 年第 2 期；熊泰河：《翻译标准信、达、雅新思考》，《云南民族语文》1994 年第 3 期。

② 参见李绍年：《关于翻译方法》，《语言与翻译》1987 年第 2 期；李炬：《浅议翻译技巧》，《语言与翻译》1994 年第 4 期；李英勋：《行政公文中汉译维中的定语翻译方法》，《语言与翻译》1994 年第 3 期；贺文宣：《藏文赞颂词汉译技巧管窥》，《西北民族学院学报》1991 年第 2 期；吴可勤：《从中外名著的维译本中看汉语形象语言的翻译方法问题》，《喀什师范学院学报》1993 年第 3 期。

③ 参见周季文、傅同和：《藏汉互译教程》，民族出版社 1999 年版；史铸美的《谈谈汉、哈语翻译中的词语处理问题》，《民族语文》1979 年第 1 期；杨才铭：《汉蒙翻译中的动词时、态、体的对应规律》，《西北民族学院学报》1981 年第 1 期；王春德：《苗族人名的翻译》，《民族语文》1979 年第 3 期；普日科：《试论汉译藏基本科技术语中存在的问题》，《西藏研究》1993 年第 1 期；李军：《兼语句汉维翻译浅谈》，《语言与翻译》1993 年第 4 期；和建国：《纳西族文化汉译问题浅谈》，《云南民族语文》1991 年第 2 期；太平武：《论汉译朝中的增减译法》，《延边大学学报》1993 年第 2 期；张余蓉：《谈汉彝姓氏翻译书写形式的规范》，《民族语文》1992 年第 3 期。

译的理论研究，来自于实践，又指导实践，为民族语文翻译事业的发展做出了积极的学术贡献。

（四）民族语文翻译信息化研究及民族语言服务取得突破性进展

为了配合少数民族语言文字规范化标准化信息化建设，支持加强少数民族语言文字标准的统筹管理，健全少数民族语言文字标准的层级和体系，中国民族语文翻译中心配合教育部加快制订、完善少数民族语言文字基础标准，重点建设教育、信息处理、广播影视、新闻出版、辞书编纂和公共服务等领域的标准，及时开展标准的复审、修订等工作。2008 年以来，中国民族语文翻译中心持续开展民族语文新词术语规范化、标准化研究，提出民族语文新词术语标准建议。

随着人工智能等信息技术的快速发展，近年来，中国民族语文翻译中心加强民族语文智能语音翻译系统研发，进一步开展民族语文机器翻译软件、民汉智能语音翻译软件、民族语文文本识别软件和民族语文翻译著作电子书、有声读物、双语词典、电子词典等有关软件的研发及相关标准的研制，推动互联网信息民族语文搜索能力建设。目前已经研发出藏汉、哈汉、朝汉三款网页互译软件；研发出哈萨克文语音系统，在该系统上完成哈文语音输入法、语音转写通（哈汉）、哈汉实时翻译三款软件。蒙古、藏、维吾尔、哈萨克、朝鲜、彝、壮 7 个语种智能语音翻译软件的研发在自动翻译关键技术领域取得重大进展，已先后研发成功民汉对话通、语音转写通、民汉智能语音翻译软件、民汉实时翻译软件、民族文照相翻译软件、民族文手机输入法软件、民族文电子词典和校对软件等 40 余款翻译辅助软件。7 个语种的电子词典、对照查询软件、校对软件等已应用于党代会民族语文翻译工作中；蒙汉、藏汉、维汉、哈汉、朝汉 5 语种智能翻译系统已应用于国家有关部委。维汉智能语音翻译、维汉藏汉网页互译软件参展 "砥砺奋进的五年" 大型成就展；维吾尔语智能翻译及交互式语音系统在新疆南疆的多个城市巡展，其性能和作用受到肯定。①

中国民族语文翻译局建立了国内第一个民族语文多语种智能翻译及语音系统平台，目前，已积累了5000多万句多语种平行语料和上万小时的语音数据，探索出了一套自有的语料收集方法体系。截至2019年，7个语种的语音识别软件的数据中，蒙古文语音数据3000小时，安多藏文2400小时，康巴藏文2000小时，维吾尔文4000小时。此外，哈萨克文、朝鲜文、彝文、壮文等也都有近千小时的数据。

中国民族语文翻译局研发的系列民族文软件两次获得"钱伟长中文信息处理科学技术二等奖""国家保密局科学技术二等奖"及中国网络社会组织联合应用工具类优秀作品奖。2019年3月，藏、维吾尔、哈萨克、朝鲜4个语种机器翻译软件参加了由国家有关部门组织的机器翻译软件评测，其中藏文机器翻译软件在参评的6家国内顶尖多语信息处理科研机构和企事业单位软件中排名第一。这些成果，大到为各级政府民族语文网站及民族民间网站提供多语种资讯信息翻译服务、参与网络舆情监测，小至为基层少数民族群众向内地网络销售自家农副产品，都提供了便捷、高效、低成本的沟通工具，实现了服务于党和国家民族工作以及民族地区各项事业发展的工作目标。

三 民族语文翻译工作和研究展望

2010年12月2日，国家民委发布了《关于进一步做好民族语文翻译工作的指导意见》，就进一步做好民族语文翻译工作提出如下意见：（1）充分认识做好民族语文翻译工作的重要意义；（2）坚持民族语文翻译工作的指导思想；（3）把握民族语文翻译工作的基本原则；（4）明确民族语文翻译工作的主要任务；（5）依法提供民族语

---

① 李旭练、唐超：《民族语文翻译服务探析》，《中国民族语言学报》（第二辑），商务印书馆2019年版。

文翻译服务；（6）加强民族语文翻译队伍建设；（7）做好对内对外业务交流；（8）做好新词术语的标准化、规范化工作；（9）推进民族语文翻译信息化建设；　（10）做好民族语文翻译科研工作；（11）完善民族语文翻译工作机制；（12）加大民族语文翻译工作的经费投入力度。进一步做好民族语文翻译工作，对维护国家统一、增强民族团结、弘扬民族文化、促进民族地区发展，对构建社会主义和谐社会和全面建设小康社会具有重要意义，发展前景广阔。

　　2017 年 3 月 17 日，国家民委审议通过《"十三五"少数民族语言文字工作规划》，提出了"十三五"少数民族语言文字工作的主要任务和重点项目，其中与民族语文翻译密切相关的重点项目有：（1）建设双语人才基地（重点项目 5）；（2）推进双语人才培养培训（重点项目 6）；（3）少数民族语言文字信息化建设项目（重点项目 7）；（4）双语和谐乡村（社区）建设项目（重点项目 8）；（5）少数民族语言文字服务能力建设项目（重点项目 9）；（6）少数民族语言文字翻译项目（重点项目 11）；（7）国家级民族语文翻译基地建设项目（重点项目 12）等。到 2020 年，各民族使用和发展自己的语言文字的自由得到进一步保障，少数民族语言文字规范标准基本满足社会需求，信息化水平进一步提高。各民族语言文字科学保护得到加强，少数民族语言文字传承和弘扬中华民族优秀文化的作用进一步发挥，社会语言生活和谐发展。

　　为了认真贯彻落实党和国家的民族政策、法律法规，适应新形势下民族语文翻译工作的需要，不断推动民族语文翻译事业健康发展，不仅需要深入研究和探讨民族语文翻译理论与方法，更要依法提供民族语文翻译服务；不仅要做好对马克思主义经典著作、党和国家重要文献文件、法律法规和重大会议的民族语文翻译和同声传译工作，更要做好民族语文翻译在立法、行政、司法、教育、科技、文化、卫生等领域的使用工作；不仅要发挥民族语文翻译工作在公共服务中的作用，为少数民族公民参与经济、政治、文化和社会活动提供服务，更要做好民族地区基层干部培训教材、中小学双语教材、司法文书的翻译工作等。

第六节　中国少数民族语言文字保护研究

一　语言文字保护的概念及重要性

随着经济社会的迅速发展，现代化、城市化和全球化大潮席卷而来，少数民族的居住环境和社会交流条件发生了深刻变化。各方面因素交互冲击，少数民族语言功能逐渐衰退、出现语言转用，甚至濒危。这些民族语言多数没有相应的文字，有的失去了日常的交际功能，有的只有少数老人会说，有的只保留了传说和山歌，情况不一而足。按照我国拥有120多种语言进行统计，仙岛语、柔若语、土家语、达让僜语、义都语、苏龙语、木雅语、畲语、拉基语、木佬语、布央语、塔塔尔语、西部裕固语、康家语、赫哲语、鄂伦春语、京语、俫语、台湾高山族诸语、五色话、倒话、土尔克曼话等30多种语言已经濒危，占了全国语言总量的四分之一。我国人口10万以下的少数民族里，约有40%的民族语言已经极度濒危，其余60%也处于程度不等的濒危状态。

1945年，《联合国教科文组织法》将永久保护语言多样性作为一项基本原则，语言保护概念开始深入人心。新中国成立以来，在民族语言保护方面做了大量工作。20世纪50年代的民族语言大调查，汇聚了各方力量，为民族语言保护工作打下了坚实基础，做出了不可磨灭的贡献。20世纪80年代以来，有识之士纷纷奔走呼吁抢救濒危语言和衰变语言，为保护世界文化遗产做出不懈努力，取得了显著成果。正如联合国教科文组织所言，"语言多样性是人类最重要的遗产，每种语言都蕴藏着一个民族独特的文化智慧"（《语言活力与语言濒危》，2003）。因此，每一种语言消亡，都意味着人类理解语言结构功能、人类史前史、探索世界多样性生态系统证据的减少，意味着一种族群共性、文化和认同的丧失。2011年10月，党的十七届六中全会通过决议，提出"科学保护各民族语言文字"的工作方针。党的十八大以来，在以习近平同志为核心的党中央坚强领导下，民族语言保护工作迎来了良好机遇、实现了跨越发展，焕发出新的生机，形成朝气蓬勃的繁荣景象。

　　回顾历史，我国语言保护工作在实践上先行，但对"语言保护"概念的明确则较为晚近。1998 年李宇明在《语言保护刍议》中提出，语言保护主要包括两方面："第一是语言保存，即把现有的语言和方言的真实面貌保存下来；第二是语言卫护，即维护民族共同语和族际交际语的规范，引导它（它们）向健康方向发展。"（1998）2009 年曹志耘的《论语言保存》认为，"语言保护"是指通过各种有效的政策、措施、手段，保持语言、方言的活力，使其得以持续生存和发展，尤其是要避免弱势和濒危的语言、方言衰亡。至此，学界把"语言保存"和"语言保护"两个概念明确区分开来。2016年周庆生在《语言保护论纲》中提出，"语言保护"是指为了减少和避免国家或地区因语言濒危、语言资源流失、语言文化遗产失传、语言使用空间萎缩、语言生态失衡、语言健康恶化带来的冲击，政府、语言群体和专家采取的一系列保护性措施，包括：受保护语言的认定、记录、建档、研究、保存、保护、保障、维护、建区、宣传、传承、传播、展示。由此看来，"语言保护"有狭义和广义之分，广义的"语言保护"既包括语言保护，也包括语言的记录与保存。党的十七届六中全会提出"科学保护各民族语言文字"，其中的"保护"是指广义的语言保护，包括记录保存语言和维持语言活力两个方面。我国少数民族语言保护工作的对象包括我国各个少数民族语言，并不仅限于使用人口很少并处于濒危的少数民族语言，不过濒危语言保护方面的研究仍然是语言保护研究的重点所在。

二　新中国成立初期的语言保护

　　新中国成立以来，党和国家做了大量的语言保护工作，其中最主要的是新中国成立初期的民族语言调查和文字创制，撰写大量的民族语言描写研究专著，编纂民族语言词典和民族语言词汇集，组织大大小小的民族语言文字使用情况调查，建设中国语言资源有声数据库和全面铺开中国语言资源保护工程，等等。

新中国成立之初，中国科学院语言研究所派出陈士林、喻世长、王均、王辅世等人调查各地语言，从而对全国各地的民族语言文字使用情况有了初步了解。之后，党中央、国务院做出了帮助少数民族创制和改进民族文字的相关指示，并为此筹备成立了少数民族语言研究所，举办了少数民族语言调查训练班。经过多方准备，1956年国家组织了700多人的庞大队伍，根据研究方向的不同分成7个工作队，分赴全国16个省和自治区开展了民族语言大调查。据统计，这次总共调查42个民族、50多种语言、共计1500多个土语点，每个点包括数千个常用词、一套语法例句和一份音位系统，有的点还记录了丰富的长篇语料。这次调查不仅摸清了中国少数民族主要语言的分布、使用人口、使用状况以及这些语言与周边民族语言的关系等，还了解了我国各少数民族使用文字的基本情况，并为壮、布依、侗、傈僳、苗、佤、哈尼、纳西等10个民族设计了14种拉丁字母形式的拼音文字方案，为新创和改进的民族文字编写了扫盲读本和简明对照词典。学者们在此基础上继续研究，发表了大量民族语言概况的论文，20世纪80年代陆续整理出版了59种描写少数民族语言的简志，这是中国少数民族语言保护史上的重大举措，为整个民族语言保护工作奠定了坚实基础。这一时期的语言保护工作主要围绕语言调查和文字创制展开。

三　20世纪80—90年代的语言保护

改革开放以来，少数民族语言研究工作步入正轨，语言保护工作继续深入，集中体现在三个方面：描写研究了新发现的一批民族语言、出版了"民族语言方言研究丛书"、出版了一批民语词典和词汇集。1979年，全国民族研究规划会议召开，提出调查中国空白语言。1992年，中国社会科学院民族研究所孙宏开组织调查研究"中国新发现语言"，成果由上海远东出版社、中央民族大学出版社和民族出版社陆续出版，为 48 本"中国新发现语言研究丛书"，这套丛书收录的多数都是濒危语言，它们成为这一阶段民族语言保护的代表性成果。20 世纪 90 年代的语言保护还有一项重要工作，就是孙宏开组织相关专家对民族语言的多个方言进行了深入的调查描写，其成果是 17 本"中国少数民族语言方言研究丛书"（四川民族出版社、民族出版社，1998—2011）。这套丛书的描写形式分为两种：一是全面描写某个方言，比较各方言土语的异同，揭示基本特点和演变脉络，如《壮语方言研究》《瑶族布努语方言研究》等。一是深入描写某一语言的代表方言点，揭示结构特点，如《吉卫苗语研究》《玛曲藏语研究》等。这一时期，也是词典和词汇集的高产期。1992年以来，中国社会科学院民族研究所孙宏开主编的"中国少数民族语言系列词典丛书"，包括《汉苗词典》《白汉词典》《汉载词典》《汉嘉戎词典》《瑶汉词典（布努语）》等 21 本，均由民族出版社和四川民族出版社出版，这是影响最大的一套词典。同时期编纂出版的词典还有很多，比如：《蒙汉辞典》（内蒙古大学蒙古语文研究室，1977）、《朝汉词典》（北京大学东语系朝鲜语教研室，1978）、《维汉词典》（新疆大学中国语文系，1982）、《汉景词典》（岳相昆、戴庆厦等，1981）和《景汉词典》（徐悉艰、萧家成、岳相昆、戴庆厦，1983）、《佤汉简明辞典》（颜其香、周植志等，1981）、《藏汉大辞典》（张怡荪，1985）、《维汉大词典》（新疆维吾尔自治区语言文字工作委员会，2006）、《彝汉大词典》（何耀军，2008）和《佤汉大词典》（王敬骝，2014）等。词汇集主要有中央民族学院编写的《苗瑶语方言词汇集》（1987）、《壮侗语族语言词汇集》（1985）、中国社会科学院民族研究所编写的《中国突厥语族语言词汇集》（1990）和《藏缅语语音和词汇》（1991）、黄布凡主编的《藏缅语族语言词汇》（1992）。此外，20 世纪 80 年代，中国社会科学院民族所和加拿大拉瓦尔大学国际语言规划中心合作，按照国际统一的语言活力参项框架对中国少数民族语言文字使用情况展开了调查。20

世纪末，由教育部和国家语言文字工作委员会领导、各地教育部门会同语言文字部门实施、多个部门相关人员共同参与，进行了首次中国语言文字使用情况调查。这一时期的语言保护工作，主要围绕语言调查基础上的深入研究和语料汇编等展开。

四　21世纪以来的民族语言保护

2000年10月，中国民族语言学会与《民族语文》杂志社召开濒危语言专题研讨会，这是国内第一次语言保护专题会议，会上孙宏开呼吁应重视濒危语言的调查研究，抓紧濒危语言资料的抢救和保存，通过有效措施延缓弱势语言向濒危状态的转化，张公瑾提出了推行双语教育的对策，认为形成一个平等使用各种语言的文化氛围，使各种语言经常有机会被使用，是保护濒危语言的重要措施。此后近二十年来，我国的民族语言保护工作迎来了一个繁荣期，具体表现在两个方面。一是出了一些代表性的成果，如：《中国的语言》和"新时期中国少数民族语言使用情况研究丛书"等。二是国家层面组织开展了几次语言保护工作，其中影响较大的是"中国有声语言数据库"建设和"中国语言资源保护工程"。实验语音等现代手段和多媒体技术应用是这一阶段语言保护工作呈现出的新特点。

2007年商务印书馆出版了由孙宏开、胡增益、黄行主编的专著《中国的语言》，全书约360万字，收入129种分布在中国境内的语言，共分为7编：概论、汉藏语系、阿尔泰语系、南岛语、南亚语、印欧语、混合语等，这些语言有的已经濒危或正在走向濒危，个别语言已经消失。2010年以来由联合国教科文组织委托中国社会科学院民族学与人类学研究所学者展开了中国内地100余种少数民族语言的活力与语言多样性调查。中央民族大学组织开展了"中国少数民族语言国情调查研究"和"中国跨境语言现状调查"，其成果为戴庆厦主编的系列丛书"新时期中国少数民族语言使用情况研究丛书"（商务印书馆共计23本）、"跨境语言研究系列丛书"（中国社会科学出版社共计11本）和戴庆厦主编的《中国濒危语言个案研究》

（民族出版社 2004 年版）、《片马茶山人及其语言》（商务印书馆 2010 年版）等。《中国濒危语言个案研究》对土家、仡佬、赫哲、满语、仙岛等语言的使用情况进行了较为深入的调查研究，分析了这些语言的濒危状况，并进行了理论上的概括。徐世璇所著《濒危语言研究》（中央民族大学出版社 2002 年版）是我国在语言保护领域的第一部理论性专著，作者阐释了语言所蕴含的文化价值和文明成果，剖析了语言濒危的过程及原因，讨论了保护濒危语言的意义和方法。《濒危语言研究中定性定位问题的初步思考》（戴庆厦、邓佑玲，2001）讨论了濒危语言概念的内涵和外延，提出了衡量濒危语言的核心指标和参考指标，提倡通过个案调查和理论研究，思考语言保护的具体措施。这一时期关于语言保护的论文和专著还有很多，比如：周国炎的《仡佬族母语生态研究》（民族出版社 2004 年版），何学娟的《濒危的赫哲语》（黑龙江教育出版社 2005 年版），李锦芳等著《西南地区濒危语言调查研究》（中央民族大学出版社 2006 年版），徐世璇、廖乔婧的《濒危语言问题研究综述》（《当代语言学》2002.2），周滨的《抢救濒危语言：我们能够做什么》（《满语研究》2002.1），谢肇华的《民族语文与民族现代化——以新疆锡伯族为例》（《中央民族大学学报》2002.2），何俊芳的《赫哲族语言丢失的社会文化因素分析》（《中央民族大学学报》2002.2），等等。近些年来，国家社科基金规划办也加大支持力度，设置语言保护相关项目四十来项，中国社会科学院民族学与人类学研究所也在创新工程和重点学科的扶持下做了苗语、白语、羌语、吕苏语、水语和纳西语等语言的保护工作。2008 年国家语委启动"中国语言资源有声数据库"建设工程，采集保存各少数民族语言及其方言的有声资料，以便将来深入研究和有效地开发利用，保护民族语言文化遗产，这是继 20 世纪 50 年代民族语言大调查以来第二次国家层面的语言保护工程。2015 年教育部、国家语委启动了"中国语言资源保护工程"，调动全国高等院校和科研院所力量联合展开语言资源调查、保存、展示和开发利用等各项工作。这是"中国语言资源有声数据库"建设的延续和深入。此项工程利用现代化技术手段，记录和收集汉语方言、少数民族语言和口头语言文化的动态语料，通过数字化处理建成多媒体语言资源库，进而推进深度开发应用，提升我国语言资源保护和利用水平。语保工程包括汉语方言和民族语言两大部分，民族语言部分由中央民族大学特设"中国少数民族语言资源保护研究中心"组织开展，通过"中心—项目负责人—课题负责人"三级管理体制具体实施。2016 年 5 月，国家语委与国家民委办公厅联合发布了《关于推进中国语言资源保护工程少数民族语言调查的通知》，并颁布了 2015—2019 年在全国少数民族中展开 300 个一般点、100 个濒危点的总体规划表。在丁石庆教授的组织协调下，该项工作逐年稳步推进，目前已近基本完成，其成果形式为语言志、语言文化典藏、语言地图集和语言资料深度开发服务等。此项工程的特点是政府主导、设计先行、规范统一、管理到位、规模宏大，不仅打破了过去学者和民众的界限，积极调动社会各界力量，主动为社会服务、为地方服务，还举办了系列宣传推广、志愿公益活动等，努力唤起社会大众的语言自觉和保护意识。此项工程还带来一系列标志性成果，广为宣传语言保护的理念，比如：2018 年 9 月在长沙召开首届"世界语言资源保护大会"，次年 2 月发布保护和促进世界语言多样性《岳麓宣言》。

除此之外，各民族自治区县建立了大大小小的民族语言电台和电视台，使用民族语言进行放映和播报，中央和各地的出版社印发了大批民族语言书籍、报纸和杂志等，相关部门还拍摄了一些民族语言的电影、从事一些热门和经典影视作品的民族语言翻译工作，很多民族地区还广泛使用双语牌匾和广告等。总之，民族语言在日常生活和语言使用中得到了更好的保护。同时，70 年来，港台学者也在民族语言保护工作中做出了积极贡献，比如：王士元主持"中国南方的濒危语言"项目，展现了科技手段拯救濒危语言的前景；台湾有关科研机构和南岛语言学家自 20 世纪 70 年代以来，先后实施了《台湾南岛语言调查研究》《台湾土著语言的比较研究》《高山族的社会语言学调查》等调查研究计划并取得了阶段性成果。

五 语言保护工作中的理论问题

新时代呼唤新气象新作为。随着国内外形势的发展变化,怎样做好民族语言保护工作,这是新时代产生的新要求、提出的新任务,需要在理论和实践上破解一些重要问题,最为迫切、最为关键的,至少包括以下两个方面。

一是如何正确认识中国语言国情,了解各语言的活力情况。调查了解语言国情,尤其是了解各地区各语言的活力情况,是整个语言保护工作的基础。只有清晰准确地认识了语言国情,才能制定出有针对性的、合理的语言保护方案。我国语言情况复杂多元、问题颇多,想要准确掌握具体情况并非易事。无论是国土面积的宽广、语言方言的繁多,还是多个民族聚居杂居、甚至涉及跨境问题,或者语言历时因素影响到共时分布等,多个因素叠加,多个问题牵扯,需要层层剥离、深入分析,这都给语言国情的调查和认识带来了很大的难度。所以,关于语言的国情调查,不是某家单位、某个群体就能轻易完成的。调查语言国情,需要人力、物力、财力的大量投入,需要政府、学者、民众等各方面的全力配合,需要多个层次、多个方面统一协调、形成合力。目前,全国各地都在展开语言国情调查,但这些调查多数都是个体的、零星的,缺乏系统性和理论指导。做好新时代的语言保护工作,要在全局上了解和掌握中国的语言国情,这是前提和基础。因此,时代呼唤新一轮的语言国情调查,尤其是要分清各个地区各个语言的语言活力如何,分清哪些语言保持旺盛的活力,哪些语言出现了功能的衰退,哪些语言开始濒危,哪些语言已经极度濒危,这些语言所在地区的国家通用语言文字推广情况如何,哪些因素使语言能保持旺盛的活力,哪些因素又使语言出现衰退或者濒危,这些可以为进一步的语言保护工作提供现实依据和理论基础。

二是如何根据各语言的类型特点,做好语言保护工作。我国有着丰富的语言资源，不仅种类繁多，而且类型多样。要做好语言保护工作，必须要了解和分析这些民族语言到底包括哪些类型，各个类型有何特点。我国的民族语言，可以从不同角度进行分类。比如：在语言系属关系上，分属于汉藏、阿尔泰、南岛、南亚、印欧五大语系。从使用人口上看，最多的壮语使用人口1300多万，最少的赫哲语只有200多人会说。从使用文字上看，藏语等有历史悠久的文字，傈僳语等使用文字的历史就很短，而瑶语等甚至没有传统文字。从方言差异上看，壮语南北方言的差异比壮语北部方言与布依语的差异还要大。从是否跨境的角度上看，白语等为非跨境语言，景颇语等则是跨境语言。从语言使用活力上看，不仅有强势语言和弱势语言之分，而且还可细分为不同等级，汉语是最强势语言，阿侬语等已经严重濒危了。语言保护工作要结合具体语言的类型特点，具体语言具体分析，采取有针对性的措施，才能取得好的成效。

第 十 章

新中国少数民族古文字与古文献研究

新中国成立以前，少数民族古文字与古文献研究者屈指可数，珍贵的文献大批流失海外。历经 70 年的发展，与民族文字文献研究相关的藏学、蒙古学、西夏学等学科，逐渐成为研究的热点。70 年来，中国少数民族古文字与古文献研究取得了丰硕的成果，各文种及其文献的研究都已经取得了长足的进步。

第一节　中国少数民族古文字文献概览

中国境内各民族在长时段的历史发展进程中创制了 21 种文字系统①，用这些文字类型和性质各异的文字系统书写留存了丰厚的文字文献，成为政治一体、文化多元的中华民族多元一体格局演进史的伟大证据，有力地证明了统一多民族国家中的每一个民族都创造了独具个性的民族文化，各民族共同缔造了伟大的祖国。与此同时，在各民族古文字文献形成发达史中不断交互影响，文字符号的借用、

---

① 此处按中国民族古文字研究会编《中国民族古文字图录》确定的数量为准，新发现文字文献暂不计入。

字母系统的流传，多民族文字文献之间的互译和交流，一直是历史发展的主线。各民族文字文献中留存的丰厚的历史文化内容，成为中华文明的伟大构成，中国也因此成为世界上民族古文字文献最丰富的国家之一。

中国各民族历史上流传的文字文献传扬至今，有的已经成为死文字，成为历史的遗迹和文化遗产；有的民族文献传承不辍，依旧在现实中延续着历史的根脉并传承着民族文化的基因，成为民族文化的重要标志。民族古文字文献中蕴含着每个民族先民特有的精神价值、思维方式和丰富想象力、创造力，作为文化遗产和文明的标志，对促进各民族文化传承、表述民族情感、弘扬民族精神等都具有重要作用。有的民族古文字文献，准确记载了国家的历史大事，关乎历代中央政府对边疆的管理和治理，勘分边界、确认领土归属等大事，其重要意义和价值自不待言，需要今人珍视和深入研究。

中华各民族文字文献虽然类型多样、文字性质各异，创制流传的时间长短有别，留存的文献类型各异，空间分布不同，但仍可以依据文字与语言的关系、语言的谱系分类和文字类型分类结合，对各民族的文字文献作合理的分类。本篇根据中国境内各民族语言分属五大语系的现实，文字文献作为记录语言的载体，将中国民族古文字文献按照语系、语族的分类框架大体可分为：

（一）汉藏语系民族古文字文献，下分藏缅语族民族古文字文献，具体涉及的文字文献有藏文及其文献、西夏文及其文献、彝文及其文献、纳西东巴文与哥巴文及其文献、汉字白文及其文献①。壮侗语族民族古文字文献，具体有傣文及其文献、汉字壮文及其文献、水书及其文献，其他汉字型民族文字的性质与地位尚不明确，故

---

① 本篇中涉及诸民族用汉字及其构字部件标写本民族语言的文字系统，不用"方块某字""方块某文"之说，因为该民族没有圆体或三角的文字系统与之对立。鉴于这些文字大都是汉字的地域性和民族性变体，其构形模式和字源仍然是汉字，因此本篇借用陆锡兴在《汉字传播史》（商务印书馆 2018 年版）中创设的"汉字白文""汉字壮文"等术语来指称"方块某字"。

暂略。

（二）阿尔泰语系民族古文字文献，按语族又分为：突厥语族民族古文字文献，包括突厥文及其文献、回鹘文及其文献、察合台文及其文献；蒙古语族民族古文字文献，包括八思巴文及其文献、回鹘式蒙古文及其文献、托忒蒙古文及其文献；满—通古斯语族民族古文字文献有女真文及其文献、契丹文及其文献、满文及其文献。

（三）印欧语系民族古文字文献，具体包括佉卢文及其文献、于阗文及其文献、粟特文及其文献、吐火罗文及其文献。

（四）南岛语系民族古文字文献，一般视为无文字社会，但至今留存于世的用拉丁字母书写的台湾高山族诸族群的社会经济文书，至为珍贵，虽然成果十分有限，也做简要的梳理叙述，彰显其价值与意义。

本篇的叙述在顾及历史脉络的前提下，重点对 1949 年至今 70 年间中国学者对中国民族古文字文献的整理研究史作简要的回顾，因篇幅有限，主要聚焦于重大成果和代表性学者的成就，而不对 70 年中发表的每一项成果和具体论著作详细评述，以求以点带面，突出重点，勾勒出中国民族古文字文献整理研究的主要线条和脉络，体现中国民族古文字文献研究 70 年的特色和典型成就。

第二节　汉藏语系民族古文字文献研究

一　藏缅语族文字文献研究

藏缅语族的文字、文献类型多样，既有死文字，如西夏文；也有延续千年的文字文献，如藏文及其文献。从文字性质而言，既有字母文字、也有图画—象形文字、仿汉字的文字符号体系；记录语言单位的方式也有别，音节、字母或跨词与句为单位，不一而同。

（一）藏文及其文献的研究

藏文起源问题的争议。松赞干布即位（634）之前，吐蕃尚未创

制文字。松赞干布特遣吞弥・桑布扎前往天竺和西域诸国学习多种
文字，据梵文创制藏文，这一观点遍载于藏文历史文献《贤者喜宴》
《布顿佛法史》《王统世系明鉴》等。新近有学者认为藏文是从象雄
文演变而来。才让太《藏文起源新探》①的观点较有代表性。藏文
是古代藏族在举行苯教仪式、接受训导和传教时，逐渐熟悉了象雄
文，而后用象雄文来标音记载自己的语言，是藏族古代先民集体创
制的，而不是后世的吞弥・桑布扎。

　　20 世纪 50 年代西藏和平解放后，对藏文献的研究翻译工作得到
全面推进，五省藏区和北京等地的寺庙印经院、图书馆、档案馆开
始初步的整理、分类，并作专题研究。1957 年出版了藏文历史名
著、五世达赖喇嘛阿旺・洛桑嘉措著《西藏王臣记》（1643 年）拉
萨木刻版的整理本。关德栋的《西藏的典籍》②概述了藏文典籍大
体全貌。林志钧的《藏译印度佛学论著目录》、张德钧的《关于清
刻大藏经与历代藏经》对清代刻大藏经及历代藏经印制状况作了较
为细致的叙述。格西曲扎著，法尊法师、张克强等译的《格西曲扎
藏文辞典》③是 50 年代初藏文文献研究的代表著作。

　　唐蕃会盟碑系吐蕃重要碑刻之一。为结合缔结新型汉藏民族关
系，学界十分看重唐蕃会盟碑汉藏双文碑铭的价值。代表性的有常
任侠的《拉萨"唐蕃会盟碑"的盟文与建筑》④、张政烺的《跋唐蕃
会盟碑》⑤、于道泉的《联盟碑》⑥等，从不同的角度阐发了会盟碑
的价值。

---

①　才让太：《藏文起源新探》，《中国藏学》1988 年第 1 期。

②　关德栋：《西藏的典籍》（上、下），《现代佛学》1950 年第 9 期、1951 年第
8 期。

③　格西曲扎著：《格西曲扎藏文辞典》，法尊法师、张克强等合译，民族出版社
1957 年版。

④　常任侠：《拉萨"唐蕃会盟碑"的盟文与建筑》，《现代佛学》1959 年第 11 期。

⑤　张政烺：《跋唐蕃会盟碑》，《文物》1959 年第 7 期。

⑥　于道泉：《联盟碑》，《人民日报》1959 年 4 月 26 日。

　　王尧的《吐蕃金石录》① 系关于吐蕃金石文字的专辑，收录碑刻十件，钟铭三件，包括了迄今为止发现的吐蕃时期的全部金石文献。对所录文献，按国际惯例一律将藏文转写成拉丁字母，并译成汉文，并对铭文涉及的历史文化等作了考释。

　　吐蕃时期的藏文名著、巴·塞乃《巴协》的平措次仁藏文整理本和佟锦华、黄布凡汉译本②问世。明代藏族史家班钦·索南扎巴著《新红史》藏文本和黄颢的汉译本出版问世③。智贡巴·贡去乎丹巴饶布杰《安多政教史》藏文整理本问世，吴均汉译本亦问世④。藏文历史名著《红史》《铁虎清册》《贤者喜宴》《五部遗教》《雅隆尊者教法史》《汉藏史集》《印度佛教史》《黄琉璃》《松巴佛教史》《木里政教史》《郭扎佛教史》《布顿佛教史》《青史》《萨迦世系史》等的藏文整理本和汉译本问世，代表了 20 世纪 80 年代以来藏文文献整理、翻译、研究的整体水平。

　　敦煌吐蕃文献数量大，散存多国，主题内容各异，多为孤本或绝本，涉及吐蕃历史文化的诸多方面。较早向国内藏学界介绍海外藏敦煌吐蕃文献、开展研究并取得成就者首推王尧、陈践。王尧在《藏文古代历史文献述略》⑤ 中将藏文古代历史文献概括为三大类：（1）金石铭刻；（2）书籍卷册；（3）文契简牍，同时将这三类文献的历史顺序定位为：奴隶制时期、分裂割据时期、封建统一时期三段历史时期。而在《吐蕃文献序录》⑥ 中将藏文历史文献按内容、主题、文献材质等分为：佛教典籍、敦煌写卷、金石铭刻、竹木简

————————

　　① 王尧：《吐蕃金石录》，文物出版社 1975 年版。

　　② 巴·塞乃：《巴协》，佟锦华、黄布凡译，四川民族出版社 1990 年版。

　　③ 班钦·索南扎巴：《新红史》，黄颢译，西藏人民出版社 1985 年版。

　　④ 智贡巴·贡去乎丹巴饶布杰：《安多政教史》，吴均等译，甘肃民族出版社 1989 年版。

　　⑤ 王尧：《藏文古代历史文献述略》，《西藏民族学院学报》1980 年第 2 期。

　　⑥ 王尧：《吐蕃文献序录》，《中国民族古文字研究》，中国社会科学出版社 1984 年版，第 210—221 页。

牍四个大类。王尧、陈践的《敦煌本吐蕃历史文书》①、王尧《吐蕃
金石录》、陈践《敦煌本藏文文献》②、王尧、陈践《敦煌吐蕃文献
选》③《吐蕃文献选读》④、陈践《吐蕃碑刻钟铭选》⑤、王尧、陈践
《吐蕃简牍综录》⑥ 等对吐蕃古藏文文献作了系统的整理、译释和解
读。黄布凡、马德的《敦煌藏文吐蕃史文献译注》⑦ 对敦煌吐蕃文
书部分内容的翻译有些新见。

　　1986 年 6 月，中国藏学研究中心成立伊始，即向中央呈送《关
于整理出版〈中华大藏经〉（藏文部分）的报告》。中共中央和国务
院批示同意设立"藏文大藏经对勘"项目，用以对勘出版藏文《大
藏经》。1987 年 5 月，中国藏学研究中心藏文《大藏经》对勘局成
立，对大藏经进行对勘出版。至 2008 年，正式出版《〈中华大藏
经·丹珠尔〉对勘本》124 卷和《〈中华大藏经·甘珠尔〉对勘本》
108 卷，共计 232 卷。中国藏学中心大藏经对勘局编纂的《中华大
藏经》（藏文）成为 1949 年以来最重要的藏文文献整理校勘的重大
成果，得到国际藏学界、佛学界的广泛好评。

　　王尧主编《法藏敦煌藏文文献解题目录》⑧，德格印经院、甘孜
州编译局编《德格印经院目录大全》⑨，民族文化宫图书馆编《藏文
典籍目录文集类子目》⑩（上、下）问世。张延清编《法藏敦煌古藏

---

　　① 　王尧、陈践：《敦煌本吐蕃历史文书》，民族出版社 1992 年版。

　　② 　陈践：《敦煌本藏文文献》（藏文），民族出版社 1983 年版。

　　③ 　王尧、陈践译注：《敦煌吐蕃文献选》，四川民族出版社 1983 年版。

　　④ 　陈践、王尧编注：《吐蕃文献选读》（藏文），民族出版社 1983 年版。

　　⑤ 　陈践注释：《吐蕃碑刻钟铭选》（藏文），民族出版社 1984 年版。

　　⑥ 　王尧、陈践：《吐蕃简牍综录》，文物出版社 1986 年版。

　　⑦ 　黄布凡、马德：《敦煌藏文吐蕃史文献译注》，甘肃教育出版社 2000 年版。

　　⑧ 　王尧主编：《法藏敦煌藏文文献解题目录》，民族出版社 1999 年版。

　　⑨ 　德格印经院、甘孜州编译局编：《德格印经院目录大全》（1—10），四川民族
出版社 2005—2010 年版。

　　⑩ 　民族文化官图书馆编：《藏文典籍目录文集类子目》（藏汉对照，上、下），民
族出版社 1984 年版。

文抄经题记总录》① 等为藏文文献整理编目、翻译的新成果。

赞拉·阿旺措成的《古藏文辞典》② 收录古藏文字、词7000 余条。土登彭措主编《藏文辞海》（1—3 卷）③ 收词汇 8 万余条，增加了不少近现代新词汇，是最新的大型工具书。

西北民族大学成立海外民族文献研究所，自 2006 年起整理流失海外的敦煌古藏文文献，完成《英国国家图书馆藏敦煌西域藏文文献》（1—9 册）④《法国国家图书馆藏敦煌藏文文献》（1—23 册）⑤。堪称 21 世纪藏文文献回归的重要成果。

苯教作为藏民族的传统信仰，研究苯教文献、文化关乎藏文化原型的重构。中国的苯教文献研究比较薄弱且起步较晚。2007 年巴桑旺堆的《当许出土古苯教文书合编》⑥，包括三部苯教仪轨文书和一部苯教医方文书。2011 年兰州大学洲塔、洛桑灵智多杰主编的《甘肃宕昌藏族家藏古藏文苯教文献》⑦ 共 30 册出版问世，收录了甘肃陇南藏族世代家藏的 31 函 560 余部古藏文苯教文献。文献多系公元 6—10 世纪的手写本苯教文书，涉及苯教经文及古象雄时期藏族先民社会，是研究古代藏族信仰及社会的古文献。2011 年才让太主编的《冈底斯雍仲苯教文献》（共 25 册）⑧，集成一百多函珍贵的苯教手抄本和木刻版文献，涉及苯教史、藏医、因明学、佛学名著，弥补了苯教文献散佚难寻的不足，对于研究古代藏族历史文化具有

---

① 张延清编：《法藏敦煌古藏文抄经题记总录》，中国藏学出版社 2017 年版。

② 赞拉·阿旺措成：《古藏文辞典》，民族出版社 1997 年版。

③ 土登彭措主编：《藏文辞海》（1—3 卷），四川民族出版社 2012 年版。

④ 西北民族大学、上海古籍出版社、英国国家图书馆编：《英国国家图书馆藏敦煌西域藏文文献》，上海古籍出版社 2011—2017 年版。

⑤ 西北民族大学、上海古籍出版社、法国国家图书馆编：《法国国家图书馆藏敦煌藏文文献》，上海古籍出版社 2006—2019 年版。

⑥ 巴桑旺堆：《当许出土古苯教文书合编》，西藏藏文古籍出版社 2007 年版。

⑦ 洲塔、洛桑灵智多杰主编：《甘肃宕昌藏族家藏古藏文苯教文献》（全 30 册），甘肃文化出版社 2011 年版。

⑧ 才让太主编：《冈底斯雍仲苯教文献》，民族出版社 2010 年版。

重要价值。2018 年洛赛等主编《舟曲民间古藏文苯教文献》①（第一辑，25 册）问世。包括苯教文献 235 函、2900 卷、45000 余页，对苯教研究具有极高的价值。

（二）西夏文及其文献的研究

清代西北史地学者张澍被公认为最早识别西夏文字的学者。张澍于清嘉庆甲子年（1804）在武威原西夏之护国寺发现西夏文与汉文《重修护国寺感通塔碑》双文石碑并判定碑阳所刻文字为西夏字，并写就《书西夏天佑民安碑后》②。清代学者鹤龄发现并研究了西夏文《佛说妙法莲花经》。1904 年，法国学者毛利瑟（G. Morisse）据其所得鹤龄原藏八册《佛说妙法莲花经》开展研究。1909 年俄国人科兹洛夫盗掘的黑水城西夏文刊本和写本达 8000 余种。黑水城文献出土，西夏学也随之诞生。俄国学者的学术成果迭出，中国学界深受刺激。③

罗振玉于 1913 年从俄国学者处获得西夏文献《番汉合时掌中珠》残页照片，在此基础上由罗福成、罗福苌据照片开始研究西夏文字。1919 年始发表相关研究成果：罗福成的《西夏译莲花经考释》《西夏国书类编》；罗福苌的《西夏国书略说》。1927 年，罗振玉刊出《西夏官印集存》，校正西夏纪年。1932 年北平图书馆馆刊出西夏文专号，收录中外西夏学家著译 36 篇。④ 1935 年罗福成将《同音》刊行。王国维对元代刊行的西夏文《华严经》曾有研究。

继罗氏父子之后，王静如⑤于 1930—1933 年出版了《西夏研究》三辑，为研究西夏文献的登峰之作，推动了西夏文字及其文献的研

---

① 洛赛等主编：《舟曲民间古藏文苯教文献》，甘肃文化出版社 2018 年版。

② 张澍：《养素堂文集》卷 19，清道光十七年（1837）刻本。

③ 郑隆（1884—1938）亦著有《书武威县西夏感通塔碑后》《西夏译华严经普贤行愿品考释》《西夏译妙法莲花经考释补》等文章问世，堪为当时难得的先声。

④ 《国立北平图书馆馆刊》第 4 卷第 3 号（西夏文专号），1932 年。

⑤ 参见《王静如教授学术著作目录》，《中国民族史研究》(2)，中央民族学院出版社 1989 年版。

究。其所著《西夏研究》1936 年荣膺法国"儒莲奖"，王静如系中国学者获此奖的第一人。

　　20 世纪 70—80 年代，王静如、史金波、白滨、李范文等对河北保定明代西夏文经幢和甘肃武威新发现西夏文字的考释、讨论，① 陈炳应对武威西夏碑的介绍和译释②，李新魁对西夏文字构造方式的探讨③，西夏语言文字文献研究进入全新的阶段。西夏文字文献整理研究的著作在 20 世纪 80 年代相继问世。其中史金波等整理的《文海研究》④、李范文的《同音研究》⑤、史金波、黄振华、聂鸿音整理的《番汉合时掌中珠》⑥、李范文的《宋代西北方音——〈番汉合时掌中珠〉对音研究》⑦、罗福颐的《西夏官印汇考》⑧、李范文的《西夏陵墓出土残碑粹编》⑨、史金波等的《西夏文物》⑩ 和《类林研究》⑪、陈炳应的《西夏谚语》⑫、史金波等译的《天盛改旧新定律令》⑬、［俄］克恰诺夫、李范文、罗矛昆等的《圣立义海研究》⑭、

---

　　①　史金波、白滨：《明代西夏文经卷和石幢初探》，《考古学报》1977 年第 1 期。史金波：《〈甘肃武威发现的西夏文考释〉质疑》，《考古》1974 年第 6 期。

　　②　陈炳应：《重修护国寺感应塔碑（西夏碑）》，《文物》1979 年第 12 期。

　　③　李新魁：《论西夏文的形体结构和造字方式》，《中山大学学报》（社会科学版）1978 年第 5 期。

　　④　史金波、白滨、黄振华：《文海研究》，中国社会科学出版社 1983 年版。

　　⑤　李范文：《同音研究》，宁夏人民出版社 1986 年版。

　　⑥　史金波、黄振华、聂鸿音：《番汉合时掌中珠》，宁夏人民出版社 1989 年版。

　　⑦　李范文：《宋代西北方音——〈番汉合时掌中珠〉对音研究》，中国社会科学出版社 1994 年版。

　　⑧　罗福颐：《西夏官印汇考》，宁夏人民出版社 1982 年版。

　　⑨　李范文：《西夏陵墓出土残碑粹编》，文物出版社 1984 年版。

　　⑩　史金波、白滨、吴峰云：《西夏文物》，文物出版社 1988 年版。

　　⑪　史金波、黄振华、聂鸿音：《类林研究》，宁夏人民出版社 1993 年版。

　　⑫　陈炳应：《西夏谚语》，宁夏人民出版社 1993 年版。

　　⑬　史金波、聂鸿音、白滨译：《天盛改旧新定律令》，法律出版社 1999 年版。

　　⑭　［俄］克恰诺夫、李范文、罗矛昆：《圣立义海研究》，宁夏人民出版社 1995 年版。

陈炳应的《贞观玉镜将研究》① 等，都是这一时期的代表性著作。

1997 年出版的李范文编撰的《夏汉字典》② 为第一部体例完备的西夏文字典。2013 年，李范文因编撰《夏汉字典》而荣获法国"儒莲奖"。史金波、雅森·吾守尔的《中国活字印刷术的发明和早期传播：西夏和回鹘活字印刷术研究》③ 论述了活字印刷术的发明过程、早期传播范围和路线，系统刊布了西夏和回鹘文活字印刷品及有关材料，是活字印刷专题的代表作。

20 世纪 90 年代始全面次第刊布《俄藏黑水城文献》《中国国家图书馆藏西夏文献》《中国藏西夏文献》《英藏黑水城文献》。由俄罗斯科学院东方文献研究所、中国社会科学院民族学与人类学研究所、上海古籍出版社合编的《俄藏黑水城文献》从 1996 年起陆续出版了该书的汉文部分（第 1—6 册）、西夏文世俗部分（第 7—14 册），深受海内外学界的好评。《俄藏黑水城文献·西夏文佛教部分》（第 15—25 册）2016 年问世。自 2011 年起进入佛教文献部分，约再有 15 册即可完成全书的出版。

2006 年《中国国家图书馆藏西夏文献》（1—4 册）由上海古籍出版社出版。该批文献与俄、英藏西夏文献有别，独具价值。史金波、陈育宁主编的《中国藏西夏文献》④ 是迄今最全面的国内西夏文献汇集整理著作。西北第二民族学院、英国国家图书馆、上海古籍出版社主编的《英藏黑水城文献》问世，英藏是俄藏的最大补充。

《法藏敦煌西夏文文献》⑤ 由北方民族大学与上海古籍出版社联

---

① 陈炳应：《贞观玉镜将研究》，宁夏人民出版社 1995 年版。

② 李范文：《夏汉字典》，中国社会科学出版社 1997 年版。

③ 史金波、雅森·吾守尔：《中国活字印刷术的发明和早期传播：西夏和回鹘活字印刷术研究》，社会科学文献出版社 2000 年版。

④ 史金波、陈育宁主编：《中国藏西夏文献》（共 17 卷），甘肃人民出版社、敦煌文艺出版社 2005—2007 年版。

⑤ 北方民族大学、上海古籍出版社、法国国家图书馆编纂：《法藏敦煌西夏文文献》，上海古籍出版社 2007 年版。

合推出，收录法国国家图书馆藏西夏文写本和印本。这些文献与俄、英等国和敦煌研究院收藏的西夏文文献属一类。武宇林、荒川慎太郎主编的《日本藏西夏文文献》① 刊布日本藏西夏文文献，影印、收录图版共计 532 面。杜建录的《党项西夏碑石整理研究》② 系统收集了七省区藏党项与西夏碑刻并作了详细考释。杜建录主编的《中国藏黑水城汉文文献释录》（全 14 册）③ 以《中国藏黑水城汉文文献》图版为顺序，首次对 4213 件文书逐一录文、叙录、校勘和注释，为中国藏黑水城汉文文献整理研究的标志性成果。

　　台湾学者龚煌城所著《西夏语文研究论文集》④ 收录作者过去二十多年来所发表的有关西夏语言文字的中英文论文，包括：《西夏语的浊塞音与浊塞擦音》《西夏韵书〈同音〉第九类声母的拟测》《西夏语的紧元音及其起源》《西夏语若干韵母转换的起源——重叠复合词》《西夏语的音韵转换与语音拟构》《西夏语的音韵转换与构词法》《西夏语动词的人称呼应与音韵转换》《西夏语中的汉语借词》《类林西夏文译本汉夏对音字研究》《西夏文字的结构》《西夏文字中的汉字汉语成分》《西夏文字衍生过程的重建》《西夏文的意符与声符及其衍生过程》等，基本上代表了中国学者研究西夏语言文字的最高水平。台湾学者林英津有《夏译〈孙子兵法〉研究》⑤《西夏语译〈真实名经〉释文研究》⑥。此外还有胡进杉的《西夏佛

---

　　①　武宇林、荒川慎太郎主编：《日本藏西夏文文献》，中华书局 2011 年版。

　　②　杜建录编著：《党项西夏碑石整理研究》，上海古籍出版社 2015 年版。

　　③　杜建录主编：《中国藏黑水城汉文文献释录》，中华书局、天津古籍出版社 2016 年版。

　　④　龚煌城：《西夏语文研究论文集》，"中研院"语言学研究所，《语言暨语言学》专刊丙种之二（上），2003 年。

　　⑤　林英津：《夏译〈孙子兵法〉研究》，"中研院"历史语言研究所单刊之 28，1994 年。

　　⑥　林英津：《西夏语译〈真实名经〉释文研究》，"中研院"语言学研究所，《语言暨语言学》专刊甲种之八，2006 年。

典探微》①，均为台湾学者研究西夏文字文献的代表性著作。

草书文献和佛经对译研究是西夏文献研究的热点之一。这类成果的典型代表作以入选国家社会科学成果文库的西夏学相关成果为代表，具体有：杨志高的《〈慈悲道场忏法〉西夏译文的复原与研究》②、杜建录的《中国藏黑水城汉文文献整理研究》③、史金波的《西夏经济文书研究》④、彭向前的《俄藏西夏历日文献整理研究》⑤ 等。

（三）彝文及其文献的研究

彝文文献是彝族民族文化的载体，是彝族文化的珍贵文献资料。地质学家丁文江先生于 20 世纪 30 年代到云南、贵州考察地质，发现彝文文献后，率先开展收集，在彝族大毕摩罗文笔的帮助下，出版了《爨文丛刻》⑥。此后杨成志、马学良等也进入彝文文献收集研究的领域，收集了大量的彝文文献，马学良著《云南彝族礼俗研究文集》⑦ 是这一时期翻译研究彝文文献的重要成果之一。

20 世纪 50 年代贵州最早开展彝文文献的收集翻译工作，1955—1966 年期间编译了《西南彝志》《水西全传》等 25 部彝文文献。其中《西南彝志》⑧ 编纂者搜集彝族各家支自古流传下来的许多彝文文献，揭示了该著的经典地位。

80 年代彝文文献翻译整理步入发达期，贵州彝文文献《彝族诗文论》（1988），云南彝文文献《尼苏夺节》（1985）、《劝善经》

---

① 胡进杉：《西夏佛典探微》，上海古籍出版社 2015 年版。

② 杨志高：《〈慈悲道场忏法〉西夏译文的复原与研究》，中国社会科学出版社 2017 年版。

③ 杜建录：《中国藏黑水城汉文文献整理研究》，人民出版社 2016 年版。

④ 史金波：《西夏经济文书研究》，社会科学文献出版社 2017 年版。

⑤ 彭向前：《俄藏西夏历日文献整理研究》，社会科学文献出版社 2018 年版。

⑥ 丁文江编：《爨文丛刻》，商务印书馆 1936 年版。

⑦ 马学良：《云南彝族礼俗研究文集》，四川民族出版社 1983 年版。

⑧ 毕节地区民族事务委员会：《西南彝志》，贵州人民出版社 1982 年版。

（1986）、《尼祖谱系》（1988），四川彝文文献《妈妈的女儿》
（1985），云南的《彝族医药》，贵州的《彝族源流》，四川的《金石
彝文图录》，马学良主持的《增订〈爨文丛刻〉》等彝文文献翻译研
究成果先后出版问世，其中《阿诗玛》（1989）问世以来有 12 种外
文译本。1982 年由罗国义等翻译、马学良审定的彝文天文历法专门
经典《宇宙人文论》①问世。

　　果吉·宁哈等编译的《彝文〈指路经〉译集》②共整理翻译了
云、贵、川三省 18 县 18 个彝族家支的《指路经》，采用原文、国际
音标注音、汉文直译和意译的翻译法，并附有注释和考证，是彝文
文献整理研究中的力作。

　　云贵川百部《彝族毕摩经典译注》涵盖了滇、川、黔、桂四省
区代表性的彝文典籍和口传祭经、创造史诗、英雄史诗、叙事长诗，
系国内首次彝文文献译论的大集成著作。

　　彝文文献编目提要的最新成果当推清水享、龙倮贵、摩瑟磁火、
张仲仁编著的《臺灣中央研究院歷史語言研究所傅斯年圖書館藏彝
文（儸儸文）文書提要》③。有关彝文文献方面的辞书最早有保罗维
亚编的《法倮词典》④。而集大成者当推马学良主编的《彝文经籍文
化辞典》，⑤它以古彝经籍词汇为主要对象，兼及有关彝族历史文化、
宗教礼俗及彝文古籍整理研究的重要名词术语，堪称彝族历史文化
的百科全书。

　　（四）纳西东巴文、哥巴文及其文献的研究

　　纳西东巴文的研究肇始于 19 世纪末叶。早期的外国学者如美国

---

　　①　陈英、罗国义翻译，马学良审定：《宇宙人文论》，民族出版社 1982 年版。

　　②　果吉·宁哈等编译：《彝文〈指路经〉译集》，中央民族学院出版社 1993 年版。

　　③　清水享、龙倮贵、摩瑟磁火、张仲仁编著：《臺灣中央研究院歷史語言研究所
傅斯年圖書館藏彝文（儸儸文）文書提要》，東京外国語大学アジア・アフリカ言語
文化研究所，2012 年。

　　④　Vidal, Paul. Dictionnaire français-Lolo, dialecte gni, HongKong, 1909.

　　⑤　马学良主编：《彝文经籍文化辞典》，京华出版社 1998 年版。

的骆克、法国的巴克等，都做过有关东巴文及东巴经典的收集、研究工作。20 世纪 40 年代，方国瑜、李霖灿、傅懋勣、张琨、陶云逵、闻宥等学者从诸多角度研究，撰写了很有分量的著述刊行。李霖灿有《麽些象形文字字典》《麽些标音文字字典》《麽些经典译注九种》；傅懋勣有《丽江麽些象形文〈古事记〉研究》《纳西族图画文字〈白蝙蝠取经记〉研究》（上册 1981 年；下册 1983 年），对经文做了严谨的译注研究，对东巴文字的性质提出了独到见解。约瑟夫·骆克编撰的《纳西—英语百科辞典》（第一卷）1963 年在罗马出版；《纳西—英语百科辞典》（第二卷）1972 年在罗马出版。《纳西—英语百科辞典》将纳西东巴文、"骆克纳西语转写符号"与英文译文（注释）结合的方式编撰，突破了以字为单位编撰东巴文辞书的范式。

20 世纪 80 年代以来，纳西东巴文的研究有了全新的格局。丽江县文化馆从 1962 年到 1965 年整理出 13 大类 528 册东巴经典，共译出 140 多本经典，因条件所限，只石印了《挽歌》等代表性经典 22 本问世，但为以后东巴文文献的系统系统释读奠定了坚实基础。

1981 年方国瑜编撰、和志武参订的《纳西象形文字谱》出版问世，有力地推动了纳西东巴文献的研究。《纳西象形文字谱》全书分为 18 属，对 1340 个象形文字及 222 个派生字逐一作标音解说，同时收录了 582 个哥巴文及 2000 多个常用词汇，在大部分词下还注有象形文字标号及读音。在《纳西象形文字谱》的绪论篇中较系统地论述了纳西族的渊源、迁徙和分布，纳西族东巴文字的构造特点，并参照汉字六书说，提出"十书说"，影响深远。1986—1989 年"云南少数民族古籍译丛"所属《纳西东巴古籍译著》（1—3）问世。

1990 年始，经过 20 年的艰苦努力，千册百卷本《纳西东巴古籍译注全集》翻译工作完成，为系统全面研究纳西东巴经典奠定了坚实的基础。2001 年，该书荣获第五届"中国国家图书奖"荣誉奖。2003 年《中国少数民族古籍总目提要·纳西族卷》作为首卷正式出版，为其他各卷的编纂出版工作提供了成熟的经验。哈佛燕京学社藏东巴经典的翻译工作在开展中，译注范式仍有许多问题，争议较多，暂不评议。目前哈佛藏数字化的东巴经典已经实现全球共享。

（五）汉字白文及其文献的研究

汉字白文从现存文献看，汉字白文在南诏中后期（公元 9—10世纪）就已有使用。1956 年，费孝通、李家瑞等在大理发现两批佛经共 3000 多册。其中，南诏大理国时期的写本佛经共 20 卷。这 20卷佛经中夹杂着汉字白文，有的在汉文经卷右侧有汉字白文旁注，卷尾有汉字白文注疏。南诏时期的有字瓦文字，一度被视为汉字白文，今人的研究主张有字瓦不足以作为自创汉字白文的证据。[1] 田怀清《南诏大理国瓦文》[2] 堪为代表。

徐琳、赵衍荪的《白文〈山花碑〉释读》[3]，何一琪的《白文哀词〈赵坚碑〉研究》[4]，徐琳的《白族〈黄氏女对经〉研究》《白族〈黄氏女对经〉研究》（续）[5]、《关于白族的白文》[6]，赵橹的《白文〈山花碑〉译释》[7]，马曜的《论古白文的夭折对白族文化发展的影响》[8]，周祜的《白文考证》[9]，杨应新的《白语本主祭文释读》[10]，

① 陆锡兴：《汉字传播史》，商务印书馆 2018 年版，第 208 页。

② 田怀清：《南诏大理国瓦文》，云南人民出版社 2011 年版。

③ 徐琳、赵衍荪：《白文〈山花碑〉释读》，《民族语文》1980 年第 3 期。

④ 何一琪：《白文哀词〈赵坚碑〉研究》，《云南民族学院学报》1998 年第 2 期。

⑤ 徐琳：《白族〈黄氏女对经〉研究》《白族〈黄氏女对经〉研究》（续），日本东京外国语大学亚非语言文化研究所，1986、1988 年。

⑥ 徐琳：《关于白族的白文》，《云南民族语文》1997 年第 2 期。

⑦ 赵橹：《白文〈山花碑〉译释》，云南民族出版社 1988 年版。

⑧ 马曜：《论古白文的夭折对白族文化发展的影响》，《云南民族语文》1989 年第 3 期。

⑨ 周祜：《白文考证》，《南诏文化论》，云南人民出版社 1991 年版。

⑩ 杨应新：《白语本主祭文释读》，《民族语文》1991 年第 5 期。

王锋的《古白文的文字属性》①，为汉字白文研究的代表性成果。

21 世纪，汉字白文文献的集成研究成为新趋势。段金录等主编的《大理历代名碑》②《中国少数民族古籍总目提要·白族卷》③《大理丛书·大藏经篇》④ 等为典型代表，此外还新刊布了一些新发现的汉字白文文献。［日］甲斐胜二、张锡禄编《中国白族白文文献释读》⑤ 涵盖了白文文献的主要门类，如《黄氏女对金刚经》等。韦韧著《〈云龙白曲残本〉文字整理与研究》⑥ 依据汉字白文数据库系统，分析判定汉字白文不是一个成熟的文字系统。

二　壮侗语族文字文献研究

壮侗语族的文字文献既有受汉字影响而创制的文字，如汉字壮文，也有从梵文巴利文系统的字母脱胎而来的傣文，还有与甲骨文等古汉字符号有关联但又有自身特点的水书。

（一）傣文文献的研究

对傣文文献系统的研究始于民国时期，1946 年刊行张镜秋译注的《僰民唱词集》；1947 年刊行李拂一翻译的《泐史》和《车里宣慰司世系考订》。1949 年后翻译整理的傣文文献散见于《傣族社会历史调查》中。罗常培、邢庆兰的《莲山摆夷语文初探》也是较早研究傣文文献的专著⑦。1953 年方国瑜将《麓川思氏谱牒》加以笺证后印行⑧。

---

① 王锋：《古白文的文字属性》，《大理学院学报》（哲学社会科学版）2004 年第 2 期。

② 段金录等主编：《大理历代名碑》，云南民族出版社 2000 年版。

③ 《中国少数民族古籍总目提要·白族卷》，大百科全书出版社 2004 年版。

④ 《大理丛书·大藏经篇》，民族出版社 2008 年版。

⑤ ［日］甲斐胜二、张锡禄编：《中国白族白文文献释读》，广西师范大学出版社 2011 年版。

⑥ 韦韧：《〈云龙白曲残本〉文字整理与研究》，社会科学文献出版社 2017 年版。

⑦ 罗常培、邢庆兰：《莲山摆夷语文初探》，北京大学文科研究所，1950 年。

⑧ 方国瑜：《麓川思氏谱牒》，《民族学报》1981 年卷。

20 世纪 80 年代，傣文文献的翻译研究进入新阶段。译作有高立士的《西双版纳召片领世系》《西双版纳召片领四十四世始末》，刀光强、高立士的《西双版纳傣族的封建法规》等。张公瑾译注的《苏定》《历法星卜要略》问世。"云南省民族古籍译丛"出版了傣族古籍文献《档哈雅》《孟连宣抚司法规》《勐泐王族世系》《车里宣慰使司世系集解》等。西双版纳傣族自治州组织编译了《车里宣慰世系简编》《泐西双邦》《勐龙土司简史》《倚邦土司始末》《勐勐土司世系》《勐腊土司世系》《勐捧土司管辖范围的界线》等。

《泐史》是西双版纳傣文史书，朱德普的《泐史研究》对该书涉及的人与事做了比较、鉴别和分析，颇有价值。傣文贝叶经是珍贵的文化遗产，它除了记载佛教经典之外，还有傣族社会诸多方面内容。2010 年完成出版的《中国贝叶经全集》（1—100 卷）[1]，堪称傣族文化总集，也是佛教文献整理研究的重大成果。

（二）水书及其文献的研究

水书，水语称为"泐睢（$le^1 sui^3$）"，是水族古文字、水族典籍的汉译通称。20 世纪 40 年代岑家梧到水族地区调查，在《水书与水家来源》中认为：水家古文字可上溯到殷商时。岑家梧通过对水书与甲骨文作比较研究后指出：（1）水书为一种巫术用书。（2）水书制造之年代极为古远。（3）水书制造之地点，初在西北一带。（4）水书由北方次第传入江西。（5）水书初传入江西水家后，水家由江西迁入黔省，乃携之俱来。（6）水书是一种被压迫民族所用之文字。水书与古代殷人甲骨文之间，当有若干姻缘关系，亦可断言也。[2]

90 年代，王品魁译注的《水书》（正七卷和壬辰卷）[3] 填补了水书整理出版的空白。21 世纪初，贵州调集水书先生和学者对水书卷

---

① 编辑委员会编：《中国贝叶经全集》，人民出版社 2006—2010 年版。

② 岑家梧：《西南民族文化论丛》，岭南大学，1949 年，第 170—172 页。

③ 王品魁译注：《水书》（正七卷和壬辰卷），贵州民族出版社 1994 年版。

本进行整理、翻译。"中国水书译注"丛书第一辑出版问世，共 5本：梁光华、蒙景村等译注《水书·婚嫁卷》，陆春译注《水书·秘籍卷》《水书·麒麟正七卷》，蒙邦敏、蒙君昌等译注《水书·正五卷》《水书·金用卷》[①]。水书目前已经列入"中国档案文献遗产名录"和"国家级非物质文化遗产名录"。

　　近几年来，相关部门又陆续出版了《泐金·纪日卷》《泐金·纪日卷》英文版，《陆道根源》《贪巨九星歌本》《〈金银卷〉解读》[②] 等水书研究文献。贵州荔波县水书研究人员将馆藏 9000 余册水书按内容分为综合、丧葬、祈福、占卜、消灾、其他六大类，编制《馆藏水书总目提要》，现已完成 3000 册的翻译注录和编撰"水书古文字汇编"。赵丽明主编《清华大学馆藏十本水书解读》[③] 完成了对清华馆藏 10 本水书原件的翻译解读工作，对解读水族文化和水书符号具有积极的意义。

　　（三）汉字壮文及其文献的研究

　　汉字壮文在壮族地区曾被称作"方块字""土字"或"土俗字"，壮族人民称之为 Sawndip（"生字"）。壮族的古壮字始于唐兴于宋而盛于明清，既有碑刻，亦有大量的师公唱本和民歌抄本传世。古壮字研究者认为广西上林唐初永淳元年（682）《六合坚固大宅颂》石碑中汉字壮文的出现为正式形成的标志。

　　1936 年闻宥的《广西太平府属土州县司译语考》[④] 考释过汉字壮文的音形义。1941 年，李方桂的《武鸣土语》[⑤] 中谈到了当地的汉字壮文，系对古壮字的开创性探讨，但不认为是真正的文字符号

---

　　① 蒙邦敏、蒙君昌等译注：《水书·正五卷》《水书·金用卷》，贵州民族出版社 2011 年版。

　　② 《〈金银卷〉解读》，贵州人民出版社 2007 年版。

　　③ 赵丽明主编：《清华大学馆藏十本水书解读》，贵州人民出版社 2015 年版。

　　④ 闻宥：《广西太平府属土州县司译语考》，《国立中央研究院历史语言研究所丛刊》第 4 期，1936 年。

　　⑤ 李方桂：《武鸣土语》，中国科学院，1953 年。

系统。20 世纪 50 年代，韦庆稳的《广西壮族的方块壮字》① 是较早研究古壮字的论文。其后有张元生的《壮族人民的文化遗产——方块壮字》②、黄绍清的《壮族方块字的创造和运用》③、黄革的《上林地区壮族方块字的构造》④、覃国生的《关于方块壮字》⑤、李乐毅的《方块壮字与喃字的比较研究》⑥、郑贻青的《靖西方块壮字试析》⑦、罗长山的《古壮字与字喃的比较研究》⑧、蓝利国的《方块壮字探源》⑨、梁庭望的《壮族三种文字的嬗变及其命运的思考》⑩、韦树关的《从壮字中的借形字和形声字谈古壮字创制的年代》⑪、林亦的《古壮字与广西粤语方音史研究》⑫ 等，这些文章都涉及对古壮字的研究。韦庆稳、覃国生的《壮语简志》⑬、张声震主编的《壮族通史》⑭ 中有介绍。韦景云、覃晓航的《壮语通论》⑮ 也有"方块壮字"一节。林亦的文章《谈利用古壮字研究广西粤语方音》⑯、李富

① 韦庆稳：《广西壮族的方块壮字》，《中国语文》1953 年第 1 期。

② 张元生：《壮族人民的文化遗产——方块壮字》，《中国民族古文字研究》，中国社会科学出版社 1984 年版。

③ 黄绍清：《壮族方块字的创造和运用》，《广西师范学院学报》1982 年第 3 期。

④ 黄革：《上林地区壮族方块字的构造》，《民族语文》1982 年第 2 期。

⑤ 覃国生：《关于方块壮字》，《广西民族学院学报》1986 年第 4 期。

⑥ 李乐毅：《方块壮字与喃字的比较研究》，《民族语文》1987 年第 4 期。

⑦ 郑贻青：《靖西方块壮字试析》，《民族语文》1988 年第 4 期。

⑧ 罗长山：《古壮字与字喃的比较研究》，《东南亚纵横》1992 年第 3 期。

⑨ 蓝利国：《方块壮字探源》，《广西民族学院学报》1995 年第 S1 期。

⑩ 梁庭望：《壮族三种文字的嬗变及其命运的思考》，《三月三·民族语文论坛》1999 年第 1 期。

⑪ 韦树关：《从壮字中的借形字和形声字谈古壮字创制的年代》，《三月三·民族语文论坛》2005 年第 6 期。

⑫ 林亦：《古壮字与广西粤语方音史研究》，《音韵论丛》，齐鲁书社 2004 年版。

⑬ 韦庆稳、覃国生：《壮语简志》，民族出版社 1980 年版。

⑭ 张声震主编：《壮族通史》，民族出版社 1997 年版。

⑮ 韦景云、覃晓航：《壮语通论》，中央民族大学出版社 2006 年版。

⑯ 林亦：《谈利用古壮字研究广西粤语方音》，《民族语文》2004 年第 3 期。

强的《壮族文字的产生、消亡与再造》①，也讨论了壮族历史与文字的关系。《古壮字字典》② 是第一部汉字壮文字典，收录正体汉字壮文字 4918 个，加同形异义字为 10700 个。1991 年，张声震主编的《布洛陀经诗译注》③ 问世，堪称古壮文文献译注的代表性成果。此后，张元生、梁庭望、韦星朗著《古壮字文献选注》④ 出版问世。覃晓航的《方块壮字研究》⑤ 对汉字壮文的历史发展、性质等涉及汉字壮文的诸多问题作了论述。

第三节　阿尔泰语系民族古文字文献研究

一　突厥语族民族古文字文献研究

使用突厥语族语言的各民族在历史上曾使用过古代突厥文、粟特文、回鹘文、摩尼文、婆罗米文、叙利亚文、察合台文等文字，并用这些文字记录了大量各方面的内容，是研究突厥语族语言史的文献依据。

（一）突厥文及其文献的研究

突厥文是公元 7—10 世纪突厥、回鹘、黠嘎斯等族群使用的文字，又称鄂尔浑—叶尼塞文、突厥如尼文，通行于额尔浑河、叶尼塞流域以及今中国新疆、甘肃境内的若干地方。1889 年，俄国人雅德林采夫（N. M. Yadrintsev）带领考察队在鄂尔浑河流域发现了《阙特勤碑》和《毗伽可汗碑》。根据这两通石碑，丹麦的语言学家

---

① 李富强：《壮族文字的产生、消亡与再造》，《广西民族研究》1996 年第 2 期。

② 广西壮族自治区少数民族古籍整理出版规划领导小组编：《古壮字字典》，广西民族出版社 2012 年版。

③ 张声震主编：《布洛陀经诗译注》，广西人民出版社 1991 年版。

④ 张元生、梁庭望、韦星朗：《古壮字文献选注》，天津古籍出版社 1992 年版。

⑤ 覃晓航：《方块壮字研究》，民族出版社 2010 年版。

汤姆逊（V. Thomsen）解读了古代突厥文。俄国的拉德洛夫（W. W. Radloff）、德国突厥学家葛玛丽（von. Gabain）都曾对突厥碑铭做过研究。国内学者的研究，1949 年前有韩儒林的《突厥文阙特勤碑译注》①《突厥文芘伽可汗碑译注》②《突厥文日欲谷碑译文》③《蒙古之突厥碑文导言》（翻译）④，岑仲勉的《跋突厥文阙特勤碑》⑤。1958 年，岑仲勉又据英文译本改译了韩儒林所译的《阙特勤碑》《毗伽可汗碑》和《暾欲谷碑》。王静如的《突厥文回纥英武威远毗伽可汗碑译释》⑥、冯家昇的《1960 年吐鲁番新发现的古突厥文》⑦，对古突厥文刻题记进行了研究。

耿世民的《维吾尔古代文化和文献概论》⑧《敦煌突厥回鹘文书导论》⑨《古代突厥文碑铭研究》等探讨了突厥回鹘的历史、碑铭的发现和解读情况，古代突厥文字母和主要拼写规则、古代突厥语法等，对《阙特勤碑》《毗伽可汗碑》《暾欲谷碑》等九块碑铭以及《占卜书》的译释提供了可靠的文本。

耿世民的《古代维吾尔族文字和文献概述》全面概述了维吾尔族古文字文献⑩，耿世民的《古代突厥文碑铭述略》介绍了古突厥文碑铭的主要构成⑪，耿世民的《古代突厥文主要碑铭及其解读研究

① 韩儒林：《突厥文阙特勤碑译注》，《北平研究院院务汇报》1935 年第 6 卷第 6 期。

② 韩儒林：《突厥文芘伽可汗碑译注》，《禹贡》1936 年第 6 卷第 6 期。

③ 韩儒林：《突厥文日欲谷碑译文》，《禹贡》1936 年第 6 卷第 7 期。

④ 韩儒林：《蒙古之突厥碑文导言》（翻译），《禹贡》1937 年第 7 卷第 1 期。

⑤ 岑仲勉：《跋突厥文阙特勤碑》，《辅仁学志》1937 年第 6 卷第 1、2 期合刊。

⑥ 王静如：《突厥文回纥英武威远毗伽可汗碑译释》，《辅仁学志》1938 年第 7 卷第 1、2 期合刊。

⑦ 冯家昇：《1960 年吐鲁番新发现的古突厥文》，《文史》1963 年第 3 辑。

⑧ 耿世民：《维吾尔古代文化和文献概论》，新疆人民出版社 1983 年版。

⑨ 耿世民：《敦煌突厥回鹘文书导论》，新丰出版公司 1994 年版。

⑩ 耿世民：《古代维吾尔族文字和文献概述》，《中国史研究动态》1980 年第 3 期。

⑪ 耿世民：《古代突厥文碑铭述略》（连载），《考古学参考资料》1980 年第 3—4 期。

情况》着重介绍研究进展①，陈宗振的《突厥文及其文献》介绍了
国内外研究突厥文的重要著作②。李国香的《维吾尔文学史》从文
学角度谈及部分古代突厥文碑铭及其文学价值③。李经纬的《突厥如
尼文〈苏吉碑〉译释》④，对《苏吉碑》作了汉译和注释。林斡的
《古突厥文碑铭札记》等论文对《阙特勤碑》《毗伽可汗碑》等突厥
碑铭中的若干语词的释读，提出了独到的见解。⑤ 克由木霍加、吐尔
逊阿尤甫、斯拉菲尔等编译的《古代维吾尔文献选》（维吾尔文
版)⑥，对《暾欲谷碑》《阙特勤碑》《毗伽可汗碑》和《磨延啜碑》
进行了转写、维吾尔文翻译和注释。

　　突厥文碑铭文献专题研究成果还有勒内·吉罗的《东突厥汗国
碑铭考释》⑦，对《阙特勤碑》《暾欲谷碑》和《毗伽可汗碑》作了
深入考证。牛汝极的《古代突厥文〈翁金碑〉译注》⑧。张铁山的
《我国古代突厥文文献研究现状及其发展设想》⑨ 在评析突厥文文献
研究现状的基础上对该学科的发展提出了若干设想。牛汝极的《突
厥文起源新探》⑩ 认为古突厥文从象形和契刻符号发展而来。赵永红

　　① 耿世民：《古代突厥文主要碑铭及其解读研究情况》，《图书评介》1980 年第
4 期。

　　② 陈宗振：《突厥文及其文献》，《中国史研究动态》1981 年第 11 期。

　　③ 李国香：《维吾尔文学史》，西北民族学院，1982 年。

　　④ 李经纬：《突厥如尼文〈苏吉碑〉译释》，《新疆大学学报》1982 年第 2 期。

　　⑤ 林斡：《古突厥文碑铭札记》《西北史地》1983 年第 2 期。

　　⑥ 克由木霍加、吐尔逊阿尤甫、斯拉菲尔等编译：《古代维吾尔文献选》（维吾
尔文版)，新疆人民出版社 1983 年版。

　　⑦ ［法］勒内·吉罗著：《东突厥汗国碑铭考释》，耿昇译，新疆社会科学院历史
研究所，1984 年。

　　⑧ 牛汝极：《古代突厥文〈翁金碑〉译注》，《喀什师范学院学报》1987 年第
3 期。

　　⑨ 张铁山：《我国古代突厥文文献研究现状及其发展设想》，《西北民族研究》
1990 年第 2 期。

　　⑩ 牛汝极：《突厥文起源新探》，《新疆大学学报》1992 年第 4 期。

等的《古代突厥文〈占卜书〉译释》①，杨富学的《古代突厥文〈台斯碑〉译释》② 则对具体文献做了译释。芮传明的《古突厥碑铭研究》③ 是突厥文碑铭研究的新著。艾娣雅·买买提的《鄂尔浑—叶尼塞碑铭文献古俗寻绎》④、阿力肯·阿吾哈力的《突厥如尼文字溯源》⑤ 对突厥如尼文字的起源提出了新见。耿世民的《若干古代突厥词的考释》⑥《古代突厥文碑铭的发现和解读——纪念汤姆森解读古代突厥文一百一十年》⑦《古代突厥文碑铭的发现和解读研究》⑧，《丹麦学者汤姆森与古代突厥文的解读》⑨，论及突厥文碑铭的发现与研究现状。通论性的有戴良佐编著的《西域碑铭录》⑩ 收录了汉文碑、铭 210 通（方），书中收录的 20 通元碑，反映了高昌畏吾儿人在内地的业绩。

（二）回鹘文及其文献的研究

回鹘文是回鹘人采用粟特文字母创制的文字，属音素文字类型，主要通行于今吐鲁番盆地及中亚楚河流域。留存至今的回鹘文书写的碑铭和文献有《九姓回鹘可汗碑》《弥勒会见记》《福乐智慧》《金光明经》《菩萨大唐三藏法师传》《高昌馆杂字》《高昌馆来

---

① 张铁山、赵永红：《古代突厥文〈占卜书〉译释》，《喀什师范学院学报》1993 年第 2 期。

② 杨富学：《古代突厥文〈台斯碑〉译释》，《语言与翻译》1994 年第 4 期。

③ 芮传明：《古突厥碑铭研究》，上海古籍出版社 1998 年版。

④ 艾娣雅·买买提：《鄂尔浑—叶尼塞碑铭文献古俗寻绎》，《西域研究》2001 年第 3 期。

⑤ 阿力肯·阿吾哈力：《突厥如尼文字溯源》，《西域研究》2004 年第 2 期。

⑥ 耿世民：《若干古代突厥词的考释》，《民族语文》2002 年第 4 期。

⑦ 耿世民：《古代突厥文碑铭的发现和解读——纪念汤姆森解读古代突厥文一百一十年》，《西北民族研究》2004 年第 3 期。

⑧ 耿世民：《古代突厥文碑铭的发现和解读研究》，《西北民族研究》2005 年第 1 期。

⑨ 耿世民：《丹麦学者汤姆森与古代突厥文的解读》，《民族语文》2006 年第 6 期。

⑩ 戴良佐：《西域碑铭录》，新疆人民出版社 2013 年版。

文》等。

研究论著有耿世民的《古代维吾尔诗歌选》①《乌古斯可汗的传说（维吾尔族古代史诗）》②《维吾尔族古代文化和文献概论》③《维吾尔古代文献研究》④，冯家昇的《回鹘文写本菩萨大唐三藏法师传研究报告》⑤，胡振华、黄润华整理的《明代文献高昌馆课（拉丁字母译注）》⑥《高昌馆杂字——明代汉文回鹘文分类词汇》⑦，李经纬的《吐鲁番回鹘文社会经济文书》⑧、《回鹘文社会经济文书研究》⑨，李经纬、鞠尚怡、颜秀萍著《高昌回鹘文献语言研究》⑩，李增祥、买提热依木、张铁山编著《回鹘文文献语言简志》⑪，邓浩、杨富学著《西域敦煌回鹘文献语言研究》⑫，牛汝极的《维吾尔古文字与古文献导论》⑬，张铁山的《突厥语族文献学》⑭《回鹘文献语言的结构

---

① 耿世民：《古代维吾尔诗歌选》，新疆人民出版社 1982 年版。

② 耿世民：《乌古斯可汗的传说（维吾尔族古代史诗）》，新疆人民出版社 1982 年版。

③ 耿世民：《维吾尔族古代文化和文献概论》，新疆人民出版社 1983 年版。

④ 耿世民：《维吾尔古代文献研究》，中央民族大学出版社 2003 年版。

⑤ 冯家昇：《回鹘文写本菩萨大唐三藏法师传研究报告》，《考古学专刊》2，1953 年。

⑥ 胡振华、黄润华整理：《明代文献高昌馆课（拉丁字母译注）》，新疆人民出版社 1981 年版。

⑦ 胡振华、黄润华整理：《高昌馆杂字——明代汉文回鹘文分类词汇》，民族出版社 1984 年版。

⑧ 李经纬：《吐鲁番回鹘文社会经济文书》，新疆人民出版社 1996 年版。

⑨ 李经纬：《回鹘文社会经济文书研究》，新疆人民出版社 1996 年版。

⑩ 李经纬、鞠尚怡、颜秀萍：《高昌回鹘文献语言研究》，新疆大学出版社 2003 年版。

⑪ 李增祥、买提热依木、张铁山编著：《回鹘文文献语言简志》，新疆大学出版社 1999 年版。

⑫ 邓浩、杨富学：《西域敦煌回鹘文献语言研究》，甘肃文化出版社 1999 年版。

⑬ 牛汝极：《维吾尔古文字与古文献导论》，新疆人民出版社 1997 年版。

⑭ 张铁山：《突厥语族文献学》，中央民族大学出版社 2005 年版。

与特点》①，阿不里克木·亚森的《吐鲁番回鹘文世俗文书语言结构研究》。② 麻赫穆德·喀什噶里的《突厥语大辞典》③ 的译注与研究成为回鹘文献研究的内容，出现了多个文种的译注本。耿世民的《回鹘文哈密本〈弥勒会见记〉研究》是关于古代维吾尔族原始佛教剧本（也是我国最早的戏剧剧本，属公元 8 世纪）的研究，有功于戏剧史的追溯。张铁山的《敦煌莫高窟北区出土回鹘文文献译释研究（一）（二）》④，为莫高窟新发现的回鹘文献译释的研究成果。

敦煌回鹘文木活字研究的突破性进展，也是 20 世纪 90 年代回鹘文字研究的标志性事件。存世的回鹘文木活字计有 1014 枚，年代在 12 世纪到 13 世纪上半叶之间，早于古腾堡使用的金属活字。《中国活字印刷术的发明和早期传播：西夏和回鹘活字印刷术研究》⑤ 中雅森·吾守尔执笔的《回鹘活字印刷术研究》整合多学科的全新视角，证明回鹘文木活字是我国活字印刷术向西方传播历程中的中介类型活字。敦煌出土的回鹘文木活字的发现，证明在中国内地活字印刷术发明不久，就已经传播到西夏和回鹘地区，彻底改写了活字印刷术历史发展进程，确立了中国首创活字印刷的文明史地位。

（三）察合台文及其文献的研究

察合台文是突厥语诸民族和蒙古人使用的以阿拉伯字母为基础的音素型拼音文字，14—20 世纪通行于新疆和中亚以及印度北部地

---

① 张铁山：《回鹘文献语言的结构与特点》，中央民族大学出版社 2005 年版。

② 阿不里克木·亚森：《吐鲁番回鹘文世俗文书语言结构研究》，新疆大学出版社 2001 年版。

③ 麻赫穆德·喀什噶里：《突厥语大辞典》有维吾尔文版（3 卷，新疆人民出版社 1981—1984 年版），汉文版（3 卷，民族出版社 2002 年版）等。

④ 彭金章、王建军、敦煌研究院编：《敦煌莫高窟北区石窟》（第一至三卷），文物出版社 2004 年版。

⑤ 史金波、雅森·吾守尔：《中国活字印刷术的发明和早期传播：西夏和回鹘活字印刷术研究》，社会科学文献出版社 2000 年版。

区。察合台文文献主要收藏在新疆。目前已出版的察合台文文献主要有：《拉失德史》（中亚蒙兀儿史）《成吉思汗传》《伊米德史》《安宁史》《布格拉汗列王传》《新史记》《乐师传》《巴布尔传》《和卓传》《突厥世系》《阿帕克霍加传》《和卓依斯哈克传》等近60本。

宝文安汉译的《苏图克·布格拉汗传》①、马维汉汉译的《艾卜·纳色尔萨曼尼传》，系察合台文手抄本文献。察合台文《纳扎里诗集》《布格拉汗列王传》《和卓传》等都有汉文全译本。察合台文契约文书书目有陈国光在《新疆维吾尔族契约文书资料选编》基础上编辑的《民国时期南疆地区部分契约文书编目》，以及李进新的《近代新疆维吾尔族契约资料评介》、王东平的《清代回疆法律制度研究：1759—1884 年》等。金玉萍的《清季吐鲁番地区的租佃契约关系——吐鲁番厅察合台文契约文书研究》②，对清朝光绪年间吐鲁番地区的察合台文契约文书作了研究。

严格意义的察合台文契约文书的研究始于《新疆维吾尔族契约文书资料选编》，收入的 314 件文书包括契约及非契约性的文书，是研究清代南疆地区的维吾尔社会必备文献，弥补了汉文文献的不足。铁依甫江·艾里耶夫整理、张宏超翻译的《纳瓦依诗选集》收诗人纳瓦依诗共 260 首，对维吾尔文学的发展产生了深远影响。结合清史编撰项目编译的察合台文献的代表性成果有苗普生译注的《清代察合台文文献译注》③，该书将原文为察合台文或波斯文的五种少数民族文字文献《编年史》《和卓传》《大和卓传》《伊米德史》和《塔兰奇史》作了详细的译注，对研究 16—20 世纪初的新疆历史具有重要的史料价值。

---

① 宝文安汉译：《苏图克·布格拉汗传》，《新疆宗教研究资料》第 16 辑。
② 金玉萍：《清季吐鲁番地区的租佃契约关系——吐鲁番厅察合台文契约文书研究》，《西域研究》2001 年第 1 期。
③ 苗普生译注：《清代察合台文文献译注》，新疆人民出版社 2013 年版。

二　蒙古语族文字文献研究

蒙古语族的文字符号系统的创制使用与蒙古帝国的崛起密不可分，还关系到蒙古族与回鹘、藏族、粟特等诸多民族之间的文字文化交流与互动关系。

（一）回鹘式蒙古文及其文献的研究

回鹘式蒙古文文献研究主要以文献整理、转写、注释为主。最早的回鹘式蒙古文文献是《也松格碑》，时间约为 1224 年年末或 1225 年年初。回鹘式蒙古语及其文献研究的代表性成果有道布编纂的《回鹘式蒙古文文献汇编》（蒙古文版）①，汇集了国内外先后刊布的 13—16 世纪回鹘式蒙古文文献 22 份，还介绍了蒙古文字概况和 13—16 世纪回鹘式蒙古文文献整理研究情况。

回鹘式蒙古文研究论著有道布的《回鹘式蒙古文〈云南王藏经碑〉考释》②《回鹘式蒙古文及其文献》③《回鹘式蒙古文研究概况》④《回鹘式蒙古文》⑤。代表性论著有嘎日迪的《阿尔寨石窟回鹘蒙古文榜题研究》（蒙古文）⑥《阿尔寨石窟回鹘蒙古文榜题研究》⑦，他的《中古蒙古语研究》（蒙古文）⑧《中古蒙古语研究》（汉文），⑨

---

① 道布：《回鹘式蒙古文文献汇编》（蒙古文版），民族出版社 1983 年版。
② 道布：《回鹘式蒙古文〈云南王藏经碑〉考释》，《中国社会科学》1981 年第 3 期。
③ 道布：《回鹘式蒙古文及其文献》，《中国史研究动态》1982 年第 12 期。
④ 道布：《回鹘式蒙古文研究概况》，《中国民族古文字研究》，中国社会科学出版社 1984 年版。
⑤ 道布：《回鹘式蒙古文》，《中国民族古文字图录》，中国社会科学出版社 1990 年版。
⑥ 嘎日迪：《阿尔寨石窟回鹘蒙古文榜题研究》（蒙古文），辽宁民族出版社 1997 年版。
⑦ 嘎日迪：《阿尔寨石窟回鹘蒙古文榜题研究》，辽宁民族出版社 2010 年版。
⑧ 嘎日迪：《中古蒙古语研究》（蒙古文），辽宁民族出版社 2001 年版。
⑨ 嘎日迪：《中古蒙古语研究》（汉文），辽宁民族出版社 2006 年版。

系对 13—16 世纪回鹘式蒙古文音写蒙古语文献研究基础上形成的有关中期蒙古语的概括性论述著作。哈斯巴根的《中世纪蒙古语研究》①《蒙古语历史及文献语言研究》② 也是这一时期的回鹘式蒙古文及文献研究的代表性著作③。

宝力高的《蒙古文佛教文献研究》④ 对蒙古文佛教文献进行了比较系统和全面的研究。该书从版本学角度分类阐释了蒙古文佛教文献的载体、写本和刻本，蒙古文《大藏经》的翻译、雕版刊行、版本特点以及内容等，是回鹘式蒙古文佛教文献研究的代表作。乌兰的《〈蒙古源流〉研究》⑤ 对《蒙古源流》作了科学整理和研究，包括经过校订的原文拉丁文转写等内容。该书以前人的研究为基础，同时又纠正了前人的错误或者不足之处，对不少问题有创见。

（二）八思巴文及其文献的研究

八思巴字堪称元代通字方案，可拼写不同民族的语言。现存八思巴字文献，拼写蒙古语和汉语的碑铭各有二十余通。八思巴字汉语资料有助于重建元代汉语的音韵系统，也可用以考求汉语北方官话的形成史。罗常培、蔡美彪著《八思巴字与元代汉语》⑥ 既是八思巴字汉语文献的集成，也是研究元代汉语的重要成果。

蔡美彪著《八思巴字碑刻文物集释》⑦ 主要是对八思巴字音写蒙古语碑文的考释，以及八思巴字音写蒙汉语及其他语言的文物的考释。蔡美彪著《元代白话碑集录》⑧ 所收录的元代白话碑的碑文

---

① 哈斯巴根：《中世纪蒙古语研究》，内蒙古教育出版社 1996 年版。

② 哈斯巴根：《蒙古语历史及文献语言研究》，内蒙古人民出版社 2014 年版。

③ 蒙古国学者 D. Tumurtogoo 的 *Mongolian monuments in uighur-mongolian Scripts* （XIII – XVI Centuries），2006 年，台北刊行，也是这一时期回鹘式蒙古文文献集成的重要代表。

④ 宝力高：《蒙古文佛教文献研究》，人民出版社 2012 年版。

⑤ 乌兰：《〈蒙古源流〉研究》，辽宁民族出版社 2000 年版。

⑥ 罗常培、蔡美彪：《八思巴字与元代汉语》，中国社会科学出版社 2004 年新版。

⑦ 蔡美彪：《八思巴字碑刻文物集释》，中国社会科学出版社 2011 年版。

⑧ 蔡美彪：《元代白话碑集录》（修订版），中华书局 2017 年版。

大都是译自元代蒙古语的公牍。白话碑在一定程度上反映了元代白话口语状况，为研究元代汉语史的必备资料。

照那斯图 1977 年发表的《元八思巴字篆书官印辑存》① 收录印蜕 95 方，有重要参考价值。照那斯图此后出版了《八思巴字和蒙古语文献（Ⅰ研究文集）》《八思巴字和蒙古语文献（Ⅱ文献汇集）》两部重要专著②，与薛磊合作出版了《元国书官印汇释》③。照那斯图、杨耐思的《蒙古字韵校本》④ 为八思巴字与汉语音韵研究者提供了校勘本。照那斯图的《八思巴字篆字母研究》⑤《论八思巴字》⑥是全面探讨八思巴字的系统之作。2001 年照那斯图、宣德五的《训民正音和八思巴字关系探究——正音字母来源揭示》⑦ 认为"训民正音"字母表的来源是八思巴字，备受瞩目。

（三）托忒蒙古文及其文献的研究

托忒蒙古文，是卫拉特蒙古高僧咱雅班第达于 1648 年在回鹘蒙古文基础上创制的一种文字。托忒文献包括人物传、法典、外交文书、祭地书、纪实文学、地图、世系谱。M. 乌兰所著的《卫拉特蒙古文献及史学：以托忒文历史文献研究为中心》⑧ 对托忒文历史文献作了系统介绍研究，探讨托忒文文献与卫拉特史方面的关系。特别指出，以往的学者们主要是对国外藏的托忒文刻本进行研究。无视

① 照那斯图：《元八思巴字篆书官印辑存》，《文物资料丛刊》第一辑，文物出版社 1977 年版。

② 照那斯图：《八思巴字和蒙古语文献（Ⅰ研究文集）》（1990）、《八思巴字和蒙古语文献（Ⅱ文献汇集）》（1991），日本东京外国语大学。

③ 照那斯图、薛磊：《元国书官印汇释》，辽宁民族出版社 2011 年版。

④ 照那斯图、杨耐思编者：《蒙古字韵校本》，民族出版社 1987 年版。

⑤ 照那斯图：《八思巴字篆字母研究》，《中国语文》1980 年第 4 期。

⑥ 照那斯图：《论八思巴字》，《民族语文》1980 年第 4 期。

⑦ 照那斯图、宣德五：《训民正音和八思巴字关系探究——正因字母来源揭示》，《民族语文》2001 年第 3 期。

⑧ M. 乌兰：《卫拉特蒙古文献及史学：以托忒文历史文献研究为中心》，社会科学文献出版社 2012 年版。

中国藏托忒文刻本及其载体类别，研究表明中国藏托忒文文献刻版类别最丰富，但研究落后于国外。通论式的著作有王大方、张文芳编著的《草原金石录》①，全书通过对蒙古草原地区考古调查所发现的蒙元时期的石碑和印章等金石类文物的考察、拍照、拓印与研究，丰富了蒙元时期蒙古草原地区的历史。

三　满—通古斯语族文字文献研究

满—通古斯语族的文字文献的创制与辽、金两个王朝的兴盛有关。契丹文字的创制受汉字的影响。契丹文分大字和小字，有表意和表音的性质区分。由于契丹文与女真文已经死亡，存世的文献有限，目前对契丹文与女真文的解读尚未取得根本性突破，仍在艰辛探索中。契丹语言的语言系属，有的学者主张应归蒙古语族；有的则主张纳入满—通古斯语族。本篇为了叙述方便，暂归入满—通古斯语族。

（一）女真文及其文献的研究

金朝创制的女真文字记录女真语，使用时间从 12 世纪 20 年代至 15 世纪中叶。女真语言文字的传世文献主要是明朝编纂的《女真译语》。现存女真大字石刻共计 12 件②。

1896 年德国学者葛鲁贝的《女真语言文字考》出版③，标志着女真语文学的创设。自 19 世纪至 20 世纪末，在中国、朝鲜及今俄罗斯境内发现各类型的女真文文献 30 余件。金光平、金启孮著《女

---

① 王大方、张文芳编著：《草原金石录》，文物出版社 2013 年版。

② 其中 11 件属金代，1 件属明代。

③ 德国葛鲁贝（Wilhelm Grube）《女真语言文字考》（Die Sprache und Schrift der Jucen），1896 年刊于莱比锡，有 1936 年北平文殿阁书庄影印本，此外还有美籍日本学者清濑义三郎则府《〈华夷译语〉中女真语言和文字的研究》，此书为英文，原题为（A Study of the Jurchen Language and Script in the Hua-I I-Yu，1973），1977 年日本京都法律文化社出版。澳大利亚人康德良（D. A. Kane）著有《四夷馆汉语——女真语词汇》（The Sino-Jurchen Vocabulary of the Bureau of Interpreters，1975）。

真语言文字研究》① 是第一部全面系统地研究女真文字的专著。金启
孮著《女真文辞典》② 收录女真字 1737 个，堪称女真文字研究的百
科全书。金启孮、乌拉熙春的《女真文大辞典》③，是在《女真文辞
典》的基础上增补了《女真文字书》及现存所有石刻中出现的女真
字，总数达到 1300 多字，区分了女真文意字和音字的关系以及各自的
发展脉络。金启孮、乌拉熙春的《女真语满洲通古斯诸语比较辞典》④
汇总了所有女真语词汇并将其与满—通古斯诸语作了比较研究。

　　齐木德道尔吉、和希格的《女真译语研究》⑤，进行女真语语音
的构拟以及相应语法的探讨。乌拉熙春的《明代的女真人——从女
真译语到永宁寺记碑》⑥ 讨论了《女真译语》和由汉文、蒙古文、
女真文所写的三体碑文《永宁寺记碑》的两种残留的女真文资料，
对 15 世纪的女真文从文字、音韵、语法等方面进行新的解读。对韩
国国立中央博物馆所藏《庆源郡女真大字石刻》和《北青女真大字
碑》的研究成果有乌拉熙春、吉本道雅的《韩半岛从眺めた契丹
女真》⑦。对西安碑林发现的女真大字残页的综合研究成果，见于乌
拉熙春的《女真文字书研究》⑧ 对黑水城出土的金代女真大字残页
的最新研究成果见于乌拉熙春的《爱新觉罗·乌拉熙春女真契丹学

---

①　金光平、金启孮：《女真语言文字研究》，《内蒙古大学学报专号》1964 年，
文物出版社 1980 年版。

②　金启孮：《女真文辞典》，文物出版社 1984 年版。

③　金启孮、乌拉熙春：《女真文大辞典》，日本国文部省国际共同研究项目成果，
明善堂，2003 年。

④　金启孮、乌拉熙春：《女真语满洲通古斯诸语比较辞典》，日本国文部省国际共
同研究项目成果，明善堂，2003 年。

⑤　齐木德道尔吉、和希格：《女真译语研究》，1983 年 10 月以《内蒙古大学学
报》1983 年增刊的形式出版发行。

⑥　日文出版，日文题为《明代の女真人——『女真訳语』から『永宁寺记碑』
へ》，京都大学学术出版会 2009 年版。

⑦　乌拉熙春、吉本道雅：《韩半岛から眺めた契丹女真》，京都大学学术出版会
2011 年版。

⑧　乌拉熙春：《女真文字书研究》，风雅社 2001 年版。

研究》①　和刘凤翥等的《女真译语校补和女真字典》②。

（二）契丹文及其文献的研究③

契丹文是契丹大字和契丹小字的统称，一般认为契丹大字于辽太祖神册五年（920），由耶律突吕不和耶律鲁不古创制，系表意文字。契丹小字的创制晚于契丹大字，由辽太祖弟迭剌创制，系拼音文字。

1922 年 6 月 21 日，发现了辽兴宗皇帝及其仁懿皇后的契丹字哀册。契丹文在辽庆陵重新发现引发契丹文字考释的一时风气。1925年日本的羽田亨所撰《契丹文字的新资料》④ 发表被视作契丹文字研究的肇始，该文区分了女真文和契丹文的界限，限于资料，契丹文解读仍在探索中。30 年代，处在对契丹字字义的推测阶段，代表人物有罗福成、王静如、厉鼎煃等。具体成果为罗福成的《辽宣懿皇后哀册释文》⑤《兴宗皇帝哀册文释文》⑥，王静如的《辽道宗及宣懿皇后契丹国字哀册初释》⑦《契丹国字再释》⑧，为契丹文研究的创始之作。《兴隆出土金代契丹文墓志铭解》⑨ 则使契丹文的研究在新材料的基础上更进了一步。厉鼎煃著有《契丹国书略说》⑩《热河辽

---

① 乌拉熙春：《爱新觉罗·乌拉熙春女真契丹学研究》，松香堂 2009 年版。
② 刘凤翥等：《女真译语校补和女真字典》，中西书局 2019 年版。
③ 本节契丹文及其研究史分期、代表性学者及其著作的回顾主要参考了清格尔泰等著《契丹小字再研究》第一章概述部分，特此说明。
④ ［日］羽田亨：《契丹文字的新资料》，《史林》1925 年第 10 卷第 1 号。
⑤ 罗福成：《辽宣懿皇后哀册释文》，《满洲学报》第 2 号，1933 年 7 月。
⑥ 罗福成：《兴宗皇帝哀册文释文》，金毓黻编：《辽陵石刻集录》卷四，奉天图书馆刊，1934 年 4 月。
⑦ 王静如：《辽道宗及宣懿皇后契丹国字哀册初释》，《历史语言研究所集刊》第 3 本第 4 分，1933 年 12 月。
⑧ 王静如：《契丹国字再释》，《历史语言研究所集刊》第 5 本第 4 分，1935 年 12 月。
⑨ 王静如：《兴隆出土金代契丹文墓志铭解》，《考古》1973 年第 5 期。
⑩ 厉鼎煃（署名天德）：《契丹国书略说》，仁声印刷所，1934 年 5 月。

碑二种考》① 《热河契丹国书碑考》② 这一时期的主要成就有：分清大小字的区别、了解小字的拼写构造、书写方法、推测一些字的意义。受制于研究方法，可信的仅 70 余条。1939 年以来发现的契丹大字的 9 篇资料的拓片影印件和相关汉文碑刻均收录于清格尔泰等编撰的《契丹小字研究》中。

20 世纪 50 年代，探索拼读法、构拟字音成为研究工作的主流。这一时期日本学者为契丹小字研究的劲旅。如山路广明（1956）的《契丹制字研究》，着重探讨了契丹文字的读音问题；村山七郎 1951 年 3 月在《言语研究》上以《契丹字解读方法》为题发表文章，提出契丹字来源于突厥文字的观点。长田夏树于 1951 年刊布《契丹文字解读之可能性》，对契丹字进行了系统的统计研究。爱宕松男于 1956 发表《关于契丹文字的解读》和《契丹文字鱼符、玉盏、铜镜铭文的解读》，主张契丹语和蒙古语完全相同，契丹小字的最小读写单位原字还可以分解成更小的字母和字头。

60 年代苏联及欧洲诸国学者也开始全新的契丹文研究。如：俄国学者鲁道夫、沙夫库诺夫、达斯今，法国的安比斯，德国的门格斯、弗兰克、道弗尔，匈牙利的李盖提、卡拉等。

70 年代中国学者为了改变契丹文字研究陷于停滞的局面，1975 年 9 月清格尔泰、陈乃雄、刘凤翥、于宝林、邢复礼等人共同组织契丹文字研究小组，对契丹小字进行了一系列攻关式的研究。该小组的研究成果《关于契丹小字研究》③，初拟了 100 个字的音值。1985 年最终成果《契丹小字研究》问世。小组的研究以音义结合、重视汉文史籍中用汉字记录的契丹语材料，参照亲属语言的语音语法现象的研究范式见长，部分拟音内容和语词释读在原有的研究基

---

① 厉鼎煃：《热河辽碑二种考》，《大学杂志》第 1 卷第 5 期，1933 年 12 月。

② 厉鼎煃：《热河契丹国书碑考》，《国学季刊》第 3 卷第 4 号，1932 年 12 月。

③ 契丹文字研究小组：《关于契丹小字研究》，《内蒙古大学学报》1977 年第 4 期（契丹小字研究专号）。

础上有进展，具体如：构拟出 110 多个原字的读音，释读了三百多条词语，并对 24 种附加成分的音义作了讨论。

80 年代，出土了众多契丹小字的文献。18 方契丹小字墓志铭的拓片影印件以及摹本均收录于清格尔泰的《契丹小字释读问题》。目前已确认且包括重复出现的契丹小字的总字数已突破 35000 字。1985 年《契丹小字研究》[①] 专著出版后，契丹文研究成果迭出，如：即实的《谜林问径——契丹小字解读新程》[②]、清格尔泰的《契丹小字释读问题》、刘凤翥的《遍访契丹文字话拓碑》[③]、爱新觉罗·乌拉熙春的《契丹语言文字研究》[④] 和《辽金史与契丹、女真文》[⑤]、陈乃雄和包联群的《契丹小字研究论文选编》[⑥]、吴英喆、杨虎嫩的《契丹小字的新资料：萧敌鲁和耶律详稳墓志考释》、[⑦] 吴英喆的《契丹小字新发现资料释读问题》[⑧] 等。吴英喆认为契丹文研究界逐步掌握了契丹小字中存在的若干规律，如：（1）元音和谐律：清格尔泰首次提出契丹小字中存在元音和谐律的观点。代表论文为《契丹小字释读工作中运用元音和谐律的问题》[⑨]。（2）"数"的和谐：高路加的《契丹小字复数符号探索》[⑩] 中，提出契丹小字中基数词作定

①　清格尔泰、刘凤翥、陈乃雄、于宝林、邢复礼：《契丹小字研究》，中国社会科学出版社 1985 年版。

②　即实：《谜林问径——契丹小字解读新程》，辽宁民族出版社 1996 年版。

③　刘凤翥：《遍访契丹文字话拓碑》，华艺出版社 2004 年版。

④　爱新觉罗·乌拉熙春：《契丹语言文字研究》，京都大学东亚历史文化研究会，2004 年。

⑤　爱新觉罗·乌拉熙春：《辽金史与契丹、女真文》，京都大学东亚历史文化研究会，2004 年。

⑥　陈乃雄、包联群：《契丹小字研究论文选编》，内蒙古人民出版社 2006 年版。

⑦　吴英喆、Juha Janhunen, *New Materials on the Khitan Small Script*: *A Critical Edition of Xiao Dilu & Yelü Xiangwen*, Global Oriental, 2010。

⑧　吴英喆：《契丹小字新发现资料释读问题》，东京外国语大学，2012 年。

⑨　清格尔泰：《契丹小字释读工作中运用元音和谐律的问题》，《蒙古学集刊》2005 年第 2 期。

⑩　高路加：《契丹小字复数符号探索》，《内蒙古大学学报》1988 年第 2 期。

语时，被限定语常常采用复数形式（但也有单数的）的观点。（3）"性"语法范畴：吴英喆的《契丹小字"性"语法范畴初探》① 提出契丹小字中存在"性"语法范畴的观点。（4）父子连名现象：刘浦江和康鹏在《契丹名、字初释——文化人类学视野下的父子连名制》② 认为在契丹族的历史上存在"父子连名制"。（5）元音附加法：吴英喆的《契丹小字拼读方法探索》③ 提出契丹小字中存在"元音附加法"的观点。（6）入声韵尾：吴英喆认为辽代汉语借词中入声韵尾并没有完全消失④。

　　刘浦江领衔编纂的《契丹小字词汇索引》厘定了原字 378 个和契丹小字词汇 4167 个，并对契丹小字词汇编制了索引。纠正了前人的若干错误。刘凤翥的《契丹文字研究类编》⑤ 涵盖了迄今为止最新的契丹语文研究成果和最全的契丹文研究资料，分契丹文字研究史、契丹文字新研究、契丹文字资料诸篇。清格尔泰、吴英喆、吉如何的《契丹小字再研究》⑥ 是继《契丹小字研究》之后总结国内外契丹文字研究成果的集大成者。契丹文大小字性质各异，尚未彻底破译。契丹字的研究有助于了解分析型的汉字与粘着型的阿尔泰语之间的契合路径，也利于了解汉字传播史的轨迹。

　　（三）满文及其文献的研究

　　满文文献研究历史悠久。清代就一直坚持对满文文献的装订分类存档。清乾隆年间就开始对《满文老档》进行整理、编纂出《无圈点字书》，堪称清代满文文献整理的先河。清末有张玉泉、李德启

---

① 吴英喆：《契丹小字"性"语法范畴初探》，《内蒙古大学学报》（人文社会科学版）2005 年第 3 期。

② 刘浦江、康鹏：《契丹名、字初释——文化人类学视野下的父子连名制》，《文史》2005 年第 3 期。

③ 吴英喆：《契丹小字拼读方法探索》，《蒙古学集刊》2006 年第 3 期。

④ 吴英喆：《契丹小字中的汉语入声韵尾的痕迹》，《蒙古学集刊》2006 年第 4 期。

⑤ 刘凤翥：《契丹文字研究类编》，中华书局 2014 年版。

⑥ 清格尔泰、吴英喆、吉如何：《契丹小字再研究》，内蒙古大学出版社 2017 年版。

的《满文老档之文字及史料》《满文书籍联合目录》。

1969 年台北故宫影印出版十册《旧满洲档》满文文献。台湾学者广禄、李学智整理出版《清太祖朝老满文原档》（1—2 册）、《旧满洲档译注·清太宗朝（一）》。中国第一历史档案馆、中国社会科学院历史研究所译注《满文老档》① 为满文文献整理的重大成果。中国人民大学清史所和中国第一历史档案馆合作的《盛京刑部原档》，中国第一历史档案馆编译的《清初内国史院满文档案译编》（三册），中国第一历史档案馆译编的《康熙朝满文朱批奏折全译》②收录海峡两岸收藏的满文档案 4297 件。中国第一历史档案馆译编的《雍正朝满文朱批奏折全译》③ 收录海峡两岸收藏的满文档案 5434 件，文献均系首次翻译刊布。中国社科院民族研究所民族历史研究室、中国第一历史档案馆满文部编译的《满文土尔扈特档案史料选译》④ 出版，备受国内外关注。

80 年代以来，满文古籍《满洲源流考》《八旗满洲氏族通谱》《八旗通志》《八旗文经》《清代内阁大库散佚档案选编》《熙朝雅颂集》得到整理和刊布。《满汉大词典》《新满汉大词典》的问世使清史研究和满语研究更上层楼。

关于满文文献的刊布。中国第一历史档案馆编《清代新疆满文档案汇编》⑤（全 283 册）出版问世。其内容丰富，涉及重大历史事件，具有重要的意义。吴元丰主编的《北京地区满文碑刻拓片总

---

① 中国第一历史档案馆、中国社会科学院历史研究所译注：《满文老档》，中华书局 1990 年版。

② 中国第一历史档案馆译编：《康熙朝满文朱批奏折全译》，中国社会科学出版社 1996 年版。

③ 中国第一历史档案馆译编：《雍正朝满文朱批奏折全译》，黄山书社 1998 年版。

④ 中国社科院民族研究所民族历史研究室、中国第一历史档案馆满文部编译：《满文土尔扈特档案史料选译》，民族出版社 1988 年版。

⑤ 中国第一历史档案馆编：《清代新疆满文档案汇编》，广西师范大学出版社 2012 年版。

目》①辑录北京七个单位所存满文和满、蒙、汉、藏等多体文字合璧的碑刻拓片，共计 764 种，比《全国满文图书资料联合目录》多出 85 种，代表着新的进步。

第四节　印欧语系民族古文字文献研究

中国境内的印欧语系伊朗语族②的文字文献都是古代的死文字及文献，但关乎东西交通及丝绸之路沿线的文化交流、宗教传播，一直是丝路研究的热点。尤其是吐火罗文文献、粟特文文献的研究一直是印欧语言学界的重要研究论题。

一　吐火罗文及其文献（焉耆—龟兹文文献）的研究

吐火罗语是在塔里木盆地发现的一种死语言，1890 年发现第一份吐火罗文书写的手稿。吐火罗文的文献以佛教内容为主，也包含了寺院经营档案、商旅通关文件、医学和巫术的报告等。季羡林 1943 年在德国发表了论文《〈福力太子因缘经〉吐火罗语本诸异本》，利用包括汉文在内的各种文本，对吐火罗语的语词、语意、故事传译中的变化等问题进行了深入探讨。1946 年季羡林回国之后，因资料缺乏，吐火罗文及其文献研究中断了 30 年，中间只有冯承钧汉译法国学者伯希和（P. Pelliot）和列维（S. Levi）著的《吐火罗语考》问世。

1975 年，新疆吐鲁番出土一批吐火罗文甲种焉耆文的《弥勒会见记》剧本残卷，1981 年季羡林才得以重新开始研究。季羡林的研究确认 1974 年在一处佛教遗址发现的残破的古代文书是用吐火罗文写的剧本《弥勒会见记》。季羡林著《敦煌吐鲁番

---

①　吴元丰主编：《北京地区满文碑刻拓片总目》，辽宁民族出版社 2015 年版。

②　中国塔吉克族的塔吉克语属印欧语系伊朗语族帕米尔语支，塔吉克族是中国唯一操伊朗语族语言的民族，但文字普遍使用维吾尔文。

吐火罗语研究导论》① 出版，1998 年，季羡林在德国出版《中国新疆博物馆藏吐火罗语（A）〈弥勒会见记〉》。结束了"吐火罗文发现在中国，而研究在外国"的说法。季羡林还发表过《吐火罗文 A（焉耆文）〈弥勒会见记剧本〉新博本 76YQ1·1（两页一张）译释》②。

继季羡林之后，我国继续从事严格意义上的吐火罗语文献研究的学者仅台湾女学者庆昭蓉一人而已。庆昭蓉的《吐火罗语世俗文献与古代龟兹历史》③ 以吐火罗语世俗文献等出土胡汉文字资料为经、传世史籍与佛教典籍为纬，分析 6—8 世纪龟兹的历史特征。该书概观吐火罗语世俗文献的出土与收藏情况，并介绍近年来国外吐火罗语文献学研究的重要进展，引述不少海外所藏吐火罗 B 语（即龟兹语）世俗文书残片的录文与翻译作为论证根据，吸收了一部分古代龟兹地区境内现存石窟题记的最新调查成果。相关最新的成果还有庆昭蓉的《从吐火罗 B 语词汇看龟兹畜牧业》④《从龟兹语通行许可证看入唐前后之西域交通》⑤。新疆龟兹研究院、北京大学中国古代史研究中心、中国人民大学国学院西域历史语言研究所在《唐研究》（第二十卷）发表《苏巴什石窟现存龟兹语及其他婆罗迷文字题记内容简报》，对法国探险队 20 世纪初发现的有关题记的照片以及在法国吐火罗语专家 Walter Couvreur、Georges-Jean Pinault 对该题记介绍研究的基础上，结合三方合作项目"龟兹地区现存吐火罗语

---

① 季羡林：《敦煌吐鲁番吐火罗语研究导论》，新文丰出版公司 1993 年版。又收入季羡林的《季羡林文集》第 11 卷《吐火罗文〈弥勒会见记〉译释》，江西教育出版社 1998 年版。

② 季羡林：《吐火罗文 A（焉耆文）〈弥勒会见记剧本〉新博本 76YQ1·1（两页一张）译释》，《中亚学刊》第 4 辑，北京大学出版社 1995 年版，第 1—4 页。

③ 庆昭蓉：《吐火罗语世俗文献与古代龟兹历史》，北京大学出版社 2017 年版。

④ 庆昭蓉：《从吐火罗 B 语词汇看龟兹畜牧业》，《文物》2013 年第 3 期。

⑤ 庆昭蓉：《从龟兹语通行许可证看入唐前后之西域交通》，《西域文史》第 8 辑，2013 年，第 66—67 页。

写本与题记的调查与研究"对现存题记做新调查，并与 Pinault 的《库车地区诸遗址》(Sito divers de la region de Koutcha, Paris, College de France, 1987) 出版的四道题记勘合，分前言、转写体例、题记内容、现存题记的文献与历史价值、结语五部分，仔细勘定了所录共 49 行横列婆罗迷文字，共计 47 道题记的原文内容，堪为最新的成果。

中国学者认为，吐火罗语和吐火罗人的定名是有问题的，主张称为焉耆—龟兹文文献①，如王静如的《论吐火罗及吐火罗语》② 等文论证了"吐火罗语"实际上就是"焉耆语"和"龟兹语"，季羡林的《吐火罗语的发现与考释及其在中印文化交流中的作用》也如是主张③。

二　粟特文及其文献的研究

粟特文字母系阿拉美字母的分支。现存的粟特语文献的写作年代集中于 8—11 世纪，多数是从穆格山、吐鲁番和敦煌发现的。目前我国学者对粟特语文献的研究，主要是在外国学者释读基础上进行的。龚方震的《粟特文》④、黄振华的《粟特文及其文献》⑤、程越的《国内粟特研究综述》⑥、陈海涛的《敦煌粟特问题国内外研究综

---

① 除了张广达、耿世民的《唆里迷考》(《历史研究》1980 年第 2 期)，考证汉文"唆里迷"和回鹘文 Sulmi/Solmi 都指"焉耆"时，曾介绍了吐火罗语命名的争论。

② 《中德学志》1943 年第 5 卷第 1、2 期合刊。王静如还发表过有关吐火罗语文文献的论文："Arsi and Yan-Chi, Tokhri and Yüeh-Shih", Monumenta Serica (《华裔学志》9，1944)《重论 ārsi, ārgi 与焉夷、焉耆》(《史学集刊》第五辑，1947)，另为冯承钧译《吐火罗语考》撰写过《〈吐火罗语考〉序》(1957) 一文。

③ 但季羡林终其一生，就一直用"吐火罗语"一词指称这两种语言，参见季羡林所撰《中国大百科全书·语言文字》"吐火罗语"条目，中国大百科全书出版社1988 年版。

④ 龚方震：《粟特文》，《中国民族古文字图录》，中国社会科学出版社 1990 年版。

⑤ 黄振华：《粟特文及其文献》，《中国史研究动态》1981 年第 9 期。

⑥ 程越：《国内粟特研究综述》，《中国史研究动态》1995 年第 9 期。

述》①，均对粟特文文献有不同程度的介绍。伊不拉音·穆提依的《中亚地区的三个重要民族及其语言》② 概述了粟特人活动和粟特语的演变。王叔凯的《浅论粟特字母的传播与回鹘文的传播》③ 也论及此专题。其他讨论文书的典型成果，如王冀青的《斯坦因所获粟特文〈二号信札〉译注》④ 和陈国灿的《敦煌所出粟特文古书信的断代问题》⑤ 都讨论了二号信札的译文及写作年代，观点各异。林梅村的《敦煌出土粟特文古书信的断代问题》⑥。林文从考古地层和信件文义分析，提出前两位学者讨论的文书信撰于 202 年。林梅村的《粟特文买婢契与丝绸之路上的女奴贸易》⑦ 讨论了丝绸之路上粟特文书记载的女奴买卖问题。1984 年马小鹤在《公元 8 世纪初年的粟特——若干穆格山文书的研究》⑧ 一文中，诠释了若干粟特语、阿拉伯语文书，阐明了喷赤干领主迪瓦什梯奇的经历和 8 世纪初年阿拉伯人在中亚的扩张。林梅村的《布古特所出粟特文突厥可汗纪功碑考》⑨ 利用汉文史料对碑文记载的历史人物和事件作了新的解释，称碑文的作者是在突厥为官的粟特侨民。

　　柳洪亮的《吐鲁番新出摩尼教文献研究》⑩ 收录了吉田丰的

---

①　陈海涛：《敦煌粟特问题国内外研究综述》，《敦煌研究》2000 年第 2 期。

②　伊不拉音·穆提依：《中亚地区的三个重要民族及其语言》，《新疆历史论文续集》，新疆人民出版社 1982 年版。

③　王叔凯：《浅论粟特字母的传播与回鹘文的传播》，《敦煌学辑刊》1982 年第 3 期。

④　王冀青：《斯坦因所获粟特文〈二号信札〉译注》，《西北史地》1986 年第 1 期。

⑤　陈国灿：《敦煌所出粟特文古书信的断代问题》，《魏晋南北朝隋唐史资料》1985 年第 7 期。

⑥　林梅村：《敦煌出土粟特文古书信的断代问题》，《中国史研究》1986 年第 1 期。

⑦　林梅村：《粟特文买婢契与丝绸之路上的女奴贸易》，《文物》1992 年第 9 期。

⑧　马小鹤：《公元 8 世纪初年的粟特——若干穆格山文书的研究》《中亚学刊》1984 年第 3 辑。

⑨　林梅村：《布古特所出粟特文突厥可汗纪功碑考》，《民族研究》1994 年第 2 期。

⑩　柳洪亮：《吐鲁番新出摩尼教文献研究》，文物出版社 2000 年版。

《粟特文考释》以及吉田丰对柏孜克里克摩尼教粟特文书信格式所做的研究，吉田丰认为其书信格式一方面与《古代书简》（4 世纪初）和穆格山文书（8 世纪初）相似，并与同时代的回鹘文书信有相同之处。美国学者安妮特·L. 朱丽安娜、朱迪思·A. 莱莉著、苏银梅译《古粟特文信札（Ⅱ号）》①、毕波的《粟特文古信札汉译与注释》②，提供了粟特古信札的汉译版。马小鹤《摩尼教"五种大"新考》③ 据粟特文文书 Ml78 对摩尼教教义作了研究。《粟特人在中国——历史、考古、语言的新探索》④ 收录的马小鹤《粟特文"tin-pi"（肉身）考》对新发现的三件粟特文作了研究，上述成果为中国学者的代表性成果和译述国外学者论著的代表。

三 于阗文及其文献的研究

于阗文是古代于阗塞种人使用的文字，又称于阗塞文。于阗文是继佉卢文之后，在 5—10 世纪流行于阗一带的文字系统。于阗语属印欧语系东伊朗语族的语言。于阗文文献以佛经居多，也有少量社会经济文书、官方文书等。英国学者贝利堪为研究于阗文集大成者，其《于阗文文献》《于阗文佛教文献》《于阗文字典》为代表性成果。

中国学者的典型成果有林梅村的《新疆和田出土汉文于阗文双语文书》。⑤ 段晴的《于阗佛教古卷》⑥ 是结合汉文文献对于阗语、梵语原始写卷进行文本分析的新成果。段晴、张志清主编《中国国

---

① ［美］安妮特·L. 朱丽安娜、朱迪思·A. 莱莉《古粟特文信札（Ⅱ号）》，苏银梅译，《考古与文物》2003 年第 5 期。

② 毕波：《粟特文古信札汉译与注释》，《文史》2004 年第 2 期。

③ 马小鹤：《摩尼教"五种大"新考》，《史林》2009 年第 3 期。

④ 马小鹤：《粟特文"tinpi"（肉身）考》，《粟特人在中国——历史、考古、语言的新探索》，中华书局 2005 年版。

⑤ 林梅村：《新疆和田出土汉文于阗文双语文书》，《考古学报》1993 年第 1 期。

⑥ 段晴：《于阗佛教古卷》，中西书局 2013 年版。

家图书馆藏西域文书——梵文、佉卢文卷》[①] 以整理、诠释中国国家
图书馆所藏的来自新疆和田的梵文、佉卢文文书为主要内容。段晴
的《中国国家图书馆藏西域文书——于阗语卷（一）》[②] 是对中国国
家图书馆所藏西域文书中部分于阗语卷的释读与研究，主要内容涵
盖了国图所藏于阗语典籍、案牍等，反映了古代于阗国社会生活等
多角度的情况，是目前中国学者整理翻译研究于阗文文献的典型
成果。

四　佉卢文及其文献研究

佉卢文是梵文 Kharoṣṭhi 一词的简称，全称"佉卢虱底文"，又
名"佉卢书""佉楼书"，该名出于古代佛经译本，意为"驴唇"，
故有时也称"驴唇文"。"佉卢文"仅作为一种文字符号，而用这种
文字所书写的语言并不称为"佉卢语"。新疆发现的佉卢文资料大约
为东汉时期的居多。新疆民丰县尼雅遗址出土约 700 余件佉卢文文
书，内容涉及社会文化诸方面。佉卢文书载体类型多样，大多为古
鄯善国的文献。

1965 年王广智译出巴罗（T. Burrow）著的《新疆出土佉卢文残
卷译文集》（*A Translation of the Kharoṣṭhi Documents from Chinese Turke-
stan*）[③]。中国境内发现的佉卢文文书的全面汉译和研究首推林梅村
所著《沙海古卷——中国所出佉卢文书初集》[④]，该书根据文书的年
代、形式和内容重新做出细致的分类，找出其中的联系，与不同地
点出土文书进行比较，从而勾勒出尼雅绿洲的社会生活实况，为尼

---

①　段晴、张志清主编：《中国国家图书馆藏西域文书——梵文、佉卢文卷》，中
西书局 2013 年版。

②　段晴：《中国国家图书馆藏西域文书——于阗语卷（一）》，中西书局 2015 年版。

③　［美］巴罗（T. Burrow）：《新疆出土佉卢文残卷译文集》（*A Translation of the
Kharoṣṭhi Documents from Chinese Turkestan*），王广智译，中国科学院新疆分院民族所，
1965 年。

④　林梅村：《沙海古卷——中国所出佉卢文书初集》，文物出版社 1988 年版。

雅佉卢文书研究的起点。

　　林梅村对佉卢文钱币、文书的收集整理研究的成果有：《佉卢文书及汉佉二体钱所述于阗大王考》①《再论汉佉二体钱》②《中国所出佉卢文书研究述论》③《汉佉二体钱铭文解诂》④《楼兰新发现的东汉佉卢文考释》⑤《新疆尼雅发现的佉卢文契约考释》⑥《洛阳所出东汉佉卢文井阑题记——兼论东汉洛阳的僧团与佛教》⑦《新疆营盘古墓出土的一封佉卢文书信》⑧《尼雅南城外 96A07 房址出土佉卢文》⑨《新疆文物考古研究所藏佉卢文书译文》⑩《中国所出佉卢文书的流散与收藏》⑪《新疆佉卢文书释地》⑫《新疆佉卢文书的语言》⑬《新发现的几件佉卢文书》⑭。段晴、才洛太《青海藏医药文化博物馆藏佉卢文尺牍》⑮。上述论著可视为中国学者在 20 世纪 80 年代到 21 世

――――――――――

　　① 　林梅村：《佉卢文书及汉佉二体钱所述于阗大王考》，《文物》1987 年第 2 期。

　　② 　林梅村：《再论汉佉二体钱》《中国钱币》1987 年第 4 期。

　　③ 　林梅村：《中国所出佉卢文书研究述论》，《新疆社会科学》1988 年第 2 期。

　　④ 　林梅村：《汉佉二体钱铭文解诂》，《考古与文物》1988 年第 2 期。

　　⑤ 　林梅村：《楼兰新发现的东汉佉卢文考释》，《文物》1988 年第 8 期。

　　⑥ 　林梅村：《新疆尼雅发现的佉卢文契约考释》，《考古学报》1989 年第 1 期。

　　⑦ 　林梅村：《洛阳所出东汉佉卢文井阑题记——兼论东汉洛阳的僧团与佛教》，《中国历史博物馆馆刊》1989 年第 13—14 期合刊。

　　⑧ 　林梅村：《新疆营盘古墓出土的一封佉卢文书信》，《西域研究》2001 年第 3 期。

　　⑨ 　林梅村：《尼雅南城外 96A07 房址出土佉卢文》，《西域研究》2000 年第 3 期。

　　⑩ 　林梅村：《新疆文物考古研究所藏佉卢文书译文》，中日共同尼雅遗迹学术考察队编《中日共同尼雅遗迹学术考察队调查报告书》第二卷文本编，中村印刷株式会社 1999 年版，第 263—282 页。

　　⑪ 　林梅村：《中国所出佉卢文书的流散与收藏》，《考古》1992 年第 1 期。

　　⑫ 　林梅村：《新疆佉卢文书释地》，《西北民族研究》1989 年第 1 期。

　　⑬ 　林梅村：《新疆佉卢文书的语言》，《新疆文物》1989 年第 3 期。

　　⑭ 　林梅村：《新发现的几件佉卢文书》，《中亚学刊》第 3 辑，中华书局 1990 年版。

　　⑮ 　段晴、才洛太：《青海藏医药文化博物馆藏佉卢文尺牍》，中西书局 2016 年版。

纪初佉卢文文献研究的代表性成果。

第五节　南岛语系民族古文字文献研究

中国的南岛语诸族群主要分布在台湾岛上，历史上这些族群都没有创制文字系统，自然没有文献传统，大抵视为无文字社会的典型。17 世纪荷兰联合东印度公司（Verenigde Oostindische Compagnie）统治台湾时期，即明天启四年（1624）至清顺治十八年（1662）①，荷兰神职人员为了配合殖民者推行政务，管理台湾土著社区，兼传教为目的，在今天台南新市乡一带的原住民西拉雅族群所在的社区新港社，教当地西拉雅族群民众用拉丁字母书写自己的语言，作为书写、阅读、教习新港语的文字符号。传教士利用拉丁字母编纂原住民语的字典，开启了使用拉丁字母拼音的方法书写新港语的新传统。

1630 年新港社原住民集体接受基督教信仰。1636 年，荷兰人在新港社开办了第一所传教性质的学校，同时教授西拉雅族群信众用拉丁字母书写西拉雅语言。由此开始了用新港社区西拉雅语作为学校的教学语言。传教士和社区民众除了用拉丁字母转写、书写口语外，也编辑了拉丁字母书写的西拉雅语言基督教教义问答、祈祷文等作为教材，并顺次编辑了各种字典、教义书，如新港语②的《马太福音》《虎尾垄语词典》等，成为后来语言学者研究台湾原住民族语言的书面文献依据。

清顺治十八年十二月初九日（1662 年 1 月 28 日）荷兰总督揆一向郑成功缴械投降，荷兰人于明永历十五年十二月二十日（1662 年 2 月 9 日），退出台湾。荷兰人统治台湾的时间仅仅 38 年，然而

---

① 这段时间恰恰为郑成功（1624 年 8 月 27 日至 1662 年 6 月 23 日）的生卒年限。
② 新港语，也即今天台南一带的西拉雅族群原住民所使用的西拉雅语。

对台湾本土文化的发展留下了深刻的统治烙印。仅以新港文书为例，现存最早新港文书为清康熙二十二年（1683），最晚的是清嘉庆十八年（1813），距荷兰人离开台湾已 150 年了。也就是说，荷兰人退出台湾后，新港等社仍继续使用荷兰人所创制的拉丁字母书写系统来书写土著族群语言的契约文书。

明清易代，清廷统一台湾后，台湾地方流官为了便于地方行政和征收赋税的需要，依旧允许使用拉丁字母书写社会经济文书，1813 年的新港文书堪为明证。这些用以书写西拉雅等族群语言的书写符号记录土著族群的社会经济文书和社会历史文书，被后人称之为"新港文"或"新港文书"（Sinkan Manuscripts），其内容主要涉及原住民与汉人因土地关系而订定的土地租借、买卖与借贷等方面的契约文书，民间俗称"番仔契"或"番字契"，现今统称为"新港文书"。从现存的新港文书所使用的语言和文字符号的类型来看，既有用拉丁字母拼音字书写的新港语单语文书，也有用汉字与拉丁字母拼音字对照书写的双语文书。

现今存世的新港文书，是 19 世纪台湾开港后，西方传教士、探险家、商人等，以及日治时期日本学者等陆续采集而得的文献资料。1928 年，今台湾大学前身的台北帝国大学在台北正式成立，设有"语言学研究室"。属于该研究室的日本学者小川尚义也在台南新港社一带采集这批"新港文书"。1931 年由村上直次郎将这些古文书编纂译注出版，书名称为《新港文书（Sinkan Manuscripts）》①。该书收录了 109 件"番仔契"，其中有 87 件为新港社（新港文书），包括 21 件汉番对照；另外有卓猴社 3 件（卓猴文书）、麻豆社 16 件（麻豆文书）、大武垅社 1 件（大武垅文书）、下淡水社 1 件（下淡水文书）、茄藤社 1 件（茄藤文书）。关于这批社会文书所属的确切年代，最早的一件是 1683 年的麻豆文书，而年代最晚的一件是第 21 号新

---

① ［日］村上直次郎编：《新港文书（Sinkan Manuscripts）》，台北捷幼出版社 1995 年版。

港文书，年代是 1813 年，贯穿 17—19 世纪台湾历史。

　　"新港文书"堪称台湾最早出现的非汉字文字符号系统，也是第一个用拉丁字母书写的文字系统。"新港文书"也是西洋人在台湾岛首次传教的文献证据。现存的新港文书有 140 件左右，是研究台湾土著族群文化、台湾历史的珍贵文献资料。语言学者在 20 世纪初叶采集台湾土著民族语言材料时，土著民语言已经处在濒危中；30 年代日治时期，新港社区的西拉雅语逐渐失去使用功能后失传。因此，目前能识读新港文书的学者甚少。

　　1945 年后迄今，有关的论著主要有李壬癸的《新发现十五件新港文书的初步解读》[①]、陈秋坤的《大岗山地区古契约文书的历史意义》[②] 及翁佳音、吴国圣的《新港文书典契的解读与格式》[③]。典型的专著有李壬癸的《新港文书研究》[④]。

第六节　研究成就与展望

　　新中国成立以来，国家十分重视发展民族古文字文献的研究工作，注重对民族古文字文献的保护、整理、研究。20 世纪 50 年代，在全国范围开展少数民族社会历史和语言大调查的过程中，发现、搜集到了大量各民族古文字文献，无论是文字文献的类型还是数量都有超乎以往的发现和收获，为后来的研究奠定了坚实的基础，同

---

　　① 李壬癸：《新发现十五件新港文书的初步解读》，《台湾史研究》2002 年第 9 卷第 2 期，第 1—68 页。

　　② 陈秋坤：《大岗山地区古契约文书的历史意义》，陈秋坤、蔡承维编《大岗山地区古契约文书汇编》，高雄县政府，2004 年。

　　③ 翁佳音、吴国圣：《新港文书典契的解读与格式》，台南县南区服务中心主办"建构西拉雅 2005 年台南地区平埔族群学术研讨会"，2005 年。

　　④ 李壬癸：《新港文书研究》，《语言暨语言学》专刊甲种之 39，中央研究院语言学研究所，2010 年。

时培养了一大批从事民族古文字文献研究的学者。除了"文化大革命"时期的停止或倒退状态外，民族古文字文献研究保护都处于平稳的发展进程。

由国家民委领导的《中国少数民族古籍总目提要》的编纂工作进展顺利。民族古文字文献的修复、保护有专门的依托部门和机构，为民族文献的修复保护传承提供了物质条件和制度保障。从中央到各省市，古籍保护领导机构健全，各有关部门之间的配合密切，高效运转的工作机制得以确立。国家专门出台相关政策并加大经费投入，已经精准摸清全国各级收藏机构收藏的民族古文字文献的类型和数量以及保护现状的家底。

少数民族古籍善本再造工程，分多个批次覆盖各民族古文字文献，十分有利于民族古文字文献的研究、保护、传承。人才队伍和学科建设不断趋于合理，涌现了一大批享誉国内外的民族古文字文献大家，如季羡林、王静如、冯家昇、傅懋勣、马学良、耿世民、王尧、巴桑旺堆、东嘎·洛桑赤列、方国瑜、李霖灿、和志武、张公瑾、李范文、史金波、雅森·吾守尔、刘凤翥、清格尔泰、金启孮、亦邻真、照那斯图、道布、蔡美彪等各民族古文字文献研究领域的代表人物。其中耿世民先生获德国洪堡基金会颁发的"国际知名学者奖"及世界阿尔泰学界最高奖项 PLAC 金奖，季羡林获印度国家最高荣誉奖"莲花奖"，王静如、李范文先后获得法国"儒莲奖"。

通论式著作《中国民族古文字图录》《中国历代民族古文字文献探幽》《中国少数民族古籍珍品图典》《中国少数民族古典文献学》《中国少数民族古籍集解》《民族古文献概览》《中国少数民族文字古籍整理与研究》，利于从全面系统的视角研究各民族古文字文献。

中国民族古文字文献不断入选"世界记忆遗产名录"：（1）"中国西藏元代官方档案"（2013），其中 4 份圣旨为八思巴文官方档案原件。（2）"纳西东巴古籍文献"（2003），涉及海内外收藏的三万余册纳西东巴经典。（3）1999 年，清代内阁秘本档中一组 24 件全满文有关清初西洋传教士在华活动的档案文献。

2008 年以来国务院批准确定五批全国古籍重点保护单位。各民族古文字文献的翻译、整理、研究有条不紊地开展，民族古文字文献的数字化和国际编码、中华字库项目等也在积极推进中。

2011 年，中国社会科学院设立 15 项绝学，绝学项目涉及民族古文字文献的文种和负责人为：西夏文（史金波）、八思巴字（照那斯图）、契丹文（刘凤翥）、女真文（孙伯君）、纳西东巴文（木仕华）、古藏文（东主才让）。近年国家社科基金也开始设置绝学研究的资助项目，成为 21 世纪初的新动向。

民族古文字文献整理研究现状十分喜人。需要进一步对已经刊布的民族古文字文献开展系统细致的校勘、释义、注译、版本比较等研究，以数字化技术及时建立民族古文字文献文本及语音视频数据库，为民族古文字文献保护研究提供原始权威的基础资料，推动学术资料利用方式和研究手段的更新。

海外收藏的民族古文字文献回归成为最近十年最重要的内容，国际合作超乎以往任何时代。另外，鉴于"一带一路"倡议的推进，与丝绸之路历史有关的境外文字文献的收集整理编纂、研究和释读也得到空前的重视。

总之，70 年的中国民族古文字文献研究在以往的基础上均有进展，尤其是藏文、西夏文、黑水城多民族文字、蒙古文、突厥语族、印欧语系、纳西东巴文等文种及其文献研究依旧保持上扬的趋势，论著数量繁多。此外，佉卢文文献研究、粟特文文献、吐火罗文献、于阗文文献成为伴随着"一带一路"建设而成为新的热点和亮点。"新清史"的热络使满文文献的研究得到重视。相较而言，南方有文字文献传统的语言如彝语、水语等，则注重于探讨文字文献的数字化、输入规范、文献刊布、保护策略等，对文字文献的本体研究较少。

从整体的学术水准而言，印欧语系文字文献研究、藏文文献研究、突厥文献的研究水平，国际化程度较高，研究精深、范式严谨，古今中外相融一体，已经实现了中外学界的对接。西夏文献的研究则主要集中在对草书文献的释读和佛教经典的对译和对勘研究，作者队伍随着文献刊布数量的增加而壮大。相对而言，南方民族文字文献的研究则有较大的局限性，语文学意义的研究整体水平有待提升，对国外学界的研究进展关注较少，研究范式尚未实现规范化。有的文字文献虽然研究论著众多，但研究的深度和视野的广度、方法论都有待完善，大都以模仿汉文文献的研究范式为主，远未形成切合具体文字文献的研究译注范式。

　　70 年来，民族古文字文献研究的进步是表现在多方位，多层次的，其间所阐发的多元多学科的价值也必将在全新的视野中得到深入的体现。结合"一带一路"、大数据、云计算等新方法，无论是以往研究过的古代民族文字文献，还是新近发现的民族文字文献材料都有可能会成为未来知识生产更新、学术进步创新的增长点。因此，系统全面地收集整理、翻译研究各民族古文字文献的事业任重道远，前途未可限量。

第十一章

新中国少数民族语言的辞典学研究

新中国成立后，党和政府十分重视少数民族语言文字的使用和发展，20 世纪 50 年代组织了大批人力、物力和财力对少数民族语言进行大规模调查研究，至改革开放前期又作了多次补充调查，积累了丰富的语言资料，在此基础上完成了相关语言的辞典编纂工作，出版了相当数量的少数民族语言词典，主要集中在蒙、藏、维、哈、朝等几个文字历史较长、文献较多的民族语言中。

改革开放后，中国少数民族语言辞典编纂工作进入了新的历史阶段，开始编写出版无文字或文字使用历史不长的民族语言词典；所编写出版的辞书类型从比较单一的汉语与民族语的对照，发展到民族语言单语词典与双语、多语词典并举的阶段；民族语言辞典学研究进入一个稳步发展的时期，取得了以往无法比拟的研究成果，这些成果的学术价值、社会现实意义，从以下所编写出版的辞书类别可见一斑。

第一节　简明辞典

新中国成立后，国内民族语言辞典的编纂工作进入一个稳步发展的时期，成果颇丰。一般说来，文字历史较长的民族语言辞典以规范性词典居多，代表性的如：

新疆人民出版社辞书编辑组编《汉维简明词典》（1963）、内蒙古大学蒙古语文研究室编《蒙汉辞典》（1976）、北京大学东语系朝鲜语教研室编《朝汉词典》（1978）、新疆大学中国语文系编《维汉词典》（1982）等。

在中国少数民族语言资源普查时期，为了配合民族文字创制工作，编写了一些少数民族语言和汉语对照的简明词典，比较有代表性的如：贵州省民族语文工作指导委员会和中国科学院少数民族语言调查第二工作队编《苗汉简明辞典》（黔东方言和川黔滇方言）（1958）、《侗汉简明词典》（1959）等，其中《侗汉简明词典》是中国第一部侗汉对照词典，以侗文标准音点贵州省榕江侗语词汇为主，同时兼收在其他方言土语中普遍使用的词语和现代汉语借词，收词8600 余条，采用侗文、汉义对照。

改革开放后，国内出版了系列以描写性为主，并对所收录词条进行学术规范的词典，比较有代表性的如：颜其香、周植志、李道勇、王敬骝、赵明、陶文均、田开政编《佤汉简明词典》（1981）为佤汉对照词典。佤汉对照词典，收词9200 余条。武自立、昂智灵、黄建民编撰《彝汉简明词典》（1984）所收词汇以彝语东南部方言撒尼彝语为主，词典全部为手写影印。

北京语言学院、延边人民出版社编《简明汉朝词典》（1986）为汉朝双语词典，共收近两万词条。吾拉木·吾甫尔编《简明维吾尔语方言词典（维吾尔文）》（1986）是国内第一部用现代维吾尔标准话解释方言词的词典，正文共收方言词和短语近4000 条，以维吾尔语音序排列，用维吾尔标准话解释，该词典对维吾尔语方言的研究具有很高的学术价值。吴善保等编《汉锡简明对照词典》（1989）为汉语锡伯语对照词典，正文收词40000 余条。

毛宗武编《汉瑶简明分类词典（勉语）》（1992）为汉瑶对照词典，按词类分类排列，各词类之下又分小类排列。纪嘉发、武自立编《汉彝文简明词典》（2011）所收条目以汉字为纲，包括字词、词组。汉字条目采用汉语拼音方案注音；彝文条目采用国际音标注音，采用汉彝双解体制。

第二节　单语辞典

改革开放 40 年期间，国内编写出版了相关单语辞典，有代表性的如：延边历史语言研究所编纂《朝鲜语小词典》（1980）为国内第一部朝鲜语注释词典，收录词 20000 余条，采用朝鲜语释义。

新疆维吾尔自治区少数民族古籍搜集整理出版规划领导小组办公室编《古代维吾尔语词典（维吾尔文版）》（1989）共收录古代维吾尔语词汇 12000 余条。词条用现代维吾尔文转写，按照维吾尔文字母顺序排列，释文中注明所列词条的出处和现代维吾尔语释文，是学习和研究古代维吾尔语的重要工具书。

韦汉华、韦以强、苏永勤、吴壮雁、陆瑛、黄英振、覃承勤、蔡培康、潘其旭等编写的《古壮字字典》（1989）收集流行于壮族地区的古壮字共 10700 个，其中选择使用较普遍、结构较合理的 4918 个字推荐为正体字，其余同音同义异形的字列为异体字。

阿布利孜·牙库甫等编《维吾尔语详解词典》（1990）共六卷，除收录通用词汇外，还收录了较多的独立词、派生词以及词或词条的解释。

巴依斯哈力主编《蒙古语青海方言辞典》（1998）是第一部蒙古语青海方言辞典，收词 4000 条，用蒙古文编撰，国际音标注音。

蒙元耀、黄华芬、Banh Ligingh《壮语词典（壮文）》（1991）收词约 5000 条，用壮语解释，用标准音书写，用壮语解释壮语的词汇。

哈米提·铁木尔、阿布都鲁甫·甫拉提《察哈台维吾尔语详解词典（维吾尔文）》（2016）共收录察哈台维吾尔语单词、复合词以及短语共 50000 余条。词条以察哈台维吾尔语的发音形式即现代维吾尔文转写形式进行标注，后附察哈台维吾尔文原文形式，按照现代维吾尔语字母表的正字顺序进行排列与解释。

第三节　双语辞典

新中国成立 70 年，国内编写出版了一系列双语辞典，这类辞典所占比重与影响力，都要明显高于其他类别的辞书。按编纂语言类别可分为民汉双语词典、汉民双语词典两种。

一　民汉双语词典

新中国成立后，特别是改革开放以来，编写出版了相关民汉双语词典，比较有代表性的如：新疆大学中国语文系编《维汉词典》（1982）为维吾尔语汉语对照词典，收维吾尔语词条约 30000 余条，是汉维两种语言教学、翻译和研究工作的重要工具书。布和编《东乡语词汇》（1983）收词 4000 余条，是东乡语词汇材料收词最多的一本工具书。徐悉艰、萧家成、岳相昆、戴庆厦合编《景汉词典》（1983）为我国出版的第一部景颇语和汉语对照词典，词典中对词条标示声调、用国际音标注音，区别松紧元音。于道泉主编《藏汉对照拉萨口语词典》（1983）共收词 29000 余条，为中国第一部藏语口语词典。以记录现代藏语拉萨口语词汇为主，并用现代汉语解释词义，以藏文正字为主要词目，按藏文字母顺序排列，少数无正字的口语词，依实际读音用藏文拼写，是一本学习和研究藏语拉萨方言的重要工具书。

金启琮编《女真文辞典》（1984）为女真语汉语辞典，词条主要选自《女真译语》、金石刻碑、墨迹资料等，每词条先录正体字，次录异体字，每字之后注明出处，为迄今国内外收字最多、资料最完整的辞典，是研究女真语言文字的重要参考书。斯钦朝克图编《蒙古语词根词典》（1988）收录蒙古语词 30000 余条，利用古今中外有关蒙古语文献、方言土语同蒙古语族语言以及突厥语族语言、满—通古斯语族语言资料进行比较，详细地反映了蒙古语词的结构、渊源，以及语音和语义的变化及其发展规律。词典收录了与词根有关的古语词、方言土语词及其各种书写形式与读音不同的词。李克郁主编《土汉词典》（1988）为土族语汉语对照词典，以土族语标准音点互助方言区为准，共收录 14000 余条，词典对使用土族语新创文字起推动作用，对研究土族语、比较研究蒙古语族语言有一定的价值。毛明·阿不都拉编《土耳其语—维吾尔语词典》（1989）为土耳其语和维吾尔语对照大型词典，共收录土耳其语词 30000 余条，按土耳其文字母顺序排列，是学习土耳其语和维吾尔语的重要工具书。孙竹、照那斯图、陈乃雄、吴俊峰、李克郁等编《蒙古语族语言词典》（1989）收录有 11 个蒙古语代表点的词汇和达斡尔语、东部裕固语、土族语、东乡语、保安语的词汇进行比较。

张永祥、许士仁编《苗汉词典》（1990）是新中国成立后最早出版的苗语黔东方言口语词汇与汉语对照词典，共收录词条 11000 余条。向日征编《苗汉词典（湘西方言）》（1992）是苗语湘西方言的规范汉苗对照词典，以湘西方言西部土语的词为基础编写，收词 11300 余条。雷选春编《西部裕固汉词典》（1992）为国内第一部西部裕固语与汉语对照词典，以甘肃西部裕固语材料为语言材料，共收词条 7000 余条。华侃、龙博甲编《安多藏语口语词典》（1993）是第一部藏语安多方言的口语词典，以甘南藏族自治州的夏河话为主，共收词及常用短语约 11000 条。词目以藏文正字为主，少量无正字者则按习惯的藏文拼写法列出。郑贻青、欧阳觉亚编《黎汉词典》（1993）是在 1957 年的《黎汉简明词典》基础上，经过 1959 年、1980 年和 1982 年三次修改，共收词 6700 余条，采用国际音标记音。

西北民族学院藏文教研组编撰《藏汉词典》（1996）采用藏汉双语对照，收录词条 25000 余条，主要为藏语文教学和藏汉翻译工作提供参考。赵衍荪、徐琳编《白汉词典》（1996）收录白语常用字、词、词组、成语共 14032 条。高尔锵编《塔吉克汉词典》（1996）收录现代中国塔吉克语常用词约 10000 条。石如金编《苗汉汉苗词典》（1997）以苗语湘西方言的湖南省花垣县吉卫地区苗语语音为标准，收录词 19400 余条，分苗汉和汉苗两部分。诺尔金、芒·牧林主编《蒙古语词典》（1999）收录现代蒙古语词词汇 70000 余条目，词典在各类词汇作了注解的同时，对蒙古文书写形式和读音作了规范处理。马进武编《藏语成语词典》（1999）是我国第一部藏语成语辞书，收录词条 2500 余条，采用藏汉成语对照。

刘剑三编《临高汉词典》（2000）以临高县的话为代表，收录词语 20000 余条。廖泽余、马俊民编《维汉词典》（2000）词典收录词目 57000 余条，收入现代维吾尔语所有词语及词组、成语，兼收部分方言词、历史词语、科技专业术语等，是学习和研究维吾尔语的重要工具书。张伟权编《土家语汉语词典》（2002）收录土家语词包括词、词组、短语、俗语、人名、地名共 4000 余条。欧亨元编《侗汉词典》（2004）以侗语南部方言为基础，共收词 23000 余条。喻翠容、罗美珍编《傣仂汉词典》（2004）是一部收录傣语西双版纳方言允景洪傣话口语词为主，用汉语释义的中型词典，收录条目共 13800 余条。

郗卫宁、周耀文、方峰和编撰，孟尊贤审订《德宏傣语同音词典》（2005）为用汉字对德宏傣语同音词进行注释的词汇集和词义集。李锦平编《苗语同义词反义词词典》（2005）对苗语中部方言同义词和反义词进行收录，共 2000 余条。孟尊贤编《傣汉词典》（2007）为德宏傣语和汉语对照词典，共收入词条 28000 余条。

二　汉民双语词典

改革开放 40 年期间，编写出版了相关汉民双语词典，比较有代表性的如：

那依满等编《汉哈辞典》（1979）是以哈萨克语解释汉语的辞书，共收词条 65000 条。芒·牧林主编《汉蒙名词术语分类词典

（自然科学部分）》（1979）是一部为大学编写教材和翻译工作者使用的汉蒙语对照工具书。

岳相昆、戴庆厦、萧家成、徐悉艰编《汉景词典》（1981）共收词 22000 余条，每个条目均用汉语拼音给汉字注音；释义采用景颇文词或词组对照。中央人民广播电台民族部哈语组编《汉哈成语词典》（1982）是以哈萨克语解释汉语成语的工具书，共收汉语成语 6000 余条。广西壮族自治区少数民族语言文字工作委员会编《汉壮词汇》（1983）共收词条 20000 条。吴德义等编《汉哈对照词汇》（1985）是汉语哈萨克语对照词典，共收入词条 10000 余条。北京大学东语系朝鲜语教研室、延边大学朝鲜语教研室合编《汉朝词典》（1989）为收录汉语普通话语词汇为主的词典，共收词条 70000 余条。吴善保等编《汉锡简明对照词典》（1989）为汉语锡伯语双语词典，共收词 40000 余条。

张蓉兰主编《汉拉新词术语集》（1991）主要针对汉语新词在拉祜语中的翻译做出规范。向日征编《汉苗词典（湘西方言）》（1992）是以苗语湘西方言规范的汉苗对照词典，以湘西方言西部土语为基础，共收词 11300 余条。毛宗武、赵勋、郑宗泽、蒙朝吉《汉瑶简明分类词典（勉语）》（1992）按词类分类排列，各词类之下分小类排列。徐悉艰、朵示拥汤、毛勒端《汉载词典》（1992）是我国出版的第一部汉文和载瓦文对照词典，共收词 37000 余条，采用汉语拼音和国际音标分别给汉字和载瓦文注音。该词典主要供从事载瓦语文教学、翻译、研究的人员使用，对新创载瓦文的推广和规范化具有重要的作用。

蒙朝吉编《汉瑶词典（布努语）》（1996）共收词和词组 10000 余条，均按照汉语拼音字母次序排列，是布努瑶族历史上第一部汉瑶对照词典。曾晓渝、姚福祥编《汉水词典》（1996）以贵州三都水族自治县三洞水话为标准，共收词 11100 余条。刘宝元编《汉瑶词典（拉珈语）》（1999）以金秀镇拉珈语语音为标准编纂而成。

黄良荣、孙宏开编《汉嘉戎词典》（2002）以汉语为出发点，按汉语拼音方案顺序排列，用嘉戎话释义，收词 11000 余条。刘劲荣主编《汉拉简明词典》（2005）为国内拉祜族的第一部辞书，收词 30000 余条。张伟权编《汉语土家语词典》（2006）共收土家语、汉语词语 17000 余条，是土家语收词最丰富的工具书。田德生、彭邦本、田中、田蓉、田玮、高修贞等编《汉土家词典》（2008）采用汉语拼音方案注音，土家语文字用汉语拼音方案记音，并在其后采用国际音标注音。

周发成编《汉羌词典》（2010）根据《现代汉语词典》选择压缩编译而成，词目排列与《现代汉语词典》相同。西藏自治区藏语文工作委员会办公室、西藏自治区新词术语藏文翻译规范委员会编《汉藏对照新词术语词典》（2012）采用汉藏对照，收录由西藏自治区新词术语藏文翻译规范委员会审定，并由西藏自治区藏语文工作委员会办公室统一发布的新词术语近 10000 条。

三　多语辞典

新中国成立后，除了编写出版相关民汉、汉民双语词典，还编纂了一些多语辞典，比较有代表性的如：

包尔汉编《维汉俄辞典》（1953）为维吾尔语、汉语、俄语三种语言对照辞典，以维、汉、俄三种文字为序排列，为新中国成立后正式出版的第一部少数民族文字工具书，该辞典在新中国民族语言文字辞书出版历史中占据重要的地位。

安世兴编《梵藏汉对照词典》（1991）为梵藏汉三种文字对照词典。泰国玛希隆大学和中央民族大学合作项目《黎—汉—泰—英词典》（2003）共收入单词 5000 余条。马林英、［美］王丹宁、［美］苏珊编《彝汉英常用词词汇》（2008）是在中国国家外国专家局、西南民族大学、世界少数民族语文研究院东亚部三方资助下，合作编写出版的。该书所收词汇为凉山彝语词汇，共收词 6600 余条。

中国藏学研究中心编《藏汉英对照新词术语词典》（2017）为藏汉英对照词典，主要对中国日报社收集和发布的汉语新词术语高频词进行藏文翻译，共收词 5000 余条。

第四节　大型辞典

新中国成立后，相关部门高度重视少数民族语言文字辞典的编撰工作，在编写出版简明辞典、双语辞典、单语辞典基础上，逐步推进少数民族语言大型辞典的编撰工作；特别是在改革开放以来，经过各方努力编写出版了一些民族语言大型辞典，相关民族语言大型辞典的编撰与出版是这一时期的最大特征与成就，比较有代表性的辞典如：

内蒙古大学蒙古语文研究室编《蒙汉辞典》（1976）是以中国蒙古语词汇为主的蒙汉两种文字对照词典，共收词约 50000 条。以单词为主条，用音标注出蒙古书面语读音，具有独立词义的全部标示词类。

北京大学东语系朝鲜语教研室编纂《朝汉词典》（1978）共收词 66000 余条，以现代朝鲜语中最常用的词语为主，注释多采用对译的办法，汉语无法对译的词语则加以解释说明，是我国出版最早的一部学习朝鲜语的工具书。

吴俊峰、孟和博彦、乌日娜、敖斯尔编纂《汉蒙词典（增订本）》（1982）是以现代汉语词汇为主的汉蒙对照词典，共收字、词、词组、熟语、成语等条目 132000 余条；收录有社会科学、自然科学、一般语词及新词术语等词条，词典受到蒙古语文工作者和翻译界的高度评价，成为通用最广的工具书。

张怡荪主编《藏汉大辞典》（1985）收词 56000 余条，该辞典成书历经 50 多年，是中国第一部兼有藏文字典和藏学百科全书性质的综合性藏汉双解大型工具书。辞典以一般词语为主，分基本词和合成词两大类，汉文释义采用现代书面语；佛学和因明的术语基本上保留了传统译法，书后附有动词变化表、干支次序表、藏族历史年表以及反映藏族文化特色的彩色图片百余幅。

彭宗禄等主编《汉维词典》（1989）是维吾尔语解释汉语的大型工具书，是在《汉维词典》（1974）的基础上重编而成，共收汉语单字 9500 余个，词条近 70000 条。词条一般用对应的维吾尔语释义，无适当对应词时，用维吾尔语注释，配有汉语例子和维吾尔释义。

阿布利孜·牙库甫《维吾尔语详解词典》（1990）是一部以维吾尔语详解维吾尔语词汇的大型词典，收录现代维吾尔语所有词语及词组、成语，还兼收了部分方言词、历史词语、科技专业术语等，是学习和研究维吾尔语的重要工具书。

朝鲜外国文图书出版社和中国民族出版社《朝中词典》（1992）为朝鲜语汉语对译词典，共收词 130000 余条，涵盖了现代朝鲜语里常用的词、词组、成语、熟语等，是一部实用性较强的工具书。

胡增益、李树兰、王庆丰、仲谦、杨震远、那逊巴图、奇车山、关善保编《新满汉大词典》（1994）共收词 35000 条，词典以大量满文文献、档案为编写材料，通过举例的方式解释词义。

民族出版社纂《汉藏对照词典》（2002）收词 80000 余条，以现代汉语为主，兼收文言词语、成语、谚语、名言警句、方言词以及各学科的常用词汇。

特沫若主编《多功能新汉蒙词典》（2003）是一部综合性词典。收录了常用字、词汇、新词术语共 100000 条，词条内容涉及政治、经济、文化、科技、医药、卫生、历史、法律、军事等方面。

达·巴特尔编《汉蒙词典》（2005）共收录词条 160000 余条，以最新出版的《现代汉语词典》为蓝本，在原《汉蒙词典》（增订本）基础上修订完成，词典具有收词面广、释义准确、时代性突出、实用性强等特征。

努尔别克·阿布肯主编《哈汉辞典》（2014）为哈萨克语、汉语对照词典，收现代哈萨克语 77000 余条词，以单词条目为主，兼收成语、固定词组、谚语和现代科学术语，采用哈萨克语例句。

王敬骝主编《佤汉大词典》（2014）以记录佤语巴饶方言词汇为主，兼收各方言常用词的大型词典，所收条目包括词、词组、熟语、常用语、部分新词术语、西文字母开头的词语以及《圣经》（新、旧约全书）里面使用的词语等，共计30000余条。词典收录有佤族的历史事件、历史人物、风土人情、佤族的祝辞等人文传统资料；收录有生产生活器具名称、佤山地区动物、植物名称、计量单位等。

卓日格图、乌日根桑格编纂的《梵藏汉蒙对照词典》（2016）采用梵藏汉蒙四种文字对照，全书收录词条30000余条，是文种最多的蒙古文词典，对印藏汉蒙文化和词汇学的研究有很高的实用价值。

欧阳觉亚、孙宏开、黄行主编《中国民族语言文字大辞典》（2017）是一部对国内中国民族语言文字研究成果进行收录的大型辞典，主要包括：（1）中国少数民族语言文字研究史的回顾，主要包括20世纪前50年的少数民族语言文字研究、20世纪50—60年代的民族语言调查研究、改革开放以来的民族语言调查研究三大内容。（2）中国少数民族语言和文字，主要介绍中国少数民族语言和文字的基本情况，是本书的重要内容之一。（3）中国少数民族语言文字的术语、历史文献，在调查研究少数民族语言文字方面所用到的术语以及重要的历史文献，该词辞典都进行收集。（4）中国少数民族语言文字的成果。这部分主要对新中国成立以来700部专著、3000多篇论文的少数民族语言研究成果，萃取其精华进行介绍，涉及少数民族语言、文字、文学、文化方面等宏观或微观的问题，范围甚为广泛，具有较高的学术价值，是本辞典的亮点之一。（5）从事中国少数民族语言文字研究的专家、学者简介。这部分主要是对在少数民族语言调查研究、教学、翻译编辑方面做出过一定贡献的专家、学者的介绍。

第五节 研究经验及展望

一 研究经验

新中国成立 70 年以来，中国少数民族语言辞典学研究经验主要有以下几个方面。

（一）具有较强应用价值与现实意义

（1）改革开放前，有很大一部分少数民族语言仍未出版过一部词典，改革开放后国内民族语文工作者通力合作，编写出版了相关民族语言系列词典，填补了这方面的空白，得到社会各界的高度认可，其现实意义和学术价值都是不应低估的。

（2）词典具有较强的应用价值，在推行与规范民族文字、落实党的民族语文政策方面起到比较重要的积极作用。

（3）相关词典的出版，是落实民族平等和语言平等政策的需要，是少数民族地区文化教育发展的需要，是各民族群众互相学习语言文字的需要，是少数民族语言学科建设和发展的需要，为少数民族语言深入研究提供了翔实资料与研究基础。

（二）学术性、规范性强

1. 原创性强

词典的编写出版，全部根据实地调查的第一手资料编纂而成，大都没有蓝本可以借鉴，没有任何现成的资料可以利用，为民族语文工作者实地调查记录所得的第一手资料。

2. 学术性、规范性强

（1）词典大都采用国际音标注音。无论有文字语言还是无文字的词典，大都采用国际音标标注该语言的读音，起到了正音的作用，对于学习语言和研究语言都是非常方便的。

（2）词典释义注重从实际出发，力求准确，并符合相应民族的理解习惯。

（3）词典规范、实用。采用"凡例"或"导言"形式说明词典的编写目的、体例及释义、注音的原则等内容；明确规定收词范围及原则。

二　未来展望

词典是语言保存的有效载体，是语言学习的重要工具，民族语言词典的编撰出版是保护少数民族语言的重要途径与方式，被认为是语言的权威，是语言规范化和标准化的文本载体。

一种少数民族语言的标准词典面世，其社会地位及声望便有所提升，能有效保护少数民族语言，促进少数民族语言的习得。在人类语言的变异或消亡过程中，词典能有效记录语言，为语言研究和民族文化研究提供宝贵财富，欲实现这些目标，需要在以下方面做更加深入的研究与努力：

（1）编纂少数民族词典，需要明确词典的类型，词典类型选择需要以考量词典的功能、编纂目标等因素为主要前提。

（2）民族词典编纂的趋势及最终目标应是编纂单语或多语语文词典，目前能实现这一目标的多为强势（有传统民族文字语言）语言；那些弱势（无传统民族文字）语言目前所编纂的词典多以双语规范性词典、学习性词典为主，仍需有一个较长的积累与规范过程。

（3）目前，在国内各民族辞书的编撰出版现状中，有的民族已基本具有不同类型的辞书，有的已有自己的民族语言词典，但仍处在对其民族文字进行规范和普及阶段，而有的民族至今仍没有自己的词典。

在辞书类别上发展也不太平衡，双语辞典比重最大，单语辞典次之，多语辞典与大型辞典较少；语文辞典多，专科辞典和综合性辞典少；民族语与汉语对照辞典多，民族语与外语、民族语与民族语对照辞典少，在这些方面都有待于进一步的研究与加强。

（4）在前述基础上，着力加强民族语言电子辞典的编撰工作，提升民族语言工具书的信息化与智能化。

第十二章

新中国少数民族语言的纪录
语言学研究

语言是一切记忆文化的核心，是其他文化的媒介，一旦语言消失了，由语言作为载体的民族民间文学、民族歌舞、民族音乐、民族宗教等非物质文化也就随之消失。20 世纪初，语言学者为了研究无文字民族的文化，伴随学习和了解所要研究的民族的语言，美国语言学先驱弗朗茨·博厄斯（Franz Boas）在调查北美印第安文化时，纪录了很多印第安语言，英国著名人类学家马林诺夫斯基（Bronislaw Malinowski）在西太平洋进行田野调查时，学习当地土著语言，并纪录过当地土著语言的一些词汇，因此，语言的纪录可以追溯到 19 世纪末 20 世纪初。在当时，通过直接听写、抽样、翻译、田野笔记等手段纪录语言。语言学和人类学者把自己所调查的语料保存起来，使后人能够查阅和研究那些最初的手写材料，如弗朗茨·博厄斯及其弟子爱德华·萨皮尔（Edward Sapir）和他们的后辈把北美濒临消亡的语言纪录下来，并保存在史密森尼博物馆（Smithsonian Institute）。这些资源是十分珍贵的文化遗产，为后人研究北美印第安语言和文化留下了宝贵的资源。随着现代科技的发展，尤其是现代传媒和通信的飞速发展，人员的流动越来越频繁，传统文化越受冲击，纪录语言学随之诞生。

第一节　纪录语言学及其特点

德国学者 Himmelmann（1998）首先提出"纪录语言学"（docu-mentary linguistics）这个术语，指出纪录语言学试图对一个特定语言社区的语言实践活动以及语言活动的特征进行综合纪录。一些学者（Himmelmann，1998；Woodbury，2003；Austin，2006）认为纪录语言学关注的焦点是其研究方法、研究工具以及理论支柱与其他语言学学科之间有差异，同时，对一种有代表性的自然语言或者一种自然语言的土语进行全方位纪录和永久性保存。

国内有关"纪录语言学"这个术语的翻译五花八门，徐世璇（2007）用"语言文献纪录学"，黄成龙、李云兵、王锋（2011）、张春梅（2014）用"纪录语言学"，腾延江、苗兴伟用"文献纪录语言学"（2010），范俊军、张帆（2011）、郑宇（2016）用"语档语言学"。尽管学者们对"documentary linguistics"的翻译不尽相同，但都把它视为一门完全不同于传统语言学研究的新兴交叉学科。之所以说纪录语言学是一门新兴交叉学科，是因为纪录语言学涉及描写语言学、认知语言学、应用语言学、人类学、民俗学等众多学科，同时还综合应用多种研究方法和新兴技术，包括民族志方法、计算机技术、多媒体技术、音频与视频的录摄制及其编辑技术，等等。

纪录语言学最主要的方法就是利用现代数码技术和手段对某一语言或方言土语进行全方位、全面的纪录，除了纪录语音、词汇、语法、口传长篇语料外，还纪录直接观察到的语言在村落中的使用情况，包括语言的社会信息、使用现状、流利母语人人数、双语程度及双语人人数、母语教学与非母语教学等语言的社会功能和应用功能。通过多媒体方式纪录语言蕴含的文化信息，包括物质文化和精神文化，如服饰、生产生活用具、建筑、交通、地理以及生产生活方式、歌舞娱乐、宗教礼俗、风俗习惯等与语言密切相关的各种文化形式。总之，在收集和纪录语言语料的过程中，着重收集和纪录自然话语，同时，还纪录社会文化实践中的语言活动。

　　纪录语言学与语言描写有本质的差异，主要表现为：描写语言学把语言看作是一个抽象的结构和规则系统（Himmelmann，1998），主要关注语法和词典的编撰，其服务对象只是语言学者（Himmelmann，1998；Woodbury，2003；Austin，2006）。纪录语言学是对一种语言多用途的纪录和永久性的保存（Himmelmann，2006），其服务对象范围很广，不仅是语言学学者，而且还包括人类学、历史学、民俗学、文学、音乐学等的学者，他们都可以从纪录语言学中获得有益的材料，例如，语言档案中的口传史等，就可对当地社区或族群关系的研究提供十分宝贵的第一手文献资料。此外，纪录语言学关注的焦点，还通过用数码技术对田野纪录的语言使用过程制作成数字档案，而描写语言学关注的是，通过对语料描写语言系统各要素的关系以及各要素发展变化的规律。综合 Himmelmann（1998、2006）、Woodbury（2003）、Austin（2006、2007）对纪录语言学与描写语言学的区别，我们把纪录语言学与描写语言学的差异归纳为表 12—1。

表 12—1　　　　　　　　纪录语言学与描写语言学的区别

学科	纪录语言学	描写语言学
研究方式	收集语料	分析语料
研究方法	采样、可靠性、自然性以及特定语言和传统的实践活动	术语的定义、语言系统分析充分性
研究过程	参与观察、抽样、收集、纪录、标音、翻译主要语料，包括收集、处理、储存	语音、音系、形态句法、语义分析，包括频谱、分布测试等
研究成果	话语语料库、多媒体、文本等	语法、词典、长篇语料

学科	纪录语言学	描写语言学
成果读者	语言学学者、人文科学学者、当地族群	受过专业训练的语言学学者

纪录语言学与描写语言学基本上是不同的。Peter Austin（2006）提出语言纪录是试图纪录一个言语社区的语言实践和传统，以及这些语言实践和传统的说话人的元语言知识，包括系统纪录、标音、翻译和分析在广泛的社会文化情景内的各种话语材料。它以话语为中心，其主要目标是直接展现广泛的话语类型。语言纪录的核心是同步标音、多层级注解、翻译成交际范围更广的语言，建立视听材料的语料库（Austin，2007）。这一语料库具有多用途性，对它的利用和研究可以随着研究目的的不同以及研究进程的推进而不断改变和发展，描写和分析只是语言纪录的副产品。

相反，语言描写提供语言在更抽象层面上的信息，如成分、规则和结构等系统的理解（Austin，2007；Himmelmann，1998；Woodbury，2003），其研究成果大体上包含语法、词典、长篇语料以及学术论文等静态文献。语言描写和分析的产品的读者大体上是语言学者。

第二节　20 世纪的纪录语言学

20 世纪的语言纪录采用纸笔纪录方式，即赴田野点，用纸笔纪录某一调查点（语言或方言）的词汇、语法和长篇语料，在我国语言纪录可追溯到 20 世纪 30—40 年代。

新中国成立前我国进行的语言调查比较注重纪录音位系统和长篇语料，遗憾的是没有留下任何有声资料。新中国成立后，从 20 世纪 50 年代到 90 年代的民族语言调查，重视纪录词汇和语法例句，但没有留下较系统的录音材料。20 世纪 90 年代后，语言调查开始使用录音机，也开始恢复纪录长篇语料的传统，但数量较少。20 世纪末以来，随着计算机技术的快速发展和数字媒体的出现，语言档案的数字化使语料的永久保存和全球传播成为可能和现实。目前，国内学术界在民族语言的纪录和研究方面逐步应用数字技术，相关软件得到开发和应用，为少数民族语言，特别是濒危语言的全方位纪录奠定了技术基础（黄成龙、李云兵、王锋，2011）。

一　民族语言大调查

从新中国成立到 1955 年，少数民族语言的调查研究主要是摸情况、搞试点、取经验的阶段。到 1955 年年底，已经大致摸清了全国少数民族语言的分布。1955 年 12 月 6—15 日，在北京举行了"首届民族语文科学讨论会"，党和国家领导人派吴玉章、胡乔木、刘格平、刘春、张稼夫、潘梓年等到会做了工作部署。会上还交流了民族语文工作的经验，交换了如何帮助少数民族创立、改进和改革文字的意见，制定了少数民族语文工作的规划。

在此基础上，1956 年，制定了发展少数民族语言研究的 12 年远景规划和 5 年计划；确立了帮助少数民族创制和改进文字的基本政策。为了普查少数民族语言，并帮助少数民族创制和改进文字，组织了共计 700 多人的 7 个调查队分赴全国 16 个省和自治区对各少数民族地区进行语言调查。从 1956 年到 60 年代初，少数民族语言文字工作者通过几年持续的语言国情调查，基本上掌握了我国少数民族语言的分布及其特点。在此基础上，从 20 世纪 60 年代开始在《中国语文》以及 80 年代开始在《民族语文》上发表反映 100 多种少数民族语言基本情况的"民族语言概况"系列论文。1980—1986 年由民族出版社陆续出版了共 59 种描写少数民族语言的简志，这不仅是中国少数民族语言研究史中的一件大事，也是迄今为止最大规模的人类语言的普查工作。已出版的"中国少数民族语言简志丛书"

以及很多当时调查的原始材料为后来的民族语言研究奠定了非常好的基础。2009 年民族出版社出版了"中国少数民族语言简志丛书"修订本，"中国少数民族语言简志丛书"的修订，旨在改错，增补新的研究成果，还增写了《满族语言简志》，并合订为 6 卷本。

二　20 世纪80—90 年代新发现语言资源调查

1979 年 5 月全国民族研究规划会议在昆明召开，会上提出了调查中国空白语言（指过去少数民族语言普查时尚未调查或调查不深入的民族语言）的任务，民族语文工作者结合语言识别工作深入调查，先后发现了一些新语言。1992 年中国社会科学院民族研究所（现民族学与人类学研究所）依托中国社会科学院重点项目和国家社会科学基金项目，组织全国语言学界的力量进行"中国新发现语言"调查研究，该研究成果作为"中国新发现语言研究丛书"先后由上海远东出版社（8 种）、中央民族大学出版社（8 种）和民族出版社（31 种）出版，现已出版 47 种。这套丛书由著名民族语言学家孙宏开先生主编，是保护和抢救我国多民族语言遗产的代表性成果。该丛书收录了我国民族语言研究者二十多年来进行的大量语言调查研究成果，其中多数为新发现语言，这些语言又大多濒危，有的即将消亡。这套丛书为世界语言宝库提供了新的珍贵资源，同时，还为我国制定新时代语言文化政策提供了扎实的语言国情依据。

第三节　21 世纪以来的纪录语言学

21 世纪的纪录语言学在原来单一纸笔纪录的基础上，利用现代数字技术，用录音、录像、图片和文本四位一体方式对某一语言或方言进行全方位纪录和保存。为了抢救世界濒危语言，国外有些慈善基金会、国家科学基金会、美国国家地理、谷歌等相继设立专门的经费资助濒危语言的抢救与保护。组建专门的纪录语言学培训机构，如美国加州大学圣巴巴拉分校语言学系于 2008 年组建田野语言学与语言纪录研究所，开展用多媒体方法纪录语言，并培训年轻学者从事语言纪录。美国夏威夷大学 2004 年组建语言纪录培训中心（Language Documentation Training Center，LDTC）。每年组织召开纪录语言学会议、工作坊或培训班，创办《语言纪录与保护》学术期刊。

一　纪录语言学成果

21 世纪以来我国纪录语言学的主要成果主要体现在语言资源的纪录与保护、语言资源库的建设等领域。

1. 濒危语言资源的纪录与保护

许多文章讨论濒危语言的纪录、保存和保护问题，包括孙宏开的《关于濒危语言问题》（2001）、《中国濒危少数民族语言的抢救与保护》（2006）、《重视少数民族语言与文化的纪录和保护》（2006）、《中国濒危少数民族语言的抢救与保护》（2006）、《语言濒危与非物质文化遗产保护》（2011）；戴庆厦的《中国濒危语言研究面临的几个理论问题》（2004）、《濒危语言研究在语言学中的地位》（2006）、《"濒危语言热"二十年》（2012）、《中国濒危语言研究的四个认识问题》（2015）、《必须增强全社会的语言资源观念和语言保护意识》（2015）、《语言保护与中国的少数民族语言》（2016）、《语言保护的再认识》（2016）、《中国的语言传承工作能够为世界提供参考》（2017）；李锦芳的《中国濒危语言研究及保护策略》（2005）；徐世璇的《濒危语言资料的纪录和留存》（2006）、《论濒危语言的文献纪录》（2007）；郑玉彤、李锦芳的《濒危语言的调查纪录方法》（2012）；黄成龙的《当代中国少数民族语言资源调查》（2016）；范俊军的《中国濒危语言自然话语转写规则（试行）》（2016）、《中国的濒危语言保存和保护》（2018）、《少数民族语言数字遗产的保护》（2018）；何丽的《濒危语言保护与语言复兴》（2014）；丁石庆的

《中国语言资源保护工程语料资源的质量、价值和效用——以少数民族语言材料为例》（2018）等。

2. 语言资源库建设

（1）语言资源库建设的方法与实践探索。徐世璇的《语言中的博物馆和语言博物馆——论濒危语言典藏和语言博物馆建设》（2015）、《我国濒危语言研究的历程和前景》（2015）；范俊军的《少数民族濒危语言有声语档建设再论——OLAC 技术规范及其适应性》（2010）、《少数民族濒危语言有声语档建设三论》（2011）、《少数民族濒危语言有声语档建设初探》（2011）、《少数民族濒危语言有声语档建设四论——关于语料采录和加工、技术培训等问题》（2015）、《中国濒危语言有声语档数据规则》（2016）；赵生辉的《中国少数民族语言信息资源跨语种共享策略研究》（2014）；黄行的《中国语言资源多样性及其创新与保护规划》（2017）；许红花的《少数民族濒危语言有声档案建设的可行性探讨》（2015）；陈子丹、郑宇、武泽淼的《我国少数民族濒危语言建档的几点思考》（2016）；郑宇的博士学位论文《我国少数民族濒危语档资源建设研究》（2017）等。

（2）地方少数民族语言资源库建设，抢救、保护与利用当地活生生的语言资源。惠红军、金潇骁的《贵州少数民族语言资源的保护与利用》（2008）；李素琴、杨炳均的《云南省濒危民族语言有声语档的建设方法探讨》（2012）；房建军的《内蒙古少数民族语言资源及多语言规划研究》（2013）；王曙光的《新疆少数民族语言资源数字化建设与检索平台建设研究》（2014）；吴倩的《新疆少数民族语言数字资源建设研究》（2014）、《新疆少数民族语言数字资源检索平台初探》（2014）；黄成龙的《数字多媒体纪录汶川县羌语资料库的开发与应用研究》（2013）、《羌语方言多媒体资源库》（2015）、《汶川县羌语资源库建设》（2017）；李云兵的《论苗瑶族群的语言资源及其保存保护问题》（2016）等。

二　纪录语言学研究课题

1. 英国 Arcadia 慈善基金会支持我国语言资源抢救与保护

我国台湾在纪录语言学（语言数字典藏）开发方面比大陆起步得早，而且创建了一系列数位典藏，如中研院语言学研究所开发的闽客语数位典藏以及南岛语数位典藏。台湾中正大学的何德华教授与说达悟语母语人董玛女合作已经创建达悟语数字典藏①和数字学习网站②。

自 2003 年起，英国 Arcadia（原 Hans Rousing）慈善基金会支持全球濒危语言的纪录与保护，先后资助了我国一些少数民族语言、方言和手语纪录与保存，包括土家语、倒话、五屯话（2004）；兰屿达悟语（2005）；仡佬语、土族语（2006）；独龙语（2007）；纳木依语（2008）；撒都语（2010）；畲语、多续语、尔苏语、吕苏语、史兴语（2012）；波拉语、澳门手语、青海河南卫拉特蒙古语、新龙木雅语（2013）；拉阿鲁哇语（2014）；白语勒墨话（2016）；稻域稻坝藏语、尔苏语、普米语北部方言、赛德克语、柔若语（2017）；木雅语、永和羌语、却域语、拉基语、广西屋村平话、蔡家话（2018）等 30 余项，从 2017 年和 2018 年看，近两年对我国少数民族语言的资助力度在加大。

2. 国家社会科学基金资助纪录语言学

国家社会科学基金自 2010 年开始资助少数民语言和方言的有声数据库建设，濒危语言的抢救、保存与传承等 45 项，其中重大项目 14 项、重点项目 10 项、一般项目 17 项、青年项目 4 项。由此可以看出，国家哲学社会科学规划办近 10 年来也积极支持濒危语言文字、汉语与少数民族语言有声资源库建设，为促进国内纪录语言学这门学科奠定了一定的基础。

---

① http：//yamiproject. cs. pu. edu. tw/yami_ch/ch_index_flash. htm.

② http：//yamibow. cs. pu. edu. tw/.

3. 中国社会科学院"纪录语言学"学科建设

2009 年，中国社会科学院重点学科建设工程"纪录语言学"项目"多媒体纪录黑水县羌语""多媒体纪录贵州毕节市大南山苗语"收集每个点原始多媒体数据 500G。2013 年，中国社会科学院创新工程项目"中国少数民族语言有声资源库创建"，用多媒体纪录贵州苗语、白语、黑虎羌语、吕苏语、水语和纳西语。

4. 教育部·国家语委专项"中国语言资源保护工程"

为了更好地抢救和保护我国语言资源，传承和弘扬中华优秀传统文化，为国家建设和发展战略提供服务，落实《国家中长期语言文字事业改革和发展规划纲要（2012—2020 年)》的任务要求，教育部、国家语委自 2015 年起启动中国语言资源保护工程，在全国范围开展以语言资源调查、保存、展示和开发利用等为核心的各项工作。

语言资源保护工程是对原有中国语言资源有声数据库建设的进一步扩充、整合，目的是利用现代化技术手段，纪录和收集汉语方言、少数民族语言和口头语言文化的动态语料，通过科学整理和数字化处理，建成大规模、可持续增长的多媒体语言资源库，并开展语言资源保护研究工作，形成系统的基础性成果，进而推进深度开发应用，全面提升我国语言资源保护和利用水平，为传承中华优秀传统文化、促进民族团结、维护国家安全服务。该工程有以下三项任务：

中国语言资源调查：少数民族语言调查 300 个点、汉语方言调查 900 个点、濒危语言方言调查 200 个点（民语 100、汉语方言 100)、语言方言文化调查 100 个点（民语 20、汉语方言 80)、在线采录、文献典藏（已有资源汇聚)。

中国语言资源平台建设：中国语言资源库建设、中国语言资源管理系统建设、中国语言资源采录展示系统建设。

中国语言资源保护研究：中国濒危语言志、中国濒危方言志、中国语言方言文化典藏、少数民族语言地图集、汉语方言地图集、中国语言文化遗产名录。

第四节　研究经验及展望

一般认为全世界有 6809 种语言，而亚洲是世界语言种类最多的地区，达 2197 种，非洲 2058 种，太平洋诸岛 1311 种，美洲 1013 种，欧洲只有 230 种。联合国教科文组织发布的"全球濒危语言互动地图"显示，全球现存的 6000 多种语言中，约有 3000 种濒临灭绝，其中有 199 种语言处于"高度濒危"，这些语言的使用人数已经不足 10 人。我国有近 130 种语言，这些语言使用人数、语言使用现状都不相同。有 7 种语言使用人口在 100 人以内；有 15 种语言使用人口在 100—1000 人；有 41 种语言使用人口在 1000—10000 人；有 34 种使用人口在 1 万以上到 10 万人；使用人口为 10 万—100 万人的有 17 种；使用人口在 100 万—1000 万人的有 10 种；有 2 种使用人口超过 1000 万人（孙宏开，2006）。使用人口在 1000 人以下的 20 多种语言已经高度濒危，使用人口在 1000—10000 人的 41 种语言中也有一些语言处于濒危状态，使用人口在 10 万以上的语言使用人口也急剧下降。贵州的羿语、木佬语已经消亡，而满语、畲语、赫哲语、塔塔尔语等已处于休眠状态，即已经失去交际功能。

20 世纪末以来，随着计算机技术的快速发展和数字媒体的出现，语言档案的数字化使语料的永久保存和全球传播成为可能和现实，纪录语言学也由此应运而生。纪录语言学是在新的语言观、新的调查研究手段基础上发展起来的新兴语言学分支学科，其意义是多方面的。首先，它作为一门新兴的交叉学科，对于语言学学科自身的发展有积极的推动作用；其次，作为在研究目的和研究手段上都有变革性发展的学科，其成果的学术价值尤其值得关注。语言纪录的最终成果是多功能、多用途的多媒体数字档案，可以为不同学科学者、不同人群服务，有多方面的学术价值和社会效益。目前，国内学术界在民族语言的纪录和研究方面大力应用数字技术，相关软件得到开发和应用，为少数民族语言特别是濒危语言的全方位纪录奠定了技术基础。

因所纪录的多媒体资源库是开放性数字档案，无论是学者还是当地社区或者族群人员都可不断地向资源库添加新材料。随着数字媒体技术的发展和不断普及，会不断涌现便于掌握和携带的数字技术设备，同时，信息科学和语言学的合作不断深化，操作简单、使用便利的数据库软件不断涌现，将进一步促进纪录语言学这一分支学科在全球范围的推广和发展。

过去学者们把语言看作是文化的载体、一种交际工具，但进入21 世纪以来，人们不再单纯地把语言看作是一种社会交际工具或是文化发展的载体，而是逐渐认识到，语言本身就是民族文化最为重要的表现形式。如同生物保护一样，保护语言多样性，就是保护文化多样性。保护一种语言就是保护一种独特的文化、一种独特的思维和认知方式。有的国家，如中国，则还从战略的高度，提出语言是一种国家资源的深刻认识。如何保护这一重要的资源？最为有效的手段就是结合数字多媒体技术，建立一种语言的视频、音频、图片、文本相结合的多媒体资源库。这些认识和需求，将不断推动纪录语言学的发展。而从纪录语言学的社会应用来说，多媒体语言资源库不仅可为研究人员服务，也有着极其广阔的应用价值和市场开发前景。

除了语言的资源属性备受关注外，语言在信息化社会中的应用更是事关重大，在某些恐怖事件中，语言监听、监测如果发达到可以随时随地辨识语音讯号，恐怕惨剧就有可能避免。故而，信息化给语言学家带来难题的同时，也带来了学术与产业共繁荣的发展机遇。跨学科合作和跨国家合作已成为一种的模式和路径。但由此带来的问题也值得我们重视，语言问题已关系到国家信息安全。[①] 那

---

① 宋晖：《语言文字事关国家安全》，《中国社会科学报》，2010 年 4 月 19 日。

么，纪录语言学对语言纪录的方法和技术，必将在信息化的社会中
对国家信息安全提供积极的观照作用，而作为一门新兴交叉学科也
将会在信息化社会中快速发展并成为维护国家信息安全提供语音技
术支持，对国家语言主权、国家语言能力、语言认同、语言信息化、
语言生活、民族地区双语教育以及国内稳定、边海防维权、国家利
益拓展、军事等涉及语言问题的解决，必将提供数字化多媒体的支
持，就此而言，纪录语言学在中国语言学界的发展是一种必然的
趋势。

第十三章

新中国少数民族跨境语言研究

"跨境语言"（cross-border language）是世界各国语言生活中的一种语言现象。但是，国内外语言学界对其研究起步较晚，研究成果也不多。国外学者虽然也研究比较了很多不同国家的语言，语言研究的范围也在不断扩大，但未曾将"跨境语言"作为一个专门的议题提出来。真正从"跨境语言"这一全新的角度来研究语言现象、审视语言变异，则始于20世纪80年代的中国语言学界，这是我国学者对世界语言学科建设发展所做出的一项重要贡献。

第一节　中国少数民族跨境语言概况

中国幅员辽阔，陆地边境线长达2万多公里，与14个国家接壤。历史上，由于国界线的改变、移民迁徙等原因，同一民族跨国境而居，形成同源异流的跨境民族。这些跨境而居的民族，语言文化、风俗习惯以及宗教信仰等相同或相近，有着较为密切的亲缘关系。他们所使用的语言即为跨境语言。跨境语言虽然系出同源，但由于历史、政治、地域的种种原因，在长期的使用过程中各自发展，形成各具特点的同一语言的变体。

中国跨境语言众多，且绝大多数（云南等边境地区有跨境汉语）为少数民族语言。关于我国跨境语言的具体数量，目前学界尚未形成统一的意见。据戴庆厦、傅爱兰《论"跨境语言"》（1993），我国 55 个少数民族中，所使用的语言属于跨境语言的有蒙古族、藏族、维吾尔族、苗族、彝族、壮族等 30 个民族。由于有的民族使用不止一种语言，跨境语言的数量比跨境民族的数量还要多。黄行、许峰《我国与周边国家跨境语言的语言规划研究》（2014）按国内语言统计，认为中国与周边国家的跨境语言有 50 多种，约占我国语言总数的 40%。周庆生《中国跨境少数民族语言类型》（2014）认为在 20 世纪 80 年代之前识别的我国境内少数民族的语言中，属于跨境少数民族语言的有 33 种。朱艳华《论跨境语言资源保护》（2016）则认为在中国目前已识别的 129 种境内语言中，有 38 种为跨境语言，这些语言为我国 56 个民族中的 34 个民族所使用。对跨境语言数目的统计结果之所以各不相同，多是因为学者的研究角度和依据的材料不尽相同。

中国的跨境语言从不同角度可以划分为不同的类型。据戴庆厦《跨境语言研究当前面临的三个理论问题》（2016），从跨境两国地理特点可分为"相连型"和"非相连型"两种；从人口分布特点可分为"内多外少型"和"内少外多型"两种；从民族源头可分为"源头国型"和"非源头国型"两种。周庆生《中国跨境少数民族语言类型》（2014）根据跨境语言功能的强弱和使用人口的多少，将我国跨境民族语言分为五类："内弱外强"类，即境内弱势，境外强势；"内大外大"类，即境内境外均为大语言；"内大外小"类，即境内大语言，境外小语言；"内小外大"类，即境内小语言，境外大语言；"内小外小"类，即境内境外均为小语言。

第二节　中国少数民族跨境语言 研究的基本历程

一　20世纪的跨境语言研究

改革开放之前，由于历史原因，在相当长的一段时间内，跨境民族研究在我国是一个禁区。20世纪80年代前后，由于国家发展需要，跨境民族研究逐渐受到关注，但这一阶段对其研究偏重于与民族学、人类学、社会学相关的问题，对跨境语言的关注则较少。随着现代化进程的加速，跨境国家谋求发展离不开相互之间的交流和互助，而跨境语言作为一种非常重要的交流工具和文化资源，对其进行研究因此显得迫切、重要，跨境语言研究就此应运而生。

我国的跨境语言研究起步较晚，始于20世纪80年代。马学良、戴庆厦《语言和民族》（1983）首次提出："所谓'跨境语言'，是指分布在不同国度的同一语言"。此后，"跨境语言"作为一个术语被沿用至今，其内涵和外延不断得以充实。

到了20世纪90年代，我国民族关系和民族工作保持健康稳定的发展态势，民族语言研究工作也逐渐深入，其研究领域不断拓展。随着语言关系研究的兴起，跨境语言的研究也逐渐起步。戴庆厦主编的《跨境语言研究》（1993）是我国第一部多语种的跨境语言研究专著，集中了中央民族学院少数民族语文专业诸多学者的跨境语言研究成果。

这一阶段还有一些零星的相关研究。程适良《新疆的跨境民族语言研究论略》（1995）最早论及新疆跨境民族语言的研究问题，熊玉有《谈谈我国跨境民族的语言文字问题》（1999）探讨如何解决跨境语言文字使用过程中出现的问题。90年代末期，还出现了一些研究中越跨境壮侗语族语言变异的论文。

总的来说，20世纪中国跨境语言研究侧重关注语言结构本身，多为跨境两侧语言的比较研究。且囿于种种因素，学者们较多研究中国一侧的跨境语言，而这种研究又更多集中在与东南亚有渊源的南方少数民族语言。

二 21 世纪以来的跨境语言研究

中国跨境语言研究真正发展是在进入 21 世纪以后。2006 年起，跨境语言研究逐渐进入学者们的视野。在之后的十多年期间，国家社会哲学科学规划办公室、教育部、国家语言文字工作委员会等机构批准实施了多项跨境语言研究项目，如：中泰跨境苗语、中缅跨境孟高棉语、中老跨境哈尼语、中缅印跨境景颇语、跨境载瓦语、中蒙跨境蒙古语、东南亚跨境拉祜语、中哈跨境哈萨克语研究等。国内一些高等院校和科研机构集中力量开展跨境语言调查研究，部分语言学权威期刊及 CSSCI 来源期刊设置了"跨境语言研究"专栏。中央民族大学戴庆厦在该领域进行了开创性的研究，在其以及众多国内学者的推动下，我国的跨境语言研究取得了长足的发展。

进入 21 世纪以来，随着现代化进程的加速，跨境国家之间的联系与交往更加密切，这为跨境语言研究者进入境外一侧进行调研提供了便利。学者们将研究目光从边境线中国一侧移向了境外一侧，开始关注境外民族的语言情况。从地域上看，这一时期的跨境语言研究还具有一个非常重要的特点。早期的跨境语言研究较多关注东南亚、南亚地区的跨境民族语言，而在现阶段，中亚地区的跨境民族语言也因其重要的资源属性和学术价值逐渐引起学界的重视。

从研究内容上看，与之前较多关注语言本体结构不同，该阶段跨境语言研究更加关注跨境语言的使用情况。这部分成果主要反映在戴庆厦主编的"跨境语言研究系列丛书"中。这一系列成果多为我国学者深入境外一侧、与境外科研机构合作开展，主要调查研究跨境族群的社会文化概况、语言特点以及使用情况等。

2013 年 9 月，习近平主席提出"一带一路"的重大倡议。同年10 月，习主席在周边外交工作座谈会上指出了周边国家对我国所具有的极为重要的战略意义。作为周边国家文化的重要组成部分，"周边语言"的概念很快得到我国语言学界的关注，基于国家安全角度的跨境语言研究更是受到各级政府的高度重视。北京语言大学顺应时势，2013 年 11 月牵头成立了"中国周边语言文化协同创新中心"，开始全面开展周边语言文化研究。2014 年，《国家语言文字工作委员会关于进一步做好语言文字信息化工作的若干意见》之重点任务第五条更是明确指出："重视跨境少数民族语言文字信息化建设，积极构筑民族语言文化高地，服务国家周边外交，切实维护国家安全。"

2013 年 11 月 21—23 日，"第七届全国社会语言学学术研讨会暨首届跨界语言研究论坛"在广西百色学院召开。戴庆厦《跨境语言研究的历史和现状》（2014）认为这次会议"具有重要的里程碑意义"。国内外参会学者就当前跨境语言研究的诸多问题进行了较为全面而深入的讨论，内容涉及"跨境语言"概念、跨境语言研究方法、跨境语言规划、跨境语言文字应用等。会议论文收入《跨境语言与社会生活》（2015）一书。

在"一带一路"倡议背景下，中国的跨境民族和跨境语言扮演着非常重要的角色，跨境语言研究遇到了前所未有的发展契机，在此新形势下必将取得更大的发展。

第三节　中国少数民族跨境语言
研究的具体情况

本节主要从概念讨论、理论方法探索、跨境语言本体研究、跨境语言生活研究以及"一带一路"背景下的跨境语言研究五个方面，介绍中国跨境语言的具体研究情况。

一　概念讨论

"跨境语言"这一概念自 1983 年首次提出后，众多学者对其内涵和外延不断加以修订和完善。戴庆厦等《论跨境语言研究的理论与方法》（2009）指出，"跨境语言是语言的社会变体之一，是同一民族语言分布在不同国家的语言变体，其存在和发展主要受国家因素的制约"。戴庆厦《开展我国跨境语言研究的构想》（2013）认为跨境语言是指"分布在相邻国家同一语言的不同变体"，之所以产生这种变异是因为不同国家具有不同的社会人文环境，因此这种变异既有别于因年龄、职业等不同而形成的社会方言变异和因地域差异而形成的方言变异，也有别于由于历史演变而造成的亲属语言变异。

对于"跨境语言"概念的外延，戴庆厦、傅爱兰（1993）从地域分布角度进行了补充，限定了其外延："跨境语言是指分布在不同国境中的同一语言（主要是相接壤的不同国家）。""跨境语言还包括非接壤国家的同一语言。"戴庆厦《跨境语言研究的历史和现状》（2014）将跨境语言具体分为"广义跨境语言"和"狭义跨境语言"，后者在分布上相接壤，而前者在分布上除了接壤外还包括不接壤的，接壤与否对于跨境语言的形成和演变起着不同的制约作用。周庆生《中国跨境少数民族语言类型》（2014）则强调"族体""接壤或邻近"，旨在区别跨境语言同"移民语言""国际语言"及"跨境方言"等不同概念，认为"相邻相近的族体作为母语使用的同一语言是跨境语言，不相邻不相近的族体（或群体）作为母语使用的同一语言则是移民语言或国际语言"。郭龙生《媒体语言中的跨境语言规划研究》（2014）也强调"族群"，认为跨境语言是"处于不同国境内的同一种语言的不同变体，且在不同国境内都有相当数量的相同族群的人在使用"，比如不同国家的英语变体由于是不同的族群在使用，因此就不是跨境语言。

戴庆厦《跨境语言研究的历史和现状》（2014）指出，要想准确定义"跨境语言"，需要特别注意以下几组概念的区别：（1）狭义跨境语言和广义跨境语言，前者如中国的朝鲜语与朝鲜的朝鲜语，后者如中国的苗语与分布在美国的苗语；（2）跨境语言和周边语言，如柬埔寨语只是我国的周边语言，而不是我国的跨境语言；（3）跨境语言的名称问题，如傈僳语在中国和泰国名称相同，都叫"傈僳语"，而我国西北地区的汉语在中亚一带则被称为"东干语"；（4）母语概念的新变化。

"跨境语言"作为一个新概念，自提出后很快就被广泛运用，而且在几十年的发展中没有发生术语变异。经过不断的修订，其内涵逐渐完善，外延也更加清晰。

二　理论方法探索

跨境语言研究是语言研究的一个新视角，与一般的语言调查研究相比，它更强调其"跨境"属性。我国的跨境语言研究起步比较晚，前人没有留下较多的经验和方法可供参考，再加上不同地区跨境语言的实际情况也不同，所以学者们只能在实践中寻找独特而又有针对性的研究理论与方法。

戴庆厦一直致力于跨境语言研究理论体系的建设。2006 年起，中央民族大学"985"基地语言中心对若干边境另一侧跨境民族语言进行了实地调查研究。基于这些跨境语言个案，戴庆厦撰文就跨境语言的调查方法、跨境语言研究必须遵守的原则以及跨境语言研究的学术价值等问题展开了讨论。

（一）跨境语言研究的方法、原则

跨境语言调查研究与语言国情调查研究相比，两者既有共性，又有个性。戴庆厦《开展我国跨境语言研究的构想》（2013）强调跨境语言应该采取自身特殊的调查方法，比如突出"比较"这一重点、着力弄清跨境民族的历史变迁、调查时由近及远、使用现代化仪器保存好调查材料、解决好语言翻译问题等。

跨境语言是由于国家因素而产生的一种语言差异，这种差异是有规律可循的。调查研究跨境语言必须尊重其规律，遵守一定的原则。戴庆厦等《论跨境语言研究的理论与方法》（2009）强调跨境语言调查中必须注意几个问题：不能用国内语言国情调查的经验去做跨境语言调查；必须重视与境外民族沟通、建立感情；调查计划的制订和修改必须因地制宜；实地调查之前要先踩点；深入开展两国跨境语言的对比等。戴庆厦《开展我国跨境语言研究的构想》（2013）、《跨境语言研究的历史和现状》（2014）明确了跨境语言研究必须遵守的原则：要以语言学为主多学科综合研究跨境语言，要从学科的高度来统筹、审视跨境语言研究，要多获取第一手材料，明确跨境语言与语言国情调查研究的共性和个性，两侧国家应友好合作，总结经验、提升理论等。戴庆厦《宏观把握　微观入手——老挝跨境语言调查研究的体会》（2019）在多次田野调查的基础上，概括出跨境语言研究应该遵循的八字原则，即"宏观把握、微观入手"。"宏观把握"是指了解、把握好跨境国家社会文化的主要特点，"微观入手"是指要对跨境国的语言进行深入的个案研究。

（二）跨境语言研究的学术价值

跨境语言研究的学术价值主要体现在其理论意义和应用价值两个方面。戴庆厦《论跨境语言研究的理论与方法》（2009）、《开展我国跨境语言研究的构想》（2013）认为，通过跨境语言的对比研究，可以获取有关语言演变的新规律、新特点，从而丰富语言学的理论方法，同时还能为历史语言学、接触语言学等研究提供帮助；而其应用价值直接关系到跨境国家的进步和安全，是当前着重探讨的一个现实问题。文章指出：跨境语言研究有利于跨境国家制定跨境语言政策，有利于提高跨境两侧民族的语言能力，有助于解决跨境民族文字的使用、规范与统一，有助于促进跨境两国的互利和交融，有利于边境的安全和边疆的巩固，可以为民族学、人类学等其他学科提供借鉴等。

虽然跨境语言研究是个新兴学科，之前学者们注意力又主要放在跨境语言的记录和描写上，但是加强跨境语言研究理论建设的工作势在必行，值得肯定的是，中国跨境语言研究正逐步形成一套自成体系的研究理论和方法。

三　跨境语言本体研究

采用描写语言学的方法和手段，对跨境两侧语言的本体结构特点进行系统的分析描写，这是跨境语言研究的重要内容之一。早期的跨境语言研究关注语言结构本身，且侧重跨境两侧语言的对比研究。在充分掌握跨境语言材料的基础上，对其异同进行对比研究，能够获取有关语言演变的新规律，这对语言学的理论建设是有益的。

戴庆厦《跨境语言研究》（1993）集中了多篇跨境语言本体研究的成果，内容涉及跨境语言的初论，具体跨境语言比如傣语、壮语、布依语、苗语、哈萨克语、朝鲜语等在语音、词汇、语法、使用情况等方面的对比研究，跨境语言的文字使用，等等。

跨境分布于中国和越南的语言有二十多种，对这一地区跨境语言的研究成果相对较多。李锦芳《论中越跨境语言》（2013）介绍了中越跨境语言的分布及形成，分析了跨境语言的差异及成因，并梳理了中越跨境语言研究成果，认为："进入 1990 年代以来，亚洲特别是中国学者在中越跨境语言的调查研究上成果突出，基本上可与西方学者分庭抗礼。"

韦树关《越南中越跨境壮侗语族语言的变异》（1999）介绍了分布在越南北部和西北部的中越跨境壮侗语族民族的概况，认为这些语言的语言功能和语音、词汇、语义、语法、文字等语言结构都发生了变异，并初步探讨产生变异的原因。刀洁《白傣语与泰语的比较研究》（2009）将分布在中越边境的白傣语同泰语进行比较，其语音具有严整的对应规律，说明它们是具有亲缘关系的亲属语言。吴小奕《跨境壮语研究》（2013）比较研究了我国境内壮语与越南岱依语在语音、词汇、语法以及文字等方面的异同，为整个跨境侗台语的比较研究提供了新的语料。

壮侗语族仡央语支集中分布在中越边境，该领域的研究成果颇多。李锦芳《越南拉哈语与仡央诸语言的初步比较》（1999）使用国外学者记录的语言材料，对越南拉哈语的概貌做了简要介绍，并将其与仡央诸语言进行初步比较，认为拉哈语是侗台语族仡央语支中一种和布央语最为接近的语言。李锦芳、艾杰瑞《越南恩语与布央语的初步比较》（2006）将越南北部一种新发现语言恩语同布央语在语音、语法特征上进行比较，认为恩语是一支与布央语东部方言发生学关系最为紧密的侗台语族仡央语支语言。李锦芳还对中越边境的仡佬语做了较多研究，相关研究成果有：李锦芳、艾杰瑞《中越红仡佬语比较》（2007），李锦芳等《中越边境红仡佬语的系属地位》（2011），李锦芳、阳柳艳《中越仡佬语多罗方言比较研究》（2019）等。

中越跨境语言南亚语方面，韦树关《中国京语的变异》（2006）探讨了中国京语在语音、词汇以及语法方面的变异，认为造成这些变异的原因从内部看是京语自身发展的结果，从外部看是受周边语言如汉语粤方言、汉语普通话、壮语等影响的结果。

此外，余金枝《中泰跨境苗语对比研究》（2018）基于大量的第一手材料，从语言使用、同源词、语音、语法等多个角度对泰国难府苗语与中国云南文山苗语、贵州黔东台江苗语、湖南湘西矮寨苗语进行深入系统的比较，探索中泰跨境苗语的共性和个性，为跨境苗语研究提供了一个新范式。

杨毛措《不丹宗卡方言及其常见的语流音变现象初探》（2014）考察了不丹国的官方语言即藏语宗卡方言常见的共时音变现象，初步探究其变异规律，进行了藏语跨境变体的专题研究。

关于跨境汉语研究的成果相对较少。东干语是中亚东干族（回族）人使用的语言，来源于我国晚清时期西北回民汉语方言。胡振华《苏联的回族及其语言文字》（1990）较早研究东干族及其语言文字的情况。海峰《东干语概况》（2002）认为东干语是汉语陕甘方言在中亚的特殊变体，并从语音、词汇、语法以及文字四个方面对吉尔吉斯斯坦境内东干话进行了介绍。林涛《东干语的语法特点》（2005）从词类划分、词类特点、构词和构形方式、语序差异、特殊句式等几个方面，探讨东干语的语法特点。类似研究还有胡振华《中亚东干学研究》（2009）、海峰《中亚东干语研究》（2003）等。

有些跨境语言在境外一侧国家是非主体民族使用的语言，其描写研究相对比较薄弱。近十几年来，这些语言受到了学者们的重视。中央民族大学"985"基地语言中心自2006年以来，设立了"跨境语言研究"系列课题，其成果主要体现在戴庆厦主编的"跨境语言研究系列丛书"。这一系列成果细致描写了跨境语言境外一侧语言的语音、词汇、语法等本体结构的特点，填补了境外语言描写的空白，具有原创性价值；此外，书中还设有专门章节对境内外跨境语言进行比较，这为语言演变理论提供了新的观点和论据。

四　跨境语言生活研究

跨境语言的使用是世界语言生活的一部分，如何协调和改善跨境语言生活是语言研究和语文工作的主要目标。针对跨境语言生活中的现象和问题进行研究，是跨境语言研究的一个重要内容。

（一）跨境语言使用现状研究

由于人口多少、社会发展状况以及国家语文政策等不尽相同，不同国家的跨境语言使用功能存在不同程度的差异，调查这些差异的具体表现及其成因是跨境语言研究的重要内容之一。

跨境语言使用情况的研究成果主要集中在戴庆厦主编的"跨境语言研究系列丛书"。这一系列研究对境外一侧跨境族群的社会文化概况、语言使用情况及成因进行了调查，包括东南亚地区泰国阿卡族、拉祜族、优勉（瑶）族，老挝克木族、西拉族，缅甸克钦族（景颇族）以及东亚地区、蒙古国蒙古族、中亚地区哈萨克斯坦维吾尔族等，为了解跨境语言的使用现状和演变趋势提供了较为全面的一手资料。

另有一系列的跨境语言使用现状研究论文，如李春风《跨境克木人母语使用情况对比分析》（2011）、林涛《中亚东干语的特点、现状和发展趋势》（2016）、朱艳华《缅甸克钦族的语言使用现状》

（2016）等。

（二）跨境语言规划研究

语言规划包括语言方针、语言政策、语言规范、语言保护等内容。研究跨境两侧国家的语言规划，可以为我们制定适合本国国情的语言规划提供实证与经验借鉴。这是跨境语言研究的应用价值之一。

郭龙生《媒体语言中的跨境语言规划研究》（2014）考察了跨境语言在媒体语言规划中的一系列问题，认为境内外跨境语言宣传实力严重不对称，我国媒体在国际传播实力方面处于绝对弱势的地位，这严重威胁着我国的国家安全和民族团结。他提出了未来我国媒体语言规划中对跨境语言的规划要求，希望通过对媒体语言中跨境语言的深入研究与科学规划，使其更好地服务于和谐社会语言生活的构建。

吴海燕《我国跨境语言发展与安全研究》（2015）从跨境语言发展与安全的角度出发，分析了影响我国跨境语言发展的七个因素。认为应该重视跨境语言的经济价值、政治价值和文化价值，并据此制定相关语言政策，从而保证语言内部和外部发展的安全，保持语言生态平衡。

随着跨境国家之间的频繁交流，跨境语言文字的规范化问题显得更加重要。比起跨境语言的差异，跨境文字的差异更为明显。我国的跨境民族有的使用相同的文字，有的使用不同的文字，有的一国有文字而在另一国却没有文字。跨境语言研究应考虑跨境双方或几方的语言文字现状，从而提出有利于跨境民族相互交流和共同发展的方针和政策。熊玉有《谈谈我国跨境民族的语言文字问题》（1999）介绍了我国跨境民族语言文字的基本情况，分析在改革开放的新形势下，我国跨境民族语言文字所面临的主要问题，并就此提出相关建议。戴庆厦《论跨境语言的和谐与冲突——以中缅景颇语个案为研究》（2016）提出，跨境语言文字规范化需要内外协调，对待跨境语言文字应尽可能求同存异，这样既有利于跨境民族的交流和发展，也符合跨境民族的心理要求。

在语言保护工程中，少数民族语言资源尤其是濒危语言受到了极大的重视，但是跨境语言很多时候却被笼统地当作少数民族语言来对待，其独特的社会功能往往被忽略。林毅《通古斯语支跨境语言文字应用研究报告》（2011）认为中国境内的鄂温克语、鄂伦春语、赫哲语三种跨境语言基本都属于濒危语言，对其进行研究具有理论价值和实践价值。张宁《克木语使用状况调查研究》（2011）以田野调查材料为基础，从保护和抢救濒危语言的角度讨论我国境内克木语的使用状况及其保护措施。赵世举《跨境语言的资源价值》（2016）指出跨境语言是国家多功能的综合性资源和战略资源，但是我们对其关注不够、研究不多，有些跨境语言活力日衰甚至濒危，国家应当高度重视跨境语言的保护和利用，着力维护其活力。朱艳华《论跨境语言资源保护》（2016）认为跨境语言具有重要的资源属性，应该在跨境语言资源保护方面对其实施特殊的政策和措施。

语言传承旨在研究语言的代际传递和延续。周庆生《论东干语言传承》（2018）以吉尔吉斯斯坦东干族的语言传承为实例，分析多重因素对语言传承的影响，构建了语言传承模式，同时提供了一个跨境移民语言传承畅通与中断的典型案例。

五　热点问题：“一带一路”背景下的跨境语言研究

语言是推进“一带一路”建设的桥梁，语言互通可以保障“民心相通”，从而更好地推动“政策沟通、设施沟通、贸易畅通、资金融通”。李宇明（2015）指出，“一带一路”需要语言铺路。我国的跨境语言几乎都分布在“一带一路”沿线，其中不少语言还是相关国家的官方语言。跨境语言在“一带一路”倡议中扮演十分重要的沟通与认同的角色，跨境语言研究可以为我国制定和实施面向“一带一路”的语言战略提供参考。张军《中国跨境语言生活国内研究综述》（2018）以语言生活视角梳理学界对于中国与周边国家跨境语言的研究成果，认为在“一带一路”倡议背景下，跨境语言作为跨境民族交流沟通的天然"通道",未来将大有可为。

新疆是"丝绸之路经济带核心区",具有非常重要的战略位置。我国早期跨境语言研究对新疆与中亚跨境语言关注不多。程适良《新疆的跨境民族语言研究论略》(1995)最早论及新疆跨境语言的价值,认为新疆的跨境民族语言已上升为与中亚周边国家建立联系的重要交际工具,成为发展对外关系、推动新疆各民族经济发展、文化进步的积极因素。因此,我们要重视跨国民族语言的研究与建设,充分发挥其在建设新疆和发展与周边国家关系中的作用,更好地为我国改革开放服务。王远新《新疆少数民族语言文化的价值》(2016)全面概括了新疆跨境语言的文化价值,指出新疆少数民族语言文化在国家认同、抵御外来影响方面具有重要作用,是新疆文化"走出去"战略、汉语和中华文化在中亚地区传播的重要资源。

新疆作为"一带一路"倡议实施中的重要环节,如何构建其语言发展战略是一个重要课题。邢欣、邓新《"一带一路"核心区语言战略构建》(2016)认为在新形势下,具有相同语言背景的跨境民族的语言发展、民族认同和语言传播策略值得进行调查和规划,提出了五大语言发展战略构建,以期为"一带一路"五通提供语言服务。

王洁《"丝绸之路经济带核心区"的语言环境建设》(2018)从语言规划的视角,分析了新疆当前的语言环境现状和存在的问题,并从国家通用语言、跨境民族语言、非通用语、语言景观和多语咨询服务体系等五个方面,对新疆的语言环境建设提出针对性的建议。

中亚五国除本国主体民族的语言与我国跨境分布以外,还使用着其他与我国跨境分布的民族语言。王新青、池中华《丝绸之路经济带中亚五国语言状况考察与思考》(2015)认为研究丝绸之路经济带中亚五国语言状况的特点与发展趋向,不仅可以从语言的角度为实现丝绸之路经济带战略文化认同提供帮助,而且对相应地调整我国语言规划问题具有重要的现实意义。

海上"丝绸之路"的东南亚国家也是"一带一路"的核心地

区。大湄公河次区域经济走廊是"一带一路"在东南亚开展合作的
重要基础。区域内的老挝、越南、缅甸等国与我国云南接壤。随着
该区域合作的不断深入,其经济文化交流也与日俱增。对这一区域
的跨境语言进行研究,可以为大湄公河次区域的合作开发乃至"一
带一路"的推进提供语言服务。

黄行《我国与"一带一路"核心区国家跨境语言文字状况》
(2015)分析了"一带一路"核心区的中亚四国(哈萨克斯坦、吉
尔吉斯斯坦、乌兹别克斯坦、塔吉克斯坦)和东南亚四国(泰国、
越南、缅甸、老挝)与我国的语言状况及语言规划,认为我国在跨
境语言身份认同、文字书面语体系的创制和完善、语言社会使用活
力等级、语言的传播力和影响力等方面还做得不足。在当前"一带
一路"国家战略背景下,这是必须面对和正视的一个问题。

北京语言大学语言资源高精尖创新中心正在建设中的"中国周
边国家(6国)语言资源库",选取与"一带一路"密切相关的哈萨
克斯坦、乌兹别克斯坦、吉尔吉斯斯坦、老挝、缅甸、越南六个国
家开展语言资源调查,最终将建成周边六国语言资源库、语言文化
资源库以及语言研究成果文献数据库。全面系统有效地开发和利用
周边国家语言资源,对于我国开展"一带一路"周边外交工作具有
非常重要的战略意义。

第四节 研究成就、经验和展望

一 研究成就

中国的跨境语言研究从无到有,经过近40年的发展历程,尤其
是在最近十多年里,发展的步伐明显加快。以戴庆厦为代表的中国
学者从学科建设的角度出发,致力于把跨境语言提高到语言学分支
的高度来研究,不论是在跨境语言材料积累方面,还是在其理论建
设方面,都取得了一定的成绩。主要表现在以下几个方面:

（1）跨境语言调查描写范围逐渐扩大，比较研究不断深入。近年来涌现出大批基于田野调查的境内外跨境语言研究个案，为跨境语言研究积累了较为丰富的语言材料。这些个案既关注语言本体结构特点的描写，也重视语言使用功能、语言生活的调查，从各个方面描写和揭示了跨境语言的特点，丰富了对跨境语言的共时认识，深化了历史语言学、社会语言学等学科分支的研究。

（2）跨境语言研究正逐步形成一套独特的学科体系。基于近 40 年的田野调查、个案研究，目前学界对于跨境语言的概念、研究内容、研究方法以及学术价值等有了较为深刻系统的认识。跨境语言研究以其特殊的研究内容和自成体系的研究方法，在语言学研究领域中取得了独立的、不可替代的地位。

（3）跨境语言研究专业人才队伍不断发展壮大。目前国内已拥有一支具备跨境语言研究素养和研究能力的专业人才队伍，在老一辈学者的指导下，中青年学者已经成长为跨境语言研究的中坚力量，为这一新领域的发展注入了活力。

二　经验及展望

中国跨境语言研究自 20 世纪 80 年代起步，在我国语言学界迅速掀起了研究热潮，并且取得了可喜的成绩。跨境语言研究作为一个学科正在酝酿建立。回顾其研究历史，有以下几点经验值得借鉴：

（1）重视跨境语言本体研究之外，不能忽略跨境语言社会功能的研究。跨境语言不仅是一种语言资源，更是一种重要的文化资源、政治资源，与国家安全、民族团结、边疆稳定等息息相关，其研究成果可以直接服务于国家有关方针政策的制定，服务于国家建设的大局。

（2）重视跨境语言研究的理论建设，建立一套理论方法体系。我国跨境语言研究缺乏现成的经验，在记录、描写跨境语言的同时，应加强其理论方法研究，比如跨境语言的类型划分、演变规律、研究方法等。

（3）培养专业的研究队伍。跨境语言的调查研究方法不同于一般的语言调查研究，其研究者应具备语言学、民族学、宗教学、历史学等多学科的知识。任何学科的发展都离不开一支高素质的专业研究队伍，当下应加强探索跨境语言研究领域人才的培养模式，重视跨境语言人才的使用问题。

（4）成立专门的跨境语言研究机构。目前跨境语言研究的技术力量不够，许多科研机构语言学研究基础条件有限，不能开展科学的调查，取得的材料支离破碎、系统性弱、准确度不高，语言分析能力差。设立相关的实体机构，不仅有利于跨境语言研究经验的交流，更能保证跨境语言研究的连续性和系统性。

（5）从国家层面给予支持，开展跨国合作，坚持做一线调查。

虽然我国的跨境语言研究已经取得了一定的成绩，但是目前它仍是语言学研究中的一个薄弱环节。作为一个新的研究领域，需要探讨的课题还很多，比如跨境语言的性质、类型的划分、演变的规律和跨境语言的应用性研究，等等。展望未来，尤其是在"一带一路"倡议背景下，相信我国的跨境语言研究必定会取得更大的进步，逐步发展成为一门成熟的分支学科。

第十四章

新中国少数民族语言研究的学术机构、平台、项目、成果和会议

学科的发展依赖于学术平台建设，诸如专门研究机构、学会组织、学术刊物、论坛会议，以及研究项目的统筹推动。新中国成立70年来，特别是改革开放以来，在上述各个方面，民族语言研究都逐渐构建起了系统的学术平台依托，为中国少数民族语言研究奠定了发展基础。

第一节　中国少数民族语言文字研究机构的建立和发展

新中国成立70年来，国家一向高度重视民族语文工作，在全国范围内先后设立了多种研究机构，为我国的民族语言文字工作的顺利开展提供了坚强有力的支撑。1949年在国家层面设立中央民族事务委员会，调查民族语言、研究民族语言政策成为中央民族事务委员会的一项重要任务。

1950年我国颁布《培养少数民族干部试行方案》和《筹办中央民族学院试行方案》，把研究各少数民族的语言文字等作为中央民族

学院的一项重要工作，汇集各方专家建立研究部并设立少数民族语文系。随后在全国各地尤其是民族地区建立多个民族学院，并分别设立各级研究机构。同年，中国科学院成立语言研究所，内设少数民族语言研究组，1956年扩建为少数民族语言研究所。两年后，中国科学院成立民族研究所，1962年两所合并为中国科学院民族研究所，1977年归属新成立的中国社会科学院，2002年更名为中国社会科学院民族学与人类学研究所。

为了加强对中国少数民族语言文字研究工作的指导作用，1951年政务院文化教育委员会设立了"少数民族语言文字研究指导委员会"，负责管理全国民族文字的研究、创制和改进工作，后转由中央民族事务委员会（国家民族事务委员会的前身）负责管理。1998年民族语文的管理迎来重大调整，由国家民委管理少数民族语言文字工作、指导少数民族语言文字的翻译和出版工作，具体由文化宣传司下的少数民族语言文字办公室负责；由教育部管理少数民族语言文字规范化工作，并指导少数民族语言文字信息处理的研究和应用，具体由设在语言文字信息管理司下的民族语言文字信息管理办公室负责。

各地民族语文工作，由地方民语委（办）、民委和教育部门管理，其中内蒙古、新疆、广西、西藏、四川、青海、云南七个省（区）设立专门机构，吉林、甘肃、贵州、黑龙江、辽宁在民委内部专设管理部门。为了加强跨省民族语言交流，自1977年起，各相关省（区）联合的蒙古语文、朝鲜语文、彝族语文和藏语文协作组织陆续成立。此外，1955年"中央民族语文翻译局"成立，负责党和国家重要著作、文件、活动的翻译工作，中央和有关地方的民族语文报社和杂志社也纷纷成立，民族语言广播电台、电视台和各种翻译机构、民族图书出版机构、影视译制机构不断涌现。

新中国成立后的前30年期间，所设立的民族语文研究机构形成了管理机构、科研院所和高等院校三大系统通力合作的基本格局，并延续至今。其中，管理机构负责管理、组织和指导，科研院所负责具体的民族语言文字调查研究，民族院校在从事研究的同时负责民族语言文字方面专业人才和双语人才的教育培养。

改革开放以来，民族语言研究迎来了新的繁荣与发展时期，在内蒙古、新疆、广西、宁夏、青海、湖南、四川、云南、贵州、广东等省（区）都成立了民族研究所，中央和地方的民族学院陆续改为民族大学，一些大专院校升为本科院校，很多都设立了有关民族语言的院系或研究机构，如：中央民族学院 20 世纪 80 年代成立民族语言研究所。1979 年中国社会科学院成立中国民族语言学会，该学会主要宗旨与任务为团结和组织全国民族语文工作者开展少数民族语言文字研究、宣传和贯彻党的民族语文政策、发展和繁荣少数民族语文科学，开展理论研究、学术交流、业务培训、国际合作和咨询服务等。2016 年中国民族语言学会下设语言类型学、民族语文应用、汉藏语言文化和描写语言学四个专业委员会。在中国民族语言学会成立之后，中国民族古文字研究会、中国突厥语研究会、中国少数民族双语教学研究会、中国翻译工作者协会、民族语文翻译学术委员会、蒙古语文学会、朝鲜语文学会、锡伯语学会等陆续成立。同时，各自治区、自治州和多民族省份也成立了一些民族语言研究团体和民族语言翻译出版机构，它们都在我国民族语文事业发展中发挥了积极作用。

改革开放 40 年以来，国内的民族语言文字机构，依然延续了管理机构、科研院所、高等院校管理、科研、教学三者相得益彰、相辅相成的基本格局。在管理机构上，国家民委负责管理少数民族语言文字工作，指导少数民族语言文字的翻译、出版和民族古籍的搜集、整理、出版等，2017 年印发的《"十三五"少数民族语言文字工作规划》是最近一个时期的指导意见；国家语委负责制定少数民族语言文字的规范标准，并负责组织协调监督检查，2012 年印发《国家中长期语言文字事业改革和发展规划纲要（2012—2020 年)》、2016 年印发《国家语言文字事业"十三五"发展规划》，对工作均有重要指导意义。同时，形成了中国社会科学院民族学与人类学研究所领衔的一大批重要科研院所和中央民族大学领衔的一大批知名高校研究力量，在民族语言研究领域都发挥了不可或缺的作用。

以下按照区域分布，简介国内主要的民族语言文字研究机构：

在北京，民族语言文字研究机构主要有：中国社会科学院民族学与人类学研究所、中央民族大学、国家民委中国民族语文翻译中心、北京大学、清华大学、北京市社会科学院、北京语言大学、中国人民大学、中国传媒大学、中国第一历史档案馆、首都师范大学等。

中国社会科学院民族学与人类学研究所是全国民族语言文字研究的学术重镇，1993 年成立中国少数民族语言研究中心，属中国社会科学院非实体性质研究机构，挂靠在中国社会科学院民族学与人类学研究所，主要开展承担调查研究中国少数民族语言文字，协调国内少数民族语言研究活动，协助有关部门研究少数民族语言发展规划，组织国内外学术交流和合作研究，刊布研究成果，通过科研与教学培养研究中国少数民族语言文字的人才和队伍等项业务；1997 年成立"西夏文化研究中心"；2002 年成立"蒙古学研究中心"。该所民族语言学科历经 2003 年和 2015 年两次调整，形成目前包括民族语言、民族语言应用、民族语言实验、民族文献和《民族语文》在内的"四室一刊"架构，同时负责中国民族语言学会、中国民族古文字研究会、中国突厥语研究会等相关学会的组织与管理。

新中国成立以来，该所涵盖了民族语言文字研究的不同领域，硕果累累，比较有代表性的成果如：出版"中国少数民族语言简志丛书""中国新发现语言研究丛书""中国少数民族语言方言研究丛书""中国少数民族语言系列词典丛书"《中国语言地图集（少数民族语言地图）》《世界语言报告（中国部分）》《世界的书面语：中国》《中国的语言》等学术著作，涌现了傅懋勣、王静如、喻世长、罗季光、金鹏、王辅世、王均、照那斯图、道布、孙宏开等一大批著名专家，1979 年创办的《民族语文》为国内民族语言研究方面的权威刊物。

中央民族大学是培养全国民族语言文字工作者的摇篮，1952 建立中国少数民族语言文学学科（语文系），1986 年设博士点，1995 年成立中国少数民族语言文学学院，下设少数民族语言文学系、蒙古语言文学系、维吾尔语言文学系、哈萨克语言文学系、朝鲜语言文学系、中国少数民族语言与古籍研究所等机构，2002 年建立博士后流动站，2014 年成立中国少数民族语言研究基地。该学科现为国家级重点学科，建有"中国少数民族语言文学文献资料信息中心"等平台，主办《汉藏语学报》《民族古籍研究》等刊物，马学良、于道泉、闻宥、戴庆厦、胡坦、王尧、陈其光、张公瑾、倪大白、黄布凡等为其代表人物。2017 年，成立中国民族语言文字应用研究院，下设民族语言文字应用对策、规范化标准化信息化、多语多文社会与政策研究室，是国家民委民族语言文字工作的重要科研基地。

北京大学民族语言研究机构设在该校的外国语学院，1946 年成立东方语文学系，主要研究藏、蒙等语言，1952 年调整为东方语言文学系，主要开展蒙古语、朝鲜语、缅甸语等研究，2008 年再次院系调整，现以缅甸语和泰语研究见长。中国民族语文翻译中心（局）成立于 1955 年，是担负党和国家重要翻译任务的民族语文工作机构，此外还承担开展民族语文基础理论、翻译理论和有关特殊问题的研究，以及民族语文规范化信息化的研究。下设蒙古、藏、维吾尔、哈萨克、朝鲜、彝、壮语文室和信息处等民族语文研究应用机构。首都师范大学文学院中国少数民族语言学博士点于 2003 年建立，研究方向为南方民族语言文学、汉语史与民族语。北京市社会科学院 1991 年成立满学研究所，以满语研究见长。北京语言大学早年注重朝鲜语研究，近年偏向智库建设和应用研究，成立了中国周边语言文化协同创新中心和中国民族语文应用研究中心。2007 年中国人民大学国学院西域历史语言学研究所成立，创办《西域历史语言学集刊》。21 世纪以来，中国传媒大学以人文学院为依托，以汉藏区域濒危语言文化研究中心为基地，展开维吾尔语、锡伯语、喜马拉雅地区周边少数民族语言研究。中国第一历史档案馆藏有大量的蒙古文、满文文献，长期以来是蒙古文、满文文献的研究重镇。

上海的民族语言研究机构主要是上海师范大学，其人文与传播学院设有中国少数民族语言文学博士点和博士后流动站，学院下设语言研究所，在藏语和民族语历史层次、东亚语言历史比较方面做出不少成绩。该校潘悟云建设了庞大的东亚语言数据库，仅以侗台语为例，即为全国之最。同时，该校依托教育部少数民族高层次人才骨干计划、招收、培养了一大批少数民族语言文字的硕士博士生，为少数民族语言文字教学、科研、应用人才队伍建设做出重要贡献。

天津的民族语言研究机构主要是南开大学、天津大学和天津外国语大学。南开大学的民族语言研究涵盖了侗台语、南岛语、苗瑶语、藏缅语和阿尔泰语等，侧重音系描写、历史层次和历史比较。天津大学语言科学研究中心主要从事汉藏历史比较和民族古文字研究。

广东的民族语言研究机构大体包括中山大学、暨南大学和广东技术师范学院。中山大学很早就设置了少数民族语言调查研究教研室，后设中国少数民族语言文学博士点。暨南大学中文系语言研究中心主要从事南方民族语言研究，广东技术师范学院以广东、海南两省少数民族语言研究见长。

云南的民族语文研究机构主要有：云南民族大学、云南省少数民族语文指导工作委员会办公室、云南师范大学、玉溪师范学院。云南民族大学民族语言文学、东南亚和南亚语言文化是该校的优势特色研究领域，该校民族文化学院设有傣语、傈僳语、拉祜语、苗语、哈尼语、白语等 12 个民族 13 种语言文字及编辑出版的教学科研基地，编写高校双语教材 130 余部，出版《佤语教程》等高校民汉双语教材 40 余部，为民族地区培养了大批双语人才。该校还建设了民族语言文字信息工程中心、民族语言重点实验室、民族文字博物馆、民族语言文化资源库和民族语言文字资料室、民族语言文化大数据中心等，收录云南特有的 50 余种少数民族语言，近年还成立了中国西南少数民族文献与跨境民族语言研究院。

　　云南省少数民族语文指导工作委员会办公室主要负责执行国家的民族语文政策，制定云南民族语文工作的方针和措施，审定民族文字方案，开展民族语文试验、推广、规范、双语教学、编译出版等工作，推动制定和实施《云南省少数民族语言文字工作条例》，建设了云南少数民族语言文字资源展示中心和云南少数民族语言文字资源库。

　　云南师范大学 2012 年成立了汉藏语研究院，是国内外首家以汉藏语系语言为研究对象的研究机构和高层次人才培养的实体机构，戴庆厦任院长并组建了一个囊括藏缅、侗台、苗瑶和南亚语的研究团队，同时注重民族语与汉语的关系研究。

　　玉溪师范学院建有民族文化与社会发展研究所，主要调查研究哈尼语，后成立了濒危语言研究中心，着重调查研究拉基语、撒都语等诸多濒危语言，也关注双语教学、母语传习研究。

　　广西的民族语文机构主要是广西民族大学和广西壮族自治区少数民族语言文字工作委员会，此外还有广西大学、广西师范大学、百色学院、广西民族师范学院、广西玉林师范学院、南宁师范大学、贺州学院、梧州学院和广西科技大学等。

　　广西民族大学 1988 年成立少数民族语言文学系，包括壮语文和瑶语文两个专业，设有中国少数民族语言文学专业硕博点，成立了壮侗语言文化研究所、广西古籍研究所、广西民族文化保护与传承研究中心和语言博物馆（2019）等机构，该学科为广西重点学科，培养了不少民族语言研究人才和双语教育人才，壮侗语族语言研究是该校学术特色。

　　广西壮族自治区少数民族语言文字工作委员会编纂了很多壮语成果，主要包括词典、音系、语法和壮汉对照等，长期致力于推广壮文、术语规范等。广西大学主要开展壮语和壮字研究，建设了壮语声学参数数据库，也从事壮语的语法描写。

　　贵州的民族语文机构主要有贵州省少数民族语言文字办公室、贵州民族大学和黔南民族师范学院。贵州省少数民族语言文字办公室主要负责全省少数民族语言文字工作，指导少数民族语言的翻译、出版，参与协调双语教学工作等。贵州民族大学 1987 年成立少数民族语言文学系，该校中国少数民族语言文学专业为省级示范专业和重点学科，"苗语文"为省级重点课程，还成立了"贵州民族语言语音实验室"，培养苗语、布依语、侗语、彝语、水语 5 个语种的本科生。

黔南民族师范学院成立了地方民族文化与教育研究中心，水语研究是该校的一大亮点，不仅成立了博物馆，还建设了语料库并翻译水书经典。贵州民族事务委员会贵州省民族研究院的研究以苗语和侗语见长；毕节学院主要从事彝语的研究；六盘水师范学院主要研究布依语，成立了布依文化研究中心；贵州工程应用技术学院彝学研究院（原毕节学院），是中国目前唯一的一家"彝学研究院"，拥有贵州省民族古籍研究基地、贵州省民汉双语服务基地和彝族文化博物馆。

四川的民族语言研究机构主要有西南民族大学、四川民族学院和西昌学院等。西南民族大学以彝语和藏语研究见长，是全国彝语术语标准化工作委员会和全国高等院校彝汉双语教材编译审定委员会的挂靠单位，建有国内最大的彝文文献中心，是国内外"彝学"学术交流的一个重要平台。四川民族学院 1986 年成立藏学学院，设藏语言文学专业，1993 年增设藏汉翻译专业主要研究藏语语法、培养藏汉双语人才。西昌学院下设彝语言文化学院，建有四川省彝汉双语师资培训基地和彝族文化研究中心。

甘肃的民族语言研究机构主要是西北民族大学。西北民族大学 1951 年设立了语文系，下设藏语文、蒙古语文、维吾尔语文三个专业，该校文学院和藏、维、蒙三个语言文化学院有民族语言博士点，设有中国民族语言文字信息技术实验室和民族语言智能处理实验室等。

内蒙古的民族语言研究机构主要是内蒙古社会科学院、内蒙古大学、内蒙古师范大学、内蒙古民族大学等，蒙古语是主要研究对象。内蒙古社会科学院 1979 年成立，下设蒙古语言文字研究所，在蒙古语的理论研究、辞书编纂、名词术语规范、标准音的推广及蒙古文计算机处理等方面做出了成绩，近年关注蒙古语实验语音、社会语言学等方面。

内蒙古大学建校时就有蒙古语言文学系，1982 年成立蒙古语文研究所，成立了"北方民族古文字研究中心"和机器翻译联合实验室，该校中国少数民族语言文学为国家重点学科，建有博士点和博士后流动站。

内蒙古师范大学蒙古语言系始建于 1952 年，后成立中国蒙古语言文学研究所，2011 年组建蒙古学学院，以蒙古语文献和蒙汉双语及相关应用研究见长。

青海的民族语言研究机构有青海民族大学、青海师范大学等。青海民族大学主要从事藏语和蒙古语的研究，早期成立了少数民族语言文学系，后来藏语研究归入藏学院，蒙古语研究归入蒙古语言学文学系。藏学院下设青海省汉藏翻译人才培养与研究基地、青海省藏汉双语教师培养培训基地、藏学院文献资料中心等，该校的藏汉翻译和蒙汉翻译成果较多。

青海师范大学藏汉翻译成果丰硕，不仅成立了藏文信息研究中心，还研发了"汉藏科技机器翻译系统"，搭建了玛钦藏文平台、编纂藏汉英电子词典等。

新疆的民族语言研究机构有新疆社会科学院、新疆大学、新疆师范大学、伊犁师范学院和新疆民语委等。新疆社会科学院设有语言研究所，主要从事维吾尔语和哈萨克语的研究，突出成绩是完成了《突厥语大词典》的翻译和《哈萨克语详解词典》的编撰等。

新疆大学人文学院中国少数民族语言文学专业入选国家重点学科，中国少数民族语言文学（维吾尔语言文学）尤为突出，并设有新疆民汉语文翻译研究中心，维吾尔语词汇网络构建研究是该中心的特色。

新疆师范大学设有新疆国家通用语言教育研究中心，中国少数民族语言文学是该校优先发展学科。伊犁师范学院设有新疆锡伯语言文字研究中心、中国锡伯语言文化研究中心和哈萨克语言翻译研究所。新疆民语委兼有新疆民族语言工作管理、翻译和科研的职能，并管理和发行汉语和多种民族语言版的期刊《语言与翻译》。

西藏的民族语言研究机构主要是西藏大学，现有国家级重点学科——中国少数民族语言文学（藏语言文学）、国家双语教学示范课程和藏文信息技术研究中心。

东北三省的民族语言研究机构多从事朝鲜语、满语的研究。如：延边大学的朝鲜—韩国学学院内设朝文系、朝鲜语（韩国语）系，还有一个语言研究所，该校朝鲜语研究涵盖了历时共时、语音词汇语法、语料库、双语教学等方面。黑龙江大学成立了满语研究所和满族语言文化中心，编辑出版《满语研究》。

相形之下，其他省份民族语言研究力量较为分散，呈点状分布。

台湾的民族语文机构有"中央研究院"语言学所、台湾当局"行政院"下的"原住民委员会"和政治大学民族学系等。"中研院"的民族语言主要研究台湾南岛语，同时也研究大陆少数民族语言。港澳只有大学的个别学者从事民语研究，没有专门的机构。

第二节　中国少数民族语言文字研究的学术组织和刊物

中国少数民族语言文字的学术组织和刊物，大体上都是在改革开放之后创办的。这些学术组织和刊物，乘着改革开放的春风，为民族语言文字研究构建了发展平台，拓展了学术园地，意义深远。

一　学术组织

（一）中国民族语言学会

中国民族语言学会成立于 1979 年 5 月 6 日，是在民政部注册、由中国社会科学院主管的群众性学术团体，为国家一级学会，首任会长为傅懋勣，学会秘书处设在中国社会科学院民族学与人类学研究所。学会宗旨是团结和组织全国民族语文工作者，开展少数民族语言文字研究，宣传和贯彻党的民族语文政策，发展和繁荣少数民族语文学科。进行理论研究、学术交流、业务培训、国际合作和咨询服务。现有会员近 1000 名。

通过全体会员和每届理事会投票表决，第一、二、三届会长为傅懋勣；第四、五届会长为马学良；第六、七、八届会长为孙宏开；第九届会长为黄行；第十、十一届会长为尹虎彬。学会至今已举办共 13 次年会及一些学术研讨会。学会现任会长为中国社会科学院民族学与人类学研究所副所长尹虎彬研究员，王锋研究员任法人兼副会长，黄成龙研究员担任秘书长。著名民族语言学家道布、孙宏开、戴庆夏、胡坦、黄行等任名誉会长。

中国民族语言学会办有《中国民族语言学会通讯》（内刊），主要是用于交流学术信息，到 2018 年，已经连续编印 37 期。

为了加强对全国性、综合性民族语言文字问题的学术研究，拓展民族语言研究成果刊发渠道，2015 年 7 月，中国民族语言学会第十届理事会第一次常务理事会审议决定出版学会会刊《中国民族语言学报》，一年一期，由商务印书馆列入语言学出版期刊方阵出版。《中国民族语言学报》既是学会会员学术交流的园地，同时也是宣传学会基本职能与提供学术服务的窗口。

为进一步加强和完善学会组织建设，促进学术活动的组织和开展，学会先后设立 1 个分会、5 个专业委员会和相关工作组织。2004 年 8 月成立中国民族语言学会阿尔泰语言学分会。2016 年 10 月在武汉召开的中国民族语言学会第 12 次全国学术讨论会上，批准成立"中国民族语言学会描写语言学专业委员会""中国民族语言学会语言类型学专业委员会""中国民族语言学会民族语文应用专业委员会""中国民族语言学会汉藏语言与文化专业委员会"。2018 年 10 月在上海召开的中国民族语言学会第 13 次全国学术讨论会上，学会国立"学术指导委员会"和"青年工作委员会"，并批准成立"中国民族语言学会实验语言学专业委员会"。上述工作组织和专业委员会积极开展活动，极大地促进了中国民族语言学研究事业的发展。

中国民族语言学会建有"中国民族语言学网"，将于 2019 年 10 月正式上线运行。该网站的建成，必将成为全国民族语言学界的组织和交流平台，更好地推动民族语言学事业的发展。

（二）中国民族古文字研究会

我国的多种少数民族古文字，是人类文明演进到一定阶段的产物，对这些民族的形成和发展发挥过重大作用。中国民族古文字是中华民族历史文化的载体，是中华民族历史文化宝库中十分重要的组成部分。而用这些文字记录的少数民族文献资料，蕴含丰富，异彩纷呈，堪称中华民族一宗巨大的精神财富，弥足珍贵。从广义的历史角度看，这些文献资料对探究民族发展史、民族文字学史、哲学史、法学史乃至自然科学史都有不可忽视的学术价值；民族古文字的研究对宗教学、敦煌学、中亚学的研究还有着特殊的重要意义。

为了团结和组织少数民族语言文字、文献古籍工作者，深入开展古文字、文献古籍的学术研究，以此来促进中国少数民族文化的繁荣和发展，在傅懋勣、翁独健、季羡林等老一辈学者的倡议下，中国民族古文字研究会于 1980 年 8 月正式成立。宗旨是团结和组织少数民族语言文字、文献古籍工作者，开展古文字、文献古籍的学术研究活动，弘扬民族文化，促进中国少数民族文化的繁荣和发展。研究会挂靠单位是中国社会科学院民族学与人类学研究所，现有会员 200 余人。傅懋勣、照那斯图、史金波、张公瑾、揣振宇相继担任过研究会会长，现任会长尹虎彬，秘书长孙伯君。

近 40 年来，研究会共举行全国范围的学术讨论会近 30 次，与中央民族大学合作举办世界范围的学术研讨会 10 余次，还不定期地举办中国少数民族古文字报告会以及古文献和书法展览。编辑出版了论文集《中国民族古文字研究》共 4 辑，以及大型图文本《中国民族古文字》和《中国少数民族古籍珍品图典：民族古文字古籍整理研究 100 年通览》等，这些著作现已成为少数民族古文字、文献工作者的案头必备书。研究会会员中不乏全国各大学、研究所的著名学者，他们发表了专著及译著百余种、论文千余篇，其研究成果在全国乃至全世界都产生了重要影响。近年来，又有一批从事民族古文字和文献整理研究工作及组织工作的中青年学者入会，他们和老一辈学者一起，为向全中国以至全世界宣传我国少数民族的优秀历史文化贡献着自己的力量。

研究会组织学界从事民族古文字研究的专家，在基础研究资料的公布与研究、与国家民委和北京市民委合作整理民族古籍、民族古文字的信息处理、向社会普及民族古文字基础知识等方面取得了非凡的成绩。

中国民族古文字、古文献研究在经历了"筚路蓝缕，以启山林"的艰苦开创阶段之后，取得全面而迅速的进展，这块学术园地现在已然形成了姹紫嫣红、百卉竞芳的局面。这一切成就的取得，既是全国民族古文字研究者努力工作的结果，也是同中国民族古文字研究会的组织、联系、宣传和推动作用密切相联的。

（三）中国突厥语研究会

中国突厥语研究会是中国突厥语族语言研究者的群众性学术团体，国家一级学会，成立于 1980 年 1 月 12 日，首届会长为包尔汉，学会秘书处设在中国社会科学院民族学与人类学研究所民族文字文献研究室。学会宗旨是促进突厥语文工作的发展，加强会员的互相学习和协作，通过国内和国际的各种学术活动，互通情况，交流经验，提高中国突厥语文研究水平。现有汉维吾尔、哈萨克、柯尔克孜、撒拉、裕固、乌孜别克、塔塔尔、回、蒙古、锡伯、朝鲜等各民族会员 300 余名。

中国突厥语研究会曾创办内部刊物《突厥语研究通讯》，刊登国内外突厥语研究的信息及一些国外重要的学术译文，每年出版四期，共出 80 余期。学会还编辑《中国突厥语族语言概况》（1983）、《中国突厥语研究论文集》（1991）等著作，由民族出版社出版。学会关注突厥语词汇、语音、形态、语用、方言、语法化等语言本体研究和翻译、语言文化、语言政策以及"一带一路"语种建设等语言应用问题，至今共举办 13 次年会。学会现任会长为中国社会科学院民族学与人类学研究所原副所长黄行研究员，常务副会长为中国社会科学院民族学与人类学研究所副所长尹虎彬研究员。

（四）中国少数民族双语教学研究会

成立于 1979 年 5 月，原名为"全国民族院校汉语教学研究会"，1983 年更名为"中国少数民族汉语教学研究会"，1985 年改为现名。研究会是民政部批准的国家级社会组织，业务主管单位是国家民族事务委员会，业务指导部门是国家民委教育科技司。

研究会积极开展少数民族双语教育理论研究、学术交流、国际合作、专业培训、咨询服务，组织全国少数民族双语教育和科研工作者、民族语文从业者等优秀人才，加强少数民族双语问题理论探讨，交流教学经验与科研成果，积极开展调查研究，促进少数民族地区双语教育的发展，为民族语文工作和民族教育部门的决策提供科学依据。研究会成立至今，已发展会员 2000 多名，67 个团体会员单位，分布在北京和各少数民族地区的教委、民委、语委及大专院校、科研机构，翻译、出版、新闻等与双语教学、科研工作有关的部门和单位。研究会自成立以来召开了 22 次全国性学术讨论会（包括 6 次国际会议），编辑出版了 10 部学术论文集和多部教学参考书，在各种学术刊物上发表了数千篇学术论文，全面摸清了我国民族地区的双语使用和双语教学的现状，推广了一批双语教学的典型经验。现有内部刊物《中国少数民族双语教学研究会通讯》，并建立了自己的网站。我国著名语言学家吕叔湘、严学宭、马学良、王均曾任研究会名誉理事长，著名民族语言学家、民族教育家马学良先生曾任第一届至第六届理事长、第七届名誉理事长。现由第九届全国人大常委会副委员长许嘉璐任名誉理事长，中央民族大学丁文楼教授任荣誉会长，一批著名学者任顾问。

研究会每 5 年召开一届会员代表大会，最近一次换届大会时间为 2018 年，建有党支部。研究会每年举行学术研讨会，到 2018 年，已连续举办 24 次学术研讨会，极大地促进了中国少数民族双语教学事业的发展。

（五）国际双语学学会

1999 年，中央民族大学成立双语学研究中心，戴庆厦教授出任中心主任。该中心为国际双语学学会的前身。同年，首届国际双语学研讨会在中央民族大学召开。会后出版了《双语学研究——首届国际双语学研讨会论文集》（《民族教育研究》2000 年增刊）。

2001 年 12 月，香港大学承办的"第二届双语学国际研讨会"在香港召开。2003 年 8 月，吉首大学承办的"第三届国际双语学研讨会"在湖南湘西召开。会后出版了《双语学研究（第二辑）》。

2004 年"国际双语学学会"正式在香港注册。至今共吸收国内外会员 210 名。

2005 年 1 月，暨南大学华文学院承办的"第四届国际双语学研讨会"在广州召开，戴庆厦教授当选为会长。会后出版了《第四届国际双语学研讨会论文集》。2006 年 11 月在广西民族大学、2008 年 6 月在韩国大邱、2009 年 12 月在北京师范大学珠海分校、2011 年 3 月在玉溪师范学院外国语学院、2012 年 1 月在泰国清莱皇家大学、2013 年 9 月在贵州民族大学、2015 年 1 月在菲律宾中正学院、2016 年 6 月在黔南民族师范学院、2017 年 9 月在云南师范大学分别召开了第五届至第十三届国际双语学研讨会。会后分别出版了《第五届国际双语学研讨会论文集》《双语学研究（第三辑）》《双语学研究（第四辑）》《双语学研究（第五辑）》等会议论文集。

（六）八省区蒙古语文协作工作领导小组

1975 年，经国务院批准成立八省区蒙古语文工作协作小组，由当时的内蒙古自治区、新疆维吾尔自治区、青海省、甘肃省、河北省、辽宁省、吉林省、黑龙江省和北京地区蒙古语文工作领导小组组成。为加强协作工作的领导，各协作省区成立协作工作领导小组。在八省区蒙古语文协作工作领导小组的直接领导下，由内蒙古自治区牵头，开展八省区蒙古语文协作工作。

40 多年来，八协工作在党中央、国务院的关怀和国家民委的指导下，在内蒙古自治区党委、政府的领导和各协作省区党政部门大力支持下，取得了可喜的成绩，受到了各协作省区乃至全国蒙古族干部群众的拥护和国家有关领导人的肯定，在国际上也有了一定的声誉。除了民族教育、民族文化艺术、蒙古语文新闻出版、蒙医蒙药等方面的协作以外，与民族语言文字研究相关的主要工作有：

民族古籍文献整理协作。协作省区抢救、整理出版了百余种珍贵古籍，促进了民族传统文化的继承和发展。其中，《阿拉坦汗传》《大黄册》《金轮千福之书》《水晶鉴》等都是国内外首版古籍，引起国内外蒙古学界和史学界的关注。蒙古族史诗《格斯尔》的抢救、整理、规划、出版工作有了新的进展。

蒙古语文科研学术协作。为加强蒙古语名词术语的统一使用，成立八省区蒙古语名词术语委员会，审定统一蒙古语名词术语，并督促检查其使用情况。审定统一蒙古语名词术语 1 万多条，并以《蒙古语名词术语公报》的形式向内蒙古自治区和各协作省区公布。1979 年，八省区专业协作会议确定了我国蒙古语基础方言、标准音，制定了音标方案。2010 年组织召开了中国蒙古语标准音确定 30 周年纪念座谈会，在内蒙古正蓝旗建立了中国蒙古语标准音示范基地。

蒙古语文翻译协作。八协办从 2009 年开始，每年举办八省区党政机关和事业单位蒙古语文翻译培训班，培训 500 多人次。邀请资深翻译专家就蒙古语文翻译理论、技巧、实践等方面举办专题讲座，提高了蒙古语文翻译工作业务骨干的业务素质和理论水平，推动了蒙古语文翻译事业的发展。

（七）中国社会科学院中国少数民族语言研究中心

中国少数民族语言研究中心为中国社会科学院非实体性质的研究机构，挂靠中国社会科学院民族学与人类学研究所，中心主要以中国社会科学院民族学与人类学研究所民族语言研究室、民族语言应用研究室、民族古文字文献研究室、民族语言实验研究室、《民族语文》杂志、中国民族语言学会、中国民族古文字研究会、中国突厥语研究会为依托，开展中国少数民族语言文字调查研究，协调国内少数民族语言研究活动，协助有关部门研究少数民族语言发展规划，组织国内外学术交流和合作研究，刊布研究成果，通过科研与教学培养研究中国少数民族语言文字的人才和队伍等科研业务。2018 年中国少数民族语言研究中心进行换届工作，现任理事长尹虎彬、主任呼和，副主任：李云兵、黄成龙、王锋、曹道巴特尔、蓝庆元、田联刚、田立新、阿不都热西提·亚库甫，秘书长陈国庆。

二　学术期刊

（一）《民族语文》

《民族语文》（双月刊）创刊于 1979 年，是由中国社会科学院主管、中国社会科学院民族学与人类学研究所主办的中国少数民族语言文字类专业性学术期刊，是中国民族语言学界的权威刊物。刊物以马列主义为指导思想，提倡实事求是和学术上的自由讨论。以中国诸语言的事实为主要研究对象，促进我国民族语言科学的发展，为我国社会主义现代化建设服务。《民族语文》是国内仅有的以汉藏、阿尔泰、南亚和南岛语系语言为主要研究对象的刊物。设有中国少数民族语言语音、语法、词汇的研究，语言系属、方言划分研究，语言比较研究，语言接触研究，民族语言文字概况与民族古文字古文献研究，民族语言调查研究，语言理论研究，社会语言学、人类语言学研究，计算语言学、实验语言学研究等栏目。读者对象是国内外广大民族语言研究专家、学者和语言研究爱好者。

1979 年 2 月，《民族语文》创刊，以季刊发行。1982 年，刊期由季刊变更为双月刊。2002 年该刊入选全世界引用率最高的 85 种刊物。被评为中国社会科学院优秀期刊。2008 年，《民族语文》入选商务印书馆期刊方阵。2014 年 12 月，该刊成为国家新闻出版广电总局第一批认定的学术期刊。

据 2019 年 5 月 1 日中国知网显示，《民族语文》共出版文献 3234 篇、总被下载 738636 次、总被引 19642 次、（2018 年版）复合影响因子为 0.446、（2018 年版）综合影响因子为 0.337。

（二）《汉藏语学报》

《汉藏语学报》是由中央民族大学主办，著名语言学家戴庆厦教授任主编的语言学专业刊物。该刊于 2007 年创刊，由商务印书馆出版。《汉藏语学报》提倡从语言事实出发，在科学的语言学理论、方法的指导下，获取新的语言材料，探求新的语言规律，并以新认识来丰富、发展、变革语言学特别是汉藏语研究。该刊已出版 12 期，成为汉藏语研究和交流的重要平台。

（三）《中国民族语言学报》

2017 年 10 月，中国民族语言学会会刊《中国民族语言学报》（第一辑）由商务印书馆出版，标志着《中国民族语言学报》正式创刊。

2015 年 7 月，经中国民族语言学会第 10 届常务理事会第一次会议讨论，并报中国社会科学院民族学与人类学研究所同意，决定出版中国民族语言学会会刊《中国民族语言学报》，争取商务印书馆支持出版。

商务印书馆历来重视出版语言学论著及刊物，长期以来享誉学界。经商务印书馆、中国民族语言学会和专家学者的艰苦努力，《中国民族语言学报》第一辑（汉藏语言学研究专辑）于 2017 年 10 月顺利与读者见面，第二辑（民族语言应用研究专辑）于 2019 年 5 月出版。

《中国民族语言学报》由中国民族语言学会主办，以专题形式，集中刊发中国少数民族语言研究的高水平成果，旨在搭建民族语言研究刊布新平台，进一步扩展民族语言研究的学术深度和广度，提升中国民族语言学会的凝聚力、影响力，《中国民族语言学报》的创刊，必将对中国少数民族语言研究的学科发展产生积极的影响。

除了以上期刊和专辑之外，各民族院校、民族语言工作机构还办有《民族翻译》《云南民族语文》《满语研究》《语言与翻译》等民族语言文字专业期刊。各民族类院校、民族地区普通高校等的学报，也长期设有专栏刊发民族语言文字研究方面的学术成果。但值得指出的是，近十年来，刊发民族语言文字类学术成果的期刊不断萎缩，民族类院校学报的民族语文专栏也被取消，民族语言文字研究成果刊布困难，这是民族语言研究事业的一个重要问题，亟待重视并解决。

第三节　中国少数民族语言文字重大科研项目及成果

一　民族语言学研究历年社科基金重大项目一览表

序列号	名字	主持人	单位
10zd&118	出土古文献语料库建设研究	刘志基	华东师范大学
10zd&123	中国西南地区濒危文字抢救、整理与研究	赵丽明、孙宏开	清华大学
10zd&124	中国民族语言语法标注文本及软件平台	黄行	中国社会科学院民族学与人类学研究所
10zd&125	中国有声语言及口传文化保护与传承的数字化方法及其基础理论研究	孔江平	北京大学
11&ZD129	纳西东巴文献字释合集	喻遂生	西南大学
11&ZD130	中国突厥语族诸语言词源研究	阿不都热西提·亚库甫	中央民族大学
12&ZD174	基于大型词汇语音数据库的汉藏历史比较语言学研究	江荻	中国社会科学院民族学与人类学研究所
12&ZD179	新疆丝路南道所遗存非汉语文书释读与研究	段晴	北京大学

序列号	名字	主持人	单位
12&ZD180	西北民族地区的语言接触和语言联盟研究	阿尔斯兰	新疆大学
12&ZD181	黔湘桂边区汉字记录少数民族语言文献分类搜集整理研究	龙耀宏	贵州民族大学
12&ZD225	中国少数民族语言语音声学参数统一平台建设研究	呼和	中国社会科学院民族学与人类学研究所
12&ZD226	基于汉语和部分少数民族语言的手语语料库建设研究	龚群虎	复旦大学
13&ZD130	商周金文字词集注与释译	董莲池	华东师范大学
13&ZD132	基于严格语音对应的汉语与民族语关系字研究	潘悟云	上海师范大学
13&ZD135	汉语方言学大型辞书编纂的理论研究与数字化建设	詹伯慧	暨南大学
13&ZD136	新疆多民族语言有声调查与数据库建设	张定京	中央民族大学
13&ZD137	中国苗族古经采集整理与研究	刘锋	贵州大学
13&ZD138	甘青川藏族口传文化汇典	阿来	四川大学
14ZDB094	基于"华夷译语"的汉藏语历史研究	曾晓渝	南开大学
14ZDB101	基于地理信息平台的藏语方言数据库建设	欧珠	西藏大学
14ZDB102	基于中国语言及方言的语言接触类型和演化建模研究	陈保亚	北京大学
14ZDB104	贵州省少数民族语言资源有声数据库建设	龙海燕	贵州民族大学

续表

序列号	名字	主持人	单位
14ZDB105	新发现民族古文字调查研究与数据库建设	李锦芳	中央民族大学
14ZDB106	中国濒危语言数字博物馆建设的理论与实践研究	范俊军	暨南大学
14ZDB156	数位典藏的理论探讨和软件平台建设及其实践语言	徐世璇	中国社会科学院民族学与人类学研究所
15ZDB097	日本藏汉文古字书集成与整理研究	王贵元	中国人民大学
15ZDB105	湘与黔桂边跨方言跨语言句法语义比较研究	唐贤清	湖南师范大学
15ZDB109	中国蒙古语方言地图	森格	内蒙古大学
15ZDB110	锡伯语（满语）基础语料库建设与研究	刘小萌	吉林师范大学
15ZDB111	《格萨尔》说唱语音的自动识别与格萨尔学的创新发展	陈建龙	北京大学
15ZDB100	中国境内语言语法化词库建设	洪波	首都师范大学
16ZDA203	南方少数民族类汉字及其文献保护与传承研究	韦树关	广西民族大学
16ZDA204	蒙古语族诸民族民间故事类型分析与数字化研究	斯琴孟和	西北民族大学
17ZDA309	南方少数民族小文种文献保护与整理研究	黄建明	云南民族大学
17ZDA310	基于《世界语言结构地图集》的中国少数民族语言类型研究	李云兵	中国社会科学院民族学与人类学研究所
17ZDA311	西北民族地区回族话与回族经堂语、小儿经语言研究	敏春芳	兰州大学
17ZDA314	吐鲁番文献合集、校注、语言文字研究及语料库建设	王启涛	西南民族大学

续表

序列号	名字	主持人	单位
17ZDA315	《突厥语词典》翻译与考订	校仲彝	新疆维吾尔自治区社会科学院
17ZDA316	蒙古族语言生活调查	巴达玛敖德斯尔	内蒙古大学
17ZDA317	中缅泰老越印度六国跨境傣泰语言比较研究	杨光远	云南民族大学
2018 年	西南各民族及"一带一路"邻国语言文字中汉字音的数字化整理与研究	郑伟	华东师范大学
2018 年	中国民族语言形态句法类型学研究	黄成龙	中国社会科学院民族学与人类学研究所
2018 年	河西走廊民族语言的跨学科研究	苗东霞	中央民族大学
2018 年	中国满通古斯语言语料数据库建设及研究	赵阿平	黑龙江大学
2018 年	满汉对音译音文献集成、数据库建设及清代音韵学体系重构研究	王为民	山西大学
2018 年	朝鲜汉字资源文献整理与研究	金永寿	延边大学

备注：2018 年暂时查不到序列号

二　民族语言学研究的部分丛书介绍

（一）"中国少数民族语言简志丛书"

国家民委民族问题五种丛书之一，由中国社会科学院民族研究所（现民族学与人类学研究所）、中央民族大学、地方民族院校、地方民族语文机构等的语言学研究者承担，从 1980 年正式开始编写，由民族出版社系列出版。共出版 57 种语言简志。2006—2009 年，受国家民委委托，由孙宏开主持修订再版工作，2009 年出版"中国少数民族语言简志丛书"的修订本，共 6 卷，60 种语言。

（二）《中国语言地图集》（少数民族语言卷）

《中国语言地图集》采用多幅彩色地图的形式，把汉语方言和各少数民族语言加以分类分区，标示各语言地里分布，由中国社会科学院和澳大利亚人文科学院合作编纂，香港朗文（远东）有限公司于 1987 年和 1990 年分两次正式出版，包括 14 张民族语言地图，有中、英文两种版本。

2012 年，《中国语言地图集》（第二版）中文版由中国社会科学院语言研究所、中国社会科学院民族研究所、香港城市大学语言资讯科学研究中心合作，于 2012 年 12 月由商务印书馆出版，包括 35 幅少数民族语言地图。

（三）《中国大百科全书·语言文字》卷少数民族语言文字词条

《中国大百科全书·语言文字》卷在 1987 年由中国大百科全书出版社出版，其中包括中国诸民族语言文字的相关词条，《中国大百科全书》（第三版）语言文字卷学科由中国社会科学院语言研究所主持，正在编写中，计划于近年出版。

（四）国家七五重点项目"中国少数民族语言文字使用情况调查研究"

《中国少数民族文字》，中国藏学出版社 1992 年版；

《中国少数民族文字使用和发展问题》，中国藏学出版社 1993 年版；

《中国少数民族语言使用情况》，中国藏学出版社 1994 年版。

（五）中加合作项目"《世界的语言》中国部分"

《世界的书面语、使用程度和使用方式概况》第四卷，由中国社会科学院民族研究所和加拿大拉瓦尔大学国际语言规划研究中心合作完成，于 1995 年由加拿大拉瓦尔大学出版社出版。

（六）国家八五重点项目"我国新创与改进少数民族文字试验推行经验总结与理论研究"

该项目由中国社会科学院民族研究所联合国家民委语文室和有关地方的民族语文管理机构，从 1992—1995 年开展对各少数民族文种的试行工作，撰写了德宏傣文、景颇文等 12 种新创或改进少数民族文字试验推行工作的调查总结报告和综合研究报告。

（七）"中国新发现语言研究丛书"

自 1992 年始至今，在孙宏开先生的主持下，国内外近百位民族语言学专家对几十种处于濒危状态的民族语言进行研究，自 1997 年开始出版"中国新发现语言研究丛书"，先后在上海远东出版社、中央民族大学出版社、民族出版社等出版 40 余种语言，计划出版 60 多种。

（八）《汉藏语同源词研究》系列丛书

丁邦新、孙宏开主编，于 2000 年开始在广西民族出版社出版，目前已经出版四本，包括：（一）汉藏语研究的历史回顾；（二）汉藏、苗瑶同源词专题研究；（三）汉藏语研究的方法论探索；（四）上古汉语侗台语关系研究。

（九）《中国少数民族语言方言研究》系列丛书

孙宏开、狄乐伦主编，对某一语言的方言进行全面描写并比较异同以及对某个代表性方言点进行深入描写研究，从 1998 年至今，已在四川民族出版社、民族出版社出版 17 种语言，计划出版 20 余种。

（十）《中国少数民族语言系列词典》系列丛书

孙宏开主编，从 1991 年至今已经在四川民族出版社、民族出版社出版 20 余种词典，计划出版 30 余种。

（十一）《中国民族古文字古文献研究》系列丛书

孙宏开主编，2005 年起至今，已由民族出版社出版 3 种语言。

（十二）《中国少数民族语言参考语法研究》系列丛书

戴庆厦主编，由社科基金重大项目支持，自 2006 年开始，已出版十余种语言。

（十三）《跨境语言研究》系列丛书

戴庆厦主编，由中国社会科学出版社出版，已出版十余种语言。

（十四）《中国民族语言语法标注文本》丛书系列

江荻主编，由社科文献出版社出版，自 2016 年至今已出版十余种。

第四节　中国少数民族语言文字研究的重要会议

一　国际会议

（一）汉藏语言和语言学国际会议（ICSTLL）

1968 年，第一届汉藏语言和语言学国际会议（ICSTLL）在美国耶鲁大学举行，由斯廷森（Hugh M. Stimson）等人主办。成立时会议名称定为"汉藏语构拟会议"，1974 年改称为汉藏语言和语言学国际会议（ICSTLL）。会议每年召开一次，截至 2018 年已举办 51 届。汉藏语言和语言学国际会议在推动各国汉藏语学术研究、促进全球汉藏语研究者的学术交流、加强汉藏语研究的队伍建设等方面，都起到了不可替代的作用。

1982 年 8 月 17—19 日，在中国境内首次举办国际汉藏语言和语言学会议（第 15 届），会议由中国社会科学院语言研究所和北京大学主办，会议组织委员会主席为著名语言学家吕叔湘教授。

在过去 50 年期间，在中国境内举办过八次汉藏语言和语言学国际会议，依次为：第 15 届会议 1982 年 8 月在北京召开；第 30 届会议 1997 年 8 月在北京语言文化大学召开；第 34 届会议 2001 年 10 月在云南民族学院召开；第 38 届会议 2005 年 10 月在厦门大学召开；第 40 届会议 2007 年 9 月在黑龙江大学召开；第 47 届会议 2014 年

10 月在云南师范大学召开；第 49 届会议 2016 年 11 月在暨南大学召开；第 50 届会议由中国社会科学院学部主席团主办，中国社会科学院国际合作局、中国社会科学院民族学与人类学研究所承办，2017 年 11 月在北京召开。

（二）国际阿尔泰学学术讨论会（PIAC）

1957 年国际阿尔泰学会成立，1958 年召开第一届会议。国际阿尔泰学学术讨论会每年举行一次，到 2018 年为止已召开 61 次会议。每届会议一般分为史学、民族学、文学、艺术、语言学等多个小组进行讨论。在语言学方面，主要讨论突厥语族、蒙古语族、满—通古斯语族语言的文字文献、历史比较语言学、描写语言学等各领域内的学术问题。

2000 年 9 月，在比利时召开的第 43 届年会上，著名古代突厥语文专家耿世民教授荣获国际阿尔泰学常设会议金质奖章。PIAC 自成立以来，已先后奖励 14 个国家的 30 余位国际上卓有成就的阿尔泰学研究者，耿世民教授是获此殊荣的第一位中国学者。

2009 年 7 月，由内蒙古大学和中国阿尔泰学会共同主办的第 52 届会议在呼和浩特市举行，这是第一次在中国大陆举行的年会，同时也是第一次在阿尔泰语系主要语言之一的蒙古语地区举办的年会。

（三）韩国国际阿尔泰学学术大会

韩国阿尔泰学会成立于 1985 年，旨在研究阿尔泰语系各族群的语言、文化和历史。到 2017 年为止，已经召开 13 次国际阿尔泰学学术讨论会，学者们围绕阿尔泰语言学、文学、文化学、史学等主题展开广泛讨论。每届会议出版小册，发表与会专家的会议报告。

（四）其他国际性民族语言研讨会

国际彝缅语学术会议——主题涉及彝缅语言的语音、语法、词汇、语义、文字、语言政策、社会语言学等各方面。1991 年 8 月第五届会议在四川省西昌市举行，2012 年 11 月第六届会议在西南民族大学举行。

　　彝语支语言国际学术讨论会——1984 年 2 月首次学术讨论会在美国举行，20 余人参会。我国马学良教授应邀参加了讨论会，并作了学术报告。

　　喜马拉雅语言学学术讨论会——1997 年 7 月第三届会议在美国加州大学圣巴巴拉分校举行，我国孙宏开研究员出席了会议，并作了学术报告。

　　国际突厥语言学学术研讨会——2008 年 10 月第六届会议在土耳其首都安卡拉市召开。内蒙古大学照日格图教授应邀参加了本次研讨会，并宣读了学术论文。

　　国际蒙古学学者大会——1959 年 9 月，第一届大会在蒙古人民共和国首都乌兰巴托召开，内蒙古语言文学研究所所长额尔敦陶克陶率我国代表团参加会议。该会 5—6 年举行一次，从 1959 年起至今已召开 10 次会议，每届会议我国蒙古语研究专家都踊跃参加。

　　内蒙古大学蒙古学国际学术讨论会——从 1987 年起已举办数次会议，会议按照蒙古语言、文学、历史三个领域分为三个分会进行学术交流。

　　除此之外，由内蒙古社会科学院主办的中国蒙古学国际学术研讨会从 2005 年起至 2018 年，已举办 5 次会议。国际通古斯语言文化研讨会，首届会议 2000 年 9 月在内蒙古自治区呼伦贝尔盟海拉尔市召开。1995 年 8 月首届西夏学国际学术讨论会在宁夏回族自治区首府银川市举行，到目前为止已经举办 5 届会议。

二　全国性会议

（一）语言本体研究讨论会

1. 中国民族语言学会学术讨论会

　　1979 年 5 月，中国民族语言学会成立。1980 年 12 月，中国民族语言学会主办的首届全国学术讨论会在北京举行。1980—2018 年，中国民族语言学会每四年或两年举办一次学术讨论会，先后在北京、哈尔滨、贵阳、兰州、西昌、长沙、乌鲁木齐、呼和浩特、成都、银川、广州、武汉、上海等地共召开了 13 届会议。

中国民族语言学会学术讨论会为全国性专题研讨会，会议议题涉及我国民族语言文字文献、语言本体、语言应用以及相关跨学科领域，会议规模一般在 200—300 人左右。会议为我国民族语言学界学者互动、成果交流、学科建设等方面提供了良好的平台，为我国民族语言学界的繁荣发展奠定了基础。

2. 中国民族古文字学术讨论会

1980 年 8 月，中国民族古文字研究会成立，成立大会暨首次学术讨论会在承德举行，对各种民族古文字的字母表、拼写法、解读方法、重要文献的考释等专题，进行了深入探讨。1980—2016 年，中国民族古文字研究会在北京、太原、昆明等地一共召开了 10 次会议。

3. 民族语言古籍整理工作会议

1983 年 6 月，第一次少数民族古籍整理工作座谈会在北京举行，全国 17 个省、自治区和中央有关部门的代表 80 余人参加会议。会议决定筹组全国少数民族古籍整理领导机构。到 2017 年为止，在北京、沈阳等地一共召开了 4 次会议。

随着全国少数民族古籍整理工作会议的召开，各地举办地方性古籍整理工作讨论会。从 1984 年起，在沈阳、呼和浩特、西昌、贵州、成都、银川、乌鲁木齐等地召开有关锡伯文、蒙古文、彝文、西夏文、纳西文等多个古文字和古籍整理方面的工作会议。

4. 《民族语文》杂志社学术交流会

1979 年 2 月，《民族语文》杂志创刊。1989 年 1 月，《民族语文》杂志创刊 10 年之际，召开第一次学术交流会，《民族语文》杂志社学术交流会每两年举行一次，到目前为止已经举办 10 多次会议。会议广泛讨论我国民族语言语音、语法、词汇、句法、民族古文字、社会语言学、实验语音学、计算语言学、语言比较与历史演变等领域的语言学理论以及方法论问题。《民族语文》杂志学术交流会的主要宗旨是为杂志与作者和读者之间提供交流平台，为杂志培养作者群，也为民族语言研究论著质量的提升和民族语言学领域的不断扩展提供保障。

5. 中国突厥语研究会学术讨论会

1980 年 1 月，中国突厥语研究会在北京成立。1981 年 11 月，中国突厥语研究会在北京召开首届学术讨论会。1981—2017 年，先后在新疆伊犁、北京、西宁等地召开 13 次会议。2017 年 12 月第十三届年会在北京举行，讨论主题为突厥语族语言"一带一路"沿线分布特征，以及"突厥语族语言研究与'一带一路'国家语言状况"。

6. 中国蒙古语文学会年会

1979 年 10 月，在乌鲁木齐市召开的八省区第三次蒙古语文专业会议上成立中国蒙古语文学会。1980 年 12 月，中国蒙古语文学会第一次年会在呼和浩特举行。1981—2018 年一共召开了十多次年会。2018 年 12 月，在呼和浩特举行年会，会上聚集蒙古语文研究各领域的专家和学者，在蒙古语古文献、语音、语法、语义、词汇、篇章语法、信息处理等多个领域展开了学术讨论。

7. 中国朝鲜语学会学术交流会

中国朝鲜语学会成立于 1981 年 8 月，并在沈阳召开了全国第一次朝鲜语学术交流会。内容涉及朝鲜语的语音、语法、词汇以及规范化等问题。至 2018 年，一共召开了 20 次学术研讨会。

（二）语言文字政策、规范化、信息化以及翻译讨论会

1. 民族语文科学讨论会

（1）全国民族语文科学讨论会

至今一共召开过三次。1955 年 12 月，中国科学院语言研究所和中央民族学院在北京召开第一次民族语文科学讨论会。会议提出民族语文工作初步规划，建议在两三年内对全国少数民族语言进行普查，并帮助需要创制或改革文字的民族确定文字方案。1958 年 3 月第二次会议在北京举行。会议确定了帮助少数民族创制文字的原则，

并制定了民族语文工作的跃进规划。1980 年第三次会议在北京举行，讨论第二次讨论会以来的民族语文工作的经验教训，研究了民族语文工作中的一些重要理论问题和实际问题，并讨论了今后的任务，修订了民族语文重点研究规划。

（2）地方性民族语文科学讨论会

随着全国三次民族语文科学讨论会的召开，全国各民族地区陆续召开了地方性民族语文科学讨论会，传达全国民族语文科学讨论会精神，重点讨论我国少数民族新文字创制、文字改革、语文规范化、正字法、少数民族语言文字应用等方面的问题。

最早的地方性民族语文科学讨论会在内蒙古自治区召开。1956 年 5 月在呼和浩特召开蒙古语族语言科学讨论会，研究采用以斯拉夫字母为基础的新蒙文以及达斡尔文字方案草案等问题。

新中国成立后，在内蒙古、新疆、青海、甘肃、四川、西藏、云南、贵州、广西、吉林、黑龙江等省和自治区前后召开多次民族语言文字创制、语言文字政策、民族语言应用和保护方面的会议，涉及蒙古语、维吾尔语、哈萨克语、锡伯语、柯尔克孜语、朝鲜语、藏语、彝语、傣语、布依语、傈僳语、景颇语、载瓦语、白语、壮语、苗语等多个民族语言和文字。

2. 中国少数民族双语教学研究会学术讨论会

中国少数民族双语教学研究会成立于 1979 年 5 月，1979 年 4 月末至 5 月初在南宁召开第一次会议。中国少数民族双语教学研究会学术讨论会围绕我国少数民族双语教学理论和方法、语言习得、双语政策等方面展开深入讨论。到 2018 年为止，一共召开了 24 次会议。

3. 民族语文翻译学术讨论会

1985 年 7 月，中国翻译工作者协会民族语文翻译学术委员会成立，首次全国民族语文翻译学术讨论会在乌鲁木齐举行。到 2017 年为止，一共召开了 17 次会议。从 20 世纪 80 年代中期起，内蒙古、吉林延边、西宁、四川凉山、南宁、拉萨、昆明、乌鲁木齐等地举行了有关维吾尔语、蒙古语、朝鲜语、藏语、彝语、壮语等语言的民族语文翻译相关会议。

4. 民族语言信息处理研讨会

1984 年 10 月，全国首次少数民族语言文字信息计算机处理学术讨论会在呼和浩特举行。到 2017 年为止一共召开了 16 次会议。全国少数民族语言文字信息处理学术研讨会围绕我国民族语言文字信息处理、计算语言学、实验语音学、言语工程、情报检索、机器翻译、语音信号处理等领域展开讨论。

参考文献

中文论著

著作类

［日］桥本万太郎：《语言地理类型学》，北京大学出版社 1985 年版。

《藏缅语语音和词汇》编写组：《藏缅语语音和词汇》，中国社会科学出版社 1991 年版。

《苗汉英大词典》编委会编：《苗语词汇调查》，2013 年（未刊）。

《佤汉大词典》编纂组编：《佤汉大词典》，云南民族出版社 2014 年版。

《中国民族语言学报》编委会编：《中国民族语言学报》第 1 辑，商务印书馆 2017 年版。

《中国民族语言学报》编委会编：《中国民族语言学报》第 2 辑，商务印书馆 2019 年版。

阿不都热西提·亚库甫、力提甫·托乎提、张定京主编：《阿尔泰语系语言传据范畴研究》，中央民族大学出版社 2013 年版。

阿里木·珠玛什：《简明哈萨克族语言史》，民族出版社 2006 年版。

安俊：《赫哲语简志》，民族出版社 1986 年版。

白碧波主编：《元江县因远镇语言使用现状及其演变》，商务印书馆 2010 年版。

白萍：《跨境俄罗斯语——新疆俄罗斯族语言研究》，中国社会科学出版社 2014 年版。

白音门德:《巴林土语研究》,内蒙古人民出版社 1997 年版。

薄文泽:《佯僙语研究》,上海远东出版社 1997 年版。

薄文泽:《木佬语研究》,民族出版社 2002 年版。

巢宗祺、余伟文:《连南八排瑶语》,中山大学出版社 1989 年版。

朝克、李云兵等:《中国民族语言文字研究史论》,中国社会科学出版社 2013 年版。

朝克、卡佳:《讷河鄂温克语基本词汇》,社会科学文献出版社 2017 年版。

朝克、卡丽娜:《阿荣鄂温克语》,社会科学文献出版社 2017 年版。

朝克:《鄂温克语研究》,民族出版社 1995 年版。

朝克:《满—通古斯诸语比较研究》,民族出版社 1997 年版。

朝克:《现代锡伯语口语研究》,民族出版社 2004 年版。

朝克:《鄂温克语参考语法》,中国社会科学出版社 2009 年版。

朝克:《楠木鄂伦春语研究》,民族出版社 2009 年版。

朝克:《鄂温克族三大方言词汇比较》,社会科学文献出版社 2017 年版。

陈保亚:《论语言接触和语言联盟》,语文出版社 1996 年版。

陈保亚:《20 世纪中国语言学方法论:1898—1998》,山东教育出版社 1999 年版。

陈国庆:《克木语研究》,民族出版社 2002 年版。

陈国庆:《克蔑语研究》,民族出版社 2005 年版。

陈国庆:《孟高棉语次要音节研究》,云南民族出版社 2018 年版。

陈海宏、谭丽亚:《怒苏汉简明词典》,民族出版社 2018 年版。

陈建民:《语言文化社会新探》,上海教育出版社 1989 年版。

陈康:《彝语方言研究》,中央民族大学出版社 2010 年版。

陈其光:《中国语文概要》,中央民族学院出版社 1990 年版。

陈其光:《苗瑶语文》,中央民族大学出版社 2013 年版。

陈相木、王敬骝、赖永良:《德昂语简志》,民族出版社 1986 年版。

陈宗振：《西部裕固语研究》，中国民族摄影艺术出版社 2004 年版。

程适良主编：《突厥语比较语言学》，新疆人民出版社 1997 年版。

戴光宇：《三家子满语语音研究》，北京大学出版社 2012 年版。

戴庆厦，岭福祥：《彝语词汇学》，中央民族大学出版社 1998 年版。

戴庆厦、顾阳主编：《现代语言学理论与中国少数民族语言研究》，民族出版社 2003 年版。

戴庆厦、何俊芳：《语言和民族》（二），中央民族大学出版社 2006 年版。

戴庆厦、蒋颖、孔志恩：《波拉语研究》，民族出版社 2007 年版。

戴庆厦、汪锋主编：《语言类型学的基本方法与理论框架》，商务印书馆 2014 年版。

戴庆厦、徐悉艰：《景颇语语法》，中央民族学院出版社 1981 年版。

戴庆厦、徐悉艰：《景颇语词汇学》，中央民族大学出版社 1995 年版。

戴庆厦：《景颇语参考语法》，中国社会科学出版社 2012 年版。

戴庆厦：《社会语言学教程》，中央民族出版社 1993 年版。

戴庆厦：《语言和民族》，中央民族大学出版社 1994 年版。

戴庆厦：《社会语言学概论》，商务印书馆 2004 年版。

戴庆厦：《仙岛语研究》，中央民族大学出版社 2005 年版。

戴庆厦：《中国少数民族语言文字》，语文出版社 2009 年版。

戴庆厦：《语言调查教程》，商务印书馆 2013 年版。

戴庆厦等：《藏缅语十五种》，北京燕山出版社 1991 年版。

戴庆厦等：《浪速语研究》，民族出版社 2005 年版。

戴庆厦主编：《汉语与少数民族语言关系概论》，中央民族学院出版社 1992 年版。

戴庆厦主编：《跨境语言研究》，中央民族学院出版社 1993 年版。

戴庆厦主编：《藏缅语新论》，中央民族大学出版社 1994 年版。

戴庆厦主编：《二十世纪中国少数民族语言研究》，书海出版社 1998 年版。

戴庆厦主编："少数民族语言使用现状及其演变"系列丛书：《基诺族语言使用现状及其演变》，商务印书馆 2007 年版；《阿昌族语言使用现状及其演变》，商务印书馆 2008 年版；《云南蒙古族喀卓人语言使用现状及其演变》，商务印书馆 2008 年版；《西摩洛语语言使用现状及其演变》，商务印书馆 2009 年版；《元江县羊街乡语言使用现状及其演变》，商务印书馆 2009 年版；《云南里山乡彝族语言使用现状及其演变》，商务印书馆 2009 年版；《耿马县景颇族语言使用现状及其演变》，商务印书馆 2010 年版；《云南德宏州景颇族语言使用现状及其演变》，商务印书馆 2011 年版；《澜沧拉祜族语言使用现状及其演变》，商务印书馆 2011 年版；《云南绿春县哈尼族语言使用现状及其演变》，商务印书馆 2012 年版；《勐腊县克木语及其使用现状》，商务印书馆 2012 年版。

戴庆厦主编：《泰国阿卡语研究》，中国社会科学出版社 2009 年版。

戴庆厦主编："跨境民族及其语言使用现状"系列丛书：《泰国万伟乡阿卡族及其语言使用现状》，中国社会科学出版社 2009 年版；《泰国清莱拉祜族及其语言使用现状》，中国社会科学出版社 2010 年版；《老挝琅南塔省克木族及其语言》，中国社会科学出版社 2012 年版；《泰国优勉（瑶）族及其语言》，中国社会科学出版社 2013 年版。

戴庆厦主编：《中国少数民族语言研究 60 年》，中央民族大学出版社 2009 年版。

戴庆厦主编：《片马茶山人及其语言》，商务印书馆 2010 年版。

戴庆厦主编：《中国少数民族语言使用现状及其演变研究》，中央民族大学出版社 2010 年版。

戴庆厦主编：《四川盐源县各民族的语言和谐》，商务印书馆 2011 年版。

戴庆厦主编：《云南玉龙县九河白族乡少数民族的语言生活》，商务印书馆 2014 年版。

戴庆厦主编：《语言国情调查概论》，中国社会科学出版社 2018

年版。

戴昭铭：《文化语言学导论》，语文出版社 1996 年版。

刀洁：《布芒语研究》，民族出版社 2006 年版。

德力格尔玛、波·索德编著：《蒙古语族语言概论》，中央民族大学
　　出版社 2006 年版。

邓晓华：《人类文化语言学》，厦门大学出版社 1993 年版。

丁邦新、孙宏开主编：《汉藏语同源词研究（一）：汉藏语研究的历
　　史回顾》，广西民族出版社 2000 年版。

丁邦新、孙宏开主编：《汉藏语同源词研究（二）：汉藏、苗瑶同源
　　词专题研究》，广西民族出版社 2001 年版。

丁邦新、孙宏开主编：《汉藏语同源词研究（三）：汉藏语研究的方
　　法论探索》，广西民族出版社 2004 年版。

丁邦新、孙宏开主编：《汉藏语同源词研究（四）：上古汉语侗台语
　　关系研究》，广西民族出版社 2011 年版。

丁椿寿：《彝语通论》，贵州民族出版社 1993 年版。

丁石庆、张铁山、周国炎主编：《从有序到浑沌——庆贺张公瑾教授
　　八十华诞文集》中央民族大学出版社 2015 年版。

丁石庆：《达斡尔语言与社会文化》，中央民族大学出版社 1998
　　年版。

丁石庆：《双语文化论纲》，中央民族大学出版社 1999 年版。

丁石庆：《双语族群语言文化的调适与重构——达斡尔族个案研究》，
　　中央民族大学出版社 2006 年版。

丁石庆主编：《社区语言与家庭语言：北京少数民族社区及家庭语言
　　调查研究之一》，民族出版社 2007 年版。

丁石庆主编：《莫旗达斡尔族语言使用现状与发展趋势》，商务印书
　　馆 2009 年版。

丁石庆主编：《社区语言与家庭语言及相关分析：北京少数民族社区
　　及家庭语言调查研究之二》，民族出版社 2012 年版。

多丽梅、朝克：《通古斯鄂温克语研究》，社会科学文献出版社 2016

年版。

朵示拥汤、徐悉艰、毛勒端：《汉载词典》，四川民族出版社 1991
　　年版。

额尔敦初古拉等：《现代蒙古语研究》，辽宁民族出版社 2005 年版。

恩和巴图：《满语口语研究》，内蒙古大学出版社 1996 年版。

菲达·乌乌尔别克：《维吾尔语历史演变》，新疆大学出版社 2005
　　年版。

冯英：《水语复音词研究》，中华书局 2008 年版。

傅爱兰：《普米语动词的语法范畴》，中国文史出版社 1998 年版。

傅懋勣：《丽江么些象形文〈古事记〉研究》，武昌华中大学，1948
　　年版。

傅懋勣：《傅懋勣先生民族语文论集》，中国社会科学出版社 1995
　　年版。

高华年：《彝语语法》，科学出版社 1985 年版。

高娃：《满语蒙古语比较研究》，中央民族大学出版社 2005 年版。

高永奇：《莽语研究》，民族出版社 2003 年版。

高永奇：《布兴语研究》，民族出版社 2004 年版。

格西曲扎：《藏文词典》，民族出版社 1990 年版。

龚群虎：《扎巴语研究》，民族出版社 2007 年版。

贵州省民族语文指导委员会研究室黔东方言组：中国科学院少数民
　　族语言调查第二工作队编，《苗汉简明词典》，贵州民族出版社
　　1958 年版。

郭熙：《中国社会语言学》，南京大学出版社 1999 年版。

国家民委文化宣传司编：《民族语文政策法规汇编》，民族出版社
　　2006 年版。

哈申格日勒：《蒙古语族语言指示代词比较研究》，中央民族大学出
　　版社 2006 年版。

哈斯巴根：《蒙古语族语言语音比较研究》，内蒙古人民族版社 2001
　　年版。

哈斯巴特尔:《蒙古语和满语》,内蒙古大学出版社 1991 年版。

哈斯巴特尔:《敖鲁古雅方言研究》,民族出版社 2016 年版。

哈斯额尔敦、包满亮主编:《蒙古国蒙古族语言使用现状》,中国社会科学出版社 2014 年版。

哈斯额尔敦主编:《科尔沁左翼中旗蒙古族语言使用现状及其演变》,商务印书馆 2012 年版。

海峰:《中亚东干语言研究》,新疆大学出版社 2003 年版。

呼格吉勒图:《蒙古语族语言基本元音比较研究》,内蒙古教育出版社 2004 年版。

胡书津、王诗文:《藏语文化语言学发凡》,四川出版集团、四川民族出版社 2008 年版。

胡书津:《简明藏文文法》,云南民族出版社 1987 年版。

胡素华:《彝语结构助词研究》,民族出版社 2002 年版。

胡增益、朝克:《鄂温克语简志》,民族出版社 1986 年版。

胡增益:《鄂伦春语简志》,民族出版社 1986 年版。

胡增益:《鄂伦春语研究》,民族出版社 2001 年版。

胡振华:《中亚东干学研究》,中央民族大学出版社 2009 年版。

黄布凡、周发成:《羌语研究》,四川人民出版社 2006 年版。

黄布凡:《拉坞戎语研究》,民族出版社 2007 年版。

黄布凡主编:《藏缅语族语言词汇》,中央民族学院出版社 1992 年版。

黄成龙:《蒲溪羌语研究》,民族出版社 2006 年版。

黄行:《中国少数民族语言活力研究》,中央民族大学出版社 2000 年版。

黄良荣、孙宏开:《汉嘉戎词典》,民族出版社 2002 年版。

黄勇:《汉语侗语关系词研究》,天津古籍出版社 2002 年版。

姬安龙:《苗语台江话参考语法》,云南民族出版社 2012 年版。

纪嘉发:《彝语方言研究》,中央民族大学出版社 2005 年版。

季永海、屈六生:《满语语法》,民族出版社 1986 年版。

江荻、龙从军:《藏文拉丁转写规范》,商务印书馆 2015 年版。

江荻、周学文、龙从军:《藏文识别原理与应用》,商务印书馆 2012 年版。

江荻:《藏语语音史研究》,民族出版社 2001 年版。

江荻:《汉藏语言演化的历史音变模型——历史语言学的理论和方法探索》,民族出版社 2001 年版。

江荻:《义都语研究》,民族出版社 2005 年版。

江荻主编:"中国少数民族语言标注文本"丛书,社科文献出版社 2016—2017 年版。首批共 10 本:《藏语拉萨话语法标注文本》(江荻)、《土家语语法标注文本》(徐世璇、周纯禄、鲁美艳)、《哈尼语语法标注文本》(白碧波、许鲜明、邵丹)、《白语语法标注文本》(王锋)、《藏语甘孜话语法标注文本》(燕海雄、江荻)、《嘉戎语卓克基话语法标注文本》(林幼菁)、《壮语语法标注文本》(蓝利国)、《纳木兹语语法标注文本》(尹蔚彬)、《水语语法标注文本》(韦学纯)以及《维吾尔语语法标注文本》(王海波、阿力木江·托乎提)。

金鹏:《藏语拉萨、日喀则、昌都话的比较研究》,科学出版社 1958 年版。

金星华:《中国民族语文工作》,民族出版社 2005 年版。

康忠德:《居都仡佬语参考语法》,中国社会科学出版社 2011 年版。

孔江平:《论语言发声》,中央民族大学出版社 2001 年版。

蓝庆元:《壮汉关系词的历史层次》,中央民族大学出版社 2005 年版。

李大勤:《格曼语研究》,民族出版社 2002 年版。

李大勤:《苏龙语研究》,民族出版社 2004 年版。

李道勇、聂锡珍、邱锷锋:《布朗语简志》,民族出版社 1986 年版。

李方桂:《龙州土语》,中研院历史语言研究所单刊甲种之十六,商务印书馆 1940 年版;清华大学出版社 2005 年版。

李方桂:《武鸣土语》,"中研院"历史语言研究所,1956 年;清华大学出版社 2005 年版。

李方桂:《水话研究》,"中研院"历史语言研究所,1977 年。

李方桂:《剝隘土语》,清华大学出版社 2005 年版。

李锦芳:《布央语研究》,中央民族大学出版社 1999 年版。

李锦芳:《仡央语言探索》,中央民族大学出版社 1999 年版。

李锦芳:《西南地区濒危语言调查研究》,中央民族大学出版社 2006 年版。

李锦芳主编:《汉藏语系量词研究》,中央民族大学出版社 2005 年版。

李锦芳主编:《双语和双语类型转换》,中央民族大学出版社 2009 年版。

李锦平:《黔东方言·苗语俗语小词典》,贵州民族出版社 1994 年版。

李锦平:《苗语同义词反义词词典·黔东方言》,贵州人民出版社 2005 年版。

李淑兰、仲谦、王庆丰:《锡伯语口语研究》,民族出版社 1984 年版。

李树兰、仲谦:《锡伯语简志》,民族出版社 1986 年版。

李旭练:《倈语研究》,民族出版社 2003 年版。

李旭练:《都安壮语形态变化研究》,民族出版社 2011 年版。

李永燧:《桑孔语研究》,中央民族大学出版社 2002 年版。

李永燧:《缅彝语音韵学》,社会科学文献出版社 2011 年版。

李永燧:《李永燧文集》,社会科学文献出版社 2015 年版。

李宇明主编:《当代中国语言学研究》,中国社会科学出版社 2016 年版。

李云兵:《拉基语研究》,中央民族大学出版社 2000 年版。

李云兵:《苗语方言划分遗留问题研究》,中央民族大学出版社 2000 年版。

李云兵:《布赓语研究》,民族出版社 2005 年版。

李云兵：《中国南方民族语言语序类型研究》，北京大学出版社 2008
　　年版。

李泽然：《哈尼语词汇学》，民族出版社 2013 年版。

李增祥：《突厥语概论》，中央民族大学出版社 1992 年版。

力提甫·托乎提主编：《阿尔泰语言学导论》，山西教育出版社 2004
　　年版。

力提甫·托乎提主编：《哈萨克斯坦维吾尔族及其语言》，中国社会
　　科学出版社 2016 年版。

梁敏、张均如：《侗台语族概论》，中国社会科学出版社 1996 年版。

梁敏、张均如：《临高语研究》，上海远东出版社 1997 年版。

梁敏、张均如：《标话研究》，中央民族大学出版社 2002 年版。

梁敏：《侗语简志》，民族出版社 1980 年版。

梁敏：《毛难语简志》，民族出版社 1980 年版。

林涛主编：《东干语调查研究》，中国社会科学出版社 2012 年版。

林向荣：《嘉戎语研究》，四川民族出版社 1993 年版。

凌纯声等著：《湘西苗族调查报告》，商务出版社 1947 年版。

刘丹青：《语言类型学》，中西书局 2017 年版。

李丹青编著：《语法调查研究手册》，上海教育出版社 2008 年版。

刘丹青主编：《名词性短语的类型学研究》，商务印书馆 2012 年版。

刘光坤：《麻窝羌语研究》，民族出版社 1998 年版。

刘坚主编：《二十世纪的中国语言学》，北京大学出版社 1998 年版。

刘岩：《孟高棉语声调研究》，中央民族大学出版社 2006 年版。

龙国贻：《藻敏瑶语语音研究》，中西书局 2016 年版。

龙耀宏：《侗语研究》，贵州民族出版社 2003 年版。

陆绍尊：《普米语方言研究》，民族出版社 2001 年版。

陆绍尊：《门巴语方言研究》，民族出版社 2002 年版。

罗安源：《现代湘西苗语语法》，中央民族学院出版社 1990 年版。

罗常培、邢公畹：《莲山摆彝语文初探》，北京大学出版社 1950
　　年版。

罗常培:《语言与文化》,北京大学,1950 年;语文出版社 1989
　　年版。

罗美珍:《傣语方言研究(语法)》,民族出版社 2008 年版。

罗有亮:《苗语语法(川黔滇方言)》,云南民族出版社 1999 年版。

马丽雅、孙宏开、李旭练、周勇:《中国民族语文政策与法律述评》,
　　民族出版社 2007 年版。

马学良:《撒尼彝语研究》,商务印书馆 1951 年版。

马学良主编:《汉藏语概论》,北京大学出版社 1991 年版;民族出版
　　社 2003 年版。

毛宗武、李云兵:《炯奈语研究》,中央民族大学出版社 2002 年版。

毛宗武、李云兵:《优诺语研究》,民族出版社 2007 年版。

毛宗武、蒙朝吉:《畲语简志》,民族出版社 1986 年版。

毛宗武、蒙朝吉、郑宗泽:《瑶族语言简志(含拉珈语)》,民族出版
　　社 1980 年版。

毛宗武:《瑶族语言简志》,民族出版社 1982 年版。

蒙朝吉、蒙凤姣主编:《瑶汉词典(布努语)》,民族出版社 2008
　　年版。

蒙朝吉:《瑶族布努语方言研究》,民族出版社 2001 年版。

蒙元耀:《壮语熟语》,民族出版社 2006 年版。

孟达来:《北方民族的历史接触与阿尔泰诸语言共同性的形成》,中
　　国社会科学出版社 2001 年版。

木乃热哈主编:《甘洛民族语言使用现状及其演变》,商务印书馆
　　2015 年版。

木玉璋、孙宏开:《傈僳语方言研究》,民族出版社 2012 年版。

木玉璋:《傈僳语方言研究》,民族出版社 2005 年版。

娜佳:《杜拉尔鄂温克语研究》,社会科学文献出版社 2017 年版。

倪大白:《侗台语概论》,中央民族学院出版社 1990 年版;民族出版
　　社 2010 年版。

欧阳觉亚、程方、喻翠容:《京语简志》,民族出版社 1984 年版。

欧阳觉亚、孙宏开、黄行主编:《中国民族语言文字大辞典》,中国
　　社会科学出版社 2017 年版。

欧阳觉亚、郑贻青:《黎语简志》,民族出版社 1980 年版。

欧阳觉亚、郑贻青:《黎语调查研究》,中国社会科学出版社 1983
　　年版。

欧阳觉亚:《村语研究》,上海远东出版社 1998 年版。

潘悟云:《汉语历史音韵学》,上海教育出版社 2000 年版。

潘永行、韦学纯:《水语词汇与常用语典藏》,贵州人民出版社 2014
　　年版。

普忠良:《纳苏彝语语法研究》,云南民族出版社 2017 年版。

瞿霭堂、劲松:《汉藏语言研究的理论和方法》,中国藏学出版社
　　2000 年版。

瞿霭堂、谭克让:《阿里藏语》,中国社会科学出版社 1983 年版。

瞿霭堂:《藏语韵母研究》,青海民族出版社 1991 年版。

曲木铁西:《彝语义诺话研究》,民族出版社 2010 年版。

萨希荣:《简明汉语鄂伦春语对照读本》,民族出版社 1981 年版。

申小龙:《文化语言学论纲》,广西教育出版社 1996 年版。

施向东:《汉语和藏语同源体系的比较研究》,华语教学出版社 2000
　　年版。

石锋、潘悟云主编:《中国语言学的新拓展》,香港城市大学出版社
　　1999 年版。

石如金:《苗汉汉苗词典》,岳麓书社 1997 年版。

舒化龙:《现代瑶语研究》,广西民族出版社 1992 年版。

四川省民族语言文字工作委员会编:《彝汉大词典》,四川民族出版
　　社 1997 年版。

苏金智、卞成林主编:《跨境语言与社会生活》,商务印书馆 2015
　　年版。

孙宏开、胡增益、黄行主编:《中国的语言》,商务印书馆 2007
　　年版。

孙宏开、黄成龙、周毛草：《柔若语研究》，中央民族大学出版社 2002 年版。

孙宏开、列文译：《构词法》，科学出版社 1957 年版。

孙宏开、刘光坤：《阿侬语研究》，民族出版社 2004 年版。

孙宏开、刘璐：《怒族语言简志（怒苏语）》，民族出版社 1986 年版。

孙宏开、陆绍尊、张济川、欧阳觉亚：《门巴珞巴僜人的语言》，中国社会科学出版社 1980 年版。

孙宏开、齐卡佳、刘光坤：《白马语研究》，民族出版社 2007 年版。

孙宏开等：《门巴、珞巴、僜人的语言》，科学出版社 1980 年版。

孙宏开：《羌语简志》，民族出版社 1981 年版。

孙宏开：《独龙语简志》，民族出版社 1982 年版。

孙宏开：《六江流域的民族语言及其系属分类——兼述嘉陵江上游、雅鲁藏布江流域的民族语言》，云南民族出版社 1983 年版。

孙宏开：《白马语研究》，民族出版社 2007 年版。

孙宏开：《八江流域的藏缅语》，中国社会科学出版社 2013 年版。

孙宏开：《藏缅语族羌语支研究》，中国社会科学出版社 2016 年版。

孙宏开：《西夏语言研究》，甘肃文化出版社 2018 年版。

孙艳：《汉藏语四音格词研究》，民族出版社 2005 年版。

索郎降村、张怡荪主编：《藏汉大辞典》，民族出版社 1985 年版。

索朗多杰等：《藏语敬语词典》，民族出版社 1993 年版。

覃晓航：《壮语词汇学》（英文版），民族出版社 2004 年版。

田恒金：《土家语历史比较研究》，河北人民出版社 2006 年版。

图奇春、杨震远：《锡伯语语法》，新疆人民出版社 1997 年版。

土登尼玛：《藏汉双解格萨尔词典》，四川民族出版社 1989 年版。

王春德：《苗语语法（黔东方言）》，光明日报出版社 1986 年版。

王锋：《从汉字到汉字系文字——汉字文化圈文字研究》，民族出版社 2003 年版。

王锋：《昆明西山沙朗白语研究》，中国社会科学出版社 2012 年版。

王锋、王双成主编：《白语研究论文集》，中西书局 2013 年版。

王辅世、毛宗武:《苗瑶语古音构拟》，中国社会科学出版社 1995
　年版。

王辅世、赵习:《苗语简志》，民族出版社 1985 年版。

王辅世:《苗语古音构拟》，日本东京外国语大学亚非语言文化研究
　所，1994 年。

王敬骝主编:《佤语研究》，云南民族出版社 1994 年版。

王均、郑国乔:《仫佬语简志》，民族出版社 1980 年版。

王庆丰:《满语研究》，民族出版社 2005 年版。

王远新:《中国民族语言学史》，中央民族学院出版社 1993 年版。

王远新:《突厥历史语言学研究》，中央民族大学出版社 1995 年版。

韦景云、何霜、罗永现:《燕齐壮语参考语法》，中国社会科学出版
　社 2011 年版。

韦茂繁:《下坳壮语参考语法》，广西人民出版社 2014 年版。

韦庆稳、覃国生:《壮语简志》，民族出版社 1980 年版。

翁建敏、朝克:《敖鲁古雅鄂温克语研究》，社会科学文献出版社
　2016 年版。

乌拉熙春:《满语语法》，内蒙古人民出版社 1983 年版。

乌拉熙春:《满语语音研究》，日本京都玄都文社 1992 年版。

巫凌云、杨光远:《傣语语法》，云南民族出版社 1993 年版。

吴安其:《汉藏语同源研究》，中央民族大学出版社 2002 年版。

吴小奕:《跨境壮语研究》，广西民族出版社 2013 年版。

西田龙雄、孙宏开:《白马译语研究》（中文、日文），日本京都松香
　堂，1990 年。

鲜松奎:《新苗汉词典》，四川民族出版社 2000 年版。

向日征:《吉卫苗语研究》，四川民族出版社 1999 年版。

邢福义主编:《文化语言学》，湖北教育出版社 1990 年版。

邢公畹:《汉台语比较手册》，商务印书馆 1999 年版。

邢凯:《汉语和侗台语研究》，军事谊文出版社 2000 年版。

徐烈炯、刘丹青主编:《话题和焦点新论》，上海教育出版社 2003

年版。

徐世璇:《毕苏语研究》,上海远东出版社1998年版。

徐世璇:《濒危语言研究》,中央民族大学出版社2001年版。

徐思益等编著:《语言的接触与影响》,新疆人民出版社1997年版。

徐悉艰、萧家成、岳相昆、戴庆厦编著:《景汉词典》,云南民族出版社1983年版。

许嘉璐、王福祥、刘润清主编:《中国语言学现状与展望》,外语教学与研究出版社1996年版。

许伊娜:《新疆—青海撒拉语维吾尔语词汇比较》,新疆大学出版社2000年版。

颜其香、周植志:《中国孟高棉语族语言与南亚语系》,中央民族大学出版社1995年版;社会科学文献出版社2012年版。

杨光荣:《藏语汉语同源词研究》,民族出版社2000年版。

杨汉基、张盛:《简明侗语语法》,贵州民族出版社1990年版。

杨立权:《白语发生学研究:白语的历史层次分析和异源层次的发生学关系》,云南教育出版社2007年版。

杨通银:《莫语研究》,中央民族大学出版社2000年版。

杨通银:《通道侗语研究》,民族出版社2009年版。

杨再彪:《苗语东部方言土语比较》,民族出版社2004年版。

易斌:《现代维吾尔语元音的实验语音学研究》,中国社会科学出版社2012年版。

尹蔚彬:《业隆拉坞戎语研究》,民族出版社2007年版。

游汝杰、邹嘉彦:《社会语言学教程》,复旦大学出版社2004年版。

游汝杰:《中国文化语言学引论》,高等教育出版社1993年版。

于道泉:《藏汉对照拉萨口语词典》,民族出版社1983年版。

余金枝:《湘西矮寨苗语参考语法》,中国社会科学出版社2011年版。

余金枝:《中泰跨境苗语对比研究》,中国社会科学出版社2018年版。

喻翠容、罗美珍:《傣语简志》,民族出版社 1980 年版。

喻翠容编著:《布依语简志》,民族出版社 1980 年版。

喻世长:《布依语语法研究》,科学出版社 1956 年版。

喻世长:《论蒙古语族的形成和发展》,民族出版社 1983 年版。

袁家骅:《阿细民歌及其语言》,科学出版社 1956 年版。

袁明军:《汉白语调查研究》,中国文史出版社 2006 年版。

袁焱:《语言接触与语言演变》,民族出版社 2001 年版。

岳相昆、戴庆厦、萧家成、徐悉艰编著:《汉景词典》,云南民族出
　　版社 1981 年版。

云南楚雄州民族事务委员会编:《彝汉词典》,云南民族出版社 1995
　　年版。

曾晓渝:《汉语水语关系词研究》,重庆出版社 1994 年版。

张公瑾、丁石庆:《文化语言学教程》,教育科学出版社 2004 年版。

张公瑾、丁石庆主编:《浑沌学与语言文化研究》,中央民族大学出
　　版社 2005 年版。

张公瑾、丁石庆主编:《浑沌学与语言文化研究新视野》,中央民族
　　大学出版社 2008 年版。

张公瑾、丁石庆主编:《浑沌学与语言文化研究新进展》,中央民族
　　大学出版社 2009 年版。

张公瑾、丁石庆主编:《浑沌学与语言文化研究新收获》,中央民族
　　大学出版社 2010 年版。

张公瑾、丁石庆主编:《浑沌学与语言文化研究新探索》,中央民族
　　大学出版社 2011 年版。

张公瑾、丁石庆主编:《浑沌学与语言文化研究新起点》,中央民族
　　大学出版社 2013 年版。

张公瑾、丁石庆主编:《浑沌学与语言文化研究新思维》,中央民族
　　大学出版社 2014 年版。

张公瑾:《文化语言学发凡》,云南大学出版社 1998 年版。

张公瑾主编:《语言与民族物质文化史》,民族出版社 2002 年版。

张惠英:《汉藏系语言和汉语方言比较研究》,民族出版社 2001 年版。

张晋智:《简明彝汉字典》,云南民族出版 2014 年版。

张景霓:《毛南语动词研究》,中央民族大学出版社 2006 年版。

张军:《汉藏语系语言判断句研究》,中央民族大学出版社 2005 年版。

张均如、梁敏和欧阳觉亚等:《壮语方言研究》,四川民族出版社 1999 年版。

张均如:《水语简志》,民族出版社 1980 年版。

张伟权:《土家语探微》,贵州民族出版社 2004 年版。

张伟权编著:《土家语汉语词典》,贵州民族出版社 2002 年版。

张伟权编著:《汉语土家语词典》,贵州民族出版社 2006 年版。

赵阿平、朝克:《黑龙江现代满语研究》,黑龙江教育出版社 2001 年版。

赵凤珠主编:《景洪市嘎洒镇傣族语言文字使用现状及其演变》,商 务印书馆 2010 年版。

赵杰:《现代满语研究》,民族出版社 1989 年版。

赵岩社、赵福和:《佤语语法》,云南民族出版社 1998 年版。

赵岩社:《佤语概论》,云南大学出版社 2006 年版。

赵衍荪、徐琳编著:《白汉词典》,四川民族出版社 1996 年版。

赵元任:《广西瑶歌记音》,中央研究院历史语言研究所,1930 年。

照日格图:《蒙古语与突厥语族语言词汇比较研究》,内蒙古教育出 版社 2000、2005 年版。

郑贻青:《靖西壮语研究》,中国社会科学院民族研究所,1996 年。

郑张尚芳:《上古音系》,上海教育出版社 2003 年第 1 版,2013 年第 2 版。

中国科学院少数民族语言研究所:《布依语调查报告》,科学出版社 1959 年版。

中国社会科学院、澳大利亚人文科学院:《中国语言地图集》(中文、英文两种版本），香港朗文（远东）有限公司 1987、1990 年出版。

中国社会科学院语言研究所、中国社会科学院民族学与人类学研究所、香港城市大学语言资讯科学研究中心：《中国语言地图集》（第 2 版），商务印书馆 2012 年版。

中国社会科学院民族研究所、国家民族事务委员会文化宣传司编：《中国少数民族文字》，中国藏学出版社 1992 年版。

中国社会科学院民族研究所、国家民族事务委员会文化宣传司编：《中国少数民族语言文字使用和发展问题》，中国藏学出版社 1993 年版。

中国社会科学院民族研究所、国家民族事务委员会文化宣传司编：《中国少数民族语言使用情况》，中国藏学出版社 1994 年版。

中国社会科学院民族研究所编：《中国突厥语族语言词汇集》，民族出版社 1990 年版。

中国社会科学院民族研究所主编，毛宗武编：《汉瑶词典》，四川民族出版社 1992 年版。

中国社会科学院民族研究所主编，蒙朝吉编：《汉瑶词典（布努语)》，四川民族出版社 1996 年版。

中国社会科学院民族研究所主编，王春德编：《汉苗词典（黔东方言)》，贵州民族出版社 1992 年版。

中国社会科学院民族研究所主编，向日征编：《汉苗词典（湘西方言)》，四川民族出版社 1992 年版。

中国语言文字使用情况调查领导小组办公室编：《中国语言文字使用情况调查资料》，语文出版社 2006 年版。

中央民族学院苗瑶语研究室编：《苗瑶语方言词汇集》，中央民族学院出版社 1987 年版。

中央民族学院少数民族语言研究所第五研究室：《壮侗语族语言词汇集》，中央民族学院出版社 1985 年版。

周德才：《他留语研究》，云南民族出版社 2004 年版。

周国炎：《仡佬族母语生态研究》，民族出版社 2004 年版。

周国炎主编:《布依族语言使用现状及其演变》,商务印书馆 2009 年版。

周毛草:《玛曲藏语研究》,民族出版社 2003 年版。

周庆生、王洁、苏金智主编:《语言与法律研究的新视野》,法律出版社 2013 年版。

周庆生:《语言与人类:中华民族社会语言透视》,中央民族大学出版社 2000 年版。

周庆生:《语言生活与语言政策:中国少数民族研究》,社会科学文献出版社 2015 年版。

周庆生主编:《国外语言政策与语言规划进程》,语文出版社 2001 年版。

周庆生主编:《国家、民族与语言:语言政策国别研究》,语文出版社 2003 年版。

周庆生主编:《中国语言生活状况报告》系列,包括:《中国语言生活状况报告 2005》(上编),商务印书馆 2006 年版;《中国语言生活状况报告 2006》(上编),商务印书馆 2007 年版;《中国民族语言学研究》,社会科学文献出版社 2008 年版;《中国语言生活状况报告 2007》(上编),商务印书馆 2008 年版;《中国语言生活状况报告 2008》(上编),商务印书馆 2009 年版;《中国语言生活状况报告 2009》(上编),商务印书馆 2010 年版;《中国语言生活状况报告 2011》(与侯敏合编),商务印书馆 2011 年版。

周庆生主编:《中国语言人类学百年文选》,知识产权出版社 2008 年版。

周庆生主编:《语言变化与生态环境》,知识产权出版社 2012 年版。

周炜:《中国少数民族语言生活研究:以西藏自治区为例》,人民出版社 2013 年版。

周耀文、罗美珍:《傣语方言研究(语音词汇文字)》,民族出版社 2001 年版。

周有光:《中国的汉字改革和汉字教学》,语文出版社 1992 年版。

周振鹤、游汝杰:《方言与中国文化》,上海人民出版社 1986 年版。

周植志、颜其香:《佤语简志》,民族出版社 1984 年版。

周植志、颜其香、陈国庆:《佤语方言研究》,民族出版社 2005 年版。

朱文俊:《人类语言学论题研究》,北京语言文化大学出版社 2000 年版。

论文

［美］格林伯格著,陆丙甫、陆致极译:《某些主要跟语序有关的语法普遍现象》,《国外语言学》1984 年第 2 期。

［苏］ A. C. 契科巴瓦著,俞敏译:《民族语言、文学语言跟地域方言》1954 年第 6 期。

［苏］格·谢尔久琴柯:《关于中国民族和语言的分类问题》,《中国语文》1958 年第 3 期。

［苏］格·谢尔久琴柯,刘涌泉口译,施政记录:《壮族文字同壮族的基础方言和标准音问题》,《中国语文》1955 年第 7 期。

阿不都若夫·普拉提:《现代维吾尔语 ɑ、ɛ 变为 e、i 的音变现象及其原因》,《民族语文》1995 年第 1 期。

阿拉坦:《阿嘎布里亚特方言和霍里布里亚特方言复合元音语音实验研究》,《内蒙古师范大学学报》(哲学社会科学版)2010 年第 5 期。

阿里甫·库尔班等:《维吾尔语框架语义角色标注标记集研究》,《中文信息学报》2013 年第 2 期。

艾金勇、陈小莹、刘泽国:《藏语自动标音系统的设计与实现》,《智能计算机语应用》2015 年第 6 期。

艾金勇、陈小莹:《藏语拉萨话塞音过渡音征研究》,《理论与探索》2015 年第 11 期。

艾斯卡尔·艾木都拉:《从实验语音学角度探析维吾尔语鼻音的声学特征》,《中文信息学报》2012 年第 1 期。

安成山、焦建英：《简论锡伯语口语语音》，《语言与翻译》1999 年第 4 期。

安成山：《修订锡伯语口语复合音探析》，《语言与翻译》2001 年第 2 期。

安俊：《赫哲语概况》，《民族语文》1984 年第 6 期。

敖敏、熊子瑜、呼和：《蒙古语标准话朗读话语韵律短语研究》，《中央民族大学学报》（哲学社会科学版）2012 年第 4 期。

巴莫阿依：《凉山彝语地名初探》，《民族研究》1987 年第 6 期。

巴且日火：《凉山彝族非血缘称谓试析》，《民族语文》2000 年第 5 期。

白碧波、许鲜明：《元江县白族与周边哈尼族的语言关系》，《云南师范大学学报》2006 年第 5 期。

白玛措、汪青：《藏语方言敬语对比试析》，《西南民族学院学报》1991 年第 3 期。

包·吉仁尼格：《蒙古语族语言动词态诸形态的比较》，《内蒙古大学学报》1982 年第 3 期。

包桂兰、哈斯其木格、呼和：《基于 EPG 的蒙古语辅音发音部位研究》，《民族语文》2010 年第 3 期。

包桂兰、呼和：《蒙古语标准音辅音组合的协同发音研究》，《中文信息学报》2011 年第 4 期。

包桂兰：《蒙古语辅音发音时长问题》，《中央民族大学学报》（哲学社会科学版）2015 年第 5 期。

包力高：《关于蒙古语族诸语言的长元音和复合元音》《内蒙古大学学报》1982 年第 3 期。

包敏娜：《蒙古语传媒语言文本语料库的构建》，《内蒙古师范大学学报》（哲学社会科学版）2016 年第 4 期。

包敏娜等：《基于影视剧语料库的蒙古语话语标记标注初探》，《内蒙古大学学报》（哲学社会科学版）2011 年第 6 期。

包晓荣等：《基于依存语法的蒙古语语义角色分类及其标记研究》，

《中文信息学报》2013 年第 4 期。

鲍怀翘、周植志：《佤语浊送气声学特征分析》，《民族语文》1990年第 2 期。

斌巴：《关于蒙古语族诸语言人称代词的几个问题》，《内蒙古大学学报》1982 年第 3 期。

布和：《东乡语的元音和谐现状分析》，《民族语文》1983 年第 4 期。

才让加：《藏语语料库词语分类体系及标记集研究》，《中文信息学报》2009 年第 4 期。

才让加等：《基于藏语语料库的词类分类方法研究》，《西北民族大学学报》（自然科学版）2005 年第 2 期。

蔡崇尧：《数字在维吾尔语中的文化内涵和修辞色彩》，《新疆师范大学学报》2000 年第 1 期。

蔡美彪、刘璐：《东北各少数民族的语言与文字》，《中国语文》1952年第 6 期。

曹翠云：《黔东苗语状词初探》，《中国语文》1961 年第 4 期。

曹翠云：《汉、苗、瑶语第三人称代词的来源》，《民族语文》1988年第 5 期。

曹道巴特尔：《蒙古语二元对立文化语义语音选择》，张公瑾、丁石庆主编《浑沌学与语言文化研究新进展》，中央民族大学出版社2009 年版。

曹广衢：《壮侗语趋向补语的起源和发展》，《民族语文》1994 年第4 期。

曹晓燕：《藏语敬语简论》，《西藏研究》1994 年第 3 期。

曹志耘：《论语言保存》，《语言教学与研究》2009 年第 1 期。

常山、文化：《满语方位词 dergi、wargi 词源考证》，《满语研究》2008 年第 2 期。

朝克：《关于鄂温克语语音归纳》，《内蒙古师范大学学报（蒙文版）》1983 年第 1 期。

朝克：《鄂温克语各方言的语音关系》，《中央民族学院学报》1985

年第 4 期。

朝克:《鄂温克语词汇特征》,《蒙古语言文学》(蒙文版),1986 年第 3 期。

朝克:《论满—通古斯语形容词的级》,《内蒙古大学学报》1990 年第 2 期。

朝克:《论呼玛鄂伦春语元音结构》,《满语研究》1992 年第 1 期。

朝克:《论日本阿夷奴语和阿尔泰诸语代词的关系》,《民族语文》1993 年第 3 期。

朝克:《满通古斯诸语的音变规则》,《满语研究》1996 年第 2 期。

车谦:《从 gcig 谈起》,《民族语文》1981 年第 2 期。

陈保亚、何方:《略说汉藏语系的谱系结构》,《思想战线》2004 年第 3 期。

陈保亚:《从核心词分布看汉语和侗台语的语源关系》,《民族语文》1995 年第 5 期。

陈保亚:《侗台语和南亚语的语源关系——兼说古代越、濮的族源关系》,《云南民族学院学报》1997 年第 1 期。

陈保亚:《台佤关系词的相对有阶分析》,《语言研究》1997 年第 1 期。

陈国庆:《柬埔寨语佤语前置音演变初探》,《民族语文》1999 年第 4 期。

陈国庆:《柬埔寨语与佤语的构词形态》,《民族语文》2000 年第 6 期。

陈国庆:《孟高棉语人称代词的形态特征》,《民族语文》2005 年第 6 期。

陈国庆:《孟高棉语前缀》,《语言研究》2010 年第 4 期。

陈国庆:《孟高棉语 *Cl –、*Cr – 类复辅音声母》,《民族语文》2016 年第 3 期。

陈嘉猷、鲍怀翘、郑玉玲:《三个少数民族语音声学参数数据库(光盘版)介绍》,《新世纪的现代语言学》(第五届现代语音学学术会议论文集），清华大学出版社 2001 年版。

陈康：《白语促声考》，《中央民族学院学报》1992 年第 1 期。

陈康：《论台湾南岛语言的语流音变》，李壬癸、林英津编《台湾南岛民族母语研讨论文集》，台湾"教育部"教育研究委员会，1994 年。

陈康：《彝语自动词与使动词形态标志及其由来》，《民族语文》1990 年第 2 期。

陈康：《彝语支调类诠释》，《民族语文》1991 年第 3 期。

陈康：《彝缅语塞音韵尾演变轨迹》，《民族语文》1993 年第 1 期。

陈康：《彝语 *a、*e 的地域推移》，《民族语文论文集》，中央民族学院出版社 1993 年版。

陈康：《论彝语支声调系统的发生与裂变》，《民族语文》1997 年第 1 期。

陈鸣晓：《英语与朝鲜语语音初步对比》，《延边大学学报》（哲学社会科学版）1978 年第 3 期。

陈乃雄：《中国蒙古语族语言的构词附加成分》，《内蒙古大学学报》1985 年第 4 期。

陈乃雄：《蒙古语族语言的感叹词》，《西北民族研究》1992 年第 2 期。

陈其光、李永燧：《汉语苗瑶语同源例证》，《民族语文》1981 年第 2 期。

陈其光：《苗瑶语入声的发展》，《民族语文》1979 年第 1 期。

陈其光：《畲语在苗瑶语族中的地位》，《语言研究》1984 年第 1 期。

陈其光：《古苗瑶语鼻冠闭塞音声母在现代方言中反映形式的类型》，《民族语文》1984 年第 5 期。

陈其光：《苗瑶语浊声母的演变》，《语言研究》1985 年第 2 期。

陈其光：《炯奈语在苗瑶语族中的特殊地位》，《中央民族学院学报》（语言文学增刊），1986 年。

陈其光：《苗瑶语鼻音韵尾的演变》，《民族语文》1988 年第 6 期。

陈其光:《苗瑶语族语言的几种调变》,《民族语文》1989 年第 5 期。

陈其光:《苗汉同源字谱》,《中央民族学院学报》增刊,1990 年。

陈其光:《苗瑶语前缀》,《民族语文》1993 年第 1 期。

陈其光:《汉藏语声调探源》,《民族语文》1994 年第 6 期。

陈其光:《巴哼语》,《民族语文》1996 年第 2 期。

陈其光:《苗瑶语鼻冠闭塞音声母的构拟问题》,《民族语文》1998 年第 3 期。

陈其光:《巴那语概况》,《民族语文》2001 年第 2 期。

陈士林:《西康彝语文工作报告》,《科学通报》1951 年第 4 期。

陈顺强等:《基于隐马尔科夫模型的彝文分词系统设计与开发》,《西南民族大学学报》(自然科学版)2012 年第 1 期。

陈相木、赵福和、赵岩社:《佤语巴饶克方言与阿佤方言比较研究》,《云南民族语言文学论文集》,云南民族出版社 1990 年版。

陈小莹、艾金勇、于洪志:《藏语拉萨话单音节嗓音声学参数分析》,《中文信息学报》2015 年第 3 期。

陈小莹:《藏语拉萨话元音时长与能量声学分析》,《西藏科技》2015 年第 9 期。

陈雪等:《哈萨克语句法分析辅助特征提取研究》,《中文信息学报》2018 年第 8 期。

陈玉忠等:《藏文信息处理技术的研究现状与展望》,《中国藏学》2003 年第 4 期。

陈玉忠等:《基于格助词和连续特征的藏语自动分词方案》,《语言文字应用》2003 年第 2 期。

陈子丹、郑宇、武泽淼:《我国少数民族濒危语言建档的几点思考》,《档案学通讯》2016 年第 4 期。

陈宗振:《论西部裕固语的带擦元音》,《民族语文》1986 年第 2 期。

程默:《载瓦语的声调》,《中国语文》1956 年第 4 期。

程适良:《新疆的跨境民族语言研究论略》,《西北民族研究》1995 年第 2 期。

崔军民:《藏语亲属称谓系统及其文化内涵初探》,《中央民族大学学报》2006 年第 2 期。

达胡白乙拉:《蒙古语基本动词短语自动识别研究》,内蒙古大学,博士学位论文,2005 年。

戴光宇:《论赫哲语的钝音加 se/te 词尾》,《内蒙古民族大学学报(社会科学版)》2007 年第 2 期。

戴红亮:《走整体把握和协同合作的民族语言保护之路》,《民族翻译》2014 年第 3 期。

戴庆厦、傅爱兰、刘菊黄:《关于我国藏缅语的系属分类》,戴庆厦主编《藏缅语新论》,中央民族大学出版社 1994 年版。

戴庆厦、傅爱兰:《关于我国藏缅语族系属分类问题》,《云南民族学院学报》1989 年第 3 期。

戴庆厦、傅爱兰:《论"跨境语言"》,戴庆厦主编《跨境语言研究》,中央民族学院出版社 1993 年版。

戴庆厦、傅爱兰:《藏缅语的是非疑问句》,《中国语文》2000 年第 5 期。

戴庆厦、傅爱兰:《藏缅语的述宾结构——兼与汉语比较》,《方言》2001 年第 4 期。

戴庆厦、傅爱兰:《藏缅语的形修名语序》,《中国语文》2002 年第 4 期。

戴庆厦、和智利、李旭芳:《丽江市古城区七河镇共和村的语言和谐》,《青海民族研究》2014 年第 3 期。

戴庆厦、胡素华:《彝语支语言的颜色词》,《语言研究》1993 年第 4 期。

戴庆厦、胡素华:《凉山彝语的体词状语助词——兼论彝语词类中有无介词类问题》,《语言研究》1998 年第 1 期。

戴庆厦、蒋颖:《从词源关系看藏缅语名量词演变的历史层次》,北京大学汉语语言学研究中心编《语言学论丛》第 34 辑,商务印书馆 2006 年版。

戴庆厦、蒋颖：《论藏缅语的反响型名量词》，《中央民族大学学报》2005 年第 2 期。

戴庆厦、黎意：《藏缅语的述补结构——兼反观汉语的述补结构特点》，《宁夏大学学报》（人文社会科学版）2004 年第 4 期。

戴庆厦、李春风：《语言和谐与边疆稳定——云南省文山州都龙镇各民族语言关系的理论分析》，《中南民族大学学报》2017 年第 4 期。

戴庆厦、李洁：《藏缅语的强调式施动句——兼与汉语被动句对比》，《语言研究》2005 年第 3 期。

戴庆厦、李洁：《从藏缅语族语言反观汉语的被动句》，《云南师范大学学报》2006 年第 3 期。

戴庆厦、李洁：《汉藏语被动句的类型学分析》，《中央民族大学学报》2007 年第 1 期。

戴庆厦、刘菊黄：《藏缅语族某些语言的音节搭配律》，《民族语文》1988 年第 5 期。

戴庆厦、刘岩：《从藏缅语、孟高棉语看亚洲声调语言的起源及演变》，戴庆厦主编《中国民族语言论丛》（二），云南民族出版社1997 年版。

戴庆厦、刘岩：《中国德昂语广卡话声调分析》，《语言研究》1997 年第 1 期。

戴庆厦、乔翔、邓凤民：《论跨境语言研究的理论与方法》，《云南师范大学学报》2009 年第 3 期。

戴庆厦、邱月：《OV 型藏缅语连动结构的类型学特征》，《汉语学报》2008 年第 2 期。

戴庆厦、邱月：《藏缅语与汉语连动结构的比较研究》，《世界汉语教学》2008 年第 2 期。

戴庆厦、邓佑玲：《濒危语言研究中定性定位问题的初步思考》，《中央民族大学学报》2001 年第 2 期。

戴庆厦、田静：《濒危语言的语言状态——仙仁土家语个案分析之一》，《语言科学》2002 年第 1 期。

戴庆厦、田静：《濒危语言的语言活力——仙仁土家语个案研究之
二》，《思想战线》2003 年第 5 期。

戴庆厦、田静：《从共时差异看语言濒危——仙仁土家语个案研究之
三》，《中南民族大学学报》2004 年第 2 期。

戴庆厦、王玲：《景颇语弱化音节语音性质的实验研究》，《中央民族
大学学报》（哲学社会科学版）2014 年第 5 期。

戴庆厦、余金枝、余成林、林新宇、范丽君：《片马茶山人和谐的多
语生活——语言和谐调查研究的理论方法个案剖析》，《云南师范
大学学报》2009 年第 6 期。

戴庆厦、张景霓：《濒危语言与衰变语言——毛南语语言活力的类型
分析》，《中央民族大学学报》2006 年第 1 期。

戴庆厦、朱艳华：《藏缅语选择疑问范畴句法结构的演变链》，《汉语
学报》2010 年第 2 期。

戴庆厦、朱艳华：《20 年来汉藏语系的语言类型学研究》，《云南民
族大学学报》2011 年第 5 期。

戴庆厦：《我国藏缅语族松紧元音来源初探》，《民族语文》1979 年
第 1 期。

戴庆厦：《彝语支语言的清浊声母》，《中央民族学院学报》1981 年
第 2 期。

戴庆厦：《藏缅语族某些语言弱化音节探源》，《民族语文》1984 年
第 2 期。

戴庆厦：《阿昌语的清鼻音》，《民族语文》1985 年第 2 期。

戴庆厦：《景颇语的声调》，《中央民族学院学报》1985 年第 3 期。

戴庆厦：《我国民族语文工作与社会语言学》，《民族语文》1987 年
第 5 期。

戴庆厦：《藏缅语族某些语言的音节搭配律》，《民族语文》1988 年
第 5 期。

戴庆厦：《载瓦语声调研究》，《中央民族学院学报》1989 年第 1 期。

戴庆厦：《缅彝语的结构助词》,《语言研究》1989 年第 2 期。

戴庆厦：《藏缅语族辅音韵尾的发展》（与马学良合写）,《语言文字学术论文集》1989（4）。

戴庆厦：《论语言关系》,《民族研究》1990 年第 2 期。

戴庆厦：《藏缅语松紧元音研究》,《藏缅语族语言研究》, 云南民族出版社 1990 年版。

戴庆厦：《景颇语亲属称谓的语义分析》,《民族语文》1991 年第 1 期。

戴庆厦：《藏缅语族语言声调研究》,《中央民族学院学术论文集》, 中央民族学院出版社 1991 年版。

戴庆厦：《彝缅语鼻冠音声母的来源及发展——兼论彝缅语语音演变的"整化"作用》,《民族语文》1992 年第 1 期。

戴庆厦：《关于纳西语的松紧元音问题——兼论彝缅语语音历史演变的研究方法》,《民族语文》1993 年第 1 期。

戴庆厦：《景颇语动词与藏缅语语法范畴》,《中央民族大学学报》1994 年第 3 期。

戴庆厦：《藏缅语的声调》,《藏缅语新论》, 中央民族大学出版社 1994 年版。

戴庆厦：《藏缅语个体量词研究》,《藏缅语新论》, 中央民族大学出版社 1994 年版。

戴庆厦：《藏缅语的"名 + 形"（修饰）语序》,《中国民族语言论丛》, 中央民族大学出版社 1996 年版。

戴庆厦：《藏缅语族语言使动范畴的历史演变》,［美］《中国语言学报》2001 年第 29 卷第 1 期。

戴庆厦：《关于汉藏语法比较研究的一些理论方法问题》,《中央民族大学学报》2002 年第 2 期。

戴庆厦：《景颇语"形修名"的两种语序对比》,《民族语文》2002 年第 4 期。

戴庆厦：《景颇语单纯词句尾词形成的结构机制》,《中央民族大学学报》2003 年第 2 期。

戴庆厦:《中国濒危语言研究面临的几个理论问题》,《中国社会语言学》2004 年第 1 期。

戴庆厦:《景颇语的述补结构》,《民族语文》2004 年第 6 期。

戴庆厦:《濒危语言研究在语言学中的地位》,《长江学术》2006 年第 1 期。

戴庆厦:《语法比较的几点思考》,《语言与翻译》2006 年第 1 期。

戴庆厦:《语言竞争与语言和谐》,《语言教学与研究》2006 年第 2 期。

戴庆厦:《构建我国多民族语言和谐的几个理论问题》,《中央民族大学学报》2008 年第 2 期。

戴庆厦:《跨境语言研究的理论与方法》,《云南师范大学学报》2009 年第 3 期。

戴庆厦:《"濒危语言热"二十年》,《云南师范大学学报》2012 年第 4 期。

戴庆厦:《开展我国语言和谐研究的构想》,《黔南民族师范学院学报》2013 年第 3 期。

戴庆厦:《"科学保护各民族语言文字"研究的理论方法思考》,《民族翻译》2014 年第 3 期。

戴庆厦:《跨境语言研究的历史和现状》,《语言文字应用》2014 年第 2 期。

戴庆厦:《语言国情调查的理论与方法问题》,《语言政策与语言教育》2015 年第 1 期。

戴庆厦:《科学理智地深入开展濒危语言保护的研究》,《北方民族大学学报》2015 年第 3 期。

戴庆厦:《论跨境语言的和谐与冲突——以中缅景颇语个案为研究》,《语言战略研究》2016 年第 2 期。

戴庆厦:《语言保护与中国的少数民族语言》,《民族典籍文字研究》2016 年第 2 期。

戴庆厦:《跨境语言研究当前面临的三个理论问题》,《广西民族大学学报》2016 年第 5 期。

戴庆厦:《中国的语言传承工作能够为世界提供参考》,《语言战略研究》2017 年第 3 期。

戴庆厦:《宏观把握　微观入手——老挝跨境语言调查研究的体会》,《贵州民族研究》2019 年第 1 期。

刀洁:《白傣语与泰语的比较研究》,《云南民族大学学报》2009 年第 3 期。

道布:《蒙古语的元音和谐与元音音位对立的中和》,《民族语文》1984 年第 2 期。

道布:《中国的语言政策和语言规划》,《民族研究》1998 年第 6 期。

德·萨日娜:《蒙古语句子切分知识库的建立与应用》,《内蒙古社会科学》2006 年第 6 期。

邓方贵:《现代瑶语浊声母的来源》,《民族语文研究》,四川民族出版社 1983 年版。

邓浩:《区域语言学和我国的突厥语族语言研究》,《新疆教育学院学报》1988 年第 1 期。

邓浩:《论原始突厥语的结构类型》,《新疆师范大学学报》1988 年第 2 期。

邓浩:《突厥语后置词形成问题质疑》,《语言与翻译》1993 年第 3 期。

邓晓华:《从语言推论壮侗语族与南岛语系的史前文化》,《语言研究》1992 年第 1 期。

邓晓华:《南方汉语中的古南岛语成分》,《民族语文》1994 年第 3 期。

邓晓华等:《苗瑶语族语言亲缘关系的计量研究——词源统计分析方法》,《中国语文》2003 年第 3 期。

地里木拉·吐尔逊、艾斯卡尔·艾木都拉:《维吾尔语中清化元音的实验语音学研究》,《中文信息学报》2010 年第 5 期。

丁邦新:《古卑南语构拟》,"中研院"历史语言研究所集刊第 49 本,
　　1978 年。

丁崇明、荣晶:《汉语与南方少数民族语言在语法类型学上的部分共
　　性特征》,《思想战线》1997 年第 3 期。

丁石庆、孟德腾:《少数民族语言与文化研究 60 年:回顾·反思·
　　展望》,《中南民族大学学报》2006 年第 6 期。

丁石庆:《达斡尔族亲属称谓的文化透视》,《黑龙江民族论丛》1998
　　年第 1 期。

丁石庆:《达斡尔语渔业词汇与渔业文化历史变迁》,《满语研究》
　　2002 年第 2 期。

丁石庆:《莫旗达斡尔族语言兼用现状的历史背景分析》,《黑龙江民
　　族丛刊》2008 年第 3 期。

丁石庆:《初始与分叉:达斡尔族姓氏的历史演化》,张公瑾、丁石
　　庆主编《浑沌学与语言文化研究新进展》,中央民族大学出版社
　　2009 年版。

丁石庆:《中国语言资源保护工程语料资源的质量、价值和效用——
　　以少数民族语言材料为例》,《暨南学报》2018 年第 10 期。

丁石庆:《中国少数民族语言资源保护:进程、问题与相关策略》,
　　《中国民族语言学报》第 2 辑,商务印书馆 2019 年版。

东主才让:《藏族古代部族与藏族姓名浅谈》,《国家图书馆学刊》
　　1997 年第 1 期。

董为光、曹广衢、严学窘:《汉语和侗台语的亲属关系》,Computa-
　　tional Analyses of Asian & African Languages, No. 22, 1984。

杜楠楠、赵晖:《维吾尔语情感语音韵律转换研究》,《计算机工程与
　　应用》2016 年第 19 期。

杜若明:《藏缅语动词使动范畴的历史演变》,《语言研究》1990 年
　　第 1 期。

多结仁欠:《现代藏语元音特征研究》,《西藏大学学报》(社会科学
　　版)2015 年第 2 期。

多结仁欠：《藏语元音声学实验分析》，《西藏大学学报》（自然科学版）2016 年第 1 期。

多丽梅：《通古斯鄂温克语的元音系统》，《满语研究》2014 年第 2 期。

范俊军、张帆：《面向少数民族濒危语言的语档语言学》，《西北民族大学学报》2011 年第 6 期。

范俊军：《少数民族濒危语言有声语档建设再论——OLAC 技术规范及其适应性》，《西北民族大学学报》2010 年第 6 期。

范俊军：《少数民族濒危语言有声语档建设初探》，《中央民族大学学报》2011 年第 1 期。

范俊军：《少数民族濒危语言有声语档建设三论》，《北方民族大学学报》2011 年第 3 期。

范俊军：《少数民族濒危语言有声语档建设四论——关于语料采录和加工、技术培训等问题》，《西北民族大学学报》2015 年第 1 期。

范俊军：《中国濒危语言有声语档数据规则》，《西北民族大学学报》2016 年第 3 期。

范俊军：《中国濒危语言自然话语转写规则（试行）》，《暨南学报》（哲学社会科学版）2016 年第 10 期。

范俊军：《少数民族语言数字遗产的保护》，《西北民族大学学报》2018 年第 3 期。

范俊军：《中国的濒危语言保存和保护》《暨南学报》（哲学社会科学版）2018 年第 10 期。

方小兵：《语言保护的三大着眼点：资源、生态与权利》，《民族翻译》2013 年第 12 期。

飞龙、高光来、王宏伟：《基于词干的蒙古语语音关键词检测方法的研究》，《中文信息学报》2016 年第 1 期。

冯蒸：《试论藏文韵尾对于藏语方言声调演变的影响——兼论藏语声调的起源与发展》，《西藏民族学院学报》（哲学社会科学版）1984 年第 2 期。

傅爱兰：《怒语的声调》，戴庆厦主编《藏缅语新论》，中央民族学院
　　出版社 1993 年版。

傅爱兰：《怒苏语的卷舌化声母》，《语言研究》1995 年第 2 期。

傅爱兰：《藏缅语的 a 音节》，《民族语文》1996 年第 3 期。

傅爱兰：《普米语复辅音初探》，戴庆厦主编《中国民族语言论丛》
　　（一），中央民族大学出版社 1996 年版。

傅懋勣、刀世勋、童玮、刀忠强：《云南省西双版纳允景洪傣语的音
　　位系统》，《科学通报》1955 年第 9 期。

傅懋勣、王均：《重视少数民族语言文字的使用和发展使民族语文工
　　作更好地为四个现代化服务》，《民族语文》1980 年第 1 期。

傅懋勣：《维西么些语研究（语音部分）》，《中国文化研究所集刊》
　　1940 年第 1 卷。

傅懋勣：《维西么些语研究（语法部分）》，《中国文化研究所集刊》
　　1941 年第 2 卷。

傅懋勣：《维西么些语研究（词汇部分）》，《中国文化研究所集刊》
　　1943 年第 3 卷。

傅懋勣：《云南省少数民族语文的基本情况和我们的任务》，《中国语
　　文》1952 年第 6 期。

傅懋勣：《帮助少数民族创立、改进和改革文字工作的情况和问题》，
　　《科学通报》1956 第 2 期。

傅懋勣：《永宁纳西族的母系家庭和亲属称谓》，《民族研究》1980
　　年第 3 期。

傅懋勣：《建国三十五年来民族语言科研工作的发展》，《民族语文》
　　1984 年第 5 期。

盖兴之、姜竹仪：《彝语支语言的小舌音》，《缅彝语研究》，四川民
　　族出版社 1997 年版。

盖兴之：《试论缅彝语言的谱系分类》，《民族语文研究文集》，青海
　　民族出版社 1983 年版。

盖兴之：《藏缅语的松紧元音》，《民族语文》1994 年第 5 期。

高定国等：《回顾藏语信息处理技术的发展》，《西藏大学学报》（社会科学版）2009 年第 3 期。

高定国等：《"大型藏文基础语料库" 数据分析》，《西北民族大学学报》（自然科学版）2013 年第 4 期。

高华年：《黑彝语中汉语借词研究》，南开大学文学院边疆人文研究室语言人类学专刊第二种，1943 年。

高华年：《黑彝语法》，南开大学文学院边疆人文研究室语言人类学专刊第三种，1944 年。

高华年：《扬武哈尼语研究初探》，《中山大学学报》（社会科学版）1995 年第 2 期。

高莲花：《生成句法框架内的蒙古语动词及其句法结构研究》，中央民族大学，博士学位论文，2007 年。

高廷丽等：《傣文自动分词系统的设计与实现》，《中文信息学报》2013 年第 6 期。

高永奇：《几种南亚语的词源统计分析》，《民族语文》2005 年第 1 期。

格拉吉丁·欧斯满、校仲彝：《论突厥语族四种语言的元音》，《语言与翻译》1985 年第 1 期。

格桑居冕：《藏语动词的使动范畴》，《民族语文》1982 年第 5 期。

姑丽加玛丽·麦麦提艾力等：《结合分层条件随机场与标点符号的维吾尔语韵律边界预测》，《计算机工程》2015 年第 11 期。

古力努尔·艾尔肯、祖丽皮亚·阿曼、地里木拉提·吐尔逊：《维吾尔语三音节词中元音和谐的声学特征分析》，《中文信息学报》2015 年第 4 期。

古丽拉·阿东别克等：《现代哈萨克语词级标注语料库的构建研究》，《新疆大学学报》（自然科学版）2009 年第 4 期。

郭龙生：《媒体语言中的跨境语言规划研究》，《文化学刊》2014 年第 3 期。

郭庆：《浅论锡伯语重音现象及其规律》，《语言与翻译》1996 年第

4 期。

郭熙:《中国社会语言学研究的现状与前瞻》,《江苏社会科学》2002
　　年第 5 期。

哈斯巴特尔:《关于蒙古语族诸语言格的范畴》,《内蒙古大学学报》
　　1982 年第 3 期。

哈斯巴特尔:《蒙古语族语言领属格和宾格关系及其来源》,《中央民
　　族大学学报》2003 年第 6 期。

哈斯巴特尔:《初论满语元音曲折现象》,《满语研究》2004 年第
　　2 期。

哈斯巴特尔:《满语辅音 c/j 探源》,《满语研究》2005 年第 2 期。

哈斯巴特尔:《关于鄂温克语语音》,《满语研究》2006 年第 1 期。

哈斯巴特尔:《鄂温克语敖鲁古雅方言的元音》,《满语研究》2015
　　年第 1 期。

哈斯其木格、呼和:《蒙古语边音/l/的声学和生理研究》,《民族语
　　文》2012 年第 2 期。

哈斯其木格:《蒙古语标准音辅音音姿》,《中央民族大学学报》(哲
　　学社会科学版) 2013 年第 5 期。

哈斯其木格:《蒙古语词内元音音长分布模式》,《民族语文》2015
　　年第 4 期。

海峰:《东干语概况》,《民族语文》2002 年第 1 期。

韩明明、巴图格日勒、格根塔娜、德格吉呼:《青海土语乌图美仁话
　　边音 l 的声学特征研究》,《西北民族大学学报》(自然科学版)
　　2016 年第 4 期。

韩瑛等:《小学藏语文课本词汇计量统计分析》,《西北民族大学学
　　报》(自然科学版) 2010 年第 3 期。

何大安、杨秀芳:《南岛语与台湾南岛语》,《台湾南岛语言丛书·导
　　论》,远流出版社 2000 年版。

何天贞:《土家语的支属问题》,《中南民族大学学报》2003 年第
　　1 期。

何雪娟：《赫哲语语音系统》，《黑龙江民族丛刊》1988 年第 3 期。

和即仁：《谈谈白语的系属问题》，《彝缅语研究》，四川民族出版社 1997 年版。

贺嘉善：《仡佬语的系属》，《民族语文》1982 年第 5 期。

侯云红：《现代维吾尔语情感对话语音数据库的设计研究》，《语言与翻译》2018 年第 4 期。

侯尔瑞：《雅库特语与柯尔克孜、维吾尔语语音比较》，《中央民族大学学报》2001 年第 1 期。

呼格吉勒图：《蒙古语族语言基本元音的比较》，《内蒙古大学学报》1982 年第 3 期。

呼格吉勒图：《古突厥语语蒙古语语音比较研究》，《民族语文》2002 年第 1 期。

呼和、曹道巴特尔：《蒙古语察哈尔土语词末弱短元音的声学分析》，《内蒙古大学学报》（蒙文版）1996 年第 3 期。

呼和、陈嘉猷、郑玉玲：《蒙古语韵律特征声学参数数据库》，《蒙古大学学报》（哲学社会科学版）2001 年第 1 期。

呼和、周学文：《基于 PAS 的蒙古语标准话辅音气流研究》，《中央民族大学学报》（哲学社会科学版）2013 年第 2 期。

呼和：《蒙古语元音的长度问题》，《内蒙古大学学报》（蒙文版）1997 年第 3 期。

呼和：《关于蒙古语的音节问题》，《民族语文》1998 年第 4 期。

呼和：《关于用声学语音学的理论和方法研究蒙古语辅音的问题》，《内蒙古大学学报》（蒙文版）1998 年第 4 期。

呼和：《关于蒙古语语音的连接问题》，《蒙古语文》1999 年第 4 期。

呼和：《蒙古语词重音问题》，《民族语文》2007 年第 4 期。

呼和：《再论蒙古语词重音问题》，《民族语文》2014 年第 4 期。

呼和：《蒙古语标准话词首辅音谱特征分析》，《满语研究》2015 年第 2 期。

呼和：《蒙古语标准话塞音塞擦音声学分析》，《民族语文》2015 年第 3 期。

呼和：《鄂温克语词首音节短元音声学分析》，《中央民族大学学报》（哲学社会科学版）2016 年第 5 期。

呼和巴尔：《蒙古语族语言名词的人称领属形式》，《蒙古语言文学》1986 年第 5 期。

呼和巴日斯：《基于蒙古语族语言复数词缀的对比谈起来源》，《内蒙古师范大学学报》1984 年第 3 期。

呼和巴日斯：《蒙古语族语言实体名词复数词缀及其意义》，《蒙古语文》1985 年第 6 期。

胡书津、罗布江村：《藏语白色颜色词的文化内涵》，《西南民族学院学报》（哲学社会科学版）1997 年第 2 期。

胡司乐土、巴图格日勒、格根塔娜、德格吉呼：《基于语音声学参数数据库的东乡语元音 i 音位分析》，《西北民族大学学报》（自然科学版）2015 年第 4 期。

胡素华：《彝语与彝语支系属语言的结构助词比较研究》，《中央民族大学学报》1999 年第 4 期。

胡坦、戴庆厦：《哈尼语的松紧元音》，《中国语文》1964 年第 1 期。

胡坦、瞿霭堂、林联合：《藏语（拉萨话）声调实验》，《语言研究》1982 年第 1 期。

胡坦：《藏语（拉萨话）声调研究》，《民族语文》1980 年第 1 期。

胡坦：《藏语的语素变异和语音变迁》，《民族语文》1984 年第 3 期。

胡坦：《有声调藏语和无声调藏语之比较》，Languages and History in East Asia，Kyoto/Shokado，1988。

胡增益：《鄂温克语概况》，《民族语文》1984 年第 1 期。

胡增益：《阿尔泰语言中的经济原则》，《民族语文》1989 年第 4 期。

华侃：《安多藏语声母的几种特殊变化》，《民族语文》1983 年第 3 期。

华侃：《甘肃夏河、玛曲藏语中复辅音声母比较》，《西北民族学院学报》1984 年第 4 期。

华却才让等:《基于判别式的藏语依存句法分析》,《计算机工程》2013 年第 4 期。

华却才让等:《判别式藏语文本词性标注研究》,《中文信息学报》2014 年第 2 期。

华沙宝:《蒙古语语料库建设现状分析和完善策略》,《语言计算与基于内容的文本处理——全国第七届计算语言学联合学术会议论文集》,清华大学出版社 2003 年版。

黄布凡:《古藏语动词的形态》,《民族语文》1981 年第 3 期。

黄布凡:《十二、十三世纪藏语（卫藏）声母探讨》,《民族语文》1983 年第 3 期。

黄布凡:《藏缅语的"马"与古汉语的"骂"》,《中央民族学院学报》1989 年第 2 期。

黄布凡:《藏缅语的情态范畴》,《民族语文》1991 年第 2 期。

黄布凡:《藏缅语声母对韵母演变的影响》,《中国语言学报》第 4 期,1991 年。

黄布凡:《藏语方言声调的发生和分化条件》,《民族语文》1994 年第 3 期。

黄布凡:《藏缅语动词的趋向范畴》,《藏缅语新论》,中央民族学院出版社 1994 年版。

黄布凡:《原始藏缅语动词后缀 * – s 的遗迹》,《民族语文》1997 年第 1 期。

黄布凡:《同源词比较词表的选词范围和标准——以藏缅语同源词比较表的制订为例》,《民族语文》1997 年第 4 期。

黄布凡:《原始藏缅语动词使动前缀 * s – 的遗迹》,《南开语言学刊》2004 年第 2 期。

黄布凡:《藏缅语"指代→名"偏正结构语序》,《藏语藏缅语研究论集》,中国藏学出版社 2007 年版。

黄才贞:《俅语简况》,《中央民族学院学报》1983 年第 2 期。

黄成龙、李云兵、王锋:《纪录语言学——一门新兴学科》,《语言科学》2011 年第 3 期。

黄成龙:《羌语动词的前缀》,《民族语文》1997 年第 2 期。

黄成龙:《羌语音节弱化现象》,《民族语文》1998 年第 3 期。

黄成龙:《羌语名词短语的词序》,《民族语文》2003 年第 2 期。

黄成龙:《语法描写框架及术语的标记》,《民族语文》2005 年第
　3 期。

黄成龙:《羌语子句的关系化手段》,《民族语文》2008 年第 4 期。

黄成龙:《数字多媒体记录汶川县羌语资料库的开发与应用研究》,
　唐远益、陈兴龙主编《羌文化传承创新与区域经济发展研讨会文
　集》,中央民族大学出版社 2013 年版。

黄成龙:《当代中国少数民族语言资源调查》,《黔南民族师范学院学
　报》2016 年第 5 期。

黄成龙:《羌语方言多媒体资源库》,张曦、黄成龙主编《地域棱镜:
　藏羌彝走廊研究新视角》,学苑出版社 2015 年版。

黄成龙:《汶川县羌语资源库建设》,徐平主编,《汶川十年:抗震救
　灾与社会文化重建》,中国大百科全书出版社 2017 年版。

黄行、唐黎明:《被动句的跨语言类型对比》,《汉语学报》2004 年
　第 1 期。

黄行、许峰:《我国与周边国家跨境语言的语言规划研究》,《语言文
　字应用》2014 年第 2 期。

黄行:《当前我国少数民族语言政策解读》,《中南民族大学学报》
　(人文社会科学版)2014 年第 11 期。

黄行:《广西龙胜勉语的语音变异》,《民族语文》1990 年第 1 期。

黄行:《我国少数民族语言的词序类型》,《民族语文》1996 年第
　1 期。

黄行:《论语言结构分布的普遍性和有序性》,《语文研究》1997 年
　第 2 期。

黄行:《我国民族语言关系状态的系统分析》,《语言与翻译》1997
　年第 3 期。

黄行：《语言的系统状态和语言类型》，《民族语文》1998 年第 3 期。

黄行：《苗瑶语方言亲疏关系的计量分析》，《民族语文》1999 年第 3 期。

黄行：《确定汉藏语同源词的几个原则》，《民族语文》2001 年第 4 期。

黄行：《我国汉藏民族语言的语法类型》，《华东师范大学学报》2007 年第 5 期。

黄行：《第三次全国民族语文科学讨论会》，马丽雅等编著《中国民族语文政策与法律述评》，民族出版社 2007 年版。

黄行：《国家通用语言与少数民族语言法律法规的比较述评》，《语言文字应用》2010 年第 3 期。

黄行：《汉语拼音与少数民族文字拼音化》，《语言教学与研究》2012 年第 5 期。

黄行：《科学保护语言与国际化标准》，《民族翻译》2014 年第 2 期。

黄行：《汉藏语系语言区域性特点形成机制初探》，《云南师范大学学报》2014 年第 5 期。

黄行：《科学保护语言与国际化标准》，《民族翻译》2014 年第 6 期。

黄行：《当前我国少数民族语言政策解读》，《中南民族大学学报》2014 年第 6 期。

黄行：《国家民族政策与民族语言政策》，《中国社会语言学》2015 年第 2 期。

黄行：《我国与"一带一路"核心区国家跨境语言文字状况》，《云南师范大学学报》2015 年第 5 期。

黄行：《论中国民族语言认同》，《语言战略研究》2016 年第 1 期。

黄行：《中国语言资源多样性及其创新与保护规划》，《语言学研究》2017 年第 1 期。

黄行：《跨学科视域下的语言研究及其方法》，《中国社会科学》2017 年第 2 期。

黄行：《汉语拼音方案与拉丁化民族文字字母设计》，《语言文字应用》2018 年第 4 期。

黄行:《中国民族语言识别：分歧及成因》,《语言战略研究》2018
　　年第 3 期。

黄平、李春风:《论景颇族和谐语言生活的特点和成因》,《民族翻
　　译》2012 年第 1 期。

黄锡惠:《满语口语研究的重音问题》,《满语研究》2001 年第 1 期。

黄勇:《我国少数民族人名"父子连名"制的语言文化分析》,《吉
　　首大学学报》1995 年第 1 期。

黄晓琴:《浅析朝鲜语数词与阿尔泰语的关系》,《语言与翻译》2001
　　年第 4 期。

惠红军,金潇骁:《贵州少数民族语言资源的保护与利用》,《贵州民
　　族研究》2008 年第 5 期。

季荣:《关于蒙古语族语言几个后置词起源的探索》《内蒙古大学学
　　报》1982 年第 3 期。

季永海:《满语格位范畴》,《中央民族大学学报》1983 年第 3 期。

贾晞儒:《试论青海民族语地名之研究》,《青海民族研究》1996 年
　　第 3 期。

贾晞儒:《试论新形势下海西蒙古族的语言观念》,《民族语文》1997
　　年第 1 期。

江荻、孔江平:《藏语合音现象的词汇扩散分析》,《民族语文》1990
　　年第 2 期。

江荻:《藏语 sr－声类变化的扩散及中断》,《民族语文》1996 年第
　　1 期。

江荻:《藏语复杂声母系统及复杂演化行为》,《中国藏学》1996 年
　　第 4 期。

江荻:《藏语 db－音类的演化过程及时间层次》,《民族语文》1997
　　年第 5 期。

江荻:《论声调的起源和声调的发生机制》,《民族语文》1998 年第
　　5 期。

江荻等：《论藏文的序性及排序方法》，《中文信息学报》2000 年第
　1 期。

江荻：《藏缅语言元音的上移和下移演化》，《民族语文》2001 年第
　5 期。

江荻：《缅甸语复合元音的来源》，《民族语文》2002 年第 3 期。

江荻：《现代藏语组块分词的方法与过程》，《民族语文》2003 年第
　4 期。

江荻：《现代藏语动词的句法语义分类及相关语法句式》，《中文信息
　学报》2006 年第 1 期。

江荻：《藏语述说动词小句宾语及其标记》，《中文信息学报》2007
　年第 4 期。

姜锐、衣马木艾山·阿布都力克木、祖丽皮亚·阿曼、艾斯卡尔·
　艾木都拉：《维吾尔语中塞音、塞擦音 VOT 的实验研究》，《计算
　机工程与应用》2013 年第 10 期。

蒋颖、胡素华、余金枝：《泰国万伟乡阿卡族母语使用状况兼与中国
　哈尼族母语使用比较》，《云南师范大学学报》2009 年第 3 期。

蒋颖、朱艳华：《耿马县景颇族和谐的多语生活——语言和谐调查研
　究理论方法的个案剖析》，《暨南学报》2010 年第 4 期。

金理新：《构词前缀 *m – 与苗瑶语的鼻冠音》，《语言研究》2003 年
　第 3 期。

金理新：《苗瑶语的阴声韵母系统》，《语言研究》2007 年第 3 期。

金理新：《借词的形式版别标准——以苗瑶语中的汉语借词为例》，
　《民族语文》2008 年第 5 期。

金鹏、谭克让、瞿蔼堂、林向荣：《嘉戎语梭磨话的语音和形态》，
　《语言研究》1957—1958 年第 2、3 期。

金鹏：《Etude sur le Jyarung（嘉戎语研究）》，《汉学》1949 年第 3 辑
　第 3、4 期合刊。

金鹏：《藏语动词屈折形态在现代拉萨话里衍变的情况》，《语言研
　究》1956 年第 1 期。

金万平：《少数民族语言标准制定中的若干问题》，《中国标准导报》
　　1997 年第 5 期。

竟成：《汉语和藏缅语的一种是非问句》，《民族语文》1988 年第
　　2 期。

卡丽娜：《论鄂温克语结构特征》，《满语研究》2000 年第 2 期。

康才畯：《藏语分词与词性标注研究》，上海师范大学，博士学位论
　　文，2014 年。

孔江平：《苗语浊送气的声学研究》，《民族语文》1993 年第 1 期。

孔江平：《藏语（拉萨话）声调感知研究》，《民族语文》1995 年第
　　3 期。

孔江平：《哈尼语发声类型声学研究及音质概念的讨论》，《民族语
　　文》1996 年第 1 期。

孔江平：《凉山彝语松紧元音的声学特征》，《民族语文》2013 年第
　　2 期。

兰正群、吴西愉：《彝语松紧元音对立的生成机制研究》，《民族语
　　文》2017 年第 4 期。

蓝庆元：《汉语与侗台语的几个词族》，《广西社会科学》2004 年第
　　11 期。

乐·色音额尔敦：《关于蒙古语族诸语言的副动词》，《内蒙古大学学
　　报》1982 年第 3 期。

乐·色音额尔敦：《蒙古语族语言中一些副动词附加成分的来源及构
　　成方式》，《内蒙古社会科学》1995 年第 6 期。

黎意：《壮侗语与汉语述补结构的对比分析及其类型学特征》，《中央
　　民族大学学报》2009 年第 6 期。

李兵、贺俊杰：《蒙古语卫拉特方言双音节词重音的实验语音学分
　　析》，《民族语文》2010 年第 5 期。

李兵：《论通古斯语言元音和谐的语音学基础》，《民族语文》1998
　　年第 3 期。

李兵：《锡伯语唇状元音和谐的从属音系学分析》，《新疆师范大学学

报》1999 年第 1 期。

李兵：《满语元音系统的演变与原始阿尔泰语元音系统的重新构拟》，
　　《民族语文》1999 年第 3 期。

李兵：《元音和谐的类型学问题》，《民族语文》2001 年第 2 期。

李兵：《舌根后缩元音和谐系统中性元音的可透性》，《民族语文》
　　2002 年第 2 期。

李兵：《通古斯语言唇状和谐形式特点与比较》，《民族语文》2000
　　年第 3 期。

李炳泽：《苗语方言比较研究中寻找同源词的问题》，《贵州民族研
　　究》1988 年第 3 期。

李炳泽：《汉藏语系说的主要论据》，戴庆厦主编《汉语与少数民族
　　语言关系概论》，中央民族学院出版社 1992 年版。

李炳泽：《苗瑶语辅音前缀的音节化和实词化及其变体研究》，《中央
　　民族大学学报》1994 年第 5 期。

李炳泽：《苗语跟周围语言的借词研究》，戴庆厦、顾阳主编《现代
　　语言学理论与中国少数民族语言研究》，民族出版社 2003 年版。

李炳泽：《苗语色彩词及其搭配》，《黔东南民族师专学报》1994 年
　　第 3 期。

李春风：《跨境克木人母语使用情况对比分析》，《百色学院学报》
　　2011 年第 6 期。

李春风：《论泰国优勉族群的文化及语言使用——以泰北清莱府都龙
　　县促猜乡坤美蚌村为例》，《华侨大学学报》2014 年第 4 期。

李大勤：《藏缅语人称代词和名词的"数"——藏缅语"数"范畴
　　研究之一》，《民族语文》2001 年第 5 期。

李道勇：《中国的孟—高棉语族概略》，《云南民族大学学报》1984
　　年第 3 期。

李道勇：《我国南亚语系诸语言特征初探》，《中央民族大学学报》
　　1985 年第 4 期。

李得春：《漫谈朝鲜语和满语的共同成分》，《延边大学学报》1981

年第 1—2 期。

李得春:《漫谈朝鲜语汉字音舌音的演变》,《延边大学学报》1987
年第 1 期。

李得春:《近代朝鲜文献中的汉朝对音转写问题》,《民族语文》2001
年第 2 期。

李方桂:《莫话记略》,中研院历史语言研究所集刊第 19 本,
1943 年。

李锦芳、艾杰瑞:《越南恩语与布央语的初步比较》,《语言研究》
2006 年第 3 期。

李锦芳、艾杰瑞:《中越红仡佬语比较》,《民族语文》2007 年第
3 期。

李锦芳、韩林林、韦名应:《中越边境红仡佬语的系属地位》,《广西
民族大学学报》2011 年第 2 期。

李锦芳、阳柳艳:《中越仡佬语多罗方言比较研究》,《民族语文》
2019 年第 1 期。

李锦芳:《论百越地名及其文化蕴意》,《贵州民族研究》1995 年第
1 期。

李锦芳:《布干语和佤语关系初探》,《语言研究》1997 年第 1 期。

李锦芳:《越南拉哈语与仡央诸语言的初步比较》,《语言研究》1999
年第 1 期。

李锦芳:《中国稻作起源问题的语言学新证》,《民族语文》1999 年
第 3 期。

李锦芳:《仡央语言的动词虚化》,《民族教育研究》（副刊），
1999 年。

李锦芳:《户语概况》,《民族语文》2004 年第 5 期。

李锦芳:《中国濒危语言研究及保护策略》,《中央民族大学学报》
（哲学社会科学版）2005 年第 3 期。

李锦芳:《论中越跨境语言》,《百色学院学报》2013 年第 4 期。

李锦芳:《中国濒危语言认定及保护研究工作规范》,《广西大学学

报》2015 年第 2 期。

李美玲：《土族语长元音的形成》，《西北民族研究》2001 年第 1 期。

李批然：《哈尼语量词研究》，《民族语文》1992 年第 5 期。

李启烈：《谈朝鲜文字改革问题（拼音文字和汉字的比较)》，《中国语文》1954 年第 7 期。

李壬癸：《汉语和南岛语有发生学关系吗?》，李锦芳译，戴庆厦主编《中国民族语言论丛》（二），云南民族出版社 1997 年版。

李森：《维吾尔文字的改革问题》，《中国语文》1953 年第 2 期。

李世康：《彝语的宾语后置》，《民族语文》1988 年第 6 期。

李淑兰：《鄂伦春语概况》，《中国语文》1965 年第 3 期。

李淑兰：《锡伯语的藻饰词》，《民族语文》1991 年第 1 期。

李树兰、胡增益：《满—通古斯语言语法范畴中的确定/非确定意义》，《民族语文》1988 年第 4 期。

李树兰：《锡伯语的领属范畴》，《民族语文》1982 年第 5 期。

李树兰：《锡伯语概况》，《民族语文》1979 年第 3 期。

李素琴、杨炳均：《云南省濒危民族语言有声语档的建设方法探讨》，《大理大学学报》2012 年第 11 期。

李亚超等：《基于条件随机场的藏语自动分词方法研究与实现》，《中文信息学报》2013 年第 4 期。

李永燧、陈克炯、陈其光：《苗语声母和声调中的几个问题》，《语言研究》1959 年第 4 期。

李永燧：《苗语声母和声调中的几个问题》，《语言研究》1959 年第 4 期。

李永燧：《关于苗瑶族的自称——兼说"蛮"》，《民族语文》1983 年第 6 期。

李永燧：《试论哈尼语汉语动宾词序的异同》，《民族语文》1984 第 3 期。

李永燧：《汉语藏缅语人称代词探源》，《中国语言学报》第 2 期，1984 年。

李永燧：《哈尼语和汉语的名词修饰语》，《民族语文》1985 年第 3 期。

李永燧：《藏缅语名词的数量形式》，《民族语文》1988 年第 5 期。

李永燧：《彝缅语唇舌音声母研究》，《民族语文》1989 年第 3 期。

李永燧：《缅彝语言声调比较研究》，《民族语文》1992 年第 6 期。

李永燧：《缅彝语语素比较研究》，《民族语文》1994 年第 3 期。

李永燧：《论缅彝语调类及其在彝南的反映形式》，《民族语文》1995 年第 1 期。

李永燧：《共同缅彝语声母类别探索》，《民族语文》1996 年第 1 期。

李永燧：《彝语先喉塞音声母考——兼论缅彝共同语鼻音声母的分类》，《语言研究》1996 年第 1 期。

李永燧：《缅彝语调类：历史比较法的运用》，《民族语文》1996 年第 5 期。

李永燧：《羌缅语群刍议》，《民族语文》1998 年第 1 期。

李永燧：《论缅彝语》，《民族语文》1999 年第 2 期。

李永燧：《共同缅彝语韵类刍论》，《民族语文》2000 年第 4 期。

李永燧：《论藏缅语黏着语素与语言类型学》，《民族语文》2002 年第 2 期。

李永燧：《缅彝语：一种声调祖语》，《民族语文》2008 年第 3 期。

李余芳、苏洁、胡文君、潘文林：《基于 HTK 的普米语孤立词的语音识别》，《云南民族大学学报》（自然科学版）2015 年第 5 期。

李宇明、赵蓉晖、黄行：《跨学科视域下的语言研究及其方法》，《中国社会科学》2017 年第 2 期。

李宇明：《语言保护刍议》，深圳语言所编：《双语双方言（五）》，汉学出版社 1997 年版。

李宇明：《科学保护各民族语言文字》，《语言文字应用》2012 年第 5 期。

李宇明：《和谐语言生活，减缓语言冲突》，《语言文字应用》2013 年第 2 期。

李宇明:《"一带一路"需要语言铺路》,《人民日报》2015 年 9 月 22 日第 7 版。

李宇明:《语言生活与语言生活研究》,《语言战略研究》2016 第 1 期。

李云兵:《苗瑶语声调问题》,《语言暨语言学》2003 年第 4 期。

李云兵:《论语言接触对苗瑶语语序类型的影响》,《民族语文》2005 年第 3 期。

李云兵:《苗瑶语的非分析形态及其类型学意义》,《民族语文》2006 年第 2 期。

李云兵:《苗语重叠式的构成形式、语义和句法结构特征》,《语言科学》2006 年第 2 期。

李云兵:《论苗瑶语名词范畴化手段的类型》,《民族语文》2007 年第 1 期。

李云兵:《中国南方民族语言差比句的语序类型》,《东方语言学》2007 年第 1 期。

李云兵:《中国南亚语系语言构词形态的类型学意义》,《中央民族大学学报》(哲学社会科学版)2007 年第 5 期。

李云兵:《语言接触对南方一些民族语言语序的影响》,《民族语文》2008 年第 5 期。

李云兵:《论苗瑶语的连读变调》,《民族语文》2015 年第 3 期。

李云兵:《论坝那语动词的体貌系统》,《民族语文》2017 年第 3 期。

李泽然:《哈尼语形容词修饰名词的语序》,《民族语文》2003 年第 2 期。

李钊祥:《现代侗台诸语言声调和韵尾的对应规律》,《民族语文》1982 年第 4 期。

力提甫·托乎提:《生成语法框架内的维吾尔语句法》,《民族语文》2005 年第 6 期。

廉光虎:《十五世纪以朝鲜语敬语表现形式的考察》,《民族语文》1998 年第 1 期。

梁金宝:《藏语历史文献词汇统计研究》，中国社会科学院研究生院，博士论文，2013 年。

梁敏、张均如:《侗台语族送气清塞音声母的产生和发展》，《民族语文》1993 年第 5 期。

梁敏:《佬语概况》，《民族语文》1984 年第 4 期。

梁敏:《壮侗语族诸语言名词性修饰词组的词序》，《民族语文》1986 年第 5 期。

梁敏:《壮侗诸语言表示领属关系的方式及其演变过程》，《民族语文》1989 年第 3 期。

梁敏:《关于佬语的系属问题》，《广西民族研究》1990 年第 3 期。

梁敏:《仡央语群的系属问题》，《民族语文》1990 年第 6 期。

廖青:《关于我国少数民族语言文字法的立法研究》，《青海民族研究》（社会科学版）1992 年第 7 期。

林莲云:《我国阿尔泰语的谐音词》，《民族语文》1984 年第 5 期。

林莲云:《撒拉语裕固语分类问题质疑》，《民族语文》1997 年第 3 期。

林涛:《东干语的语法特点》，《汉语学报》2005 年第 2 期。

林涛:《中亚东干语的特点、现状和发展趋势》，《当代语言学》2016 年第 2 期。

刘丹青:《汉藏语系重叠形式的分析模式》，《语言研究》1988 年第 1 期。

刘丹青:《汉藏语言的若干语序类型学课题》，《民族语文》2002 年第 5 期。

刘丹青:《汉语及亲邻语言连动式的句法地位和显赫度》，《民族语文》2015 年第 3 期。

刘光坤:《羌语辅音韵尾研究》，《民族语文》1984 年第 4 期。

刘光坤:《羌语中的长辅音》，《民族语文》1986 年第 4 期。

刘光坤:《羌语复辅音研究》，《民族语文》1997 年第 4 期。

刘光坤:《藏缅语中的羌语支试析》，《西南民族学院学报》1989 年第 3 期。

刘光坤:《论羌语声调的产生和发展》,《民族语文》1998 年第 2 期。

刘景宪:《关于满语复数研究》,《民族语文》2003 年第 4 期。

刘景宪:《论满语元音和谐》,《满语研究》1995 年第 2 期。

刘菊黄:《独龙语动词语法形式的历史演变探索》,《中央民族学院学报》1988 年第 2 期。

刘菊黄:《独龙语声调研究》,《中央民族学院学报》1989 年第 5 期。

刘文、杨正辉、孔江平:《新寨苗语单字调及双字调声学实验研究》,《民族语文》2017 年第 2 期。

刘文性:《对维吾尔族人名的文化透视》,《西北民族学院学报》1990 年第 4 期。

刘岩:《布朗语关双话声调初探》,《民族语文》1997 年第 2 期。

刘岩:《德昂语广卡话的双音节名词》,《民族语文》2002 年第 2 期。

刘照雄:《浅谈蒙古语族中动词的特点及句法功能》,《语言研究》1982 年第 2 期。

龙从军:《藏语语义角色自动标注研究》,中央民族大学,博士学位论文,2014 年。

龙从军:《信息化条件下的民族语言文字研究》,《中国民族语言学报》第 2 辑,商务印书馆 2019 年版。

龙从军等:《基于藏语字性标注的词性预测研究》,《中文信息学报》2015 年第 5 期。

龙从军等:《基于句法树的藏语最长名词短语识别》,《中文信息学报》2019 年第 3 期。

龙国贻、龙国莲:《藻敏瑶语的 j 声母》,《民族语文》2016 年第 5 期。

罗安源:《苗语(湘西方言)的"谓—主"结构》,《语言研究》1983 年第 1 期。

罗秉芬:《古藏语复辅音韵尾中 d - 的演变——从古藏文手卷 P、T、1047 看古藏语语音演变》,《民族语文》1991 年第 3 期。

罗常培:《从语言上论云南的民族分类》,《边政公论》1942 年第 1
　　卷 7—8 期合刊。

罗常培:《论藏缅族的父子连名制》,《边疆人文》1944 年第 3—
　　4 期。

罗常培:《云南之语言》,《云南史地辑要》,云南省立昆华民众教育
　　馆 1944 年版。

罗常培:《国内少数民族语言系属和文字情况》,《人民日报》1951
　　年第 3 月 31 日。

罗常培:《关于少数民族语文工作的报告》,《科学通报》1952 年第
　　7 期。

罗常培:《贡山俅语初探》,《国学季刊》1952 年第 7 卷第 3 期。

罗常培、傅懋勣:《国内少数民族语言文字的概况》,《中国语文》
　　1954 年第 3 期。

罗常培:《遵照政务会议的指示,展开帮助尚无文字各民族创立文字
　　的工作》,《科学通报》1954 年第 7 期。

罗常培:《汉语拼音方案的历史渊源》,《文字改革》1958 年第 1 期。

罗季光:《关于帮助少数民族创制文字的一些问题》,《中国语文》
　　1952 年第 6 期。

罗季光:《广西瑶语》,《中国语文》1953 年第 9 期。

罗季光:《岩帅卡瓦语音位系统》(油印稿),1957 年。

罗美珍:《试论台语的系属问题》,《民族语文》1983 年第 2 期。

罗美珍:《傣语长短元音和辅音韵尾的变化》,《民族语文》1984 年
　　第 4 期。

罗美珍:《黎语声调刍议》,《民族语文》1986 年第 3 期。

罗美珍:《台语长短元音探源一得》,《语言论文集》,商务印书馆
　　1985 年版。

罗美珍:《二论台语的系属问题——与本尼迪克特博士商榷》(A Sec-
　　ond Discussion of the Genetic Classification of the Kam-Tai Languages:
　　A Reply to Benedict. Papers on Tai Languages, Linguistics and Litera-

tures. In Honour of William J. Gedey on his 77th Birthday. 1992）。

罗美珍：《汉藏语言的韵母研究》，《民族语文论文集》，中央民族学院出版社 1993 年版。

罗美珍：《三论台语的系属问题》，《民族语文》1994 年第 6 期。

罗美珍：《有关建立汉藏语系的几个认识问题》，《民族语文》1996 年第 4 期。

罗润仓：《敬语是"贵族语言"吗?》，《民族语文》1979 年第 1 期。

马磊、周庆生：《吉尔吉斯斯坦哨葫芦村东干人语言使用情况调查研究》，《双语教育研究》2015 年第 3 期。

马学良、戴庆厦：《社会主义时期是民族语文繁荣发展的历史时期》，《民族语文》1980 年第 2 期。

马学良、戴庆厦：《论"语言民族学"》，《民族学研究》（第一辑），民族出版社 1981 年版。

马学良、戴庆厦：《语言和民族》，《民族研究》1983 年第 1 期。

马学良、乌拉熙春：《满语支语言中的送气清擦音》，《民族语文》1993 年第 6 期。

马学良：《彝语"二十、七十"的音变》，《民族语文》1980 年第 1 期。

马学良：《汉藏语系研究的理论和方法问题》，《民族语文》1996 年第 4 期。

毛佑全：《哈尼族父子连名制新探》，《民族学与现代化》1987 年第 4 期。

毛宗武、蒙朝吉：《博罗畲语概述》，《民族语文》1982 年第 1 期。

毛宗武、蒙朝吉：《试论畲语的系属问题》，《中国语言学报》1985 年第 2 期。

梅花、呼和：《重读与非重读音节短元音之间的协同发音研究》，《民族语文》2018 年第 4 期。

蒙朝吉：《瑶族布努语 1′与 4′调的形成和发展》，《民族语文》1983 年第 2 期。

蒙朝吉：《畲语属苗语支补证》，《民族语文》1993 年第 3 期。

蒙斯牧：《印尼语和侗台语的关系词》，《民族语文》1990 年第 6 期。

蒙斯牧：《侗台语与南岛语的历史比较研究》，《贵州民族研究》1995
　年第 2 期。

孟和宝音：《原始蒙古语辅音构拟的基础》，《中央民族大学学报》
　2002 年第 3 期。

孟和达来、黄行：《蒙古语族和突厥语族关系词的词阶分布分析》，
　《民族语文》1997 年第 1 期。

米娜瓦尔：《撒拉语与土库曼语的关系——兼论撒拉语发展简史》，
　《中央民族大学学报》2000 年第 3 期。

莫鑫泉、徐文堪：《汉藏语言起源和分子生物学的一些假设》，《第
　30 届汉藏语言国际会议论文提要集》，1997 年。

木乃热哈、毕青青：《凉山彝语的互动态》，《民族语文》1988 年第
　6 期。

木仕华：《论纳西语动词短语语序》，《民族语文》2003 年第 5 期。

穆晔骏：《阿勒楚喀满语语音简论》，《满语研究》1985 年第 1 期。

拿木四来：《蒙古语族语言人称代词比较研究》，《蒙古语文》1982
　年第 9 期、1983 年第 1—2 期。

那日松等：《基于 CRF 模型的蒙古文分词及词性标注的研究》，《内
　蒙古大学学报》（哲学社会科学版）2016 年第 2 期。

娜孜古丽·吐斯甫那比：《哈萨克语语音声学参数数据库研制方法》，
　《民族翻译》2015 年第 2 期。

倪大白：《海南岛三亚回族语言的系属》，《民族语文》1988 年第
　2 期。

倪大白：《中国壮侗语与南岛语》，《中央民族学院学报》1988 年第
　3 期。

倪大白：《侗台语声调的起源》，《中央民族学院学报》1991 年第
　4 期。

倪大白：《海南岛三亚回语——语言类型转换的活标本》，《中央民族

学院建院 40 周年学术论文集》，中央民族学院出版社 1991 年版。

倪大白：《南岛语与百越诸语的关系》，《民族语文》1994 年第 3 期。

倪大白：《汉藏语系语言的系属问题》，《中国语言学报》第 6 期，1995 年。

倪大白：《侗台语复辅音声母的来源及演变》，《民族语文》1996 年第 3 期。

牛汝极：《新疆地名中的文化透视》，《语言与翻译》1989 年第 2 期。

牛汝极：《试论维吾尔语名词的数及其历史演变——从语言间的差异性论其历史发展》，《语言与翻译》1992 年第 1 期。

努尔麦麦提·尤鲁瓦斯、张力文、吾守尔·斯拉木：《说话人自适应技术在维吾尔语语音识别中的应用研究》，《中文信息学报》2016 年第 3 期。

潘悟云：《对华澳语系假设的若干支持材料》，王士元主编《中国语言学报》增刊第 8 卷，美国加州柏克莱，1995。

潘悟云：《汉藏语、南亚语与南岛语——一个更大的语言联盟》，《云南民族语文》1995 年第 1—2 期。

潘正云：《彝语阿都话唇软腭复辅音声母比较研究》，《民族语文》2001 年第 2 期。

盘承乾、邓方贵：《瑶语构词中的几个特点》，《广西民族学院学报》（哲学社会科学版）1985 年第 1 期。

盘承乾：《论苗瑶语辅音韵尾的演变问题》，《民族语文研究》，四川民族出版社 1983 年版。

盘承乾：《瑶语语音初步比较》，《瑶族研究论文集》，广西人民出版社 1992 年版。

盘金祥：《云南瑶族勉话发展变化的特点》，《瑶族文化研究》，云南民族出版社 1994 年版。

裴春宝：《藏语数字语音识别仿真实验及测试方法分析》，《西藏大学学报》（自然科学版）2016 年第 1 期。

齐木德·宝音胡日雅克琪、刘景欣：《论民族语言权》，《中外法学》

1995 年第 3 期。

祁坤钰：《基于依存关系的藏文语义角色标注研究》，《西北民族大学学报》（哲学社会科学版）2014 年第 1 期。

乔翔、余金枝：《论四川省盐源县各民族的语言和谐》，《中央民族大学学报》2010 年第 6 期。

秦添、赵晖：《维吾尔语可视语音合成的唇部动画系统》，《计算机工程》2016 年第 12 期。

清格尔泰、确精扎布：《关于蒙古语辅音》，《内蒙古大学学报》（蒙文版）1959 年第 1 期。

清格尔泰：《满语口语语音》，《内蒙古大学学报》（建校 25 周年专刊），1982 年。

清格尔泰：《蒙古语塞音 q、k 的历史演变》，《民族语文》1985 年第 3 期。

清格尔泰：《蒙古语族语言中的音势结构》，《民族语文》1989 年第 1 期。

邱锷锋、李道勇、聂锡珍：《佤语概况》，《民族语文》1980 年第 1 期。

邱锷锋、聂锡珍：《谈谈布朗语的形态变化》，《云南省语言学会会刊》1985 年第 2 辑。

屈六生：《满语中的多义词、同义词、反义词》，《满语研究》1986 年第 2 期。

瞿霭堂：《藏语的复辅音》，《中国语文》1965 年第 6 期。

瞿霭堂：《谈谈声母清浊对声调的影响》，《民族语文》1979 年第 2 期。

瞿霭堂：《藏语的声调及其发展》，《语言研究》1981 年第 1 期。

瞿霭堂：《藏语韵母的演变》，《中国语言学报》第 1 期，1982 年。

瞿霭堂：《藏语动词屈折形态的结构及其演变》，《民族语文》1985 年第 1 期。

瞿霭堂：《藏语的复元音韵母》，《中央民族学院学报》1987 年第

1 期。

瞿霭堂:《藏语古调值构拟》,《中国语言学报》第 3 期,1988 年。

瞿霭堂:《论汉藏语的声调》,《民族语文》1993 年第 6 期—1994 年第 1 期。

曲木铁西:《试论彝语名量词的起源层次》,《民族语文》1994 年第 2 期。

热娜古丽·达古提、艾斯卡尔·艾木都拉、地里木拉提·吐尔逊:《维吾尔语 CVC 型音节韵律特征声学分析》,《计算机工程》2011 年第 9 期。

芮逸夫:《赫哲族的语言》,凌纯声著《松花江下游的赫哲族》第三章,第 331—380 页,中研院历史语言研究所单刊甲种之十四,1934 年。

芮逸夫:《记栗粟语音兼论所谓栗粟文》,中研院历史语言研究所集刊第 17 本,1947 年。

芮逸夫:《西南民族语文教育刍议》,《西南边疆》1938 年第 2 期。

芮逸夫:《西南民族的语言问题》,《民族学研究集刊》1943 年第 3 期。

芮逸夫:《中国边疆之语言文字及其传授方法》,《中国边疆》(复刊号)1947 年第 3 期。

桑塔、姚云、兰正群:《安多藏语塞音的 VAT 研究》,《中国语音学报》,2015 年。

森格:《蒙古语族语言辅音比较》,《内蒙古大学学报》1982 年第 3 期。

沈原、赵志强:《满语元音简论》,《满语研究》1995 年第 1 期。

石德富:《汉语借词与苗瑶语固有词的语义变化》,《民族语文》2003 年第 5 期。

石德富:《苗瑶民族的自称及其演变》,《民族语文》2004 年第 6 期。

石德富:《烧排苗语的语音特点》,《贵州民族学院学报》2005 年第 6 期。

石锋、周德才:《南部彝语松紧元音的声学表现》,《语言研究》2005
　　年第 1 期。

石林、黄勇:《汉藏语系语言鼻音韵尾的发展演变》,《民族语文》
　　1996 年第 6 期。

石林、黄勇:《论汉藏语系语言塞音韵尾的发展演变》,《民族语文》
　　1997 年第 6 期。

史晓东等:《央金藏语分词系统》,《中文信息学报》2011 年第 4 期。

斯·劳格劳:《现代蒙古语依存句法自动分析研究》,内蒙古大学,
　　博士学位论文,2011 年。

斯钦朝克图:《蒙古语五种牲畜名称语义分析》,《民族语文》1994
　　年第 1 期。

斯钦朝克图:《生殖器名称与原始宗教图腾崇拜》,《民族语文》1999
　　年第 6 期。

斯钦朝克图:《阿尔泰诸语人体部位名称比较》,《民族语文》2004
　　年第 2 期。

宋晖:《语言文字事关国家安全》,《中国社会科学报》2010 年第
　　180 期。

宋金兰:《汉藏语是非问句语法形式的历史演变》,《民族语文》1995
　　年第 1 期。

宋金兰:《汉语和藏缅语住所词的同源关系》,《民族语文》1994 年
　　第 1 期。

宋洋、努尔买买提·尤鲁瓦斯、吾守尔·斯拉木:《维吾尔语韵律调
　　节研究》,《新疆大学学报》(自然科学版)2015 年第 4 期。

苏向东等:《蒙古文依存句法分析》,《计算机科学》2014 年第 8 期。

孙宏开、江荻:《汉藏语言系属分类之争及其源流》,《当代语言学》
　　1999 年第 1 期。

孙宏开:《羌语(藏缅语)动词的趋向范畴》,《民族语文》1981 年
　　第 1 期。

孙宏开:《羌语支属问题初探》,《民族语文研究文集》,青海民族出

版社 1982 年版。

孙宏开:《我国藏缅语动词的人称范畴》,《民族语文》1983 年第
　2 期。

孙宏开:《藏缅语若干音变探源》,《中国语言学报》创刊号,
　1983 年。

孙宏开:《六江流域的民族语言及其系属分类——兼论嘉陵江上游及
　雅鲁藏布江流域的民族语言》,《民族学报》第 3 期,1983 年。

孙宏开:《我国部分藏缅语中名词的人称领属范畴》,《中央民族学院
　学报》1984 年第 1 期。

孙宏开:《藏缅语动词的互动范畴》,《民族语文》1984 年第 4 期。

孙宏开:《藏缅语复辅音的结构特点及其演变方式》,《中国语文》
　1985 年第 6 期。

孙宏开:《藏缅语语法研究中的一些问题》,《云南民族语文》1988
　年第 1 期。

孙宏开:《语言识别和民族》,《民族语文》1988 年第 2 期。

孙宏开:《试论中国境内藏缅语的谱系分类》,日本松香堂《东亚的
　语言和历史》,1988 年。

孙宏开:《我国开展语言规划工作的基本情况》,《青海民族学院学
　报》(社会科学版)1989 年第 2 期。

孙宏开:《原始藏缅语构拟中的一些问题——以"马"为例》,《民
　族语文》1989 年第 6 期。

孙宏开:《藏缅语量词用法比较——兼论量词发展的阶段层次》,《中
　国语言学报》第 3 卷,1989 年。

孙宏开:《从词汇比较看西夏语与藏缅语族羌语支的关系》,《民族语
　文》1991 年第 2 期。

孙宏开:《论藏缅语语法结构类型的历史演变》,《民族语文》1992
　年第 5—6 期。

孙宏开:《试论藏缅语中的反身代词》,《民族语文》1993 年第 6 期。

孙宏开:《藏缅语中的代词化问题》,《国外语言学》1994 年第 3 期。

孙宏开：《再论藏缅语中动词的人称范畴》，《民族语文》1994 年第 4 期。

孙宏开：《藏缅语人称代词格范畴研究》，《民族语文》1995 年第 2 期。

孙宏开：《关于汉藏语分类研究中的一些问题》，《国外语言学》1995 年第 3 期。

孙宏开：《藏缅语疑问方式试析——兼论汉语、藏缅语特指问句的构成和来源》，《民族语文》1995 年第 5 期。

孙宏开：《论藏缅语的语法形式》，《民族语文》1996 年第 2 期。

孙宏开：《论藏缅语中动词的命令式》，《民族语文》1997 年第 6 期。

孙宏开：《论藏缅语中动词的使动范畴》，《民族语文》1998 年第 6 期。

孙宏开：《藏缅语复辅音研究》，《三月三》（民族语文论坛）1999 年第 1 期。

孙宏开：《原始汉藏语的复辅音问题——关于原始汉藏语音节结构构拟的理论思考之一》，《民族语文》1999 年第 6 期。

孙宏开：《原始汉藏语的辅音系统——关于原始汉藏语音节结构构拟的理论思考之二》，《民族语文》2001 年第 1 期。

孙宏开：《关于濒危语言问题》，《语言教学与研究》2001 年第 1 期。

孙宏开：《纳西语在藏缅语族语言中的历史地位》，《语言研究》2001 年第 1 期。

孙宏开：《论藏缅语中的羌语支语言》，《语言暨语言学》2001 年第 1 期。

孙宏开：《原始汉藏语中的介音问题——关于原始汉藏语音节结构构拟的理论思考之三》，《民族语文》2001 年第 6 期。

孙宏开：《开创新世纪民族语文工作的新局面》，《民族语文》2002 年第 6 期。

孙宏开：《少数民族语言规划的新情况和新问题》，《语言文字应用》2005 年第 1 期。

孙宏开:《少数民族文字的创制、改进和改革》,《中国民族语文工作》,民族出版社 2005 年版。

孙宏开:《重视少数民族语言与文化的记录和保护》,《满语研究》2006 年第 1 期。

孙宏开:《中国濒危少数民族语言的抢救与保护》,《暨南学报》2006年第 5 期。

孙宏开:《中国少数民族语言活力排序研究》,《广西民族大学学报》2006 年第 5 期。

孙宏开:《进一步完善规范彝文方案,促进彝族地区文化经济发展》,《西南民族大学学报》2008 年第 12 期。

孙宏开:《藏缅语族语言里的"数"及其表达方式》,徐丹主编《量与复数的研究——中国境内语言的跨时空考察》第 24—38 页,商务印书馆 2010 年版。

孙宏开:《汉藏语系历史类型学研究中的一些问题》,《语言研究》2011 年第 1 期。

孙宏开:《语言濒危与非物质文化遗产保护》,《云南师范大学学报》2011 年第 2 期。

孙宏开:《关于原始汉藏语音节结构的理论思考》,《汉藏语同源词研究》(四),广西民族出版社 2011 年版。

孙宏开:《拯救濒危语言,保护语言多样性》,《中国社会科学报》2012 年第 5 月 7 日。

孙宏开:《汉语拼音方案与少数民族文字的创制与改革》,《语言文字应用》2013 年第 S1 期。

孙宏开:《从语言的性质和功能看保护濒危语言的必要性和可能性》,《民族翻译》2014 年第 2 期。

孙宏开:《中国少数民族语言规划百年议》,《青海民族研究》2015年第 2 期。

孙宏开:《阿侬语的二十年变迁:由濒危走向严重濒危》,《语言战略研究》2017 年第 4 期。

孙明:《锡伯语口语中动词变化的特点》，《民族语文》2015 年第
　1 期。

孙善通等:《彝文网页文本分词平台》，《计算机系统应用》2016 年
　第 11 期。

孙文访:《"有、是、在"的跨语言研究》，北京大学，博士论文，
　2014 年。

孙竹:《语言关系研究的某些问题》，《民族研究》1993 年第 3 期。

覃晓航:《从汉语量词的发展看壮侗语"数、量、名结构"的词序变
　化》，《广西民族学院学报》1988 年第 1 期。

覃晓航:《壮侗语数词 deu1、so：ng1、ha3 考源》，《中央民族大学学
　报》1993 年第 5 期。

覃晓航:《壮语南部方言 - p、- t、- k 的来源》，《中央民族大学学
　报》1995 年第 4 期。

谭克让:《阿里藏语中的复元音》，《民族语文》1980 年第 3 期。

谭克让:《夏尔巴藏语的声调系统》，《民族语文》1987 年第 2 期。

谭群瑛:《中越边境多族群语言兼用与壮语语言功能的变化研究》，
　《贵州民族研究》2015 年第 7 期。

唐留芳:《福贡傈僳语的松紧元音》，《民族语文》2018 年第 2 期。

腾延江、苗兴伟:《文献记录语言学研究述介》，《外语教学与研究》
　2010 年第 2 期。

田恒金:《龙山坡脚土家话韵母 ong 的一个来源》，《语文研究》2005
　年第 2 期。

田恒金:《土家语舌尖擦音声母的来源》，《湖北民族学院学报》2007
　年第 2 期。

田恒金:《坡脚土家语鼻音韵尾的来源》，《湖北民族学院学报》2008
　年第 1 期。

田静:《藏缅语宾语句法标记比较研究》，《民族语文》2014 年第
　2 期。

通拉嘎:《论语料库用现代蒙古文标注规范》，《内蒙古民族大学学

报》（社会科学版）2014 年第 4 期。

吐尔根·依布拉音等：《新疆少数民族语言文字信息处理研究与应用》，《中文信息学报》2011 年第 6 期。

托和提：《关于制定我国民族语言文字法的法律依据》，《学术论坛》1992 年第 1 期。

汪锋：《白语方言中特殊发声类型的来源与演变》，《汉藏语学报》，商务印书馆 2007 年版。

汪锋：《白语中送气擦音的来源》，《民族语文》2006 年第 2 期。

王蓓：《彝语清浊辅音对基频的影响》，《民族语文》2011 年第 4 期。

王蓓：《彝语中清浊塞音对声调的影响》，第九届中国语音学学术会议，天津，2010 年。

王朝晖：《仙岛语与阿昌语的元音对应关系》，《民族语文》2005 年第 4 期。

王成平等：《基于既定词表的彝文自动分词技术研究》，《科学技术与工程》2012 年第 10 期。

王春德：《苗语黔东方言清鼻音声类的口音化》，《民族语文》1984 年第 3 期。

王春德：《古苗语 *mbr 在黔东方言的演变》，《民族语文》1992 年第 2 期。

王德温：《原始侗泰语声母系统中的 *ʔmb 和 *ʔnd》，《语言研究》1985 年第 2 期。

王尔松：《哈尼语和汉语关系字初探》，《民族语文》1990 年第 6 期。

王芳：《重叠多功能模式的类型学研究》，南开大学，博士论文，2012 年。

王锋：《论南方汉字系民族文字》，《贵州民族研究》2002 年第 2 期。

王锋：《白语的名量词及其体词结构》，《民族语文》2002 年第 4 期。

王锋：《初值与沿流：语言演变的浑沌性质》，张公瑾、丁石庆主编《浑沌学与语言文化研究新进展》，中央民族大学出版社 2009 年版。

王锋:《试论语言在族群认同中的地位和表现形式——以白语为例》,《云南师范大学学报》2010 年第 4 期。

王锋:《白语南部方言中来母的读音》,《民族语文》2013 年第 3 期。

王锋:《全球化、信息化、城镇化条件下的语言发展和演变——以浑沌学为视角》,《从有序到浑沌——庆贺张公瑾教授八十华诞文集》,中央民族大学出版社 2015 年版。

王锋:《新的语言观与科学保护各民族语言文字实践》,《西北民族大学学报》(哲学社会科学版)2016 年第 2 期。

王锋:《非线性科学视野中新时期的语言发展和演变》,《中国社会科学院研究生院学报》2016 年第 4 期。

王辅世、王德光:《贵州威宁苗语的方位词》,《民族语文》1982 年第 4 期。

王辅世、王德光:《贵州威宁苗语的状词》,《语言研究》1983 年第 3 期。

王辅世:《苗族文字改革问题》,《中国语文》1952 年第 6 期。

王辅世:《台湾高山族语言概况》,《中国语文》1954 年第 9 期。

王辅世:《贵州威宁苗语量词》,《语言研究》1957 年第 2 期。

王辅世:《苗语方言声韵母比较》(油印本),第 12 届国际汉藏语暨语言学会议论文,1979 年。

王辅世:《苗语方言划分问题》,《民族语文》1983 年第 5 期。

王辅世:《苗瑶语的系属问题初探》,《民族语文》1986 年第 1 期。

王辅世:《苗语古音构拟问题》,《民族语文》1988 年第 2 期。

王桂荣、金小峰:《语音段中朝蒙单元音概率分布的对比分析》,《延边大学学报》(自然科学版)2018 年第 3 期。

王海波等:《基于功能词缀串的维吾尔语词性标注方法》,《中文信息学报》2013 年第 5 期。

王辉、赵悦、刘晓凤、徐晓娜、周楠、许彦敏:《基于深度特征学习的藏语语音识别》,《东北师大学报》(自然科学版)2015 年第 4 期。

王敬骝、陈相木：《论孟高棉语与侗台语的"村寨""姓氏""家"的同源关系》，《民族语文》1982 年第 3 期。

王敬骝、陈相木：《佤语词的形态变化》，云南民族研究所编：《民族调查研究》1984 年第 1 期。

王敬骝、石锋：《傣语调查报告》，云南民族研究所编：《民族调查研究》1989 年第 5 期。

王敬骝：《中国孟高棉语研究概况》，云南民族研究所编：《民族调查研究》1985 年第 4 期。

王敬骝：《莽语调查报告》，云南民族研究所编：《民族调查研究》1986 年第 4 期。

王敬骝：《克木语调查报告》，《布朗族社会历史调查（三）》，云南民族出版社 1986 年版。

王敬骝：《华夏语系说》，和少英主编《汉藏语研究——第 34 届汉藏语暨语言学会议论文集》，民族出版社 2006 年版。

王静如：《关于湘西土家语的初步意见》，中央民族学院研究部编：《中国民族问题研究集刊》第 4 辑，1955 年。

王均：《参加中央西北访问团调查新疆兄弟民族语言的工作报告》，《科学通报》1951 年第 3 期。

王均：《吸取苏联先进经验研究少数民族语文》，《中国语文》1952 年第 6 期。

王均：《民族语文研究工作中的几个迫切问题》，《民族语文》1979 年第 3 期。

王均：《语言的发展和语言的规范化》，《延边大学学报》1979 年第 4 期。

王均：《民族语文工作中的若干认识问题》，《民族语文》1981 年第 1 期。

王均：《中国少数民族语言研究情况》，《民族语言文字研究文集》，青海民族出版社 1982 年版。

王均：《〈汉语拼音方案〉与少数民族文字》，《文字改革》1983 年第

2 期。

王均:《民族语言政策是我国民族政策的重要组成部分》,《民族语文》1983 年第 3 期。

王利宾、傅懋勣:《我国少数民族语言科学研究工作的重要成就》,《中国语文》1959 年第 10 期。

王连清:《京语概况》,《民族语文》1983 年第 1 期。

王连清:《三岛京语和河内京语语音初步比较》,《民族语文》1984 年第 4 期。

王玲、王蓓、尹巧云、刘岩:《德昂语布雷方言焦点编码方式》,《中央民族大学学报》2011 年第 2 期。

王米利、佘玉梅、苏洁、刘敬凤、潘文林:《基于非特定发音人拉祜语孤立词语音识别研究》,《云南民族大学学报》(自然科学版)2015 年第 4 期。

王鹏林:《蒙古语族"附加成分"的问题》1983 年第 1 期。

王庆丰:《爱辉满语概况》,《民族语文》1984 年第 4 期。

王荣德:《天峻藏语复辅音的特殊现象》,《青海民族研究》1994 年第 3 期。

王士元、邓晓华:《苗瑶语族语言亲缘关系的计量研究——词源统计分析方法》,《中国语文》2003 年第 3 期。

王士元:《美国语言学家谈历史语言学》,《语言学论丛》第 13 期,商务印书馆 1984 年版。

王士元:《词汇扩散理论:回顾和前瞻》,《中国语言学论丛》1996 年第 1 期。

王曙光:《新疆少数民族语言资源数字化建设与检索平台建设研究》,《图书馆理论与实践》2014 年第 9 期。

王双成、沈向荣、张梦翰:《藏语的清化鼻音》,《民族语文》2018 年第 2 期。

王双成:《藏语鼻冠音声母的特点及其来源》,《语言研究》2016 年第 3 期。

王贤海:《国内几种少数民族语言擦音送气实验研究》,《民族语文》1988 年第 1 期。

王小虹、郭美兰:《锡伯语口语音位系统》,《满语研究》1985 年第 1 期。

王新青、池中华:《丝绸之路经济带中亚五国语言状况考察与思考》,《云南师范大学学报》2015 年第 5 期。

王尧:《藏语的声调》,《中国语文》1956 年第 6 期。

王远新:《试论突厥语族语言连接词的发展》,《语言与翻译》1986 年第 1 期。

王远新:《我国少数民族语言学界社会语言学研究中的几个问题》,《语言与翻译》1987 年第 4 期。

王远新:《突厥语族语言的后置词与词类分化》,《民族语文》1987 年第 5 期。

王远新:《突厥语族语言基数词的历史演变》,《语言研究》1989 年第 2 期。

王远新:《突厥语的分类及历史分期问题》,《满语研究》1994 年第 2 第。

王远新:《论我国少数民族语言态度的几个问题》,《满语研究》1999 年第 1 期。

王远新:《青海同仁土族的语言认同和民族认同》,《中央民族大学学报》2009 年第 5 期。

王远新:《新疆喀什古城的语言生活——高台民居社区居民的语言使用和语言态度调查》,《新疆社会科学》2013 年第 1 期。

王远新:《"一寨两国"的语言生活——云南省瑞丽市云井村村民语言使用和语言态度调查》,《陕西师范大学学报》2017 年第 4 期。

韦树关:《越南中越跨境壮侗语族语言的变异》,《广西民族学院学报》1999 年第 2 期。

韦树关:《中国京语的变异》,《广西民族学院学报》2006 年第 2 期。

魏萃一:《试论我国突厥语的特点》,《民族语文》1983 年第 5 期。

闻宥:《倮罗译语考》，《华西协合大学中国文化研究所集刊》，
　　1940 年。

闻宥:《么些象形文字之初步研究》，《民族学研究集刊》1940 年第 2
　　期;《人类学集刊》第 2 卷，1941 年。

闻宥:《民家语中同义字之研究》，《华西协合大学中国文化研究所集
　　刊》，1940 年。

闻宥:《川西羌语之初步分析》，《华西协合大学中国文化研究所集
　　刊》，1941 年。

闻宥:《论嘉戎语动词之人称尾词》，《中国文化研究汇刊》第 4 卷，
　　1944 年。

闻宥:《记西昌彝语的元音》，《中国文化研究汇刊》第 8 卷，
　　1948 年。

闻宥:《台语和汉语》，中央民族学院研究部编:《中国民族问题研究
　　集刊》第 6 辑，1957 年。

乌拉熙春:《满语元音的演变》，《民族语文》1990 年第 4 期。

乌拉熙春:《满语支语言中的送气轻擦音》，《民族语文》1993 年第
　　6 期。

乌兰等:《蒙古语短语结构树的自动识别》，《中文信息学报》2014
　　年第 5 期。

乌日格喜乐图、哈斯其木格，呼和:《鄂温克语短元音声学分析》，
　　《满语研究》2010 年第 4 期。

乌日格喜乐图:《基于“语音声学参数数据库”的鄂温克语辅音研
　　究》，[日]《实验语言学》2013 年第 2 期。

乌日格喜乐图:《鄂温克语元音和谐律研究》，《中央民族大学学报》
　　(哲学社会科学版) 2014 年第 5 期。

乌云那生、呼和:《蒙古语阿拉善话短元音声学分析》，《西北民族大
　　学学报》(哲学社会科学版) 2012 年第 4 期。

吾买尔·尼亚孜:《试论朝鲜语同维吾尔语在语义上的亲属性印迹》，
　　《延边大学学报》2005 年第 2 期。

吴安其:《从汉印尼几组词的对应看汉南岛的关系》,《民族语文》
　　1994 年第 4 期。

吴安其:《论朝鲜语中的南岛语基本成分》,《民族语文》1994 年第
　　1 期。

吴安其:《汉藏语同源问题研究》,《民族语文》1996 年第 2 期。

吴安其:《藏缅语的分类和白语的归属》,《民族语文》2000 年第
　　1 期。

吴安其:《苗瑶语核心词的词源关系》,《民族语文》2002 年第 4 期。

吴安其:《台湾原住民的语言及其历史——兼论南岛语数词反映的南
　　岛语史》,《世界民族》2004 年第 5 期。

吴安其:《侗台语中的南岛语词》,《南开语言学刊》第 4 辑,南开大
　　学出版社 2004 年版。

吴安其:《南岛语的创新和分类》,《语言研究》2006 年第 3 期。

吴安其:《史前华南地区的语言接触》,《民族语文》2008 年第 3 期。

吴福祥:《南方民族语言关系小句结构式语序的演变和变异——基于
　　接触语言学和语言类型学的分析》,《语言研究》2009 年第 2 期。

吴福祥:《从"得"义动词到补语标记——东南亚语言的一种语法化
　　区域》,《中国语文》2009 年第 3 期。

吴福祥:《东南亚语言"居住"义语素的多功能模式及语法化路径》,
　　《民族语文》2010 年第 6 期。

吴海燕:《我国跨境语言发展与安全研究》,《贵州民族研究》2015
　　年第 6 期。

吴宏伟:《影响突厥语族语言元音和谐的几个因素》,《民族语文》
　　1990 年第 1 期。

吴宏伟:《关于突厥语族语言元音和谐性质问题的探讨》,《语言与翻
　　译》1991 年第 1 期。

吴宏伟:《突厥语族语言元音和谐的类型》,《语言研究》1991 年第
　　2 期。

吴宏伟:《突厥语族语言的分类》,《语言与翻译》1992 年第 1 期。

吴宏伟:《关于突厥语族一些语言部分词首辅音演变的几个问题》,《民族语文》1992 年第 5 期。

吴宏伟:《突厥语族语言双音节词中元音的相互适应与相互排斥》,《语言与翻译》1993 年第 1 期。

吴宏伟:《突厥语族语言的词重音问题》,《民族语文》1995 年第 5 期。

吴宏伟:《论突厥语族语言的长元音》,《民族语文》1996 年第 3 期。

吴宏伟:《突厥语族语言的领属范畴》,《民族语文》1998 年第 4 期。

吴铮:《藏缅语否定范畴研究》,中央民族大学,博士论文,2007 年。

武·呼格吉勒图:《关于鄂伦春语和蒙古语的长元音、复合元音及音组的某些对应关系》,《内蒙古大学学报》2007 年第 4 期。

武自立:《本甘语初探》,《云南民族语文》1992 年第 2 期。

奚兴灿、李绍尼:《鹤庆白语的送气擦音》,《中央民族大学学报》1997 年第 2 期。

鲜松奎:《苗语同源字探索》,《贵州民族研究》1989 年第 2—3 期。

鲜松奎:《贵州紫云水井坪苗语和望谟新寨苗语的连读变调》,《民族语文》1990 年第 3 期。

冼文婷、吴宇晴、唐七元:《仫佬语声调的声学分析》,《河池学院学报》2015 年第 4 期。

向日征:《苗语湘西方言的词头 tɕi44》,《民族语文》1980 年第 3 期。

向日征:《湘西苗语的并列四字结构》,《民族语文》1983 年第 3 期。

萧家成:《景颇族各支系亲属称谓比较研究》,《民族语文》1988 年第 1 期。

肖可:《颜色词"白色"的民族文化内涵义》,《满语研究》1995 年第 1 期。

肖玉芬、陈愚:《佤语"烟草"语源考》,《民族语文》1994 年第 4 期。

肖则贡:《佤语中的主语和谓语的语序》,《民族语文》1981 年第 2 期。

谢广华：《拉萨藏语的句法结构》，《民族语文》1985 年第 6 期。

谢志礼、苏连科：《藏缅语清化鼻音、边音的来源》，《民族语文》
    1990 年第 4 期。

邢公畹：《远羊寨仲歌记音》，南开大学文学院边疆人文研究室人类
    学专刊乙集第 1 种，1942 年昆明油印。

邢公畹：《汉语"子""儿"和台语助词 luk 试释》，《国文月刊》
    1948 年第 68 期。

邢公畹：《汉藏系语言及其民族史前情况试析》，《语言研究》1984
    年第 2 期。

邢公畹：《论汉语台语"关系字"的研究》，《民族语文》1989 年第
    1 期。

邢公畹：《台语－am，－ap 韵里的汉语"关系字"研究》，《民族语
    文》1990 年第 2 期。

邢公畹：《关于汉语南岛语的发生学关系问题——沙加尔〈汉语南岛
    语同源论〉述评补证》，《民族语文》1991 年第 3—5 期。

邢公畹：《汉台语比较研究中的深层对应》，《民族语文》1993 年第
    5 期。

邢公畹：《汉台语舌根音声母字深层对应例证》，《民族语文》1995
    年第 1 期。

邢公畹：《汉苗语语义学比较法试探研究》，《民族语文》1995 年第
    6 期。

邢公畹：《汉藏语系研究和中国考古学》，《民族语文》1996 年第
    4 期。

邢公畹：《说"深层对应"——答丁邦新、聂鸿音两位先生》，《民
    族语文》2002 年第 6 期。

邢公畹：《论"汉台苗语"调类的分化和再分化》，《语言研究》
    2003 年第 1 期。

邢欣、邓新：《"一带一路"核心区语言战略构建》，《双语教育研
    究》2016 年第 1 期。

熊玉有：《谈谈我国跨境民族的语言文字问题》，《贵州民族研究》
　　1999 年第 1 期。

熊仲儒：《彝语名词短语内部语序》，《民族语文》2005 年第 4 期。

徐宝龙、努尔麦麦提·尤鲁瓦斯、吾守尔·斯拉木：《关于维吾尔语
　　口语语料的三音子选取方法研究》，《中文信息学报》2015 年第
　　2 期。

徐慧、胡阿旭、于洪志：《浅析蒙古短调的声学特性》，《西北民族大
　　学学报》（自然科学版）2010 年第 3 期。

徐荣强：《民族与民族语的关系问题》，《中国语文》1958 年第
　　11 期。

徐世鹏、杨鸿武、王海燕：《面向藏语语音合成的语音基元自动标注
　　方法》，《计算机工程与应用》2015 年第 6 期。

徐世璇、廖乔婧：《濒危语言问题研究综述》，《当代语言学》2003
　　年第 2 期。

徐世璇：《彝缅语几种语言的声调比较》，《语言研究》1989 年第
　　2 期。

徐世璇：《缅彝语几种音类的演变》，《民族语文》1991 年第 3 期。

徐世璇：《缅彝语言塞擦音声母初探》，《民族语文》1995 年第 3 期。

徐世璇：《汉藏语言的语音屈折构词现象》，《民族语文》1996 年第
　　3 期。

徐世璇：《汉藏语言的派生构词方式分析》，《民族语文》1999 年第
　　4 期。

徐世璇：《语言濒危原因探析——兼论语言转用的多种因素》，《民族
　　研究》2002 年第 4 期。

徐世璇：《濒危语言资料的记录和留存》，《广西民族大学学报》2006
　　年第 5 期。

徐世璇：《论濒危语言的文献纪录》，《当代语言学》2007 年第 1 期。

徐世璇：《我国濒危语言研究的历程和前景》，《西北民族大学学报》
　　2015 年第 1 期。

徐世璇：《语言中的博物馆和语言博物馆——论濒危语言典藏和语言博物馆建设》，《玉溪师范学院学报》2015 年第 5 期。

徐通锵、陈保亚：《二十世纪的中国历史语言学》，刘坚主编《二十世纪的中国语言学》，北京大学出版社 1998 年版。

徐通锵：《声母语音特征的变化和声调的起源》，《民族语文》1998 年第 5 期。

徐悉艰：《景颇语的同族词》，《民族语文论文集》，中央民族学院出版社 1993 年版。

徐悉艰：《彝缅语量词的产生和发展》，《语言研究》1994 年第 1 期。

许峰：《民族语言拉丁化的规范问题》，《第九届全国语言文字应用学术研讨会论文集》，2015 年。

许红花：《少数民族濒危语言有声档案建设的可行性探讨》，《贵州民族研究》2015 年第 10 期。

许伊娜：《阿尔泰诸语句法类型及副动词范畴》，《民族语文》2001 年第 1 期。

宣德五：《中古朝鲜语元音［ʌ］的历史演变》，《民族语文》1985 年第 4 期。

严学宭：《谈汉藏语系同源词和借词》，《江汉语言学丛刊》1979 年第 1 期。

严学宭：《论汉语同族词内部屈折的变化模式》，《中国语文》1979 年第 2 期。

颜其香、周植志：《佤语动词的时貌系统》，《云南民族语文》1994 年第 1 期。

颜其香：《崩龙语概况》，《民族语文》1983 年第 5 期。

颜其香：《关于佤语词序问题》，《语言研究》1987 年第 1 期。

艳红等：《基于 HMM 的蒙古文自动词性标注研究》，《内蒙古师范大学学报》（自然科学汉文版）2010 年第 2 期。

燕宝：《黔东苗语中出现的音变现象》，《民族语文》1994 年第 1 期。

燕海雄：《加强语法标注资源建设，推进中国民族语言研究》，《中国社会科学报》2018 年 7 月 3 日。

杨将领：《独龙语使动范畴语法形式的演变发展》，《民族教育研究》
　　增刊《动词研究专辑》，中央民族大学出版社 1999 年版。

杨将领：《藏缅语数量短语从 CN 到 NC 型的演变机制》，李锦芳主编
　　《汉藏语系量词研究》，中央民族大学出版社 2005 年版。

杨娟、刘云：《彝族语言中的量词分析》，贵州民族大学学报（哲学
　　社会科学版）2015 年第 4 期。

杨柳新、于洪志：《听觉条件下蒙古语元音和谐的偏侧化分析》，《西
　　北民族大学学报》（自然科学版）2016 年第 2 期。

杨毛措：《不丹宗卡方言及其常见的语流音变现象初探》，《中国藏
　　学》2014 年第 2 期。

杨应新：《论大理白语和凉山彝语的异同》，《彝缅语研究》，四川民
　　族出版社 1997 年版。

杨再彪：《湘西苗语腭化、卷舌、清化成分的来源及演变》，《吉首大
　　学学报》1998 年第 3 期。

杨再彪：《现代湘西苗语声调演变的几个规律》，《贵州民族研究》
　　1999 年第 4 期。

易先培：《论湘西苗语名词的类别范畴》，《中国语文》1961 年第
　　3 期。

尹巧云：《从佤语中的傣语借词看古傣语声母》，《民族语文》2010
　　年第 6 期。

尹铁超、张力：《满语元音 a 音值研究》，《满语研究》2016 年第
　　2 期。

游汝杰、周振鹤：《方言与中国文化》，《复旦学报》1985 年第 3 期。

游汝杰：《从语言地理学和历史语言学试论亚洲栽培稻的起源和传
　　布》，《中央民族学院学报》1980 年第 3 期。

游汝杰：《中国语言系属研究述评》，《云梦学刊》1996 年第 3 期。

于洪志等：《融合音节特征的最大熵藏文词性标注研究》，《中文信息
　　学报》2013 年第 5 期。

于辉：《朝鲜语塞音的语音实验分析》，《民族语文》2008 年第 3 期。

余金枝：《湘西苗语被动句研究》，《中央民族大学学报》（哲学社会科学版）2009 年第 1 期。

俞敏：《汉藏同源字谱稿》，《民族语文》1989 年第 1 期。

俞敏：《汉藏同源词谱稿（续）》，《民族语文》1989 年第 2 期。

玉素甫·艾白都拉等：《维吾尔语句法描述和分析方法》，《中文信息》1996 年第 4 期。

喻世长：《参加中央西南访问团调查贵州兄弟民族语言的工作报告》，《科学通报》1951 年第 8 期。

喻世长：《布依文为什么和壮文"联盟"》，《中国语文》1958 年第 3 期。

喻世长：《有关民族语言方言划分的几点意见》，《中国语文》1960 年第 2 期。

喻世长：《元音和谐中的三足鼎立现象》，《民族语文》1981 年第 2 期。

袁家骅：《窝尼语音系》，《学原》1947 年第 1 卷第 11 期。

袁家骅：《峨山窝尼语初探（语法提要）》，《边疆人文》第 4 卷，1947 年。

袁家骅：《广西壮语方言分布概况和创制文字的途径》，《中国语文》1952 年第 6 期。

袁家骅：《壮族语文问题》，《中国语文》1954 年第 5 期。

袁家骅：《汉藏语声调的起源和演变》，《语文研究》1981 年第 2 期。

袁明军：《汉语苗瑶语阳声韵深层对应试探》，《民族语文》2000 年第 2 期。

袁胜龙、郭武、戴礼荣：《基于深层神经网络的藏语识别》，《模式识别与人工智能》2015 年第 3 期。

扎西次仁：《藏文的排序规则及其计算机自动排序的实现》，《中国藏学》1999 年第 4 期。

张公瑾：《论汉语及壮侗语族诸语言中的单位词》，《中央民族大学学报》1978 年第 4 期。

张公瑾:《傣语和汉语的一个语序问题》,《语言研究》1981 年第
　3 期。

张公瑾:《社会语言学与中国民族史研究》,《中央民族学院学报》
　1982 年第 4 期。

张公瑾:《中国文化的共同渊源及其多民族特点》,《广西民族研究》
　1986 年第 4 期。

张公瑾:《语言的文化价值》,《民族语文》1989 年第 5 期。

张公瑾:《文字的文化属性》,《民族语文》1991 年第 1 期。

张公瑾:《民族语言与民族文化》,《汉字文化》1991 年第 4 期。

张公瑾:《文化环境与民族语文建设》,《民族语文》1991 年第 6 期。

张公瑾:《文化语言学的性质和任务》,《语言与文化多学科研究》,
　北京语言学院出版社 1993 年版。

张公瑾:《走向 21 世纪的语言科学》,《民族语文》1997 年第 2 期。

张贯虹等:《融合形态特征的最大熵蒙古文词性标注模型》,《计算机
　研究与发展》2011 年第 12 期。

张济川:《藏语拉萨话声调分化的条件》,《民族语文》1981 年第
　3 期。

张济川:《古藏语塞音韵尾读音处探》,《民族语文》1982 年第 6 期。

张济川:《藏语声母（lh－）的来源和演变》,《民族语文》1990 年
　第 2 期。

张济民:《拉基语与仡佬语的关系》,《民族语文》1992 年第 3 期。

张建梅:《基于语料库的现代蒙古语简单陈述句句型分析研究》,内
　蒙古大学,博士学位论文,2010 年。

张军:《藏缅语表施动和受动的结构助词》,《语言研究》1990 年第
　2 期。

张军:《藏缅语表限定、工具、处所、从由和比较的结构助词》,《海
　南师范大学学报》1992 年第 2—3 期。

张军:《中国跨境语言生活国内研究综述》,《语言战略研究》2018

年第 4 期。

张均如:《原始台语声母类别探源》,《民族语文》1980 年第 2 期。

张均如:《壮侗语族语言演变的趋向性、阶段性、渐变性》,《民族语文》1986 年第 1 期。

张均如:《标语与壮侗语族语言的比较》,《民族语文》1989 年第 2 期。

张均如:《拉珈语的鼻化韵》,《民族语文》1992 年第 3 期。

张均如:《侗台语族轻唇音的产生和发展》,《民族语文》1995 年第 1 期。

张琨:《苗瑶语声调问题》,中研院历史语言研究所集刊第 16 本,1947 年。

张琨:《瑶语入声字》,《民族语文》1992 年第 3 期。

张连生:《藏文号码代字及其计算机排索》,《语言研究》1983 年第 2 期。

张亮:《中国突厥语名词格的比较》,《民族语文》1991 年第 2 期。

张宁:《克木语使用状况调查研究》,《云南民族大学学报》2011 年第 5 期。

张泰镐:《新疆锡伯语口语音位系统》,《民族语文》2003 年第 5 期。

张鑫:《论绿春哈尼族和谐双语生活的特点及成因》,《民族翻译》2013 年第 4 期。

张雨江:《拉祜语量词研究》,《云南民族大学学报》(哲学社会科学版)2010 年第 3 期。

张元生:《壮汉关系浅谈》,《中央民族学院学报》1980 年第 1 期。

赵阿平:《论满语词汇特点》,《满语研究》1990 年第 1 期。

赵斌:《中国各民族语言的语序共性分析》,《语言研究》1989 年第 1 期。

赵富荣、蓝庆元:《佤语中的傣语和汉语借词》,《民族语文》2005 年第 4 期。

赵建东等:《基于历史模型的蒙古文自动词性标注研究》,《中文信息学报》2013 年第 5 期。

赵杰：《锡伯语满语语音演变的比较》，《民族语文》1988 年第 1 期。

赵杰：《满语词与朝鲜语语系归属》，《满语研究》1999 年第 1 期。

赵金春：《瑶族勉语复辅音的演变》，《民族语文研究新探》，四川民
　　族出版社 1992 年版。

赵金萍：《德昂语借词的变化》，《云南民族大学学报》2005 年第
　　5 期。

赵明鸣：《突厥语族语言与格类型比较研究》，《民族语文》1993 年
　　第 2 期。

赵珀璋：《论中国少数民族文字信息处理设计原则》，《中文信息学
　　报》1987 年第 7 期。

赵生辉：《中国少数民族语言信息资源跨语种共享策略研究》，《图书
　　馆建设》2014 年第 2 期。

赵盛利：《辨析满语的主动态、被动态和使动态》，《满语研究》1989
　　年第 1 期。

赵世举：《跨境语言的资源价值》，《语言政策与规划研究》2016 年
　　第 2 期。

赵斯琴等：《蒙古语语料库的研究与建设》，《内蒙古大学学报》（自
　　然科学版）2003 年第 5 期。

赵小兵等：《信息处理用现代藏语词性标记规范（草案)》，《中国语
　　言生活绿皮书：A006》，商务印书馆 2015 年版。

赵岩社：《佤语的前置音》，《中央民族大学学报》2001 年第 4 期。

赵衍荪：《白语的系属问题》，《民族语文研究文集》，青海民族出版
　　社 1983 年版。

赵燕珍、李云兵：《论白语的话题结构与基本语序类型》，《民族语
　　文》2005 年第 6 期。

郑桓：《哈萨克语元音 i 音位的实验语音学分析》，《伊犁师范学院学
　　报》（社会科学版）2009 年第 4 期。

郑慧仁：《东北亚语言比较标记的类型学研究》，北京大学，博士论

文，2012 年。

郑亚楠等：《基于词向量的藏文词性标注方法研究》，《中文信息学报》2017 年第 1 期。

郑贻青：《黎族的亲属称谓和人名》，《民族语文》1980 年第 3 期。

郑贻青：《原始台语声类在靖西壮话里的反映》，《民族语文》1987 年第 6 期。

郑贻青：《论回辉话声调的形成与发展》，《民族语文》1996 年第 3 期。

郑宇：《我国少数民族濒危语档资源建设研究》，云南大学，博士论文，2017 年。

郑玉玲、哈斯、白音门德：《蒙古语语音动态腭位数据库》，《中国少数民族语言信息技术与语言资源库建设学术讨论会论文集》，2004 年。

郑玉玲：《民族多媒体信息系统及其语言数据》，《民族语文》2003 年第 6 期。

郑玉彤、李锦芳：《濒危语言的调查记录方法》，《云南师范大学学报》2012 年第 4 期。

郑张尚芳：《汉语与亲属与同源词词根及附缀成分比较上的择对问题》，《中国语言学报》单刊 8 号：The Ancestry of the Chinese Language. Edited By W. S-Y Wang，1995 年第 8 卷。

郑张尚芳：《白语是汉白语族的一支独立语言》，石锋、潘悟云主编《中国语言学的新拓展》，香港城市大学出版社 1999 年版。

郑张尚芳：《汉语与亲属语言比较的方法问题》，《南开语言学刊》2003 年第 1 期。

郑之东：《朝鲜的文字改革》，《中国语文》1956 年第 7 期。

郑宗泽：《大坪江勉话边音和遍擦音来源》，《民族语文》1990 年第 5 期。

中国科学院民族研究所少数民族语言研究组苗语小组：应琳编，《苗语中的汉语借词》，《中国语文》1962 年第 5 期。

中国科学院民族研究所少数民族语言研究组瑶语小组：毛宗武、周祖瑶编，《瑶族语言概况》，《中国语文》1962 年第 3 期。

中国科学院少数民族语言研究所瑶语小组：《汉语在瑶族语言丰富发展中的作用》，《中国语文》1961 年第 10 期。

钟进文：《简述裕固族族称和突厥语地名的关系》，《语言与翻译》1992 年第 1 期。

钟智祥：《论缅语声调的起源与发展》，《民族语文》1999 年第 2 期。

周国炎：《"越、濮、僚、夷、仲"与现代布依族族称关系试析》，《贵州民族研究》1998 年第 1 期。

周国炎：《侗台语共时语音系统中无序现象的浑沌学解释》，张公瑾、丁石庆主编《浑沌学与语言文化研究新视野》，中央民族大学出版社 2008 年版。

周明甫：《〈汉语拼音方案〉是创制少数民族新文字的共同基础》，《语言文字应用》2013 年第 S1 期。

周庆生：《傣族人名的等级结构与社会功能》，《民族语文》1988 年第 2 期。

周庆生：《西双版纳傣语亲属称谓语义成分分析》，《民族语文》1990 年第 2 期。

周庆生：《语言交际变体模式——以傣语亲属称谓为例》，《民族语文》1996 年第 3 期。

周庆生：《语言和谐思想刍议》，《语言文字应用》2005 年第 8 期。

周庆生：《全国民族语文工作会议与国务院 32 号文件》，马丽雅等编著《中国民族语文政策与法律述评》，民族出版社 2007 年版。

周庆生：《中国"主体多样"语言政策的发展》，《新疆师范大学学报》（哲学社会科学版）2013 年第 2 期。

周庆生：《少数民族语言在社会转型中的挑战与机遇》，《云南师范大学学报》（哲学社会科学版）2013 年第 3 期。

周庆生：《中国跨境少数民族语言类型》，《文化学刊》2014 年第 3 期。

周庆生:《语言保护论纲》,《新疆师范大学学报》(哲学社会科学版) 2016 年第 1 期。

周庆生:《论东干语言传承》,《民族语文》2018 年第 2 期。

周学文、呼和:《语音声学参数自动标注/提取系统简介》,《中文信息学报》2014 年第 3 期。

周学文:《彝语辅音谱特征分析》,《中国语音学报》(第四辑),2013 年。

周雁、赵栋材:《基于 HMM 模型的藏语语音合成研究》,《计算机应用与软件》2015 年第 5 期。

周耀文、方峰和:《壮语傣语名量词的差别及其缘由》,《民族语文》1984 年第 2 期。

周耀文:《略论白语的系属问题》,《思想战线》1978 年第 3 期。

周耀文:《关于我国民族语文使用和发展方面的几个问题》,《民族语文》1985 年第 4 期。

周耀文:《〈汉语拼音方案〉与我国少数民族新创的拼音文字方案》,《语文建设》1988 年第 4 期。

周耀文:《试论我国社会主义初级阶段民族语文与汉语文的使用和发展关系》,《民族语文》1989 年第 4 期。

周有光:《汉字文化圈的文字演变》,《民族语文》1989 年第 1 期。

周植志、颜其香:《从现代佤语的方音对应看古代瓦语的辅音系统》,《语言研究》1983 年第 1 期。

周植志、颜其香:《布朗语概况》,《民族语文》1983 年第 2 期。

周植志、颜其香:《论古代佤语的元音系统》,《语言研究》1985 年第 1 期。

周植志:《佤语细允话声调起源初探》,《民族语文》1988 年第 3 期。

周植志:《佤语语音比较中的几个问题》,《云南民族语文》1992 年第 3 期。

周祖瑶:《瑶族勉语的复辅音〔pl、kl〕》,《广西民族研究》1986 年第 1 期。

邹中正：《汉族和藏族亲属称谓的比较研究》，《西藏研究》2001 年
　　第 3 期。

朱文旭：《凉山彝语复辅音声母探源》，《民族语文》1989 年第 1 期。

朱文旭：《彝语句法中的语序问题》，《民族语文》2004 年第 4 期。

朱晓农、刘劲荣、洪英：《拉祜语紧元音：从嘎裂声到喉塞尾》，《民
　　族语文》2011 年第 3 期。

朱晓农、龙从军：《弛化：佤语松音节中的元音》，《民族语文》2009
　　年第 2 期。

朱晓农、周学文：《嘎裂化：哈尼语紧元音》，《民族语文》2008 年
　　第 4 期。

朱晓农：《十五调和气调——侗语榕江县口寨方言案例》，《民族语
　　文》2016 年第 5 期。

朱艳华：《中泰跨境民族拉祜族兼用本国通用语现状之比较》，《云南
　　师范大学学报》2011 年第 2 期。

朱艳华：《缅甸克钦族的语言使用现状》，《当代语言学》2016 年第
　　2 期。

朱艳华：《论跨境语言资源保护》，《贵州民族研究》2016 年第 3 期。

珠杰等：《基于藏文编码 GB 的藏文排序方法研究》，《西藏大学学
　　报》（自然科学版）2008 年第 1 期。

外文论著

著作类

Austin, Peter K. 2006. *Data and language documentation. Essentials of
Language Documentation*, eds., by Gippert et al. 87 – 112.

Austin, Peter K. 2007. *Current trends in language documentation. Lan-
guage Documentation and Description*, Vol. 4：12 – 25, ed., by Peter
K. Austin. London：Hans Rausing Endangered Language Project.

Baber, Colborne E. 1882. *Travels and Researches in the Western China.* London: Royal geographical Society Supplementary papers 1, 1.

Bird, Isabellal L. 1899. *The Yangtze Valley and Beyond: An account of journeys in China, chiefly in the province of Sze Chuan and among the Man-tze of the Somo territory*, by published G. P. Putnam's, J. Murray in New York, London.

Davies, Henry. R. 1909. *Yunnan: The link between the India and Yangtze River.* Cambridge: Cambridge University Press.

Gippert, Jost, Himmelmann, Nikolaus P. and Mosel, Ulrike (eds.). 2006. *Essentials of Language Documentation.* Berlin: Mouton de Gruyter.

Himmelmann, Nikolaus P. 2006. *Language documentation: What is it and what is it good for?* Essentials of Language Documentation, eds., by Gippert et al. 1 – 30.

Hodgson, Brian H. 1847. *On the Kocch, Bódo and Dhimál tribes.* Calcutta: Baptist Mission Press.

Hosie, Alexander. 1900. *Three Years in Western China: A narrative of three journeys in Ss Ǔ-CH'UAN, KUEI – CHOW and YÜN-NAN.* London: George Philip & Son.

Klaproth, Julius Heinrich. 1826. *Memoires relatifs a l'Asie: contenant des recherches Historiques*, geographiques et philologiques sur les peuples de l'Orient.

Li, Fanggui. 1937. *Languages and dialects. The Chinese Year Book, eds., by Shih, Ch'ao-ying; Chang, Ch'i-hsien. Beijing: Commercial Press*, pp. 58 – 65.

Shearer, Walter and Sun, Hongkai. 2002. *Speakers of the Non-Han Languages and Dialectd of China.* Ne York: Edwin Mellen Press. Sun, Hongkai and Liu. Guangkun. 2009. *A Grammar of Anong.* Leiden: BRILL.

Thieberger, Nicholas. 2004. *Documentation in practice: developing a linked media corpus of South Efate.* Language Documentation and Description, Vol. 2: 169 – 178, ed. by Peter K. Austin. London: Hans Rausing Endangered Language Project.

Woodbury, Tony. 2003. *Defining documentary linguistics.* Language Documentation and Description, Vol. 1: 35 – 51, ed. , by Peter K. Austin. London: Hans Rausing Endangered Language Project.

Zhou, Minglang and Hongkai Sun (eds.), 2004, *Language policy in the People's Republic of China: Theory and Practice since* 1949, Boston: Kluwer Academic Publishers.

论文类

Antti. I & Huhe, H. 2005. Acoustical comparison of the monophthong systems in Finnish, Mongolian and Udmurt. Journal of the International Phonetic Association 35/1, pp. 1 – 13.

Benedict, P. K. 1944. Thai, Kadai and Indonesian: A New Alignmentin Southeastern Asia, American Anthropologis 44 (4), pp. 576 – 601.

Himmelmann, Nikolaus P. . 1998. Documentary and descriptive linguistics. Linguistics 36: 161 – 195.

Labov, William. 1981. Resolving the Neogrammarian controversy. Language 57: 2, pp. 267 – 308.

Wang, William S-Y. 1969. Competing Change as a Cause of Residue, Language 45: 1, pp. 9 – 25.

Li, Fanggui. 1973. Languages and Dialects of China. Journal of Chinese Linguistics, Vol. 1, pp: 1 – 13.

Liu, Huidan, Minghua Nuo, Longlong Ma, Jian Wu and Yeping He. Tibetan Word Segmentation as Syllable Tagging Using Conditional Random Fields. in Proceedings of the 25th Pacific Asia Conference on Language, Information and Computational (PACLIC – 2011): 168 – 177.

Lees, Robert B. The Basis of Glottochronology, Language, 1953, 29, pp. 113 – 127.

Li, Paul Jen-kuei. Morphophonemic Alternations of Formosan Languages, "中研院" 历史语言研究所集刊 1977 年第 48 本第 3 分册。

Sagart, Laurent. Chinese andAusrtonesian are genetically related, Paper of 23rd ICSTLL, 1990.

Sagart, Laurent. Chinese and Austronesian are Genetically Related. 23rd International Conference on Sino-Tibetan Languages and Linguistics, 1990, U. S. A.

Sagart, Laurent. 1990. Chinese and Austronesian are genetically related. Paper of 23rd ICSTLL.

Sun, Hongkai. 1986. Notes on Tibeto-Burman consonant clusters. Linguistics of the Tibeto-Burman Area 9: 1 – 21.

Wang, L. , Wang, B. , Xu, Y. 2012. Prosodic encoding and perception of focus in Tibetan (Amdo Dialect) Speech Prosody 2012. Shanghai.

Zhang, Menghan, Shi Yan, Wuyun Pan, Li Jin. 2019. Phylogenetic evidence for Sino-Tibetan origin in northern China in the Late Neolithic, Nature (IF 41. 577) Pub Date: 2019 – 04 – 24, DOI: 10. 1038/ s41586 – 019 – 1153 – z.

Zhang, X. X. , Wang, B. , Wu, Q. 2012. Prosodic realization of focus in statement and question of Tibetan (Lasa) . Interspeech 2012. Portland, USA.

Zhou, Qingsheng. 1992. Aspect of Chinese ethnosociolinguistic studies: A report on the literature. International Journal of the Sociology of Language 97: 59 – 73.

后　　记

2018 年，中国社会科学院党组统筹策划，推动实施《庆祝中华人民共和国成立 70 周年书系》重大课题研究。民族学与人类学研究所作为我国民族研究的国家队，承担"书系"中《新中国民族交融发展 70 年》《新中国民族学与人类学研究 70 年》《新中国民族语言学研究 70 年》三项重要任务。

按院党组原来设定的课题计划，民族语言学研究不单独设立项目撰写。民族学与人类学研究所根据全所学科发展实际，经积极统筹并征得民族语言学科一致同意，决定向院党组、科研局申请撰写《新中国民族语言学研究 70 年》，以体现我所学科格局和特点，进一步巩固我所民族语言研究学科的传统优势，激发发展活力。院党组和科研局经审议，支持《新中国民族语言学研究 70 年》一书纳入"书系"项目。研究所党委和民族语言学科同仁自加压力，积极主动地争取参与这一重大项目，充分体现了研究所和民族语言学科谋划学科发展的责任感和使命感。

由于本书立项晚于其他学科，在研究所领导方勇书记、王延中所长的关心和指导下，成立了由尹虎彬副所长统筹、科研处处长王锋研究员任联系人、中国少数民族语言研究中心秘书长陈国庆副研究员任课题秘书的项目协调组，民族语言学科各研究室负责人、撰稿人克服时间短、任务重、学科专业性强、分支学科多等困难，在 3 个月的有效撰写时间里，分工合作，加班加点，按期完成了书稿撰写任务，这是民族学与人类学研究所民族语言学科全体人员团队努力的成果。书稿各章节分工撰写情况如下：

第一章　绪论（尹虎彬统筹，第一节：王锋；第二节：黄成龙；第三节：尹蔚彬、张军等；第四节：龙国贻）

第二章　新中国少数民族语言的描写语言学研究（曹道巴特尔统筹，第一节：普忠良；第二节：韦学纯；第三节：龙国贻；第四节：陈国庆；第五节：米热古丽·黑力力；第六节：曹道巴特尔；第七节：乌日格喜乐图；第八节：千玉花）

第三章　新中国少数民族语言的历史比较语言学研究（李云兵）

第四章　新中国少数民族语言类型学研究（黄成龙）

第五章　新中国少数民族语言的计算语言学研究（龙从军）

第六章　新中国少数民族语言的实验语音学研究（呼和）

第七章　新中国少数民族语言的文化语言学研究（尹蔚彬）

第八章　新中国少数民族语言的社会语言学研究（张军）

第九章　新中国少数民族语言文字应用研究（王锋统筹，第一节：黄晓蕾；第二节：燕海雄；第三节：韦韧、龙从军；第四节：王锋；第五节：李旭练、李玲、燕海雄；第六节：龙国贻）

第十章　新中国少数民族古文字与古文献研究（木仕华）

第十一章　新中国少数民族语言的辞典学研究（陈国庆）

第十二章　新中国少数民族语言的纪录语言学研究（黄成龙）

第十三章　新中国少数民族跨境语言研究（吴雅萍）

第十四章　新中国少数民族语言研究的学术机构、平台、项目、成果和会议（王锋统筹，第一节：王锋；第二节：龙国贻；第三节：王海波；第四节：哈斯其木格）

本书的立项、撰写和出版，得到了中国社会科学院党组、科研局、中国社会科学出版社的大力支持。中国社会科学院荣誉学部委员孙宏开研究员十分关心本书撰写。戴庆厦教授、黄行研究员等知名专家提出了宝贵的修改意见，在此一并致谢。

由于书稿内容繁杂，涉及文献众多，参考文献体量庞大。限于篇幅，应出版社要求，在付印之前对参考文献进行了大幅度精简，因此文中可能有一些文献来源未能在参考文献中单独列出，恳请原著者和读者包涵体谅。

　　民族语言学研究领域广泛，分支学科众多，本次撰写任务又需涵盖 70 年的时间跨度，把握起来难度较大。研究所着眼于学科建设，积极鼓励中青年学者承担这一重要任务，这对于青年学者是一个宝贵的锻炼机会。但由于青年学者在学科发展的整体把握上还有很多欠缺，对发展经验和规律的总结提炼还不到位。加上集体撰写导致风格各异，而时间又过于紧迫，书稿统筹困难较多。鉴于以上多方面的原因，本书稿虽经多次统稿，但仍然存在很多不足和问题，敬请读者批评指正。

《新中国民族语言学研究 70 年》课题组

2019 年 8 月 18 日